中等职业教育课程改革国家规划新教材配套教学用书

生态课堂之微导学

数学微导学
（下册）

主　编　赵淑梅

北京理工大学出版社
BEIJING INSTITUTE OF TECHNOLOGY PRESS

图书在版编目（CIP）数据

数学微导学：全 2 册 / 赵淑梅主编．— 北京：北京理工大学出版社，2018.10

ISBN 978-7-5682-6281-1

Ⅰ．①数… Ⅱ．①赵… Ⅲ．①数学课 – 中等专业学校 – 教材 Ⅳ．① G634.601

中国版本图书馆 CIP 数据核字（2018）第 207159 号

出版发行 / 北京理工大学出版社有限责任公司
社　　址 / 北京市海淀区中关村南大街 5 号
邮　　编 / 100081
电　　话 /（010）68914775（总编室）
（010）82562903（教材售后服务热线）
（010）68948351（其他图书服务热线）
网　　址 / http：//www.bitpress.com.cn
经　　销 / 全国各地新华书店
印　　刷 / 定州启航印刷有限公司
开　　本 / 787 毫米 ×1092 毫米　1/16
印　　张 / 24.5
字　　数 / 582 千字
版　　次 / 2018 年 10 月第 1 版　2018 年 10 月第 1 次印刷
定　　价 / 55.00 元

责任编辑 / 杜春英
文案编辑 / 孟祥雪
责任校对 / 周瑞红
责任印制 / 边心超

图书出现印装质量问题，请拨打售后服务热线，本社负责调换

职业教育精品规划教材

本书编写组

主　编　赵淑梅

副主编　张　瑞　范树芳

刘学艳　李　霞

编者的话

俗话说："最淡的墨水也强于最强的记忆"，读得快、忘得快，看得快、忘得快，当学生动笔写字时，大脑就会跟着思考，知识停留在记忆中的时间就会拉长. 在大数据、云计算时代，学生可以借助 MOOC、网上数字资源等平台，理解、掌握数学知识. 如何使学生更深刻地理解、记忆数学知识呢？我们编写了《数学微导学(下册)》. 本书是与中等职业教育课程改革国家规划新教材《数学》相对应内容配套的学生用书，具有以下特点：

1. 促进教学模式的改革.《数学微导学(下册)》由一草一木、一花独放、一叶知秋、一树花开四部分组成. 微预习、微作业是课前环节，微探究、微思考、微实践、微练习是课中环节，微自测是课后环节，每一个环节的标题设计都富有创意，融入成语与书法，图文并茂，活泼、有趣.

2. 突出实践能力的提升. 微预习、微作业针对某一个知识点设计了精致微小的实践案例，具有"活""新" "趣""奇"等特点，是一个开放的"零存整取"的学习平台. 学生自觉挖掘解决问题的方法，提升实践的能力，自然引入课题.

3. 体现时代特征. 微探究、微思考培养学生组合学习片段的能力，使教师的角色由原来的"教"成为现在的"导"，指导学生具有"绝招""绝活". 在完成导学案的过程中，培养学生的勤勉、刻苦意志. 总结案之看图说话、群英荟萃、硕果累累，树立了独树一帜、不仰望别人、自己就是风景的教学理念.

4. 符合中职学生的心理特点. 它使教师节约了课上讲授时间，以便把更多的时间放在解决问题和实际应用上，避免了以往的"囫囵吞枣""似是而非""过目就忘"的现象. 微实践中的题型分类总结了某一节、某一章的知识点与题目类型，条理清晰，更易于学生自主学习. 微练习、微自测把书、笔记本、改错本融为一体，根据知识点的不同，可以课上课下，线上线下同步进行，使混合式教学模式在数学课堂中得以实施.

《数学微导学(下册)》一书的编选，严格按新大纲的要求，体现中等职业学校学生的特点，将其与网络信息相结合，利用网络信息丰富、交互式强等特点，通过合作探究发现问题、解决问题，激发学生的探索求知欲望，提高学生的认知程度，扩大知识面，促进教学模式的改革.

在本书编写过程中，石家庄市职业财会学校校长梁建国、副校长漆振刚等有关领导给予了悉心指导与策划，在此一并表示感谢！

本书由赵淑梅老师担任主编. 主要作者有刘鸣、张瑞、范树芳、梁静、刘学艳、张英丽、李霞、赵雅丽、崔素芳.

由于编者水平所限，不妥之处在所难免，敬请使用本书的广大读者批评指正，提出宝贵的意见和建议.

编 者

目录
Contents

第 6 章　数　　列

6.1　数列的概念

§6.1.1　数列的定义

预习案之一草一木

微预习

1. 了解数列的有关概念.
2. 掌握数列的通项(一般项)和通项公式.

微作业

1. 冬奥会自 1924 年开始，截至 2014 年共举办了 22 届，每 4 年一届. 第 23 届冬奥会于 2018 年 2 月 9 日至 25 日在韩国平昌郡举行. 第 24 届冬奥会将于 2022 年 2 月 4 日至 20 日在中国北京和张家口举行.

2.《数青蛙》少儿歌曲 

一只青蛙一张嘴，两只眼睛四条腿，扑通一声跳下水；
两只青蛙两张嘴，四只眼睛八条腿，扑通扑通跳下水；
三只青蛙三张嘴，六只眼睛十二条腿，扑通扑通扑通跳下水.

3. 折纸(千纸鹤历史传说)

探究案之一花独放

微探究

1. 了解冬季奥林匹克运动会的历史，列举每一届参加的国家及地区数，如表 6—1 所示.

表6—1

届	国家及地区数/个	届	国家及地区数/个	届	国家及地区数/个	届	国家及地区数/个	届	国家及地区数/个	届	国家及地区数/个
1	16	5	28	9	36	13	37	17	67	21	85
2	25	6	30	10	37	14	49	18	72	22	88
3	17	7	32	11	35	15	57	19	77	23	92
4	28	8	31	12	37	16	64	20	80		

16, 25, 17, 28, 28, 30, 32, 31, 36, 37, 35, 37, 37, 49, 57, 64, 67, 72, 77, 80, 85, 88, 92.

2. 数青蛙：1,2,3,4,…

2,4,6,8,…

4,8,12,16,…

3. 折纸：1,2,4,8,…

$1,\frac{1}{2},\frac{1}{4},\frac{1}{8},\cdots$

数列的定义：按照一定的________排成的一列数叫作数列.数列中的每一个数叫作数列的________.从开始的项起，按照自左至右的排序，各项按照其位置依次叫作这个数列的第1项(或首项)，第2项，第3项，…，第n项，…，其中，反映各项在数列中位置的数字1，2，3，…，n，分别叫作对应项的________.

4. 从下列数列中找出项、首项、项数：

(1)1,2,3,4,5；

(2)$2,2^2,2^3,2^4,2^5$；

(3)−1,1,−1,1,−1；

(4)3,3.1,3.14,3.141,3.141 6；

(5)2,1,15,3,243,23；

(6)1,15,23,2,243,3.

微思考

1. 举例说明什么叫作数列的项、首项、项数，数列的“项”与这一项的“项数”是同一个概念吗？

2. 数列的分类：____________________________.

3. 数列的表示方法：用________表示第1项，用________表示第2项，…，用________表示第________项，依次写出称为________，记作________.

微实践

题型一　掌握数列的有关概念

说出生活中的一个数列实例.

题型二　判断数列的项

数列“1,2,3,4,5”与数列“5 ,4, 3,2,1 ”是否为同一个数列？

题型三　观察规律求数列的项

设数列 $\{a_n\}$ 为"$-5,-3,-1,1,3,5,\cdots$"，指出其中 a_3、a_6 各是什么数?

练习案之一叶知秋

微练习

1. 填空:

(1) $2,4,6,8,(\quad),12,(\quad),\cdots$;

(2) $1,3,5,7,(\quad),11,(\quad),\cdots$;

(3) $-1,2,-3,4,(\quad),6,-7,(\quad),\cdots$.

2. 判断下列数列哪些是无穷数列,哪些是有穷数列:

(1) $4,5,6,7,8,9,10$;

(2) $1,\frac{1}{2},\frac{1}{3},\frac{1}{4},\frac{1}{5},\cdots$;

(3) $1,0.1,0.01,1,0.1,0.01,1,0.1,0.01,\cdots$;

(4) $1,1,1,1,1,1,1,1,1,\cdots$;

(5) $1,1.4,1.41,1.414,1.4141$.

自测案之一树花开

微自测

1. 在数列 $1,1,2,3,5,8,13,x,34,55,\cdots$ 中, x 的值是________.

2. 已知数列 $a_1=1,a_2=5,a_{n+2}=a_{n+1}-a_n$,则 $a_{13}=$________.

3. 数列前 4 项与其项数的关系如表 6—2 所示:

表 6—2

序号	1	2	3	4
项 a_n	$\frac{1}{2}$	$\frac{1}{4}$	$\frac{1}{8}$	$\frac{1}{16}$
关系	$\frac{1}{2}=\frac{1}{2\times1}$	$\frac{1}{4}=\frac{1}{2\times2}$	$\frac{1}{8}=\frac{1}{2\times2\times2}$	$\frac{1}{16}=\frac{1}{2\times2\times2\times2}$

你发现序号与项的关系了吗?是________________.

§6.1.2　数列的通项公式

预习案之一草一木

微预习

1. 掌握数列的通项(一般项)和通项公式.
2. 利用数列的通项公式写出数列中的任意一项并且能判断这个数是否为数列中的一项.

微作业

1. 感悟折纸过程中的数学知识.

2. 将边长为 $n(n\in\mathbf{N}^*)$ cm 的正方形分成 n^2 个边长为 1 cm 的正方形,数出其中所有正方形的个数. 提示:当 $n=1$ 时,共有正方形 1×1 个;当 $n=2$ 时,共有正方形 $(1\times1+2\times2)$ 个;当 $n=3$ 时,共有正方形 $(1\times1+2\times2+3\times3)$ 个;当 $n=4$ 时,共有正方形 $(1\times1+2\times2+3\times3+4\times4)$ 个;当 $n=5$ 时,共有正方形 $(1\times1+2\times2+3\times3+4\times4+5\times5)$ 个;猜想边长为 $n(n\in\mathbf{N}^*)$ cm 的正方形中的正方形共有 $(1\times1+2\times2+3\times3+4\times4+5\times5+\cdots+n\cdot n)$ 个.

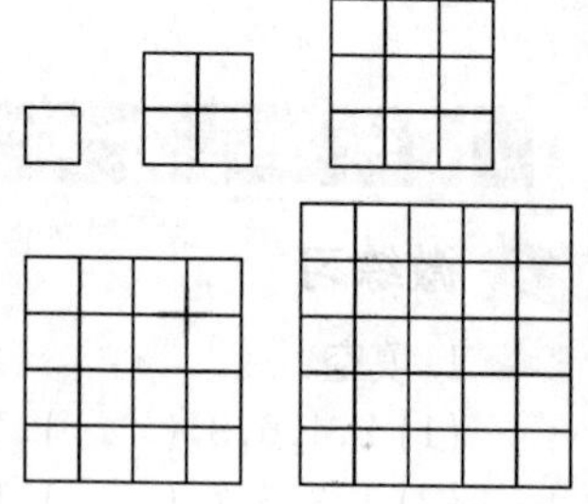

探究案之一花独放

微探究

案例 1:发现规律

序号 n	1	2	3	4
项 a_n	$\frac{1}{3}$	$\frac{1}{9}$	$\frac{1}{27}$	$\frac{1}{81}$
关系	$\frac{1}{3}=\frac{1}{3\times1}$		$\frac{1}{27}=\frac{1}{3\times3\times3}$	

$\left(a_1=\frac{1}{3^1}=\frac{1}{3};a_2=\frac{1}{3^2}=\frac{1}{9};a_3=\frac{1}{3^3}=\frac{1}{27};a_4=\frac{1}{3^4}=\frac{1}{81};\cdots\right)$

案例 2:正方形的个数

序号 n	1	2	3	4	5
项 a_n	1	$1+4$	$1+4+9$	$1+4+9+16$	$1+4+9+16+25$
关系	1		$1+2^2+3^2$		$1+2^2+3^2+4^2+5^2$

(1) $a_n=\frac{1}{3^n}(n\in\mathbf{N}^*)$;　　(2) $a_n=$ ________________.

一个数列的第 n 项 a_n,如果能够用关于项数 n 的一个式子来表示,那么这个式子叫作这个数列的________.

微思考

1. 根据下列各无穷数列的前几项填空,并写出数列的一个通项公式.

(1) 0,1,2,3,____,5,…;　　(2) 1,1,1,____,1,…;

(3) −1,1,−1,1,−1,____,−1,…;　　(4) 5,10,15,____,25,…;

(5) 1,1.4,1.41,1.414,____,…;　　(6) $\frac{1}{2},\frac{1}{4},\frac{1}{6},\frac{1}{8}$,____,…;

(7) $1,\frac{1}{4},\frac{1}{9}$,____,$\frac{1}{25}$,…;　　(8) $\frac{1}{1\times2},\frac{1}{2\times3},\frac{1}{3\times4},\frac{1}{4\times5}$,____,….

2. 所有的数列都有通项公式吗？通项公式唯一吗？

（说明：数列的通项公式具有双重身份，它表示了数列的第 n 项，又是这个数列中所有各项的一般表示. 通项公式反映了一个数列项与项数的函数关系. 给了数列的通项公式，这个数列便确定了，代入项数就可求出数列的每一项.）

微实践

题型一　已知数列的通项公式，求数列各项

设数列 $\{a_n\}$ 的通项公式是 $a_n=\frac{1}{4^n}$，写出数列的前 5 项.

题型二　已知数列的通项公式，求数列的某一项

根据下列数列的通项公式，写出数列的第 5 项：

(1) $a_n=5^n-2$；　　(2) $a_n=(-1)^n\cdot n$.

题型三　已知数列的通项公式 a_n，求数列的项数 n

判断 16 和 45 是否为数列 $\{3n+1\}$ 的项，如果是，请指出是第几项.

练习案之一叶知秋

微练习

1. 根据数列 设 $\{a_n\}$ 的通项公式，写出下列数列的前 6 项：

(1) $a_n=(-1)^{n+1}\times(n+2)$；　　(2) $a_n=\frac{1}{3n}$.

2. 根据下列各无穷数列的前 4 项，写出数列的一个通项公式：

(1) $-1,1,3,5,\cdots$；　　(2) $-\frac{1}{3},\frac{1}{6},-\frac{1}{9},\frac{1}{12},\cdots$；

(3) $\frac{1}{2},\frac{3}{4},\frac{5}{6},\frac{7}{8},\cdots$；　　(4) $\frac{2^2-1}{2},\frac{3^2-1}{3},\frac{4^2-1}{4},\frac{5^2-1}{5},\cdots$.

3. 判断 22 是否为数列 $\{n^2-n-20\}$ 的项，如果是，请指出是第几项.

自测案之一树花开

微自测

1. 已知数列$\{a_n\}$的通项公式$a_n=5-2n$,则该数列的前5项分别为________.

已知数列$\{b_n\}$的通项公式$b_n=(-1)^n\dfrac{n}{n+3}$,则该数列的第5项为________.

在数列$\{a_n\}$中,若$a_1=1,a_2=1$,且$a_{n+2}=a_{n+1}+a_n(n\in\mathbf{N}^*)$,则$a_5=$________.

2. 观察下面的数列并填空,写出通项公式:

(1)$-1,1,-1,$____$,-1,1,$____$,\cdots$　　$a_n=$________;

(2)$1,3,5,7,$____$,11,\cdots$　　$a_n=$________;

(3)$\dfrac{2}{5},\dfrac{3}{8},\dfrac{4}{11},\dfrac{5}{14},\cdots$　　$a_n=$________;

(4)$\dfrac{1}{2\times1},-\dfrac{1}{2\times2},\dfrac{1}{2\times3},-\dfrac{1}{2\times4},\cdots$　　$a_n=$________.

6.2　等差数列

§6.2.1　等差数列的定义及通项公式

预习案之一草一木

微预习

1. 理解等差数列的定义.
2. 会求等差数列的通项公式.

微作业

将一块钱"攒"在钱包里.

有一个人非常富有,有很多人向他询问致富的方法.这位富翁就问他们:"如果你有一个篮子,每天早上往篮子里放10个鸡蛋,当天吃掉9个鸡蛋,最后会如何呢?"

(理财中一个非常重要的法则——"九一"法则.)

探究案之一花独放

微探究

1. 数一数鸡蛋的个数:

$1,1+1,1+1+1,1+1+1+1,\cdots.$

2. 将正整数中 5 的倍数从小到大列出，组成数列：

5，10，15，20，…．

3. 将正奇数从小到大列出，组成数列：

1，3，5，7，9，…．

4. 填空：

(1) -1，3，7，(　　)，15，19，…；

(2) 4，1，-2，(　　)，-8，-11，…．

5. 观察以上各数列中相邻两项之间的关系，发现：从第 2 项开始，数列中的每一项与它前一项的差都是________．

如果一个数列从第 2 项开始，每一项与它前一项的差都等于________，那么这个数列叫作________．这个常数叫作等差数列的________，一般用字母________表示．

(1) 认识数列的首项________；公差________；项数________；项________．

(2) 等差数列 11，8，5，2，… 中，$a_1=$______，$d=$______，则 $a_{10}=$______．

(3) 已知 $a_1=12$，$d=5$，则 $a_2=$______，$a_3=$______，$a_4=$______，$a_5=$______．

观察并写出 a_1，n，d，a_n 之间的关系式：

(1)	(2)
$a_2=a_1+d$	$a_2-a_1=d$
$a_3=a_1+(\quad)d$	$a_3-a_2=d$
$a_4=a_1+(\quad)d$	$a_4-a_3=d$
…	…
$a_n=a_1+(\quad)d$	$a_n-a_{n-1}=d$

6. 等差数列的通项公式是________________________．

微思考

1. 等差中项的概念：若 a，D，b 成等差数列，那么 D 叫作 a 与 b 的等差中项，且 $D=$________．

2. 等差数列中任意两项之间的关系：$a_n=a_m+(\quad)d$；等差数列中四项之间的关系：若 $m+n=p+q$，那么 a_m，a_n，a_q，a_p 的关系式是________________．

思考 1：等差数列的通项公式中一共有几个量？知道其中的几个量，能求其余量？

结论：________________________________

思考 2：由第 1 项如何求第 9 项，由第 9 项如何求第 1 项？

结论：________________________________

微实践

题型一　已知数列的首项与公差，求数列的项

已知等差数列的首项为 12，公差为-5，试写出这个数列的第 2 项到第 5 项．

题型二 已知数列的项与公差,求数列的某一项

已知 $\{a_n\}$ 为等差数列, $a_5=-8$,公差 $d=2$,试写出这个数列的第 9 项.

题型三 已知等差数列的项,求数列的通项及未知项

写出等差数列 11, 8, 5, 2,…的第 10 项.

练习案之一叶知秋

微练习

1. 求等差数列 $-1,5,11,17,\cdots$ 的通项公式与第 50 项.

2. 在等差数列中,

(1) $a_{100}=48,d=\frac{1}{3}$ 求 a_1;

(2) $a_5=0,a_{10}=10$, 求 a_1 和 d ;

(3) $a_5=-3,a_9=-15$, 求 a_1 和 d ;

(4) $d=\frac{2}{3},a_{10}=2$, 求 a_1 .

探究案之一花独放

微探究

1. 已知等差数列的首项为 11,公差为 -6 ,试写出这个数列的第 2 项到第 5 项.

2. 写出等差数列13，8，3，−2，…的第10项.

3. 在等差数列中，$a_5=-7, d=3$，试写出这个数列的第8项.

4. 在数列$\{a_n\}$中，$a_1=\frac{1}{2}, a_{n+1}=a_n+\frac{4}{3}$，试写出数列的前5项.

§6.2.2 等差数列的前 n 项和公式

预习案之一草一木

微预习

1. 理解等差数列通项公式及前 n 项和公式.
2. 掌握前 n 项和公式的推导以及知识的简单实际应用.

微作业

1. 某学校在校学生共有1 200人，开学初准备在学校礼堂召开“学雷锋创三好”表彰大会，礼堂共有25排座位，后一排比前一排多两个座位，最后一排有70个座位，问：活动能否在这个礼堂举行？

2. 了解数学家高斯，据传说，老师在数学课上出了一道题目：“把1到100的整数写下来，然后把它们加起来！”对于这些十岁左右的孩子们来说，这个题目是比较难的. 但是高斯很快就得到了正确的答案，而此时其他的学生正在忙碌地将数字一个个加起来，额头都流出了汗水.

小高斯是怎样计算出来的呢？

探究案之一花独放

微探究

1. 1+2+3+4+…+97+98+99+100=________.

观察这100个数

1, 2, 3, 4, 5, …, 96, 97, 98, 99, 100.

将它们分成50对,依次计算各对的和:

$1+100=$________,$2+99=$________,$3+98=$________,$4+97=$________,…,$50+51=$________.所以,前100个正整数的和为________.

2. 求等差数列 $\{a_n\}$ 的前100项的和 S_{100} .即

$S_{100}=a_1+a_2+a_3+a_4+\cdots+a_{97}+a_{98}+a_{99}+a_{100}$

$$\left.\begin{array}{l}a_1+a_{100}=\\a_2+a_{99}=\\a_3+a_{98}=\\\cdots\\a_{50}+a_{51}=\end{array}\right\}\Rightarrow S_{100}=(a_1+a_{100})\times(\quad)$$

3. 等差数列 $\{a_n\}$ 的前 n 项和公式 $S_n=$________.

微思考

1. 将等差数列的通项公式 $a_n=a_1+(n-1)d$ 代入公式 $S_n=\dfrac{n(a_1+a_n)}{2}$ 会得到什么结论呢?

等差数列 $\{a_n\}$ 的前 n 项和公式为________________________________.

2. 在等差数列 $\{a_n\}$ 中,知道了 a_1 、d、n、a_n 、S_n 五个量中的三个量,就可以求出其余的两个量.针对不同情况,应该分别采用不同的计算方法.

3. 某学校在校学生共有1 200人,开学初准备在学校礼堂召开“学雷锋创三好”表彰大会,礼堂共有25排座位,后一排比前一排多两个座位,最后一排有70个座位,问:活动能否在这个礼堂举行?

已知 $d=2,n=25$, $a_n=70$,求 S_n 及 a_1.

微实践

题型一　已知等差数列的首末两项值,求数列项的 n 项和

在等差数列 $\{a_n\}$ 中, $a_1=-8$, $a_{20}=106$, 求 S_{20}.

题型二　已知等差数列的各项,求数列项的 n 项和

等差数列 $-13,-9,-5,-1,3,\cdots$ 的前12项的和等于多少?

题型三　已知等差数列的前 n 项和,求项数 n

等差数列 $-13,-9,-5,-1,3,\cdots$ 的前多少项的和等于50?

题型四　已知等差数列的 a_1 、d、n、a_n 、S_n 五个量中的三个量,就可以求出其余的两个量

已知 $d=2,n=25,a_n=70$,求 S_n 及 a_1.

练习案之一叶知秋

微练习

1. 已知等差数列 $\{a_n\}$ 的通项公式为 $a_n=-5n+20$,求前 n 项和公式及 S_{30} .

2. 在等差数列 $\{a_n\}$ 中, $a_3=15,a_9=-9$,求 S_{30} .

3. 一个等差数列共 20 项,各项之和为 1 050,首项是 5,求数列的公差与第 20 项.

自测案之一树花开

微自测

1. 在等差数列 $\{a_n\}$ 中,

(1) $a_1=12$, $a_6=27$,则 $d=$________.

(2) $a_1=3$, $a_n=21$,$d=2$,则 $n=$________.

(3) $a_1=100$,$d=-2$,$n=10$,则 $S_n=$________.

(4) $a_1=5$, $a_{10}=95$,则 $S_{15}=$________.

(5) $a_1=5$, $a_n=17$,$S_n=220$,则 $n=$________,$d=$________.

(6) $a_3=15$, $a_9=-9$,$a_{12}=95$,则 $S_{30}=$________.

2. 一个屋顶的某一个斜面成等腰梯形,最上面一层铺了 32 块瓦片,往下每一层多铺一块瓦片,斜面上铺了 20 层瓦片,问:共铺了多少块瓦片?

6.3　等比数列

§6.3.1　等比数列的定义及通项公式

预习案之一草一木

微预习

1. 理解等比数列的定义.
2. 理解等比数列的通项公式.

微作业

确认一下你的眼神：

1. 社会调研：某天某校某学生中午外出看到一则广告：贷款 2 000 元，贷款期限一个月，贷款利率：(1)第一天 1 分，第二天 2 分，第三天 4 分，…，依次每一天是前一天的2 倍…；(2)第一周百分之四十，第二周是前一周的本息和的百分之六十，第三周是本息和的百分之八十，依次类推，这个项目能做吗？

2. 用数学知识解释“一尺之棰，日取其半，万世不竭”的意义.

3. 画一个边长是 2 cm 的正方形，将这个正方形各边的中点相连得到第二个正方形，依次类推，这样一共画 5 个正方形，问：第 5 个正方形的面积是多少？

探究案之一花独放

微探究

1. 数青蛙：1,2,3,4,…；

2,4,6,8,…；

4,8,12,16,….

2. 折纸：1,2,4,8,…；

$1,\frac{1}{2},\frac{1}{4},\frac{1}{8},\cdots$.

观察发现：$\frac{2}{1}=$______，$\frac{4}{2}=$______，$\frac{8}{4}=$______，$\frac{16}{8}=$______，…；

$\frac{\frac{1}{2}}{1}=$______，$\frac{\frac{1}{4}}{\frac{1}{2}}=$______，$\frac{\frac{1}{8}}{\frac{1}{4}}=$______，$\frac{\frac{1}{16}}{\frac{1}{8}}=$______，….

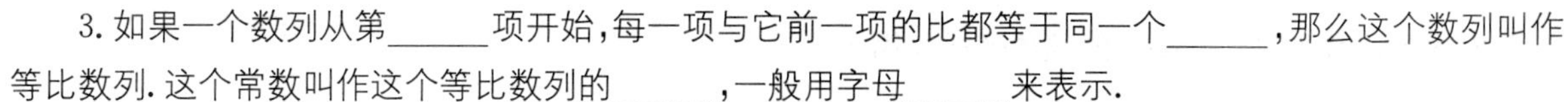

3. 如果一个数列从第______项开始，每一项与它前一项的比都等于同一个______，那么这个数列叫作等比数列. 这个常数叫作这个等比数列的______，一般用字母______来表示.

4. 若 $\{a_n\}$ 为等比数列，q 为公比，则 a_1 与 q 均不为零，则

$\frac{a_2}{a_1}=$______，$\frac{a_3}{a_2}=$______，$\frac{a_4}{a_3}=$______，$\frac{a_5}{a_4}=$______，…，$\frac{a_n}{a_{n-1}}=$______.

$\frac{a_2}{a_1}\cdot\frac{a_3}{a_2}\cdot\frac{a_4}{a_3}\cdot\cdots\cdot\frac{a_n}{a_{n-1}}=qqqq\cdots q\Rightarrow a_n=a_1\cdot q^{(\quad)}$.

5. 等比数列的通项公式为________（等比数列的通项公式中，共有四个量：a_n、a_1、n 和 q，只要知道了其中的任意三个量，就可以求出另外一个量.）.

微思考

1. 等比中项的概念：若 a,G,b 成等比数列，那么 G 叫作 a 与 b 的等比中项，且 $G=$________.

2. 等比数列中任意两项之间的关系：$a_n=a_m\cdot q^{(\quad)}$；等比数列中四项之间的关系：若 $m+n=p+q$，那么 a_m,a_n,a_q,a_p 的关系式是____________________________.

微实践

题型一　已知等差数列的 a_1、q、n、a_n 四个量中的三个量，就可以求出另外一个量

在等比数列 $\{a_n\}$ 中，$a_3=-6$，$q=2$，试写出 a_4、a_6.

题型二　已知等比数列的首项和公比，求数列通项公式和项

写出等比数列 $3,-6,12,-24,\cdots$ 的通项公式，第 5 项和第 6 项.

题型三　已知等比数列的任意两项，求数列的项

在等比数列 $\{a_n\}$ 中，$a_5=-1$，$a_8=-\frac{1}{8}$，求 a_{13}.

练习案之一叶知秋

微练习

1. 在等比数列 $\{a_n\}$ 中，$a_2=-\frac{1}{25}$，$a_5=-5$，判断 -125 是否为数列中的项；如果是，请指出是第几项.

2. 求等比数列 $\frac{2}{3}$,2,6,⋯ 的通项公式与第 7 项.

3. 在等比数列{ a_n }中,完成表 6-3.

表 6-3

序号	a_1	q	n	a_n
(1)	$\frac{1}{2}$	$\frac{1}{2}$	8	
(2)		$\frac{2}{3}$	3	8
(3)	3	-2		-96

自测案之一树花开

微自测

1. 在等比数列{ a_n }中,

(1) $a_3 = 12$, $a_4 = 18$,则 $a_1 =$________.

(2) $a_1 = 3, q = 2$, 则 $a_5 =$________.

(3) $a_5 = \frac{2}{3}$, $a_9 = -\frac{1}{3}$,则 $a_{13} =$________.

(4) $a_3 = -4$, $a_6 = 54$,则 $a_9 =$________.

2. 在数列{ a_n }中, $a_1 = 9, a_{n+1} = \frac{1}{3}a_n$,则 $a_5 =$ ________.

3. 在等比数列{ a_n }中, $a_5a_6 = 9$, 则 $\log_3 a_3 + \log_3 a_8 =$ ________.

4. 在等比数列{ a_n }中, $a_2a_4a_6 = 64$, 且 $a_8 = 64$, 则 $a_{10} =$ ________.

5. 在等比数列{ a_n }中, $a_1 + a_2 = 10, a_3 + a_4 = 40$,则 $a_5 + a_6 =$ ________.

6. 在等比数列{ a_n }中, $a_2a_7 + a_3a_6 = 4$,则此函数的前 8 项之积为________.

7. 已知两个数 $\sqrt{5} + 1$ 和 $\sqrt{5} - 1$,则它们的等比中项是________.

§6.3.2　等比数列的前 n 项和公式

预习案之一草一木

微预习

1. 理解等比数列前 n 项和公式.
2. 掌握前 n 项和公式的推导,会求等比数列的项数 n 并能对相关知识进行简单实际应用.

微作业

1. 画一个边长是 2 cm 的正方形,将这个正方形各边的中点相连得到第 2 个正方形,依次类推,这样一共画 5 个正方形,求前 5 个正方形的面积和.

2. 西游记后记:八戒取经回来成为高老庄集团的董事长,最近资金紧张,准备融资,于是与悟空大师兄商讨融资问题,悟空曰"No problem,每天 100 万元,连续一个月 30 天,但是有一个条件:第 1 天入 100 万元,出 1 分,第 2 天入 100 万元,出 2 分,第 3 天入 100 万元,出 4 分,依次类推,以后的每一天入 100 万元出前一天的二倍,连续一个月 30 天",哈哈哈要发财了,你认为呢?

3. 传说国际象棋的发明人是印度的大臣西萨·班·达依尔,舍罕王为了表彰大臣的功绩,准备对大臣进行奖赏.

国王问大臣:"你想得到什么样的奖赏?"这位聪明的大臣达依尔说:"陛下,请您在这张棋盘的第 1 个格子内放上 1 颗麦粒,在第 2 个格子内放上 2 颗麦粒,在第 3 个格子内放上 4 颗麦粒,在第 4 个格子内放上 8 颗麦粒,…,依照后一格子内的麦粒数是前一格子内的麦粒数的 2 倍的规律,放满棋盘的 64 个格子,并把这些麦粒赏给您的仆人吧."

国王认为这样的奖赏很轻,于是爽快地答应了,命令如数付给达依尔麦粒. 你认为国王能兑现他对大臣的承诺吗?

探究案之一花独放

微探究

1. 前 5 个正方形的面积之和是 $4+2+1+\frac{1}{2}+\frac{1}{4}$.

2. 麦粒总和是 $1+2+4+8+\cdots+2^{63}$.

下面来研究求等比数列前 n 项和的方法.

等比数列 $\{a_n\}$ 的前 n 项和为 $S_n=a_1+a_2+a_3+\cdots+a_n$.

________ $=4+2+1+\frac{1}{2}+\frac{1}{4}$

$q=\frac{1}{2}$

____

________ $=1+2+4+8+\cdots+2^{63}$

$q=2$

____

$S_n=a_1+a_2+a_3+\cdots+a_n$

$qS_n=$ ________

$(1-q)S_n=$ ________

等比数列的前 n 项和公式____________________.

微思考

1. $q=1$ 时,$S_n=a_1+a_2+a_3+\cdots+a_n=$ ____________.

2. 把 $a_n=a_1q^{n-1}$ 带入前 n 项和公式得____________.

在等比数列 $\{a_n\}$ 中，知道了 a_1、q、n、a_n、S_n 五个量中的三个量，就可以求出其余的两个量.

微实践

题型一　已知等比数列的首项和公比，求数列通项公式及前 n 项和

(八戒的融资问题) $1+2+4+8+\cdots+2^{29}=$________;

$300+600+900+1\,200+\cdots=$________.

题型二　已知等比数列的项，求数列的前 n 项和

写出等比数列 $1,-3,9,-27,\cdots$ 的前 n 项和公式并求出数列前 8 项的和.

题型三　已知等比数列的 a_1、q、n、a_n、S_n 五个量中的三个量，可以求出其他两个量

一个等比数列的首项为 $\frac{9}{4}$，末项为 $\frac{4}{9}$，各项和为 $\frac{211}{36}$，求该数列的公比并判断其是由几项组成的.

练习案之一叶知秋

微练习

1. 求等比数列 $\frac{1}{9},\frac{2}{9},\frac{4}{9},\frac{8}{9},\cdots$ 的前 10 项的和.

2. 已知等比数列 $\{a_n\}$ 的公比为 2，$S_4=1$，求 S_8.

3. 设报纸的厚度为 0.07 mm，你将一张报纸对折 5 次后的厚度是多少？能否对折 50 次，为什么？

4. 银行贷款一般都采用“复利计息法”计算利息. 小王从银行贷款 20 万元，贷款期限为 5 年，年利率为 5.76%，如果 5 年后一次性还款，那么小王应偿还银行多少钱？(精确到 0.000 001 万元)

自测案之一树花开

微自测

1. 下列数列中为等比数列的有(　　).

(1)1,−1,1−1,1,−1,1,−1,…;　(2)$\frac{1}{3}$,$\frac{1}{6}$,$\frac{1}{9}$,$\frac{1}{12}$,…;　(3)3,3,3,3,…;

(4)1,3,5,7,…;　(5)3,−9,27,−81,243,….

A. 1 个　　B. 2 个　　C. 3 个　　D. 4 个

2. 等比数列 1,2,4,…的前 100 项之和是(　　).

A. $1-2^{100}$　　B. $2^{100}-1$　　C. $2^{99}-1$　　D. $1-2^{99}$

3. 某数列既是等差数列又是等比数列,那么此数列是(　　).

A. 公差为 0 的等差数列　　B. 公比为 1 的等比数列

C. 常数列　　D. 以上答案都不对

4. 在等比数列中,$a_1=3,a_5=\frac{1}{27}$,则公比 q 的值为(　　).

A. 3 或−3　　B. 9 或−9　　C. $-\frac{1}{3}$ 或 $\frac{1}{3}$　　D. $\frac{1}{9}$ 或 $-\frac{1}{9}$

5. 在等比数列中,$a_1=2$, $S_3=26$, 则公比 q 的值为(　　).

A. 3　　B. −4　　C. 3,−4　　D. −3,4

单元总结案

总结案之看图说话

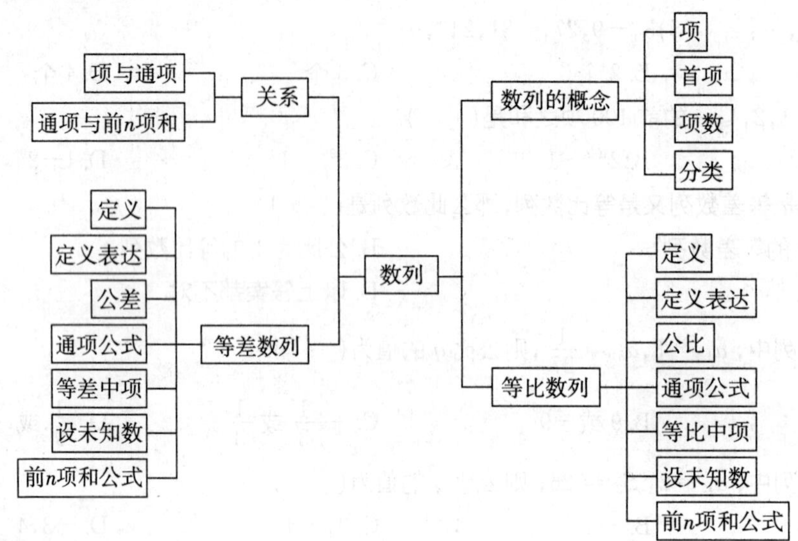

总结案之群英荟萃

题型一　写出数列的通项公式

1. 观察项和项数(序号)的关系：

数列 $-\frac{1}{2\times1},\frac{1}{2\times2},-\frac{1}{2\times3},\frac{1}{2\times4},\cdots$ 的一个通项公式是________.

2. 等差数列通项公式：

数列 $\frac{3}{5},\frac{4}{8},\frac{5}{11},\frac{6}{14},\cdots$ 的一个通项公式是________.

3. 等比数列通项公式：

数列 $1,3,3^2,3^3,\cdots$ 的一个通项公式是________.

题型二　通项公式、求和公式的应用

1. 已知数列 $\{a_n\}$ 的通项公式 $a_n=\log_3(2n+1)-1$，那么1是这个数列的第______项.

2. 在等差数列中，$a_1+a_9=8$，则 $S_9=$______.

3. 在等差数列中，$2a_1+19d=100$，则前20项之和为______.

4. 在数列中，若 $a_1=1,a_{n+1}=a_n+2$，则 $a_8=$______.

5. 已知数列的通项公式为 $a_n=3n+2$，则前10项的和 $S_{10}=$______.

6. 在等差数列中，第3项为9，第9项为3，那么它的第12项为______.

7. 等比数列的前3项依次为 $\sqrt{2},\sqrt[3]{2},\sqrt[6]{2}$，则第4项是______.

8. 在等差数列中，若 $a_3=50,a_5=30$，则 $a_7=$______.

9. 在等比数列中，$a_1 = 1, a_n = 256, q = 2$，则 $n=$________.

10. 在等比数列中，$a_2 = -3, a_5 = 36$，则 $a_8 =$________.

11. 在等比数列中，$S_n = 93, a_n = 48, q = 2$，则 $n=$________.

12. 在等差数列 $\{a_n\}$ 中，$S_6 = S_9$，且 $a_{n+1} = a_n + 3$，求数列的通项公式.

13. 在等比数列 $\{a_n\}$ 中，若 $a_1 + a_n = 66$，$a_2 + a_{n-1} = 128$，$S_n = 126$，求项数 n 及公比 q.

14. 在等差数列中，已知 $a_1 = 83, a_4 = 98$，则这个数列有多少项在 300 到 500 之间?

15. 在等差数列中，若 $a_n = \frac{3}{2}n - \frac{21}{2}$，试问：当 n 取何值时，该数列前 n 项和 S_n 可以取得最小值? 最小值为多少?

题型三　等差数列与等比数列的定义

1. 在数列中，若 $a_1 = 1, a_{n+1} = a_n + 2$，则 $a_8 =$________.

2. 若数列 $\{a_n\}$ 满足 $a_1 = 9$，$a_{n+1} = \frac{1}{3}a_n$，则 $a_5 =$________.

3. 已知数列满足 $\log_2(S_n + 1) = n$，其中 S_n 为 $\{a_n\}$ 的前 n 项和，求证：数列 $\{a_n\}$ 为等比数列.

4. 已知数列 $\{a_n\}$ 的前 n 项和是 $S_n = 3^{n+1} - 3$，求证：$\{a_n\}$ 是等比数列.

题型四　数列性质的应用

1. 如果等差数列 $\{a_n\}$ 中，$a_{15} = 10, a_{47} = 90$，那么 $a_2 + a_4 + \cdots + a_{60} =$________.

2. 在等差数列 $\{a_n\}$ 中，a_2, a_{13} 是方程 $x^2 - x - 3 = 0$ 的两个根，则前 14 项的和 S_{14} 为________.

3. 在等差数列中，$a_1 + a_5 = 10$，则 $a_2 + a_3 + a_4 =$________.

4. 在等比数列中，已知 $a_3 \cdot a_5 = 8$，那么 $a_1 \cdot a_2 \cdot a_6 \cdot a_7 =$________.

5. 在等差数列 $\{a_n\}$ 中，已知 $a_5+a_8=5$，那么 $a_2+a_{11}=$________.

6. 在等差数列 $\{a_n\}$ 中，$a_1+a_2+a_3+a_4+a_5=20$，则 $a_3=$________.

7. 在等差数列中，$a_4+a_7+a_8+a_6+a_{10}=50$，则 $S_{13}=$________.

8. 若 $\{a_n\}$ 为等差数列，a_3、a_{10} 是方程 $x^2-3x-5=0$ 的两根，则 $a_5+a_8=$________.

9. 在等比数列中，若 $a_4\cdot a_7+a_5\cdot a_6=20$，则此数列的前10项之积为________.

10. 在等比数列 $\{a_n\}$ 中，若 $a_1+a_n=66$，$a_2+a_{n-1}=128$，$S_n=126$，求项数 n 及公比 q.

题型五　项与项之间的联系

1. 在等差数列 $\{a_n\}$ 中，若公差为 $\frac{1}{2}$，且 $a_1+a_3+a_5+\cdots+a_{99}=60$，则 $a_1+a_2+a_3+\cdots+a_{100}=$________.

2. 若等差数列的公差为 -2，且 $a_1+a_4+a_7=9$，则 $a_2+a_5+a_8=$________.

3. 在等比数列 $\{a_n\}$ 中，$a_1=\frac{1}{2}$，$S_3=\frac{3}{2}$，则公比 q 的值为________.

4. 在等比数列中，$a_1+a_2=30$，$a_3+a_4=120$，则 $a_5+a_6=$________.

5. 在等比数列 $\{a_n\}$ 中，S_n 为前 n 项的和，设 $a_n>0$，$S_4-a_1=28$，求 $\frac{a_{n+3}}{a_n}$ 的值.

6. 在等差数列 $\{a_n\}$ 中，若 a_2 与2的等差中项等于 S_2 与2的等比中项，且 $S_3=18$，求：

(1)此数列的通项公式；

(2)该数列的第10项到第20项的和.

题型六　等差、等比中项的应用

1. 已知四个正数成等比数列，其积为16，中间两数之和为5，求中间两个数及公比.

2. 有三个数成等差数列，前两个数的和的3倍等于第三个数的2倍，若第二个数减去2仍作为第二个数，则三个数成等比数列，求这三个数.

总结案之硕果累累

一、选择题

1\. 数列 $\frac{1}{1\times2}$, $-\frac{1}{2\times3}$, $\frac{1}{3\times4}$, $-\frac{1}{4\times5}$,…的一个通项公式是(　　).

A. $a_n=\frac{1}{n(n+1)}$　　B. $a_n=(-1)^{n+1}\frac{1}{n(n+1)}$

C. $a_n=(-1)^n\frac{1}{n(n+1)}$　　D. $a_n=(-1)^n\frac{n}{n+1}$

2\. 某数列既是等差数列又是等比数列,那么此数列是(　　).

A. 公差为 0 的等差数列　　B. 公式为 1 的等比数列

C. 常数列　　D. 以上答案都不对

3\. 已知等比数列中, $a_1=4$, $a_5=\frac{1}{64}$,则公比 q 的值为(　　).

A. 4 或 -4　　B. 9 或 -9　　C. $-\frac{1}{4}$ 或 $\frac{1}{4}$　　D. $-\frac{1}{9}$ 或 $\frac{1}{9}$

4\. 在等差数列 7,10,13,…中,100 是它的第(　　)项.

A. 33　　B. 32　　C. 31　　D. 30

5\. 前 n 个非零自然数的和等于 (　　).

A. n^2　　B. $n(n+1)$　　C. $\frac{1}{2}n(n+1)$　　D. $2n^2$

6\. 在数列 $\{a_n\}$ 中,若 $a_1=4$, $a_{n+1}-a_n=4(n\in\mathbf{N}^*)$, 则 $a_{100}=$(　　).

A. 397　　B. 400　　C. 403　　D. 401

7\. 若 $\lg a,\lg b,\lg c$ 成等差数列,则(　　).

A. $b=\frac{a+c}{2}$　　B. $b=\frac{\lg a+\lg c}{2}$　　C. $b=\sqrt{ac}$　　D. $b=\pm\sqrt{ac}$

8\. 在等差数列中, $a_3=9$, $a_9=3$,则 $a_{15}=$(　　).

A. 27　　B. 12　　C. -3　　D. 0

9\. 已知等差数列中, $S_5=15$,则 $a_3=$(　　).

A. 3　　B. 4　　C. 5　　D. 6

10\. 在等差数列中, $a_5+a_8=10$,那么 $a_2+a_5+a_8+a_{11}=$ (　　).

A. 5　　B. 10　　C. 15　　D. 20

11\. 数列$\{a_n\}$前 n 项和 $S_n=5n^2-n$,则 $a_6+a_7+a_8+a_9+a_{10}$ 的值为(　　).

A. 370　　B. 270　　C. 250　　D. 490

12\. 在等比数列中,若 $a_1=2, a_{n+1}=\frac{1}{2}a_n(n\geqslant1)$, 则数列的前 5 项之和等于(　　).

A. $-\frac{31}{3}$　　B. $\frac{31}{8}$　　C. $-\frac{31}{16}$　　D. $\frac{31}{32}$

13\. 在等比数列$\{a_n\}$中, $a_1=5$, $q=2$, $a_n=640$,则项数 n 为(　　).

A. 4　　B. 6　　C. 8　　D. 10

14\. 某工厂去年产值是 a, 计划在今后 5 年内,每年比上一年产值增长 10%,从今年起到第 5 年,这个工厂的总产值是(　　).

A. $1.1^3 a$　　B. $1.1^5 a$　　C. $10(1.1^5-1)a$　　D. $11(1.1^5-1)a$

15. $3+3^2+3^3+\cdots+3^n$ 的和为(　　).

A. $3^{n+1}-1$　　B. $\dfrac{(n+1)(3^n+1)}{2}$　　C. $\dfrac{1}{2}(3^{n+1}-3)$　　D. $\dfrac{1}{2}(3^n-1)$

二、填空题

1. 在数列$\{a_n\}$中,满足 $a_1=1$ 且 $2a_{n+1}-a_n=0(n\in\mathbf{N}^*)$,则 $a_5=$________.

2. 已知数列$\{b_n\}$的通项公式 $b_n=(-1)^n\dfrac{n}{n+3}$,则该数列的第 5 项为________.

3. 在数列$\{a_n\}$中,若 $a_1=2$, $a_2=3$,且 $a_{n+2}=a_{n+1}+a_n$ $(n\in\mathbf{N}^*)$,则 $a_5=$________.

4. 在同一根轴上安装 5 个滑轮,它们的直径构成等差数列,最小与最大的滑轮直径分别为 120 和 216,则中间三个滑轮的直径分别为________________.

5. 在等差数列$\{a_n\}$中,公差 $d=2$, $a_1+a_3+a_5+\cdots+a_{99}=60$,则 $a_2+a_4+a_6+\cdots+a_{100}=$________.

6. 已知等差数列 11,8,5,2,…,则 $a_n=$________.

7. 在等差数列$\{a_n\}$中, $a_1=100$, $d=-2$, $n=10$,则 $S_n=$________.

8. 在数列$\{a_n\}$中, $a_1=1$, $a_{n+1}=a_n+2$,则 $a_8=$________.

9. 在等差数列$\{a_n\}$中,若 $a_4+a_6=10$,则 $a_2+a_3+a_4+a_6+a_7+a_8=$________.

10. 在等差数列$\{a_n\}$中,若 $a_3+a_5+a_7=45$,则 $S_9=$________.

11. 在数列$\{a_n\}$中, $a_1=3$, $3a_{n+1}=-a_n$,则 $a_6=$________.

12. 等差数列$\{a_n\}$的通项公式 $a_n=4n-3(n\in\mathbf{N}^*)$,则 $S_{10}=$________.

13. 已知数列$\{a_n\}$的通项公式 $a_n=4n+2$,则前 10 项的和 $S_{10}=$________.

14. 在等差数列$\{a_n\}$中, $a_1=50$, $d=-4$,则此数列前________项的和最大.

15. 等差数列 84,80,76,…从________项开始为负数.

三、解答题

1. 在等差数列$\{a_n\}$中,若 $S_4=a_7+3$, $S_3=4a_1$,求公差.

2. 在等差数列$\{a_n\}$中, $a_4=5$, $a_7=11$.

(1)求 a_3 与 a_6 的值;

(2)设 $b_2=a_3$, $b_3=a_6$,求等比数列$\{b_n\}$的前 6 项和.

3. 已知等差数列$\{a_n\}$的通项公式为 $a_n=3n+2$.

(1)求首项 a_1 和公差 d 的值;

(2)判断 68 是否为该数列中的项,若是,请指出是第几项;

(3)求数列$\{a_n\}$的前 10 项和 S_{10}.

4. 已知等比数列 $\{a_n\}$ 的通项公式为 $a_n = 2^{n-1}$.

(1)求首项 a_1 和公比 q 的值;

(2)判断 64 是否为该数列中的项,若是,请指出是第几项;

(3)求数列 $\{a_n\}$ 的前 5 项和 S_5 .

5. 已知三个数为递增的等差数列,和为 21,积为 315,求这三个数.

6. 在等差数列 $\{a_n\}$ 中, $a_1 = 5$, $S_9 = S_{17}$,求:

(1)公差 d ;

(2)前 n 项和 S_n 的最大值.

7. 在等差数列$\{ a_n \}$中, $S_n = 5n^2 - 3n$,求 a_{10} 和 a_n .

第 7 章　向　　量

7.1　平面向量的概念及线性运算

§7.1.1　平面向量

预习案之一草一木

微预习

1. 了解向量、向量相等、共线向量等概念.
2. 熟悉零向量、单位向量、向量的模等概念.

微作业

1. 小组合作,分角色演示:

老鼠向东北方向逃窜了 10 m,如果猫向正东方向追赶了 10 m,那么猫能否抓到老鼠? 为什么?

2. 在生活中有许多单位,下面用到的单位你都认识吗?

______

______

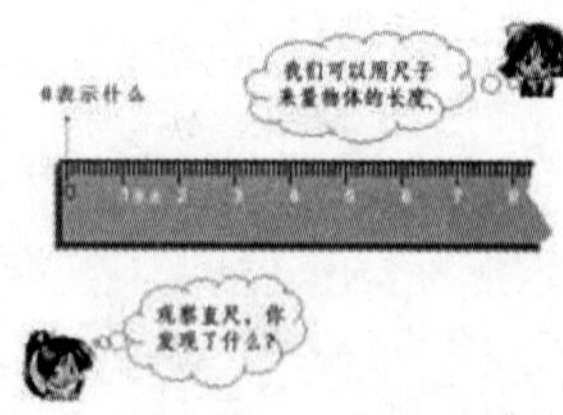

______

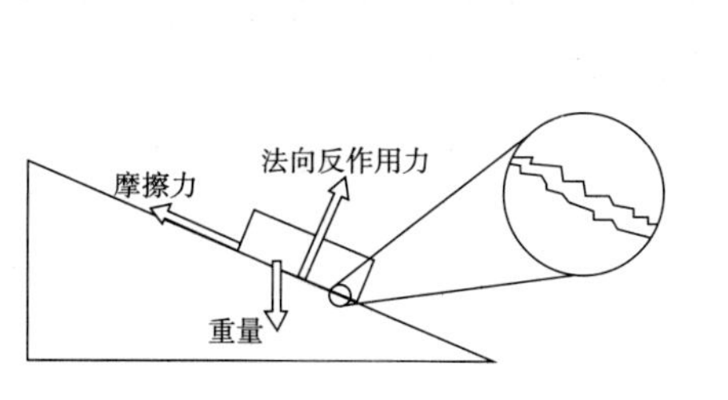

____

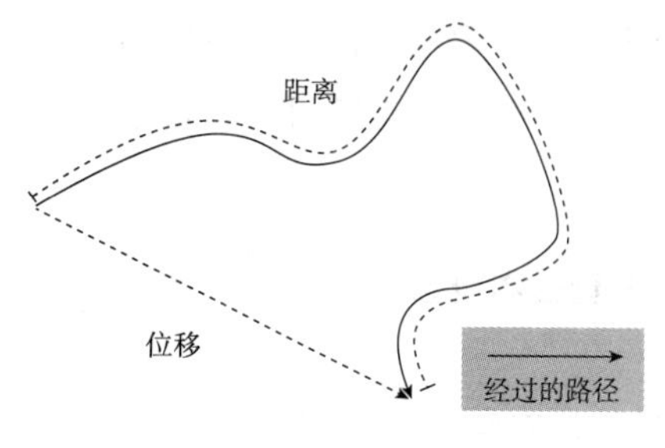

____

探究案之一花独放

微探究

在微作业中，同学们通过演示，答案已经很明确啦！猫和老鼠虽然移动的距离______，但方向______，所以猫是永远也抓不住老鼠的. 用物理中的术语来解释就是它们的________不同.

在现实生活中，我们会遇到很多量，比如在微作业中遇到的，其中一些量只有大小，如________、________、________等. 还有一些量，如________、________，是既有________又有________的量，这种量就是本章所要研究的________.

通过刚才的描述，你能说出向量的两个特征吗？根据它的特征给向量下一个定义：我们把既有________又有________的量叫作向量.

如何表示一个向量呢？与线段的表示方法类似.

A —— B　　线段 AB

在线段的基础上加一个箭头，这条线段就有了方向，我们称之为________，这样就可以表示一个向量，记作________，

A ⟶ B

(　　)　　(　　)

线段 AB 还可以用一个小写字母 a 表示；同理，向量 $\overrightarrow{AB}$ 也可以表示为________.

请同学们自己动手画一条有向线段 BA，并用两种方法表示这个向量____________________.

向量 $\overrightarrow{AB}$ 的大小，也就是向量 $\overrightarrow{AB}$ 的长度，记作________.

微思考

1. 数可以比较大小，向量能比较大小吗？

数量只有________；

向量有________，________双重性，所以________.

2. 下面我们认识几种特殊的向量，请同学们根据特征，给它们各自取一个名字：

长度为 0 的向量，我们称之为________，记作________.

长度为 1 的向量，我们称之为________，记作________.

零向量、单位向量的定义都是只限制大小，不确定方向.

方向相同或相反的向量，我们称之为________，记作________.

我们规定 $\mathbf{0}$ 与________平行.

长度相等且方向相同的向量，我们称之为________，记作 $\boldsymbol{a}=\boldsymbol{b}$.

$\boldsymbol{a}$ ↗　$\boldsymbol{b}$ ↗

任意两个相等的非零向量，都可用同一条有向线段来表示，并且与有向线段的起点无关.

长度相等且方向相反的向量，我们称之为________，记作 $\boldsymbol{a}=-\boldsymbol{b}$.

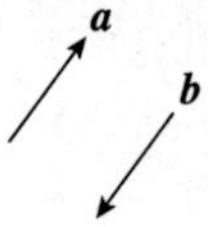

微实践

题型一　考查基本概念

判断题：

(1)面积单位是向量.　　(　　)

(2)若向量 $\boldsymbol{a}$、$\boldsymbol{b}$ 都是单位向量，则 $\boldsymbol{a}=\boldsymbol{b}$.　　(　　)

(3)零向量与任何一个向量都平行.　　(　　)

(4)两个共线向量一定相等.　　(　　)

题型二　向量相等、向量相反、向量平行

设 O 是正六边形 $ABCDEF$ 的中心，分别写出向量 $\overrightarrow{OA}$ 的等向量，$\overrightarrow{OB}$ 的反向量以及 $\overrightarrow{OA}$ 的平行向量.

练习案之一叶知秋

微练习

1. 已知非零向量 $\boldsymbol{a}$ 与向量 $\boldsymbol{b}$ 互为反向量，则下面结论中不正确的是(　　).

A. $\boldsymbol{a}+\boldsymbol{b}=\boldsymbol{0}$　　B. $\boldsymbol{a}-\boldsymbol{b}=\boldsymbol{0}$

C. $\boldsymbol{a}$ 与 $\boldsymbol{b}$ 的长度相等　　D. $\boldsymbol{a}$ 与 $\boldsymbol{b}$ 平行

2. 正方形 $ABCD$ 的边长为 2，则 $|\overrightarrow{AB}|=$________.

3. 向量可以用有向线段表示，有向线段的长度表示向量的________，箭头指向表示向量的________.

4. 面积、质量、加速度、体积、距离、位移中属于向量的是________________________.

自测案之一树花开

微自测

1. 如图 7—1 所示，四边形 $ABCD$ 是菱形，则下列各对向量中为相等向量的是(　　).

A. $\overrightarrow{AB}$ 与 $\overrightarrow{AD}$

B. $\overrightarrow{AB}$ 与 $\overrightarrow{BC}$

C. $\overrightarrow{BC}$ 与 $\overrightarrow{AD}$

D. $\overrightarrow{AB}$ 与 $\overrightarrow{CD}$

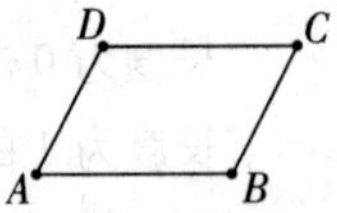

图 7—1

2. 若在四边形 $ABCD$ 中，$\overrightarrow{AB}=\overrightarrow{DC}$，则 $ABCD$ 一定是(　　).

A. 平行四边形　　B. 矩形　　C. 菱形　　D. 正方形

3. 如图 7—2 所示，圆 O 是单位圆，A、B、C 是圆上三点，那么下列结论中正确的有(　　).

(1) $\overrightarrow{OA}$、$\overrightarrow{OB}$、$\overrightarrow{OC}$ 都是单位向量；

(2) $\overrightarrow{OA}$、$\overrightarrow{OB}$、$\overrightarrow{OC}$ 是相等向量；

(3) $\overrightarrow{OA}$、$\overrightarrow{OB}$、$\overrightarrow{OC}$ 长度相等；

(4) $\overrightarrow{OA}$、$\overrightarrow{OB}$、$\overrightarrow{OC}$ 互为反向量.

A. 1 个　　B. 2 个　　C. 3 个　　D. 4 个

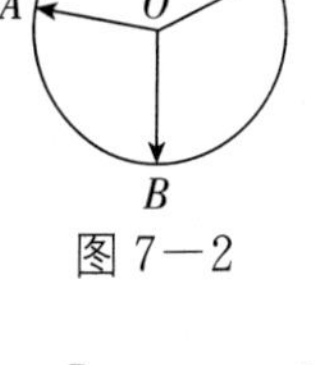

图 7—2

4. 如图 7—3 所示，在平行四边形 $ABCD$ 中，$\overrightarrow{AB}=\boldsymbol{a}$，则 $\overrightarrow{CD}=$________.

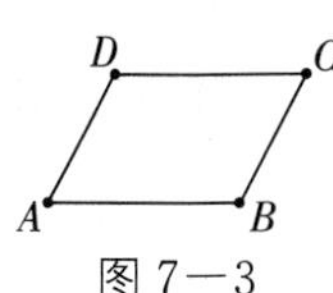

图 7—3

5. 若某人位移向量 $\boldsymbol{a}$ 表示："向西 4 km"，则位移向量 $-\boldsymbol{a}$ 应表示________.

§7.1.2　平面向量的加法

预习案之一草一木

微预习

1. 掌握平面向量的加法的定义.
2. 会用三角形法则和平行四边形法则求和向量.

微作业

从昆明运输一批木材和鲜花到重庆，请同学利用网络资源查找相关资料，结合货物本身特点及运输成本，制定最优方案.

木材队：____________；　　鲜花队：____________.

探究案之一花独放

微探究

探究一　向量加法的三角形法则(见图 7—4)

两队制定的方案虽然不同，但结果相同，都是从昆明到重庆.

我们把昆明记作 A 点，贵阳记作 B 点，重庆记作 C 点，所以得到________.

向量加法的定义：________________________________.

上述求两个向量和的作图法则，叫作向量求和的三角形法则.

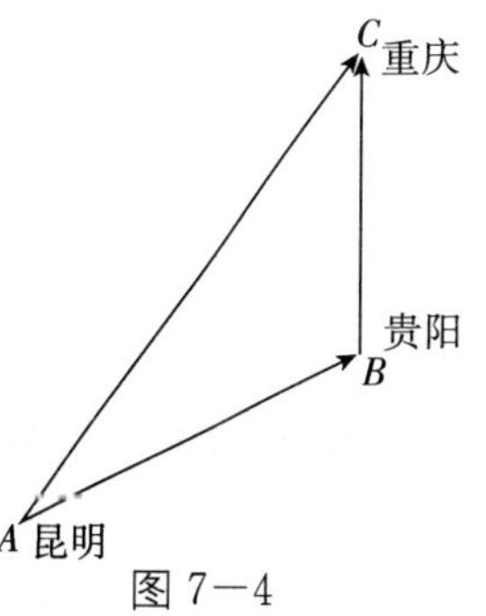

图 7—4

任务一：首尾相连，求两向量和(见图 7—5).(在几何画板中操作)

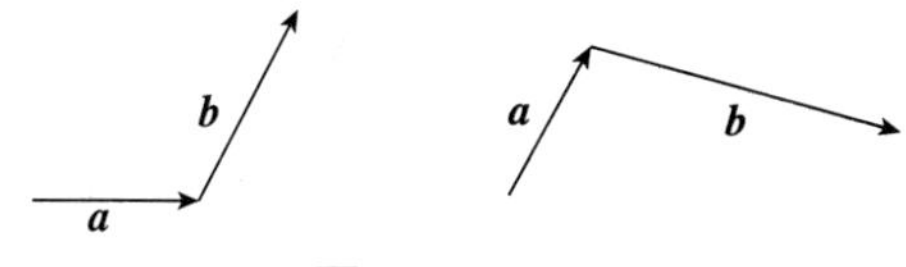

图 7—5

归纳总结:______________________________.

任务二:两向量分离,求两向量和(见图 7—6).

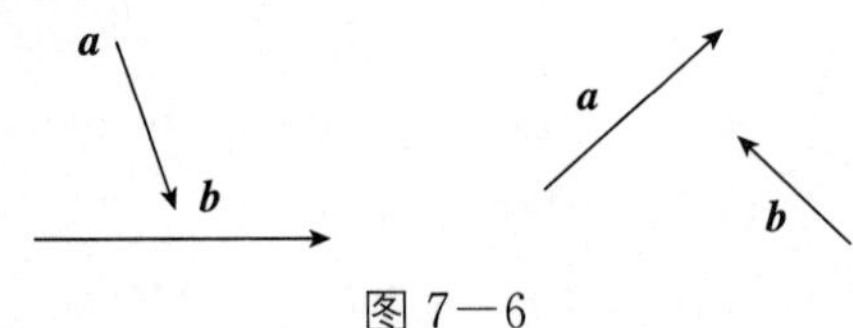

图 7—6

归纳总结:______________________________.

任务三:起点相连或终点相连,求两向量和(见图 7—7).

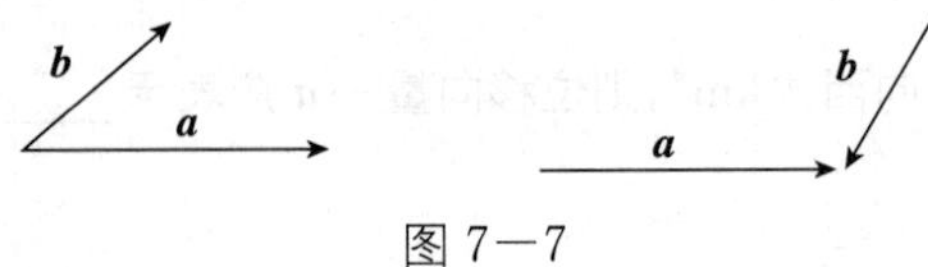

图 7—7

归纳总结:______________________________.

任务四:共线向量求和(见图 7—8).

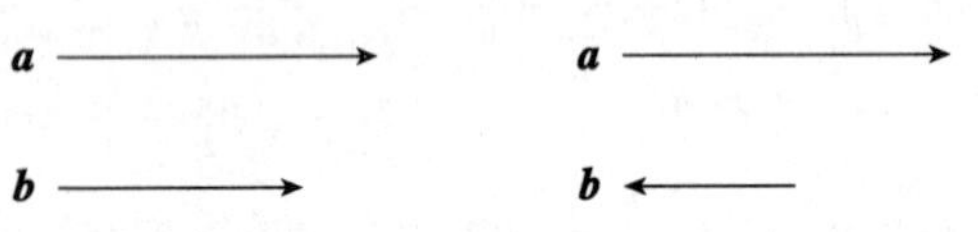

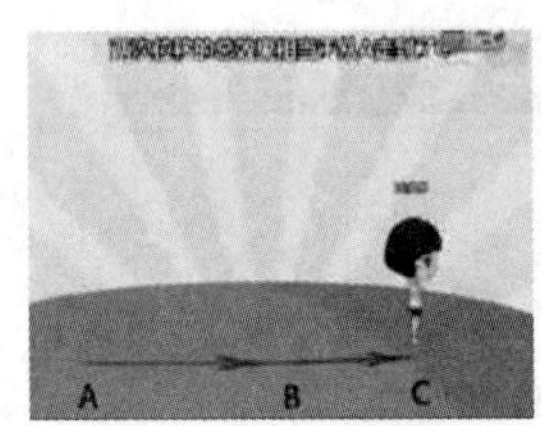

图 7—8

归纳总结:______________________________.

探究二　向量加法的平行四边形法则

哪组跑得快?(见图 7—9)

图 7—9

平行四边形法则:

任务五:用平行四边形法则求两向量和(见图 7—10).

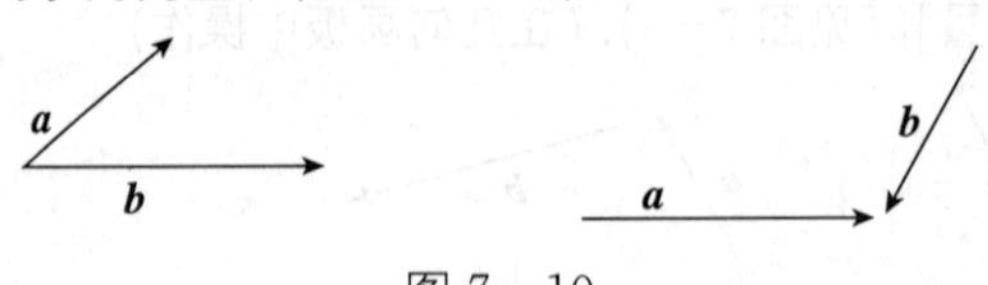

图 7—10

归纳总结:______________________________.

微思考

向量加法的三角形法则

____

____

________________.

向量加法的平行四边形法则

____

____

________________.

微实践

题型一　利用三角形法则求和向量

求下列各题中的和向量:

(1) $\overrightarrow{BC}+\overrightarrow{AB}$;

(2) $\overrightarrow{DB}+\overrightarrow{CD}+\overrightarrow{BC}$;

(3) $\overrightarrow{EF}+\overrightarrow{AB}+(-\overrightarrow{AB})$;

(4) $(\overrightarrow{AB}+\overrightarrow{MB})+\overrightarrow{BO}+\overrightarrow{OM}$.

题型二　利用平行四边形求和向量

一艘船以 12 km/h 的速度航行,方向垂直于河岸,已知水流速度为 5 km/h,求该船的实际航行速度.

练习案之一叶知秋

微练习

1. 如图 7—11 所示,已知 $\boldsymbol{a},\boldsymbol{b}$,求 $\boldsymbol{a}+\boldsymbol{b}$.

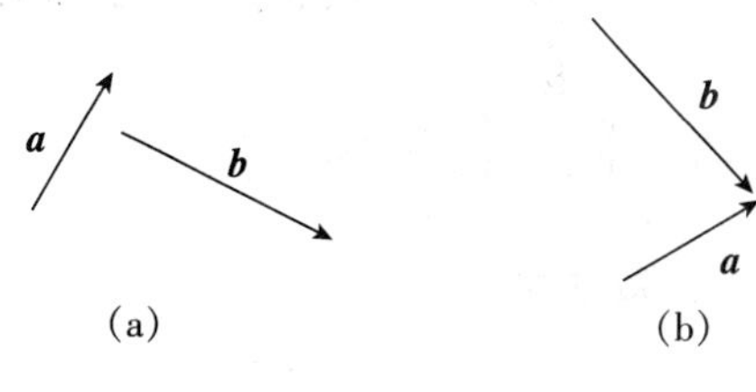

图 7—11

2. 填空(见图 7—12):

(1)$\boldsymbol{a}+\boldsymbol{b}=$________;

(2)$\boldsymbol{b}+\boldsymbol{c}=$________;

(3)$\boldsymbol{a}+\boldsymbol{b}+\boldsymbol{c}=$________.

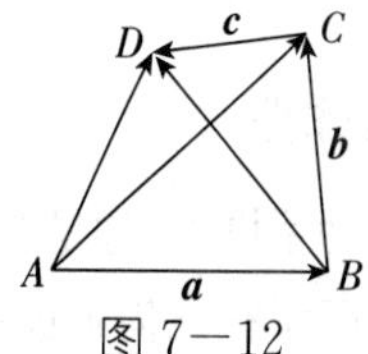

图 7—12

3. 计算:

(1) $\overrightarrow{AB}+\overrightarrow{BC}+\overrightarrow{CD}$;　　(2) $\overrightarrow{OB}+\overrightarrow{BC}+\overrightarrow{CA}$.

自测案之一树花开

微自测

1. 在四边形 $ABCD$ 中,若向量 $\overrightarrow{AB}$ 与 $\overrightarrow{CD}$ 是共线向量,则四边形 $ABCD$(　　).

A. 是平行四边形　　B. 是梯形

C. 是平行四边形或梯形　　D. 不是平行四边形,也不是梯形

2. 向量($\overrightarrow{AB}+\overrightarrow{MB}$)+($\overrightarrow{BC}+\overrightarrow{BO}$)+ $\overrightarrow{OM}$ 化简后等于(　　).

A. $\overrightarrow{BC}$　　B. $\overrightarrow{AB}$　　C. $\overrightarrow{AC}$　　D. $\overrightarrow{AM}$

3. 在四边形 $ABCD$ 中, $\overrightarrow{AC}=\overrightarrow{AB}+\overrightarrow{AD}$,则(　　).

A. $ABCD$ 是矩形　　B. $ABCD$ 是菱形

C. $ABCD$ 是正方形　　D. $ABCD$ 是平行四边形

4. 在平行四边形 $ABCD$ 中, $\overrightarrow{BC}+\overrightarrow{CD}+\overrightarrow{AB}$ 等于(　　).

A. $\overrightarrow{BD}$　　B. $\overrightarrow{AD}$　　C. $\overrightarrow{AC}$　　D. $\mathbf{0}$

5. 已知向量 $\boldsymbol{a}$ 表示向东航行 1 km,向量 $\boldsymbol{b}$ 表示向南航行 1 km,则向量 $\boldsymbol{a}+\boldsymbol{b}$ 表示(　　).

A. 向东南航行$\sqrt{2}$ km　　B. 向东南航行 2 km

C. 向东北航行$\sqrt{2}$ km　　D. 向东北航行 2 km

§7.1.3　平面向量的减法

预习案之一草一木

微预习

1. 掌握平面向量的减法的定义.
2. 会用三角形法则求向量的减法.

微作业

1. 动手操作:你是船长.

请同学在几何画板中驾驶轮船,如何让船垂直到达对岸?(见图 7－13)

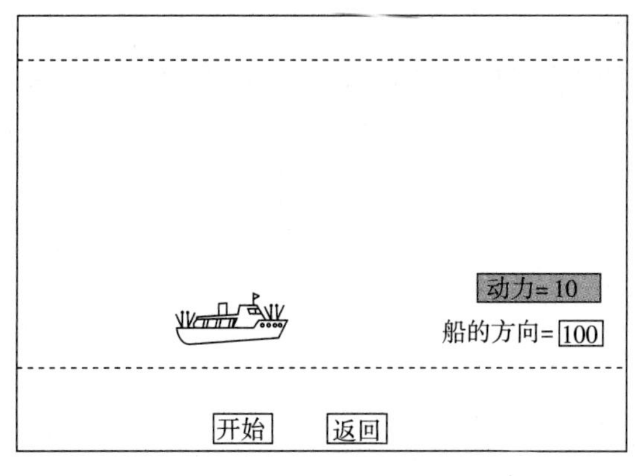

图 7—13

2. 思考问题.

河水自西向东流速为 5 km/h,某船沿垂直于河对岸的方向以 5 km/h 的速度向河的对岸驶去,船能否沿垂直河对岸的方向到达对岸?求船实际到达对岸的速度大小与方向.

若这艘船想以 5 km/h 的速度沿垂直河对岸的方向到达对岸,求船实际速度的大小与方向.

探究案之一花独放

微探究

大家通过动手实践和上节课所学的向量加法知识,我们可知船速 $\overrightarrow{AC}$ +水速 $\overrightarrow{AB}$ =实际速度 $\overrightarrow{AD}$,现在知道水速和实际速度,怎么求船速呢?(见图 7—14)

图 7—14

这与数的运算相类似,显然________________________.

我们可以将向量 $\boldsymbol{a}$ 与向量 $\boldsymbol{b}$ 的负向量的和定义为向量 $\boldsymbol{a}$ 与向量 $\boldsymbol{b}$ 的________.即____________________.

设 $\boldsymbol{a}=\overrightarrow{OA}$,$\boldsymbol{b}=\overrightarrow{OB}$,$\overrightarrow{OA}-\overrightarrow{OB}=$ ____________________,则________. 即____________________________.

微思考

起点相同的两个向量 $\boldsymbol{a}$,$\boldsymbol{b}$,其差 $\boldsymbol{a}-\boldsymbol{b}$ 仍然是一个向量,叫作 $\boldsymbol{a}$ 与 $\boldsymbol{b}$ 的________,其起点是减向量 $\boldsymbol{b}$ 的________,终点是被减向量 $\boldsymbol{a}$ 的________(见图 7—15).

法则:____________________________.

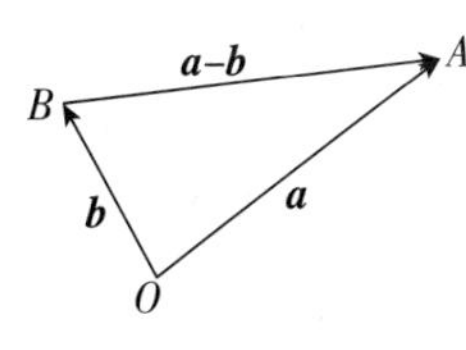

图 7—15

微实践

题型一　利用三角形法则求向量减法

如图 7—16 所示,已知向量 $\boldsymbol{a}$,$\boldsymbol{b}$,请画出向量 $\boldsymbol{a}-\boldsymbol{b}$.

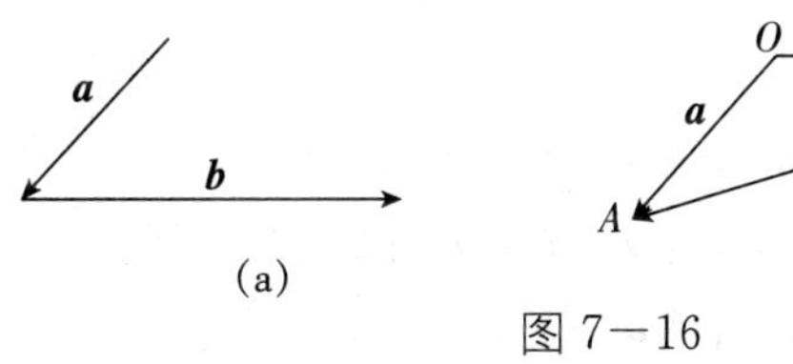

(a)

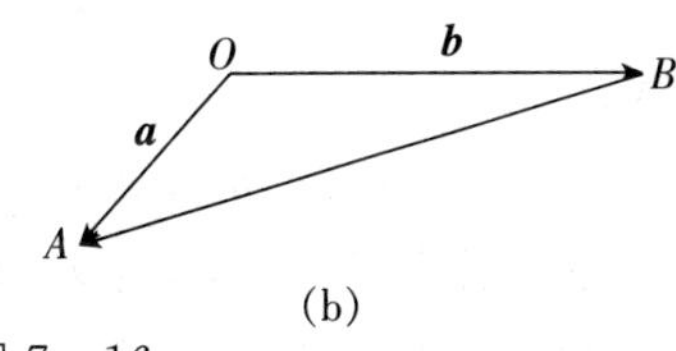

(b)

图 7—16

题型二　用已知向量表示

如图 7—17 所示,在平行四边形 $ABCD$ 中,设 $\overrightarrow{AB}=\boldsymbol{a}$, $\overrightarrow{AD}=\boldsymbol{b}$,试用 $\boldsymbol{a}$, $\boldsymbol{b}$ 表示向量 $\overrightarrow{AC}$,$\overrightarrow{BD}$,$\overrightarrow{DB}$.

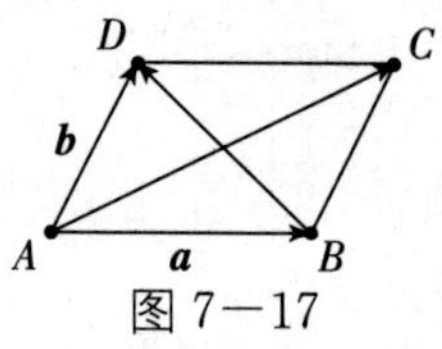

图 7—17

练习案之一叶知秋

微练习

1. 填空:(1) $\overrightarrow{AB}-\overrightarrow{AD}=$________;

(2) $\overrightarrow{BC}-\overrightarrow{BA}=$________;

(3) $\overrightarrow{OD}-\overrightarrow{OA}=$________.

2. 化简: $\overrightarrow{OP}-\overrightarrow{QP}+\overrightarrow{PS}+\overrightarrow{SP}=$(　　).

A. $\overrightarrow{OP}$　　B. $\overrightarrow{OQ}$　　C. $\overrightarrow{SP}$　　D. $\overrightarrow{QO}$

3. 如图 7—18 所示,已知△ABC,用向量 $\overrightarrow{AB}$, $\overrightarrow{AC}$ 表示向量 $\overrightarrow{BC}$,$\overrightarrow{CB}$.

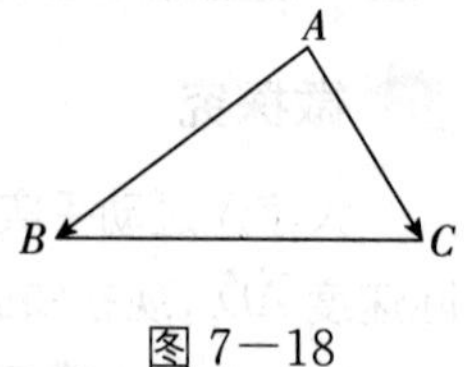

图 7—18

自测案之一树花开

微自测

1. 下列等式:

(1) $\boldsymbol{a}+\boldsymbol{0}=\boldsymbol{a}$;　(2) $\boldsymbol{b}+\boldsymbol{a}=\boldsymbol{a}+\boldsymbol{b}$;　(3) $-(-\boldsymbol{a})=\boldsymbol{a}$;

(4) $\boldsymbol{a}+(-\boldsymbol{a})=\boldsymbol{0}$;　(5) $\boldsymbol{a}+(-\boldsymbol{b})=\boldsymbol{a}-\boldsymbol{b}$.

正确的有(　　).

A. 2 个　　B. 3 个　　C. 4 个　　D. 5 个

2. 下列等式中一定成立的是(　　).

A. $\overrightarrow{AB}+\overrightarrow{AC}=\overrightarrow{BC}$　　B. $\overrightarrow{AB}-\overrightarrow{AC}=\overrightarrow{BC}$

C. $\overrightarrow{AB}+\overrightarrow{AC}=\overrightarrow{CB}$　　D. $\overrightarrow{AB}-\overrightarrow{AC}=\overrightarrow{CB}$

3. 在下列各题中,正确的命题有(　　).

(1)若向量 $\boldsymbol{a}$ 与 $\boldsymbol{b}$ 方向相反,且 $|\boldsymbol{a}|>|\boldsymbol{b}|$,则 $\boldsymbol{a}+\boldsymbol{b}$ 与 $\boldsymbol{a}$ 方向相同;

(2)若向量 $\boldsymbol{a}$ 与 $\boldsymbol{b}$ 方向相反,且 $|\boldsymbol{a}|>|\boldsymbol{b}|$,则 $\boldsymbol{a}-\boldsymbol{b}$ 与 $\boldsymbol{a}+\boldsymbol{b}$ 方向相同;

(3)若向量 $\boldsymbol{a}$ 与 $\boldsymbol{b}$ 方向相同,且 $|\boldsymbol{a}|<|\boldsymbol{b}|$,则 $\boldsymbol{a}-\boldsymbol{b}$ 与 $\boldsymbol{a}$ 方向相反;

(4)若向量 $\boldsymbol{a}$ 与 $\boldsymbol{b}$ 方向相同,且 $|\boldsymbol{a}|<|\boldsymbol{b}|$,则 $\boldsymbol{a}-\boldsymbol{b}$ 与 $\boldsymbol{a}+\boldsymbol{b}$ 方向相反.

A. 1 个　　B. 2 个　　C. 3 个　　D. 4 个

4. 如图 7—19 所示,在四边形 $ABCD$ 中,设 $\overrightarrow{AB}=\boldsymbol{a}$, $\overrightarrow{AD}=\boldsymbol{b}$, $\overrightarrow{BC}=\boldsymbol{c}$,则 $\overrightarrow{DC}=$(　　).

A. $\boldsymbol{a}-\boldsymbol{b}+\boldsymbol{c}$

B. $\boldsymbol{b}-(\boldsymbol{a}+\boldsymbol{c})$

C. $\boldsymbol{a}+\boldsymbol{b}+\boldsymbol{c}$

D. $\boldsymbol{b}-\boldsymbol{a}+\boldsymbol{c}$

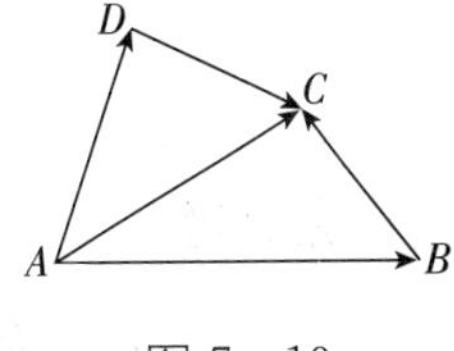

图 7—19

§7.1.4　平面向量的数乘运算

预习案之一草一木

微预习

1. 了解平面向量的数乘运算的概念.
2. 熟练运用平面向量的数乘运算.

微作业

龟兔赛跑的故事,大家都听过! 今天我们重新给它们设计一个赛跑比赛,假如兔子的速度是乌龟的 5 倍,你如何给它们设计跑道的起点和终点呢?

乌龟:________;兔子:________.

探究案之一花独放

微探究

兔子的位移是乌龟位移的 5 倍,可以记作________.

一般地,实数 λ 与向量 $\boldsymbol{a}$ 的积是一个向量,记作________,它的模为________.

若 $|\lambda\boldsymbol{a}|\neq 0$,则当 $\lambda>0$ 时,$\lambda\boldsymbol{a}$ 的方向与 $\boldsymbol{a}$ 的方向________,当 $\lambda<0$ 时,$\lambda\boldsymbol{a}$ 的方向与 $\boldsymbol{a}$ 的方向________.

由上面定义可以得到,对于非零向量 $\boldsymbol{a},\boldsymbol{b}$,当 $\lambda\neq 0$ 时,得到 $\boldsymbol{a}/\!/\boldsymbol{b}\Leftrightarrow$ ________.

一般地,有

$$0\boldsymbol{a}=\boldsymbol{0},\ \lambda\boldsymbol{0}=\boldsymbol{0}.$$

数与向量的乘法运算叫作________,容易验证,对于任意向量 $\boldsymbol{a},\boldsymbol{b}$ 及任意实数 λ,μ,向量数乘运算满足如下的法则：

____

____

____

____.

微思考

一般地，$\lambda \boldsymbol{a}+\mu \boldsymbol{b}$ 叫作 $\boldsymbol{a}$，$\boldsymbol{b}$ 的一个________（其中 λ、μ 均为系数）.

如果 $\boldsymbol{l}=$________，则称 $\boldsymbol{l}$ 可以用 $\boldsymbol{a}$，$\boldsymbol{b}$ ________.

向量的加法、减法、数乘运算都叫作________.

微实践

题型一　用已知向量表示未知向量

在平行四边形 $ABCD$ 中，O 为两对角线交点，$\overrightarrow{AB}=\boldsymbol{a}$，$\overrightarrow{AD}=\boldsymbol{b}$，试用 $\boldsymbol{a}$，$\boldsymbol{b}$ 表示向量 $\overrightarrow{AO}$，$\overrightarrow{OD}$.

题型二　考查数乘的基本概念

已知向量 $\boldsymbol{l}$，如图 7—20 所示，求作 $\boldsymbol{a}=\frac{1}{4}\boldsymbol{l}$，$\boldsymbol{b}=-2\boldsymbol{l}$.

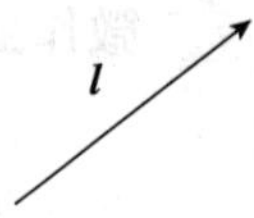

图 7—20

练习案之一叶知秋

微练习

1. 计算：(1) $3(\boldsymbol{a}-2\boldsymbol{b})-2(2\boldsymbol{a}+\boldsymbol{b})$；

(2) $3\boldsymbol{a}-2(3\boldsymbol{a}-4\boldsymbol{b})+3(\boldsymbol{a}-\boldsymbol{b})$.

2. 设向量 $\boldsymbol{a}$，$\boldsymbol{b}$ 不共线，在图 7—21 中，求作有向线段 $\overrightarrow{OA}$，使 $\overrightarrow{OA}=\frac{1}{2}(\boldsymbol{a}+\boldsymbol{b})$.

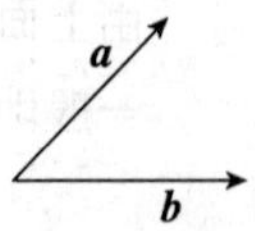

图 7—21

自测案之一树花开

微自测

1. 判断题:

(1)一个实数 λ 与一个向量 $\boldsymbol{a}$ 的乘积仍然是一个向量. ( )

(2) $-5\boldsymbol{a}$ 与 $\boldsymbol{a}$ 的方向相同. ( )

(3)若 $\boldsymbol{a}=\frac{1}{2}\boldsymbol{b}$, 则 $\boldsymbol{a}$ 与 $\boldsymbol{b}$ 为共线向量. ( )

2. 计算题:

(1) $5(\boldsymbol{a}+2\boldsymbol{b})+3(2\boldsymbol{a}-3\boldsymbol{b})$;

(2) $\boldsymbol{a}-\frac{1}{2}(3\boldsymbol{a}+\boldsymbol{b})-(3\boldsymbol{a}+\boldsymbol{b})$.

3. 在平行四边形 $ABCD$ 中, O 为对角线交点,试用 $\overrightarrow{BA}$, $\overrightarrow{BC}$ 表示 $\overrightarrow{CO}$.

7.2 平面向量的坐标表示

§7.2.1 平面向量的坐标

预习案之一草一木

微预习

1. 了解向量坐标的概念.
2. 会求向量的坐标.

微作业

你能在地球仪上找到北京和上海的位置吗? 又该如何告诉其他同学呢?

我们知道地球仪可以用________和________来定位!

在数学中我们可以用什么来定位呢?

____.

探究案之一花独放

微探究

数学中,直角坐标系中的 x 轴、y 轴和地球仪中的经度和纬度一样,可以用来定位.

在直角坐标系中,设 $\boldsymbol{i}$、$\boldsymbol{j}$ 分别为 x 轴、y 轴上的单位向量(见图 7—22).

(1)设点 $M(x,y)$,则 $\overrightarrow{OM}=x\boldsymbol{i}+y\boldsymbol{j}$;

(2)设点 $A(x_1,y_1)$,$B(x_2,y_2)$,则

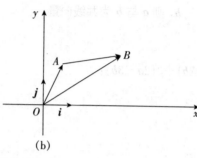

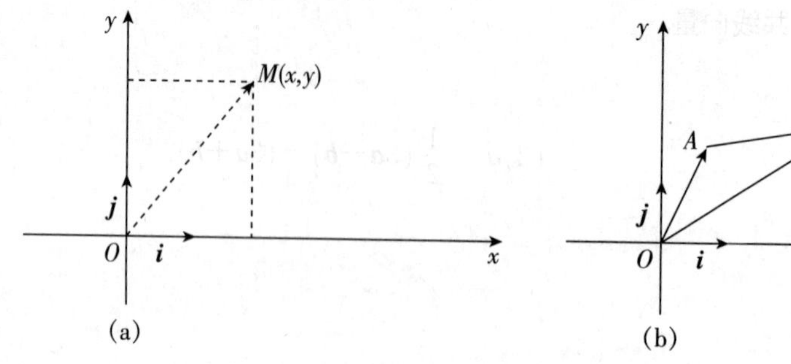

图 7—22

$\overrightarrow{AB}=$ ________________.

由此看到,对任一个平面向量 $\boldsymbol{a}$,都存在着一对有序实数 (x,y) ,使得 $\boldsymbol{a}=$ ________.

有序实数对 (x,y) 叫作向量 $\boldsymbol{a}$ 的坐标,记作 $\boldsymbol{a}=$ ________.

如图 7—22(b)所示,向量的坐标为 $\overrightarrow{OA}=$ ________ , $\overrightarrow{OB}=$ ________.

微思考

起点为坐标原点,终点为 $M(x,y)$ 的向量的坐标为 $\overrightarrow{OM}=$ ________.

起点为 $A(x_1,y_1)$,终点为 $B(x_2,y_2)$ 的向量的坐标为 $\overrightarrow{AB}=$ ________.

微实践

题型一　考查向量坐标

如图 7—23 所示,用 x 轴与 y 轴上的单位向量 $\boldsymbol{i}$、$\boldsymbol{j}$ 表示向量 $\boldsymbol{a}$、$\boldsymbol{b}$, 并写出它们的坐标.

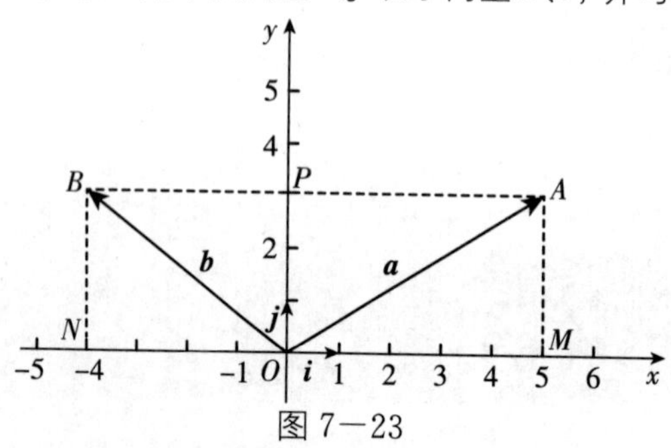

图 7—23

题型二　已知起点和终点坐标,求向量的坐标

已知点 $P(2,-1)$,$Q(3,2)$,求 $\overrightarrow{PQ}$,$\overrightarrow{QP}$ 的坐标.

练习案之一叶知秋

微练习

1. 点 A 的坐标为 $(-2,3)$，写出向量 $\overrightarrow{OA}$ 的坐标，并用 $\boldsymbol{i}$ 与 $\boldsymbol{j}$ 的线性组合表示向量 $\overrightarrow{OA}$.

2. 设向量 $\boldsymbol{a}=3\boldsymbol{i}-4\boldsymbol{j}$，写出向量 $\boldsymbol{a}$ 的坐标.

3. 已知 A,B 两点的坐标，求 $\overrightarrow{AB}$，$\overrightarrow{BA}$ 的坐标.

(1) $A(5,3)$，$B(3,-1)$；

(2) $A(1,2)$，$B(2,1)$；

(3) $A(4,0)$，$B(0,-3)$.

自测案之一树花开

微自测

1. 已知 A,B 两点的坐标，求 $\overrightarrow{AB}$，$\overrightarrow{BA}$ 的坐标：

(1) $A(3,5)$，$B(6,9)$；

(2) $A(-3,4)$，$B(6,3)$.

2. 设 O 为坐标原点，若点 M 的坐标为 $(0,2)$，求 $\overrightarrow{OB}$ 的坐标.

3. 已知 $\overrightarrow{AB}=(3,4)$，点 A 的坐标为 $(-2,3)$，求点 B 的坐标.

§7.2.2　向量线性运算的坐标表示

预习案之一草一木

微预习

1. 了解向量加法、减法及数乘向量运算的坐标表示.
2. 会用向量的坐标表示线性运算.

微作业

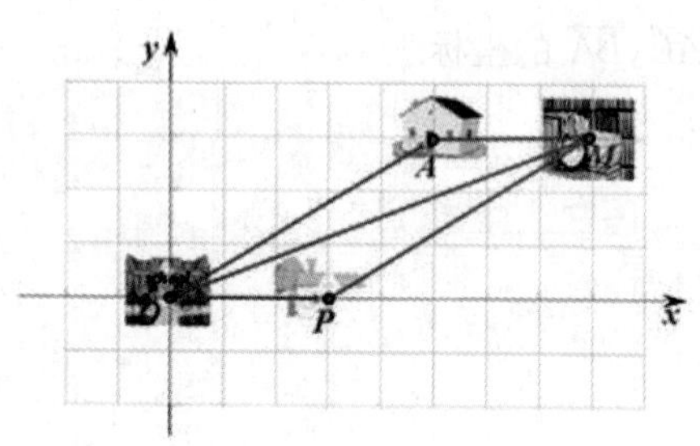

O 点为学校,A 点为张亮家,P 点为杨硕家,M 为图书馆.

放学啦,三名同学分别从学校出发,张亮、杨硕回家,肖梅去图书馆,

请同学们分别找到相应点的坐标:O ________;A ________;P ________;M ________.

用坐标表示:张亮的位移 $\overrightarrow{OA}=$________,杨硕的位移 $\overrightarrow{OP}=$________,肖梅的位移 $\overrightarrow{OM}=$________.

这三个向量有什么关系呢? ________.

它们的坐标又有什么关系呢? ________.

探究案之一花独放

微探究

观察图 7—24,向量 $\overrightarrow{OA}=(5,3)$,$\overrightarrow{OP}=(3,0)$,$\overrightarrow{OM}=\overrightarrow{OA}+\overrightarrow{OP}=(8,3)$. 可以看到,两个向量和的坐标恰好是这两个向量对应坐标的和.

设在平面直角坐标系中,$\boldsymbol{a}=(x_1,y_1)$,$\boldsymbol{b}=(x_2,y_2)$,则

$\boldsymbol{a}+\boldsymbol{b}=$________ $=$________.

所以________.

类似地,可以得到 $\boldsymbol{a}-\boldsymbol{b}=$________________________.

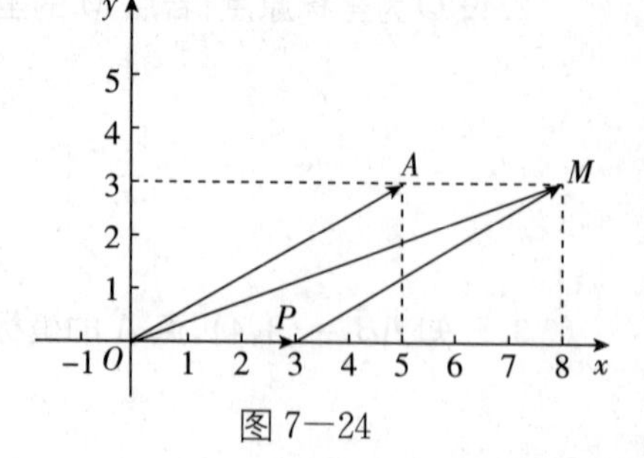

图 7—24

微思考

相信大家计算简单的向量加、减、数乘运算没有问题了,那么下面的怎么做呢?

已知 $\boldsymbol{a}=(2,3)$，$\boldsymbol{b}=(1,3)$，求：

(1) $3(\boldsymbol{a}+\boldsymbol{b})(2\boldsymbol{a}-\boldsymbol{b})$；　　(2) $3(2\boldsymbol{a}-\boldsymbol{b})(\boldsymbol{a}+3\boldsymbol{b})$．

微实践

题型一　考查向量相加、相减、数乘的坐标公式

设 $\boldsymbol{a}=(1,-2)$，$\boldsymbol{b}=(-2,3)$，求下列向量的坐标：

(1)$\boldsymbol{a}+\boldsymbol{b}$；　　(2)$-3\boldsymbol{a}$；　　(3)$3\boldsymbol{a}-2\boldsymbol{b}$.

题型二　利用线性运算求 x、y

已知 $\boldsymbol{a}=(x+y,2x-y)$，$\boldsymbol{b}=(x-y,x+2y)$，若 $2\boldsymbol{a}=3\boldsymbol{b}$，求 x,y 的值.

练习案之一叶知秋

微练习

1. 下列说法中正确的有(　　)个.

(1)向量的坐标即此向量终点的坐标；

(2)位置不同的向量，其坐标可能相同；

(3)一个向量的坐标等于它的始点坐标减去它的终点坐标；

(4)相等的向量坐标一定相同.

A. 1　　B. 2　　C. 3　　D. 4

2. 已知向量 $\boldsymbol{a}$，$\boldsymbol{b}$ 的坐标，求 $\boldsymbol{a}+\boldsymbol{b}$，$\boldsymbol{a}-\boldsymbol{b}$，$-2\boldsymbol{a}+3\boldsymbol{b}$ 的坐标.

(1)$\boldsymbol{a}=(-2,3)$，$\boldsymbol{b}=(1,1)$；

(2)$\boldsymbol{a}=(1,0)$，$\boldsymbol{b}=(-4,-3)$；

(3)$\boldsymbol{a}=(-1,5)$，$\boldsymbol{b}=(6,1)$.

自测案之一树花开

微自测

1. 已知 $\boldsymbol{a}=(3,-1)$，$\boldsymbol{b}=(-2,4)$，则 $\boldsymbol{a}+\boldsymbol{b}=$ ________.

2. 已知 $\boldsymbol{a}=(5,0)$, $\boldsymbol{b}=(3,-2)$,则 $3\boldsymbol{a}+4\boldsymbol{b}=$ ________.

3. 已知 $A(-1,5)$和向量 $\boldsymbol{a}=(2,3)$,若 $\overrightarrow{AB}=3\boldsymbol{a}$,则点 B 的坐标为(　　).

A. $(7,4)$　　B. $(5,4)$　　C. $(7,14)$　　D. $(5,14)$

4. 已知 $\boldsymbol{a}=(3,2)$, $\boldsymbol{b}=(0,-1)$,求 $-2\boldsymbol{a}+4\boldsymbol{b}$, $4\boldsymbol{a}+3\boldsymbol{b}$ 的坐标.

5. 若 $A(1,2)$, $B(3,2)$, $\overrightarrow{AB}=(x+3,x^2-3x-4)$,求 x,并写出 $\overrightarrow{AB}$ 的坐标.

§7.2.3　共线向量的坐标表示

预习案之一草一木

微预习

1. 了解两个共线向量的坐标形式.
2. 熟练运用共线向量平行的坐标公式.

微作业

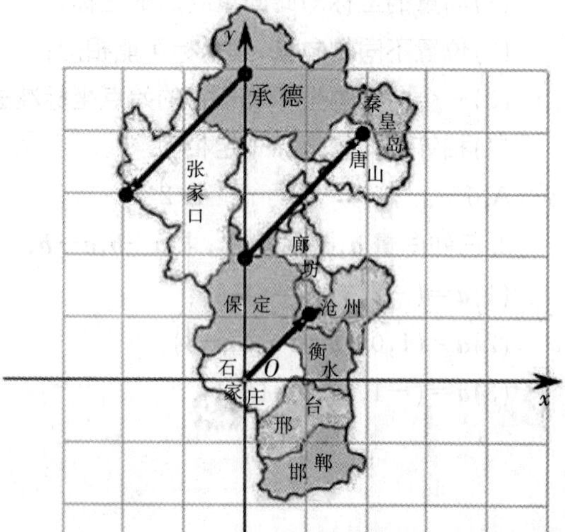

观察河北地图,在直角坐标系中找到:

石家庄到沧州的位移坐标________________;

保定到唐山的位移坐标________________;

承德到张家口的位移坐标________________;

观察这三个向量的位置关系________________.

探究案之一花独放

微探究

在微作业中,我们发现这三个向量是平行关系,如何用坐标来判断向量平行呢?

我们知道,两个向量平行可以表示成________.

设 $\boldsymbol{a}=(x_1,y_1)$, $\boldsymbol{b}=(x_2,y_2)$,由 $\boldsymbol{a}=\lambda\boldsymbol{b}$,有________,于是________,即________________.

由此得到,对于非零向量 $\boldsymbol{a}$、$\boldsymbol{b}$,设 $\boldsymbol{a}=(x_1,y_1)$, $\boldsymbol{b}=(x_2,y_2)$,当 $\lambda\neq 0$ 时,由

$\boldsymbol{a}/\!/\boldsymbol{b}\Leftrightarrow$ ________.

微思考

若向量 $\boldsymbol{a}$、$\boldsymbol{b}$ 的两个坐标均不为零，也可以用 $\boldsymbol{a} /\!/ \boldsymbol{b} \Leftrightarrow$ ________来解题.

微实践

题型一　如何判断共线

设 $\boldsymbol{a}=(1,3)$，$\boldsymbol{b}=(2,6)$，判断向量 $\boldsymbol{a}$，$\boldsymbol{b}$ 是否共线.

题型二　考查共线向量的坐标公式

已知 $\boldsymbol{a}=(m,2)$，$\boldsymbol{b}=(4,-1)$，且 $2\boldsymbol{a} /\!/ 3\boldsymbol{b}$，求 m.

练习案之一叶知秋

微练习

1. 判断下列各组向量是否共线：

(1) $\boldsymbol{a}=(2,3)$，$\boldsymbol{b}=\left(1,\dfrac{3}{2}\right)$；

(2) $\boldsymbol{a}=(1,-1)$，$\boldsymbol{b}=(-2,2)$；

(3) $\boldsymbol{a}=(2,1)$，$\boldsymbol{b}=(-1,2)$.

2. 设 $\boldsymbol{a}=(-2,3)$，则与 $\boldsymbol{a}$ 共线的向量的坐标是(　　).

A. $(3,2)$　　B. $(-1,3)$　　C. $(3,-2)$　　D. $(4,-6)$

3. 设 $\boldsymbol{a}=(3,m)$，$\boldsymbol{b}=(2,6)$，且 $\boldsymbol{a} /\!/ \boldsymbol{b}$，则 $m=$(　　).

A. 1　　B. 4　　C. 9　　D. 12

自测案之一树花开

微自测

1. 设 $\boldsymbol{a}=(-1,3)$，$\boldsymbol{b}=(2,4)$，判断向量 $\boldsymbol{a}$、$\boldsymbol{b}$ 是否共线.

2. 设 $\boldsymbol{a}=(m,4)$，$\boldsymbol{b}=(2,8)$，且 $\boldsymbol{a} /\!/ \boldsymbol{b}$，则 $m=$________.

3. 设 $\boldsymbol{a}=(n,2)$，$\boldsymbol{b}=(1,8)$，且 $\boldsymbol{a} /\!/ \boldsymbol{b}$，则 $n=$________.

7.3　平面向量的内积

§7.3.1　平面向量的内积

预习案之一草一木

微预习

1. 理解平面向量内积的概念及其几何意义.
2. 掌握平面向量内积的公式及两个向量垂直的充要条件.
3. 学会用内积的概念及利用内积计算两个非零向量的夹角.

微作业

生活中谈到贡献、功绩、成效时，大家会联想到“功”，那么，你抱着一摞书不动时，你累吗？用力推讲台，讲台没动时，你累吗？“垂直无功、不劳无功、劳而无功”现象，如何用数学知识解释呢？

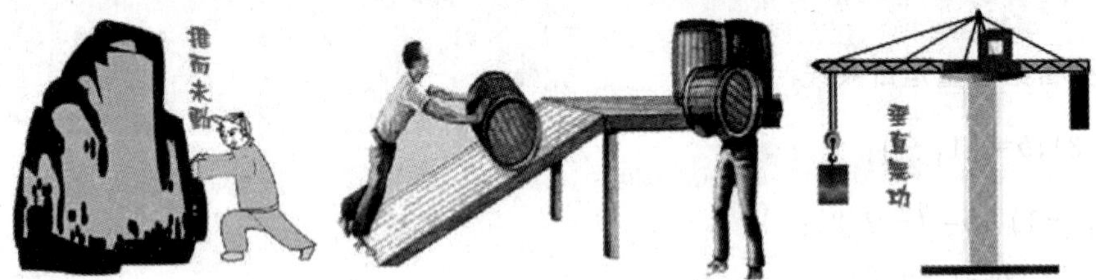

探究案之一花独放

微探究

1. 分析下面两种工作模式哪种更省力.（见图 7—25）（说明理由）

图 7—25

2. 水平地面上有一辆车，某人用 100 N 的力，朝着与水平线成 30°角的方向拉小车，使小车前进了 100 m. 那么，这个人做了多少功？（见图 7—26）

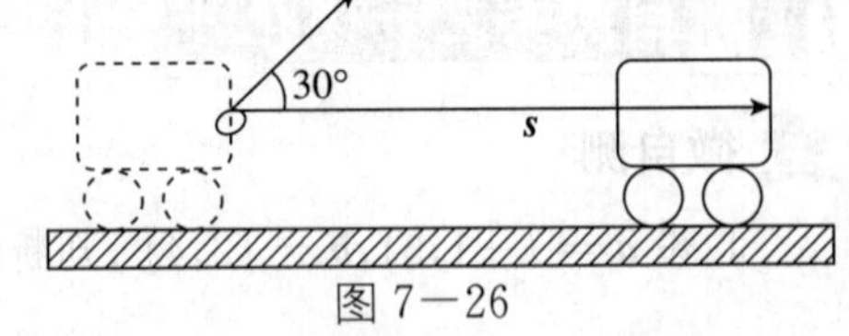

图 7—26

$W=$________.

小结：力 $\boldsymbol{F}$ 与位移 $\boldsymbol{s}$ 都是向量，W 是一个数量，它等于由两个向量 $\boldsymbol{F}$、$\boldsymbol{s}$ 的模及它们的夹角的余弦的乘积，W 叫作向量 $\boldsymbol{F}$ 与向量 $\boldsymbol{s}$ 的________，它是一个________，又叫作________.

3. 两个非零向量 $\boldsymbol{a}$、$\boldsymbol{b}$ 夹角的概念:

设有两个非零向量 $\boldsymbol{a}$、$\boldsymbol{b}$,作 $\overrightarrow{OA}=\boldsymbol{a}$,$\overrightarrow{OB}=\boldsymbol{b}$,由射线 OA 与 OB 所形成的角叫作向量 $\boldsymbol{a}$ 与向量 $\boldsymbol{b}$ 的夹角,记作 $\langle\boldsymbol{a},\boldsymbol{b}\rangle$,如图 7—27 所示.

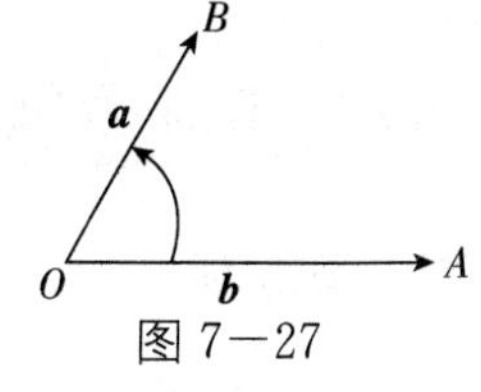

图 7—27

4. 在图 7—28 中,作出下列两个向量的夹角:

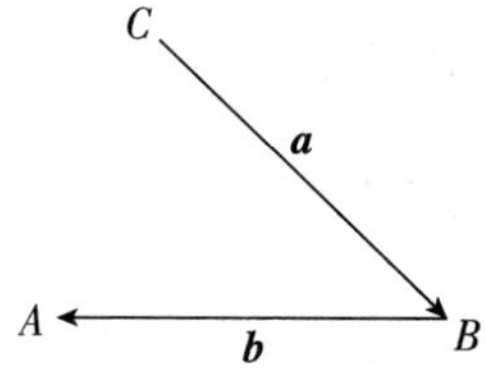

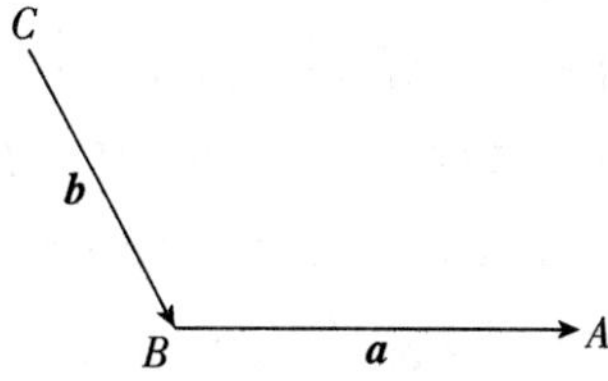

图 7—28

小结:两个非零向量 $\boldsymbol{a}$,$\boldsymbol{b}$ 所形成的角的取值范围是____________.

5. 两个向量 $\boldsymbol{a}$,$\boldsymbol{b}$ 的模与它们的夹角的余弦之积叫作向量 $\boldsymbol{a}$ 与向量 $\boldsymbol{b}$ 的内积,记作 $\boldsymbol{a}\cdot\boldsymbol{b}$,即 $\boldsymbol{a}\cdot\boldsymbol{b}=$________.

微思考

1. 由内积的定义可以得到下面几个重要结果:

(1)当 $\langle\boldsymbol{a},\boldsymbol{b}\rangle=0°$ 时,$\boldsymbol{a}\cdot\boldsymbol{b}=$________;当 $\langle\boldsymbol{a},\boldsymbol{b}\rangle=180°$ 时,$\boldsymbol{a}\cdot\boldsymbol{b}=$________.

(2)当 $\langle\boldsymbol{a},\boldsymbol{b}\rangle=90°$ 时,$\boldsymbol{a}\cdot\boldsymbol{b}=$________.

(3) $\cos\langle\boldsymbol{a},\boldsymbol{b}\rangle=$________.

(4)当 $\boldsymbol{b}=\boldsymbol{a}$ 时,有 $\langle\boldsymbol{a},\boldsymbol{a}\rangle=$________,所以 $\boldsymbol{a}\cdot\boldsymbol{a}=$________,即 $|\boldsymbol{a}|=$________.

2. 可以验证,向量的内积满足下面的运算律:

(1)$\boldsymbol{a}\cdot\boldsymbol{b}=$________.

(2)$(\lambda\boldsymbol{a})\cdot\boldsymbol{b}=$________$=$________.

(3)$(\boldsymbol{a}+\boldsymbol{b})\cdot\boldsymbol{c}=$________.

微实践

题型一　已知向量 $\boldsymbol{a}$,$\boldsymbol{b}$ 的模及夹角,求内积

已知 $|\boldsymbol{a}|=3$,$|\boldsymbol{b}|=2$,$\langle\boldsymbol{a},\boldsymbol{b}\rangle=60°$,求 $\boldsymbol{a}\cdot\boldsymbol{b}$.

题型二　判断垂直的充分必要条件

在 Rt△ABC 中,$\angle C=90°$,$|\overrightarrow{AC}|=3$,$|\overrightarrow{BC}|=4$,求 $\overrightarrow{AC}\cdot\overrightarrow{AB}$.

题型三　已知向量内积及 $\boldsymbol{a}$,$\boldsymbol{b}$ 的模长,求夹角

已知 $|\boldsymbol{a}|=|\boldsymbol{b}|=\sqrt{2}$,$\boldsymbol{a}\cdot\boldsymbol{b}=-\sqrt{2}$,求 $\langle\boldsymbol{a},\boldsymbol{b}\rangle$.

题型四　已知向量内积及 $\boldsymbol{a}$,$\boldsymbol{b}$ 的夹角,求模长

已知 $\boldsymbol{a}\cdot\boldsymbol{a}=9$,求 $|\boldsymbol{a}|$.

练习案之一叶知秋

微练习

1. 若 $\boldsymbol{a}\cdot\boldsymbol{b}>0$,则 $<\boldsymbol{a},\boldsymbol{b}>$ 的取值范围是________.

2. 在 $\triangle ABC$ 中, $\overrightarrow{AB}=\boldsymbol{a}$, $\overrightarrow{AB}=\boldsymbol{b}$, $\boldsymbol{a}\cdot\boldsymbol{b}=0$,则 $\triangle ABC$ 是________.

3. 在边长为 4 的等边三角形 $\triangle ABC$ 中, $\overrightarrow{AB}\cdot\overrightarrow{BC}=$________.

4. 已知 $|\boldsymbol{a}|=3,|\boldsymbol{b}|=2,\langle\boldsymbol{a},\boldsymbol{b}\rangle=120°$,求 $\boldsymbol{a}\cdot\boldsymbol{b}=$________.

5. 已知 $|\boldsymbol{a}|=2,|\boldsymbol{b}|=3$, $\boldsymbol{a}\cdot\boldsymbol{b}=-3\sqrt{2}$,求 $\langle\boldsymbol{a},\boldsymbol{b}\rangle=$________.

6. 若 $|\boldsymbol{a}|=3,\langle\boldsymbol{a},\boldsymbol{b}\rangle=\frac{\pi}{3},\boldsymbol{a}\cdot\boldsymbol{b}=3$,则 $|\boldsymbol{b}|=$________.

自测案之一树花开

微自测

1. 已知 $|\boldsymbol{a}|=2,|\boldsymbol{b}|=6,\langle\boldsymbol{a},\boldsymbol{b}\rangle=60°$,求 $\boldsymbol{a}\cdot\boldsymbol{b}$.

2. 已知 $|\boldsymbol{a}|=2,|\boldsymbol{b}|=3$, $\boldsymbol{a}\cdot\boldsymbol{b}=3\sqrt{2}$,求 $\langle\boldsymbol{a},\boldsymbol{b}\rangle$.

3. 已知 $|\boldsymbol{a}|=3,|\boldsymbol{b}|=4,\langle\boldsymbol{a},\boldsymbol{b}\rangle=\frac{\pi}{3}$,求 $|\boldsymbol{a}-\boldsymbol{b}|$.

4. 已知 $|\boldsymbol{a}|=3,|\boldsymbol{b}|=\sqrt{2},\langle\boldsymbol{a},\boldsymbol{b}\rangle=\frac{\pi}{4}$,求 $|2\boldsymbol{a}-3\boldsymbol{b}|$.

5. 已知 $|\boldsymbol{b}|=5,\langle\boldsymbol{a},\boldsymbol{a}\rangle=\frac{\pi}{6},\boldsymbol{a}\cdot\boldsymbol{b}=6$,求 $|\boldsymbol{a}|$.

6. 已知 $|\boldsymbol{a}|=2,|\boldsymbol{b}|=3$, $\boldsymbol{a}\cdot\boldsymbol{b}=-3$,求 $\langle\boldsymbol{a},\boldsymbol{b}\rangle$.

§7.3.2 平面向量的内积

预习案之一草一木

微预习

1. 理解平面向量内积的坐标表示.
2. 掌握平面向量内积的坐标公式及向量垂直充要条件的坐标表示.
3. 学习用向量内积的坐标公式计算两个非零向量的夹角.

微作业

1. 某校在规划实训基地时,原建设长 m m,宽 n m 的长方形基地,现由于实训需求,调整长增加 a m,宽增加 b m,你有几种表示方法?(见图 7—29)

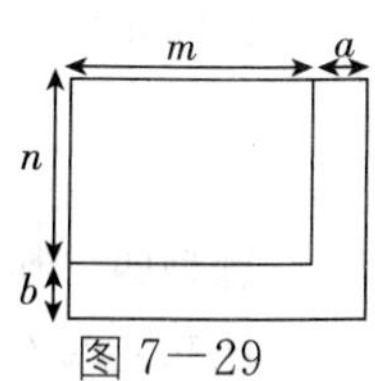

图 7—29

2. 以 $\boldsymbol{a}$ 为平行四边形的对角线,作平行四边形,这个平行四边形确定吗?作矩形呢?

3. 了解直角坐标系的创建:笛卡尔看见屋顶角上的一只蜘蛛,拉着丝垂了下来,一会儿蜘蛛又顺着丝爬上去,在蜘蛛的启示下,笛卡尔创建了直角坐标系.

探究案之一花独放

微探究

1. 多项式乘法法则:$(\boldsymbol{a}_1+\boldsymbol{a}_2)(\boldsymbol{b}_1+\boldsymbol{b}_2)=$________.

2. 如图 7—30 所示,计算 $\boldsymbol{a}\cdot\boldsymbol{b}$ 的大小.

$\boldsymbol{a}=$________;$\boldsymbol{b}=$________;

$\boldsymbol{a}\cdot\boldsymbol{b}=$________.

一般地,设平面向量 $\boldsymbol{a}=(x_1,y_1)$,$\boldsymbol{b}=(x_2,y_2)$,$\boldsymbol{i},\boldsymbol{j}$ 分别为 x 轴,y 轴上的单位向量,

$\boldsymbol{a}\cdot\boldsymbol{b}=$________$=$________

$=$________$=$________.

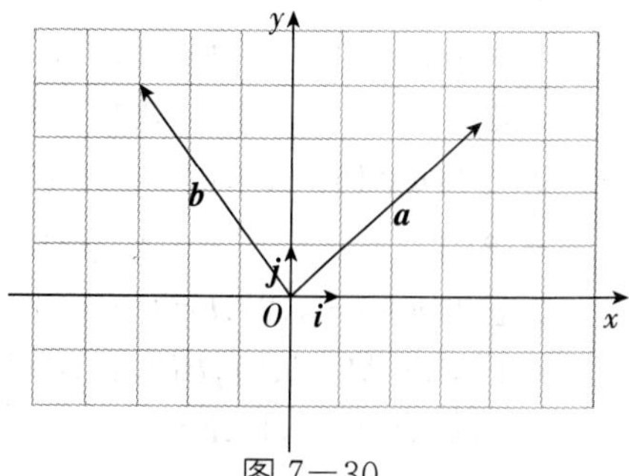

图 7—30

微思考

几个重要的结论:

1. 设 $\boldsymbol{a}=(x,y)$,则 $|\boldsymbol{a}|=\sqrt{\boldsymbol{a}\cdot\boldsymbol{a}}=$________.

2. $\boldsymbol{a},\boldsymbol{b}$ 是非零向量时,$\cos\langle\boldsymbol{a},\boldsymbol{b}\rangle=\dfrac{\boldsymbol{a}\cdot\boldsymbol{b}}{|\boldsymbol{a}||\boldsymbol{b}|}=$________.

3. $\boldsymbol{a}\perp\boldsymbol{b}\Leftrightarrow\boldsymbol{a}\cdot\boldsymbol{b}=0$,$\boldsymbol{a}\cdot\boldsymbol{b}=0\Leftrightarrow$________.

微实践

题型一　已知向量 $\boldsymbol{a},\boldsymbol{b}$ 的坐标，求内积

已知 $\boldsymbol{a}=(4,2)$，$\boldsymbol{b}=(-2,-3)$，求 $\boldsymbol{a}\cdot\boldsymbol{b}$.

题型二　判断垂直的充分必要条件

向量 $\overrightarrow{OA}=(-1,2)$，$\overrightarrow{OB}=(3,m)$，若 $\overrightarrow{OA}\perp\overrightarrow{OB}$，求 m 的值.

题型三　已知向量 $\boldsymbol{a},\boldsymbol{b}$ 的坐标，求夹角和模长

已知 $\boldsymbol{a}=(-1,2)$，$\boldsymbol{b}=(-3,1)$，求 $|\boldsymbol{a}|$，$|\boldsymbol{b}|$，$\langle\boldsymbol{a},\boldsymbol{b}\rangle$.

题型四　判断三角形形状

已知 $\triangle ABC$ 的顶点坐标分别为点 $A(-1,2)$，$B(3,1)$，$C(2,-3)$，判断三角形 $\triangle ABC$ 是否是直角三角形.

练习案之一叶知秋

微练习

求下列向量的内积：

(1)$\boldsymbol{a}=(2,-3)$，$\boldsymbol{b}=(1,3)$；　(2)$\boldsymbol{a}=(2,-1)$，$\boldsymbol{b}=(1,2)$；　(3)$\boldsymbol{a}=(4,2)$，$\boldsymbol{b}=(-2,-3)$.

自测案之一树花开

微自测

1. 向量 $\boldsymbol{a}=(2,-3)$，$\boldsymbol{b}=(5,-4)$，则 $\boldsymbol{a}\cdot\boldsymbol{b}=$（　　）.

A. 22　　B. 7　　C. -2　　D. -15

2. 已知 $\boldsymbol{a}=(5,-2)$，则 $|\boldsymbol{a}|=$（　　）.

A. 21　　B. $\sqrt{21}$　　C. $\sqrt{29}$　　D. 29

3. 已知 $\boldsymbol{a}=(-4,2)$，$\boldsymbol{b}=(-1,2)$，则 $\cos\langle\boldsymbol{a},\boldsymbol{b}\rangle=$ ________.

4. 已知点 $A(-1,8)$，$B(2,4)$，则 $|\overrightarrow{AB}|=$ ________.

5. 已知 $\boldsymbol{a}=(-1,1)$，$\boldsymbol{b}=(-3,-2)$，求 $(\boldsymbol{b}-\boldsymbol{a})\cdot(\boldsymbol{b}+\boldsymbol{a})$.

单元总结案

总结案之看图说话

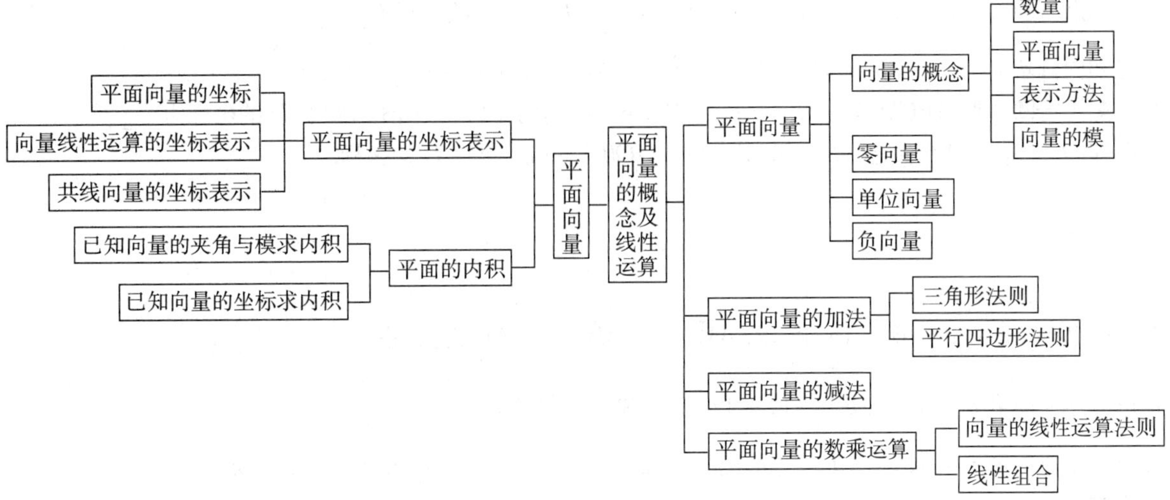

总结案之群英荟萃

题型一　向量的相关概念

1. 在四边形 $ABCD$ 中，若 $\overrightarrow{AB}+\overrightarrow{CD}=\mathbf{0}$，则四边形 $ABCD$ 的形状是________.

2. 设非零向量 $\boldsymbol{a}$，对于 $\frac{\boldsymbol{a}}{|\boldsymbol{a}|}$，下列叙述中正确的是(　　).

A. 它表示数 1 或 -1　　B. 它表示方向不确定的单位向量

C. 它表示与 $\boldsymbol{a}$ 方向相同的单位向量　　D. 它表示与 $\boldsymbol{a}$ 方向相反的单位向量

3. 下列说法中不正确的是(　　).

A. 零向量和任何向量平行

B. 平面上任意三点 A、B、C，一定有 $\overrightarrow{AB}+\overrightarrow{BC}=\overrightarrow{AC}$

C. 若 $\overrightarrow{AB}=m\overrightarrow{CD}$ ($m\in\mathbf{R}$)，则 $\overrightarrow{AB}\parallel\overrightarrow{CD}$

D. 已知向量 $\boldsymbol{i},\boldsymbol{j}$ 都是单位向量，若 $a=x_1\boldsymbol{i},b=x_2\boldsymbol{j}$，则当 $x_1=x_2$ 时，$\boldsymbol{a}=\boldsymbol{b}$

4. 已知 $|\overrightarrow{OA}|=|\overrightarrow{OB}|$，且 $\angle AOB=60^\circ$，则下列各式中正确的是(　　).

A. $\overrightarrow{AB}=\overrightarrow{OA}$　　B. $\overrightarrow{AB}=\overrightarrow{OB}$

C. $|\overrightarrow{AB}|=|\overrightarrow{OA}|$　　D. $\overrightarrow{OA}=\overrightarrow{OB}$

题型二　向量的加法、减法、数乘运算

1. $\overrightarrow{AB}+\overrightarrow{BC}+\overrightarrow{CA}=$________.

2. $\overrightarrow{AB}+\overrightarrow{DE}+\overrightarrow{BD}-\overrightarrow{AC}=$________.

3. $\overrightarrow{MN}-\overrightarrow{MP}+\overrightarrow{NQ}+\overrightarrow{QP}=$________.

4. (1) $\overrightarrow{AB}+\overrightarrow{BC}+\overrightarrow{CD}+\overrightarrow{DA}=$________;　　(2) $\overrightarrow{AB}-\overrightarrow{AD}+\overrightarrow{BC}-\overrightarrow{DE}=$________;

(3) $\overrightarrow{MA}-\overrightarrow{MB}-\overrightarrow{BC}+\overrightarrow{AD}=$________;　　(4) $3(\boldsymbol{a}+2\boldsymbol{b})+4(2\boldsymbol{a}-\boldsymbol{b})=$________.

5. 在平行四边形 $ABCD$ 中,若 $\overrightarrow{AC}=\boldsymbol{a}$, $\overrightarrow{BD}=\boldsymbol{b}$,则 $\overrightarrow{AB}=$________.
6. 已知 $2(\boldsymbol{a}+\boldsymbol{x})=3(\boldsymbol{b}-\boldsymbol{x})$,则 $\boldsymbol{x}=$________.
7. 在 $\mathrm{Rt}\triangle ABC$ 中, $\angle C=90^\circ$,若 $|AC|=3$,则 $\overrightarrow{AB}\cdot\overrightarrow{AC}=$________.
8. 设 $\boldsymbol{a}=(1,0)$, $\boldsymbol{b}=(0,1)$, $\boldsymbol{c}=(-3,5)$,则向量 $\boldsymbol{c}$ 用 $\boldsymbol{a}$ 、$\boldsymbol{b}$ 线性表示为________.

题型三　向量的坐标及运算

1. 已知两点 $A=(1,2)$,$B=(-2,5)$,且 $\overrightarrow{AB}=3\overrightarrow{AC}$,则点 C 的坐标是________.
2. 已知点 $A=(2,1)$, $B=(-3,-2)$, $\overrightarrow{AM}=\dfrac{2}{3}\overrightarrow{AB}$,则 M 的坐标为________.
3. 已知向量 $\boldsymbol{a}=(x,5)$, $\boldsymbol{b}=(2,-2)$,且 $\boldsymbol{a}+\boldsymbol{b}$ 与 $\boldsymbol{a}$ 共线,则 $x=$________.
4. 已知平行四边形 $ABCD$ 满足 $A=(1,-2)$, $B=(3,0)$, $C=(4,3)$,则点 D 的坐标为________.
5. 已知 $O=(0,0)$,$A=(0,5)$,$B=(6,3)$, $AD\perp OB$ 于点 D,求点 D 的坐标.

6. 已知 $A=(-1,1)$, $B=(5,4)$,若 $\overrightarrow{AM}=\dfrac{1}{3}\overrightarrow{AB}$,则点 M 的坐标是________.
7. 已知平面向量 $\boldsymbol{a}=(1,1)$, $\boldsymbol{b}=(1,-1)$,则向量 $\dfrac{1}{2}\boldsymbol{a}-\dfrac{3}{2}\boldsymbol{b}=$________.
8. 已知平面向量 $\boldsymbol{a}=(2,3)$, $\boldsymbol{b}=(m,n)$,若 $2\boldsymbol{a}-\boldsymbol{b}=(1,-2)$,则 $\boldsymbol{m}=$________, $\boldsymbol{n}=$________.
9. 已知 $A=(5,3)$, $B=(2,0)$, $C=(8,0)$,则 $\triangle ABC$ 的形状为________.
10. 已知 $A=(1,2)$, $B=(2,3)$, $C=(-2,5)$,试判断此三角形的形状.

11. 已知点 A,B 的坐标分别为 $(3,-2)$, $(-1,4)$, E,F 为线段 AB 上的点,并且线段 AE,EF,FB 的长度相等,求点 E,F 的坐标.

12. 已知三个点 $A=(2,1)$,$B=(3,2)$,$D=(-1,4)$,

(1)求证: $\overrightarrow{AB}\perp\overrightarrow{AD}$, $\boldsymbol{b}=(2,-1)$;

(2)要使四边形 $ABCD$ 为矩形,求点 C 的坐标.

题型四　求向量的模

1. 已知向量 $\boldsymbol{a}=(3,1)$, $\boldsymbol{b}=(-2,1)$,则 $|2\boldsymbol{a}-\boldsymbol{b}|=$________.
2. 已知向量 $\boldsymbol{a}=(1,2)$,$\boldsymbol{b}=(-2,3)$,则 $|2\boldsymbol{a}+\boldsymbol{b}|$ 的值为________.
3. 已知 $\boldsymbol{a}=(1,2)$, $\boldsymbol{b}=(2,-1)$,那么 $2\boldsymbol{a}+\boldsymbol{b}=$________, $|2\boldsymbol{a}+\boldsymbol{b}|=$________.

题型五　向量垂直与平行问题

1. 已知向量 $\boldsymbol{a},\boldsymbol{b}$ 的坐标分别为 $(1,x)$，$(-8,-1)$，且 $(\boldsymbol{a}+\boldsymbol{b})\perp(\boldsymbol{a}-\boldsymbol{b})$，则 x 等于________.

2. 已知向量 $\boldsymbol{a}=(2,t)$，$\boldsymbol{b}=(1,2)$，若 $\boldsymbol{a}\perp\boldsymbol{b}$，则 $t=$________；若 $\boldsymbol{a}\parallel\boldsymbol{b}$，则 $t=$________.

3. 已知 $\boldsymbol{a}=(-4,4)$，点 $A=(1,-1)$，点 $B=(2,-2)$，那么(　　).

A. $\boldsymbol{a}=\overrightarrow{AB}$　　B. $\boldsymbol{a}\perp\overrightarrow{AB}$　　C. $|\boldsymbol{a}|=|\overrightarrow{AB}|$　　D. $\boldsymbol{a}$，$\overrightarrow{AB}$ 共线

4. 已知 $\boldsymbol{a}=(1,2)$，$\boldsymbol{b}=(-2,m)$，且 $\boldsymbol{a}\parallel\boldsymbol{b}$，则 $2\boldsymbol{a}+3\boldsymbol{b}$ 等于________.

5. 设 O 是坐标原点，向量 $\overrightarrow{OA}=(-4,2)$，$\overrightarrow{OB}=(2,1)$，$\overrightarrow{OA}\perp\overrightarrow{OC}$，$\overrightarrow{BC}\parallel\overrightarrow{OA}$，求点 C 的坐标.

6. 已知 $\overrightarrow{OA}=(-1,2)$，$\overrightarrow{OB}=(3,m)$，且 $\overrightarrow{OA}\perp\overrightarrow{OB}$，则实数 m 的值为________.

7. 若三点 $P=(1,1)$，$A=(2,-4)$，$B=(x,-9)$ 共线，则 x 等于________.

8. 已知 $\boldsymbol{a}=(2,-1)$，$\boldsymbol{b}=(-3,4)$，且 $m\boldsymbol{a}+\boldsymbol{b}$ 与 $\boldsymbol{a}-\boldsymbol{b}$ 垂直，则实数 m 的值为________.

9. 设 $\boldsymbol{a}=(\cos\alpha,\sin\alpha)$，$\boldsymbol{b}=(\cos\beta,\sin\beta)$，且 $\boldsymbol{a},\boldsymbol{b}$ 满足 $|k\boldsymbol{a}+\boldsymbol{b}|=\sqrt{3}\,|\boldsymbol{a}-k\boldsymbol{b}|$（$k$ 为正实数），

(1)求证：$(\boldsymbol{a}+\boldsymbol{b})\perp(\boldsymbol{a}-\boldsymbol{b})$；

(2)若 $f(k)=\boldsymbol{a}\cdot\boldsymbol{b}$，求 $f(k)$.

题型六　向量的内积及应用

1. 若向量 $\boldsymbol{a},\boldsymbol{b}$ 的坐标分别为 $(1,\sqrt{3})$，$(\sqrt{3},1)$，则 $3\boldsymbol{a}\cdot\boldsymbol{b}=$________，$\langle\boldsymbol{a},\boldsymbol{b}\rangle=$________.

2. 若 $\boldsymbol{a}\cdot\boldsymbol{b}=-\sqrt{6}$，$|\boldsymbol{a}|=\sqrt{3}$，$|\boldsymbol{b}|=2\sqrt{2}$，则 $\langle\boldsymbol{a},\boldsymbol{b}\rangle=$________.

3. 已知向量 $\boldsymbol{a}=(1,2)$，$\boldsymbol{b}=(-2,3)$，则 $\boldsymbol{a}\cdot\boldsymbol{b}=$________.

4. 已知 $\boldsymbol{a}=(3,2)$，$\boldsymbol{b}=(1,3)$，则 $\boldsymbol{a}\cdot(\boldsymbol{a}+\boldsymbol{b})=$________.

5. 若 $\boldsymbol{a}=(1,\sqrt{3})$，$\boldsymbol{b}=(2\sqrt{3},2)$，则 $\boldsymbol{a}$ 与 $\boldsymbol{b}$ 的夹角为________.

6. 已知 $|\boldsymbol{a}|=2$，$|\boldsymbol{b}|=3$，且 $\boldsymbol{a}$，$\boldsymbol{b}$ 的夹角为 45°，则 $(2\boldsymbol{a}-\boldsymbol{b})\cdot(\boldsymbol{a}+3\boldsymbol{b})=$________.

7. 已知 $\boldsymbol{a}=(x,2x)$，$\boldsymbol{b}=(-3x,2)$，且 $\boldsymbol{a}$，$\boldsymbol{b}$ 的夹角为钝角，则实数 x 的取值范围是________.

总结案之硕果累累

一、选择题

1. 下面说法中正确的是(　　).

A. 方向相同的向量是等向量　　B. 零向量的长度为 0

C. 共线向量是在一条直线上的向量　　D. $\boldsymbol{0}$ 向量是没有方向的向量

2. 已知平行四边形 $ABCD$，下列关系中正确的是(　　).

A. $\overrightarrow{BD}+\overrightarrow{CB}=\overrightarrow{DC}$　　B. $\overrightarrow{AC}+\overrightarrow{CB}=\overrightarrow{AB}$

C. $\overrightarrow{BD}-\overrightarrow{CB}=\overrightarrow{CD}$　　D. $\overrightarrow{AB}+\overrightarrow{BC}=\overrightarrow{CD}+\overrightarrow{DA}$

3. 已知$\lambda \in \mathbf{R}$,向量$\lambda \overrightarrow{AB}$( ).

A. 等于$\overrightarrow{AB}$　　B. 与$\overrightarrow{AB}$同向

C. 与$\overrightarrow{AB}$反向　　D. 以上均可能

4. 已知$\boldsymbol{a}=(-4,4)$,点$A=(1,-1)$,点$B=(2,-2)$,那么( ).

A. $\boldsymbol{a}=\overrightarrow{AB}$　　B. $\boldsymbol{a}\perp\overrightarrow{AB}$

C. $|\boldsymbol{a}|=|\overrightarrow{AB}|$　　D. $\boldsymbol{a}$,$\overrightarrow{AB}$共线

5. 在平行四边形$ABCD$中,$\overrightarrow{AB}-\overrightarrow{AD}=$( ).

A. $\overrightarrow{AB}$　　B. $\overrightarrow{BD}$　　C. $\overrightarrow{DB}$　　D. $\overrightarrow{CA}$

6. 在平行四边形$ABCD$中,$\overrightarrow{BC}+\overrightarrow{CD}+\overrightarrow{AB}=$( ).

A. $\overrightarrow{BC}$　　B. $\overrightarrow{AD}$　　C. $\overrightarrow{AB}$　　D. $\overrightarrow{AC}$

7. 已知$\boldsymbol{a}=(2,4)$,$\boldsymbol{b}=(-2,1)$,则$\boldsymbol{a}$与$\boldsymbol{b}$的关系是( ).

A. 不共线　　B. 垂直　　C. 共线同向　　D. 共线反向

8. 已知$\boldsymbol{a}=(-2,1)$,$\boldsymbol{b}=(2,-3)$,则$\boldsymbol{a}+\boldsymbol{b}$与$\boldsymbol{a}-\boldsymbol{b}$的坐标分别为( ).

A. $(0,-2)$,$(4,-4)$　　B. $(0,4)$,$(-4,4)$

C. $(0,-2)$,$(-4,4)$　　D. $(-2,0)$,$(4,-4)$

9. 在正六边形$ABCDEF$中,与$\overrightarrow{CF}$共线的非零向量共有( )个.

A. 7　　B. 2　　C. 3　　D. 5

10. 两个非零向量大小相等是这两个向量相等的( ).

A. 充分条件　　B. 必要条件

C. 充要条件　　D. 既不充分也不必要条件

11. 下列各组向量中共线的是( ).

A. $\boldsymbol{a}=(-2,3)$,$\boldsymbol{b}=(4,6)$　　B. $\boldsymbol{a}=(2,3)$,$\boldsymbol{b}=(3,2)$

C. $\boldsymbol{a}=(1,-2)$,$\boldsymbol{b}=(7,14)$　　D. $\boldsymbol{a}=(-3,2)$,$\boldsymbol{b}=(6,-4)$

12. 化简:$\overrightarrow{AB}-\overrightarrow{AC}-\overrightarrow{BC}=$( ).

A. $2\overrightarrow{BC}$　　B. $\mathbf{0}$　　C. $2\overrightarrow{CB}$　　D. $2\overrightarrow{AC}$

13. 已知$\boldsymbol{a}=(10,5)$,$\boldsymbol{b}=(5,x)$,且$\boldsymbol{a}$与$\boldsymbol{b}$共线,则$x=$( ).

A. 2.5　　B. 2　　C. 5　　D. 0.5

14. 已知$\overrightarrow{AB}=(5,-3)$,$C(-1,3)$,且$\overrightarrow{CD}=2\overrightarrow{AB}$,则$D$的坐标是( ).

A. $(11,9)$　　B. $(-9,0)$　　C. $(0,9)$　　D. $(9,-3)$

15. 设$\overrightarrow{OA}$,$\overrightarrow{OB}$的坐标是$(-5,2)$,$(4,-1)$,则向量$\overrightarrow{AB}$的坐标是( ).

A. $(-1,1)$　　B. $(1,-1)$　　C. $(9,-3)$　　D. $(3,-9)$

二、填空题

1. 化简:$\overrightarrow{AB}+\overrightarrow{BC}+\overrightarrow{CA}=$________.

2. 化简:$3(\boldsymbol{a}+2\boldsymbol{b})-(5\boldsymbol{a}-3\boldsymbol{b})=$________.

3. 已知D是$\triangle ABC$的边BC的中点,用向量$\overrightarrow{AB}$和$\overrightarrow{AC}$表示$\overrightarrow{AD}$为________.

4. 已知平行四边形$ABCD$的两条对角线交于点O,用向量$\overrightarrow{AB}$,$\overrightarrow{AD}$表示:
$\overrightarrow{OA}=$________,$\overrightarrow{BD}=$________.

5. 已知$O(0,0)$,$A(0,5)$,$B(6,3)$,$AD\perp OB$于点D,点D的坐标为________.

6. 已知向量$\boldsymbol{a}$,$\boldsymbol{b}$的坐标分别是$(1,x)$,$(2,x-3)$,且$\boldsymbol{a}\parallel\boldsymbol{b}$,则$x=$________.

7. 在向量内积的定义式中,$\langle\boldsymbol{a},\boldsymbol{b}\rangle$的取值范围是________.

8. 对任意向量 $\boldsymbol{a},\boldsymbol{b},\boldsymbol{a}\perp\boldsymbol{b}$ 的充要条件是________.

9. 已知 $|\boldsymbol{a}|=7,|\boldsymbol{b}|=12,\langle\boldsymbol{a},\boldsymbol{b}\rangle=\frac{\pi}{4}$，则 $\boldsymbol{a}\cdot\boldsymbol{b}=$________.

10. 已知 $\boldsymbol{a}\cdot\boldsymbol{b}=2,|\boldsymbol{a}|=1,|\boldsymbol{b}|=4$，则 $\langle\boldsymbol{a},\boldsymbol{b}\rangle=$________.

11. 若 $\boldsymbol{a}=(1,\sqrt{3}),\boldsymbol{b}=(\sqrt{3},1)$，则 $3\boldsymbol{a}\cdot\boldsymbol{b}=$________，$\langle\boldsymbol{a},\boldsymbol{b}\rangle=$________.

12. 已知 $|\boldsymbol{a}|=2,|\boldsymbol{b}|=12,\langle\boldsymbol{a},\boldsymbol{b}\rangle=120^\circ$，则 $\boldsymbol{a}\cdot\boldsymbol{b}=$________.

13. 已知 $\overrightarrow{OM}=\left(1-\frac{1}{3}\right)\overrightarrow{OA}+\frac{1}{3}\overrightarrow{OB}$，则 $\overrightarrow{AM}=$________$\overrightarrow{AB}$.

三、解答题

1. 已知平行四边形 $ABCD$ 的顶点 A,B,C 的坐标分别为 $(-2,-5),(3,-2),(1,4)$，求顶点 D 的坐标以及向量 $\overrightarrow{AC},\overrightarrow{BD}$ 的坐标.

2. 已知 $\boldsymbol{a}=(1,2),\boldsymbol{b}=(-3,2)$，当实数 k 为何值时，
(1) $k\boldsymbol{a}+\boldsymbol{b}$ 与 $\boldsymbol{a}-3\boldsymbol{b}$ 垂直；(2) $k\boldsymbol{a}+\boldsymbol{b}$ 与 $\boldsymbol{a}-3\boldsymbol{b}$ 平行.

3. 已知 $|\boldsymbol{a}|=2,|\boldsymbol{b}|=3,\langle\boldsymbol{a},\boldsymbol{b}\rangle=30^\circ$，求 $(2\boldsymbol{a}+\boldsymbol{b})\cdot\boldsymbol{b}$.

4. 已知 $A(2,3),B(-1,5)$，且满足 $\overrightarrow{AC}=\frac{1}{3}\overrightarrow{AB},\overrightarrow{AD}=3\overrightarrow{AB}$，求 C,D 的坐标.

5. 已知△ABC 三个顶点的坐标分别是 $A(-2,3),B(1,2),C(5,4)$，
求：(1) $\overrightarrow{BA},\overrightarrow{BC}$ 的坐标；(2) $\angle B$ 的大小.

6. 已知△ABC 三个顶点的坐标分别是 $A(2,-1),B(3,2),C(-3,-1)$，BC 边上的高为 AD，求点 D 和 $\overrightarrow{AD}$ 的坐标.

第 8 章　平面解析几何

8.1　两点间的距离与线段中点的坐标

预习案之一草一木

微预习

1. 了解两点间距离公式、中点坐标公式的推导过程.
2. 掌握两点间距离公式、中点坐标公式的灵活运用.

微作业

1. 了解测量两地距离的方法.
2. 你能计算出河北省省会石家庄到古都西安的直线距离吗?

探究案之一花独放

微探究

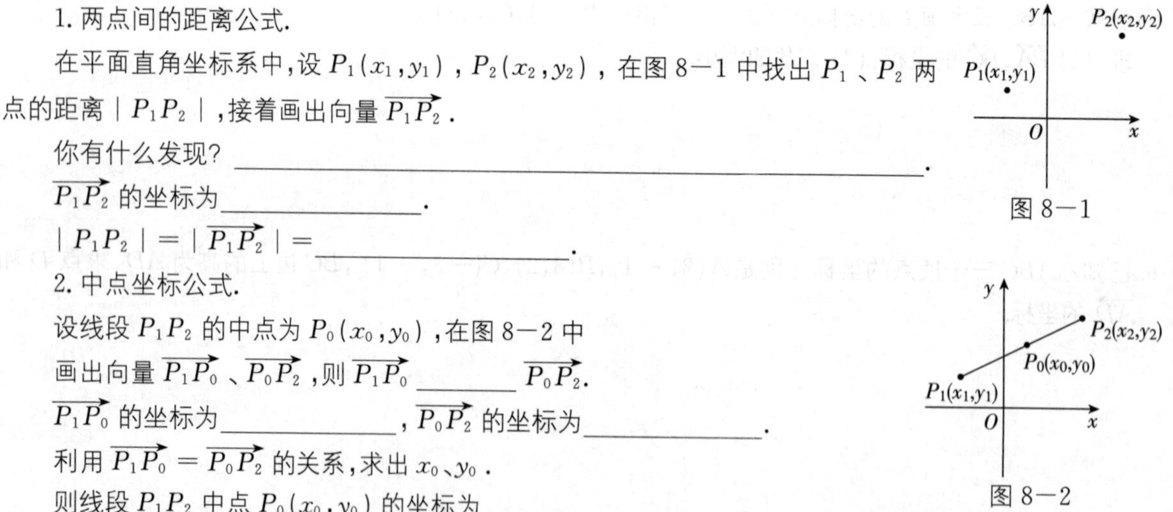

1. 两点间的距离公式.

在平面直角坐标系中,设 $P_1(x_1,y_1)$, $P_2(x_2,y_2)$, 在图 8—1 中找出 P_1、P_2 两点的距离 $|P_1P_2|$,接着画出向量 $\overrightarrow{P_1P_2}$.

你有什么发现? ________________________________.

$\overrightarrow{P_1P_2}$ 的坐标为______________.

$|P_1P_2|=|\overrightarrow{P_1P_2}|=$______________.

图 8—1

2. 中点坐标公式.

设线段 P_1P_2 的中点为 $P_0(x_0,y_0)$,在图 8—2 中画出向量 $\overrightarrow{P_1P_0}$、$\overrightarrow{P_0P_2}$,则 $\overrightarrow{P_1P_0}$ ________ $\overrightarrow{P_0P_2}$.

$\overrightarrow{P_1P_0}$ 的坐标为______________, $\overrightarrow{P_0P_2}$ 的坐标为______________.

利用 $\overrightarrow{P_1P_0}=\overrightarrow{P_0P_2}$ 的关系,求出 x_0、y_0.

则线段 P_1P_2 中点 $P_0(x_0,y_0)$ 的坐标为______________.

图 8—2

微思考

1. 当 $y_1 = y_2$ 或 $x_1 = x_2$ 时，P_1、P_2 两点的距离如何求？(见图 8—3)

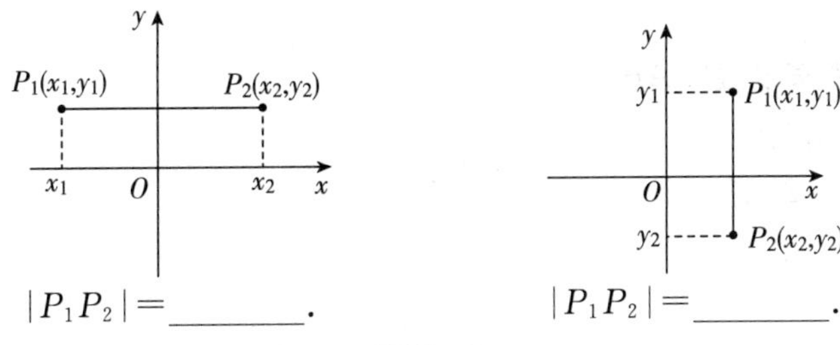

图 8—3

2. 在线段中点坐标公式中涉及________个点的坐标，已知其中任________个点的坐标，可求剩余的一个点的坐标.

微实践

题型一　求两点间的距离及中点坐标

已知 A、B 两点的坐标，求线段 AB 的长度及线段 AB 的中点 P 的坐标.

(1) $A(-2,5)$，$B(1,9)$；

(2) $A(-3,4)$，$B(6,3)$.

题型二　利用公式求待定系数

1. 若 x 轴上一点 A 与点 $B(3,12)$ 的距离为 13，求点 A 的坐标.

2. 已知点 $Q(4,n)$ 是点 $P(m,2)$ 和点 $R(3,8)$ 连线的中点，求 m 与 n 的值.

题型三　已知中点坐标及其中一个端点的坐标，求另一个端点的坐标

已知线段 AB 的中点 P 的坐标为 $\left(3,\frac{1}{2}\right)$，端点 B 的坐标为 $(4,2)$，求端点 A 的坐标.

练习案之一叶知秋

微练习

1. 求 A、B 两点间的距离及线段 AB 的中点 P 的坐标：

(1) $A(2,-5)$,$B(-3,1)$；

(2) $A(-1,6)$,$B(5,-2)$；

(3) $A(1,3)$,$B(4,-1)$.

2. 已知点 $A(x,2)$,$B(3,-1)$ 的距离为 4,求 x 的值.

3. 已知点 $A(4,-1)$,线段 AB 的中点 M 的坐标为 $(2,3)$,求线段端点 B 的坐标.

4. 已知 $\triangle ABC$ 的三个顶点为 $A(2,-1)$, $B(4,1)$, $C(6,-3)$,试求 BC 边上的中线 AD 的长度.

自测案之一树花开

微自测

一、填写表 8—1

表 8—1

A、B 两点坐标	线段 AB 的长度 $\|AB\|$	线段 AB 中点的坐标
$A(3,4)$,$B(-3,2)$		
$A(0,3)$,$B(-2,5)$		

二、选择题

1. 已知点 $A(2,3)$,$B(-4,5)$,则线段 AB 的中点 P 的坐标为(　　).

A. $(3,-4)$　　B. $(-3,4)$　　C. $(1,-1)$　　D. $(-1,4)$

2. 已知点 $M(5,-2)$,$N(-1,6)$,则线段 MN 的长度为(　　).

A. $4\sqrt{2}$　　B. 10　　C. -10　　D. 8

3. 已知点 $P_1(-4,-5)$,线段 P_1P_2 的中点 P 的坐标为 $(1,-2)$,则线段端点 P_2 的坐标为(　　).

A. $(6,1)$　　B. $(-3,-7)$　　C. $(-5,-3)$　　D. $(-6,1)$

4. 点 $A(2,a)$，$B(-3,3)$ 之间的距离是 $\sqrt{34}$，则 $a=$(　　).

A. 0　　B. 6　　C. 0 或 6　　D. 1 或 −6

5. 若点 $A(1,2)$ 与点 B 关于点 $P(0,-3)$ 对称，则点 B 的坐标为(　　).

A. $(1,5)$　　B. $(-1,-8)$　　C. $(2,7)$　　D. $(1,-1)$

三、解答题

1. 已知点 $A(2,-1)$，$B(a,4)$，并且 $|AB|=\sqrt{41}$，求 a 的值.

2. 已知 $\triangle ABC$ 的三个顶点坐标分别为 $A(2,-2)$，$B(-2,5)$，$C(0,-4)$，求边上的中线的长.

8.2　直线的方程

§8.2.1　直线的倾斜角与斜率

预习案之一草一木

微预习

1. 理解直线的倾斜角、斜率的概念.
2. 掌握求直线的倾斜角、斜率的方法.

微作业

比萨斜塔位于意大利的比萨小镇，是一座由白色云石建成的古塔. 该塔发生倾斜但斜而不倒，比萨斜塔因此远近闻名. 它由著名建筑师那诺·皮萨诺主持修建，是比萨城的标志建筑.

比萨斜塔始建于 1173 年，设计为垂直建造，但是在工程开始后不久，便由于地基不均匀和土层松软而倾斜. 1372 年完工，塔身倾斜向东南. 比萨斜塔从地基到塔顶高 58.36 m，倾斜约 10%，即 5.5°，偏离地基外沿 2.3 m，顶层突出 4.5 m.

你能测量出比萨斜塔倾斜的角度吗?

探究案之一花独放

微探究

1. 直线的倾斜角.

如图 8−4(b)所示，直线 l_1、l_2、l_3 都经过点 P，但是它们相对于 x 轴的倾斜程度是不同的，我们可用角来描述这种倾斜程度. 直线 l_1 与 x 轴相交，形成几个角? 选择哪个角来描述直线的倾斜程度呢?

倾斜角：设直线 l 与 x 轴相交于点 P，A 是 x 轴上位于点 P 右方的一点，B 是位于上半平面的 l 上的一点（见图 8－4(a)），则________叫作直线 l 对 x 轴的倾斜角，简称为 l 的倾角.

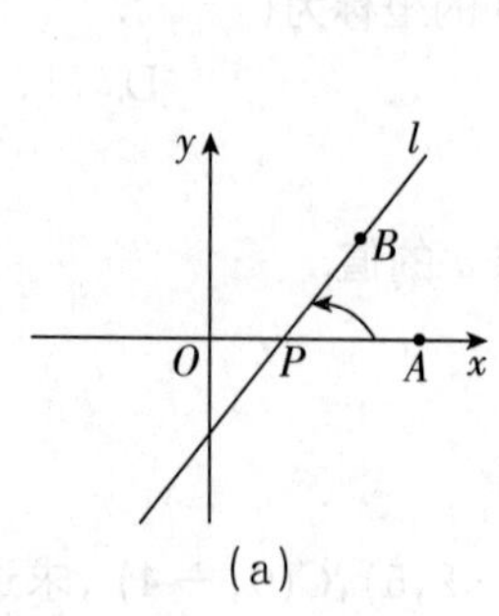

(a)

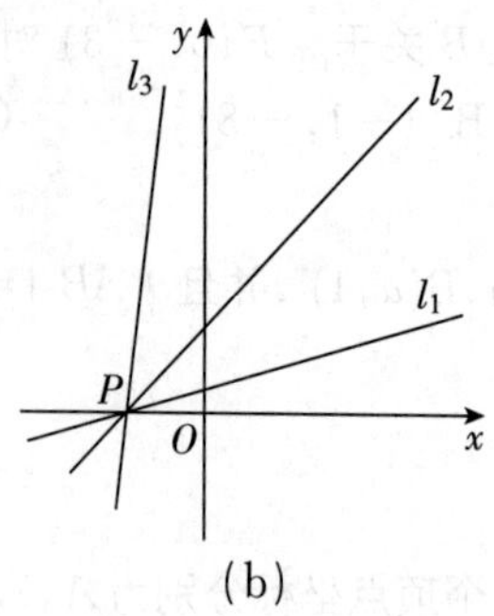

(b)

图 8－4

根据倾角的定义，分别标出图 8－4(b) 中直线 l_1、l_2、l_3 的倾斜角.

若直线 l 平行于 x 轴，规定倾斜角为________，倾斜角的取值范围为________.

2. 直线的斜率.

________________________________叫作直线 l 的斜率，用小写字母________表示，即 $k=$________.

想一想：为什么求斜率 k 时，$\alpha \neq 90°$？

3. 过两点的直线的斜率公式.

如图 8－5 所示，设 $P_1(x_1, y_1)$，$P_2(x_2, y_2)$ 为直线 l 上的任意两点，

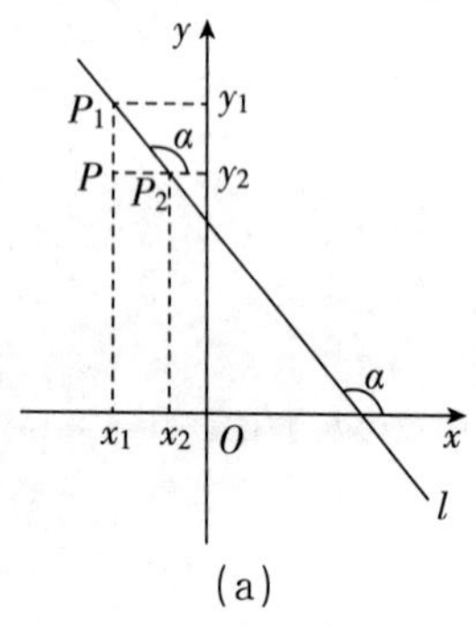

(a)

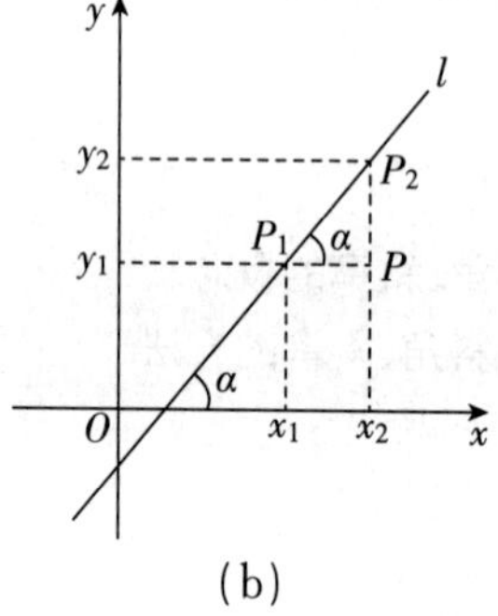

(b)

图 8－5

当 $\alpha \neq 90°$ 时，$x_1 \neq x_2$，$\tan\alpha=$________；

当 $\alpha = 90°$ 时，$x_1 = x_2$，$\tan\alpha$ 的值________，此时直线 l 与 x 轴________.

结论：$k=$________$(x_1 \neq x_2)$.

想一想：当 P_1、P_2 的纵坐标相同时，斜率是否存在？倾斜角是多少？

微思考

倾斜角与斜率的关系

$k=0$ 时，________________________________；

$k>0$ 时，________________________________；

$k<0$ 时，________________________________；

k 不存在时，________________________________.

微实践

题型一　求直线的斜率

根据下面各直线满足的条件，分别求出直线的斜率：

(1)倾斜角为 30°；

(2)直线过点 $A(-3,1)$ 与点 $B(2,-1)$.

题型二　利用斜率公式求待定系数

1. 经过点 $A(6,a)$ 和点 $B(a,-2)$ 的直线的斜率是 3，求 a 的值.

2. 若 $A(3,-2)$，$B(-2,3)$，$C\left(\frac{1}{2},m\right)$ 三点共线，求 m 的值.

练习案之一叶知秋

微练习

一、填空题

1. 填写表 8—2.

表 8—2

倾斜角 α	0°	30°	45°	60°	120°	135°	150°
斜率 k							

2. 直线的倾斜角的取值范围为________.

3. 若直线经过点 $O(0,0)$ 和点 $M(-2,3)$，则直线的斜率 $k=$ ________.

4. 若直线 l 经过点 $A(-1,3)$ 和点 $B(2,-6)$，则直线的斜率 $k=$ ________.

5. 若直线 l 的斜率为 $-\sqrt{3}$，则直线的倾斜角为________.

二、解答题

1. 已知直线经过两点 $A(1,\sqrt{3})$，$B(a,0)$，且直线的倾斜角为 $\frac{\pi}{6}$，求 a 的值.

2. 已知直线经过点 $A(1,5)$ 和点 $B(4,2)$，求直线的斜率及倾斜角.

探究案之一花独放

微探究

一、填空题

1. 已知直线的倾斜角为 $60°$，那么它的斜率为________；倾斜角为 $135°$，斜率为________.

2. 直线平行于 x 轴，则它的斜率为________.

3. 直线过点 $A(-2,2)$ 和点 $B(3,-8)$，则直线 AB 的斜率为________.

4. 若直线经过点 $A(-3,1)$ 和点 $B(-5,3)$，则直线的斜率为________，倾斜角是________.

二、选择题

1. 直线的倾斜角 α 的取值范围是(　　).

A. $0°\leqslant\alpha\leqslant180°$　　B. $0°\leqslant\alpha\leqslant180°$，但 $\alpha\neq90°$

C. $0°\leqslant\alpha\leqslant360°$　　D. $0°\leqslant\alpha\leqslant180°$

2. 已知直线的斜率为 $\frac{\sqrt{3}}{3}$，则直线的倾斜角是(　　).

A. $45°$　　B. $60°$　　C. $30°$　　D. $120°$

3. 若直线经过坐标原点和点 $(-1,1)$，则直线的倾斜角是(　　).

A. $\frac{\pi}{4}$　　B. $\frac{3\pi}{4}$　　C. $\frac{\pi}{4}$ 或 $-\frac{\pi}{4}$　　D. $-\frac{\pi}{4}$

4. 过两点 $M(-2,a)$，$N(a,4)$ 的直线的斜率是 $-\frac{1}{2}$，则 a 的值是(　　).

A. -8　　B. 10　　C. 2　　D. 4

5. 若点 $A(1,2)$，$B(-2,3)$，$C(4,m)$ 在同一条直线上，则 $m=$(　　).

A. 1　　B. $\frac{7}{3}$　　C. $\frac{11}{3}$　　D. 5

三、解答题

已知 $\triangle ABC$ 的三个顶点 $A(3,2)$，$B(-4,1)$，$C(0,-1)$，写出 $\triangle ABC$ 三边所在直线的斜率.

§8.2.2 直线的点斜式方程与斜截式方程

预习案之一草一木

微预习

1. 了解直线与方程的关系.
2. 掌握直线的点斜式方程、斜截式方程.

微作业

1. 了解解析几何这门学科.

解析几何包括平面解析几何和立体解析几何两部分，我们这章内容属于平面解析几何. 平面解析几何通过平面直角坐标系，建立点与实数对之间的一一对应关系，以及曲线与方程之间的一一对应关系，运用代数方法研究几何问题，或用几何方法研究代数问题. 17 世纪以来，由于航海、天文、力学、经济、军事、生产的发展，以及初等几何和初等代数的迅速发展，促进了解析几何的建立. 解析几何的建立第一次真正实现了几何方法与代数方法的结合，使形与数统一起来，这是数学发展史上的一次重大突破.

2. 画出方程 $x-y+1=0$ 的图像.

想一想：方程的解与直线 l 上的点之间存在什么样的关系？

探究案之一花独放

微探究

1. 直线与方程的关系.

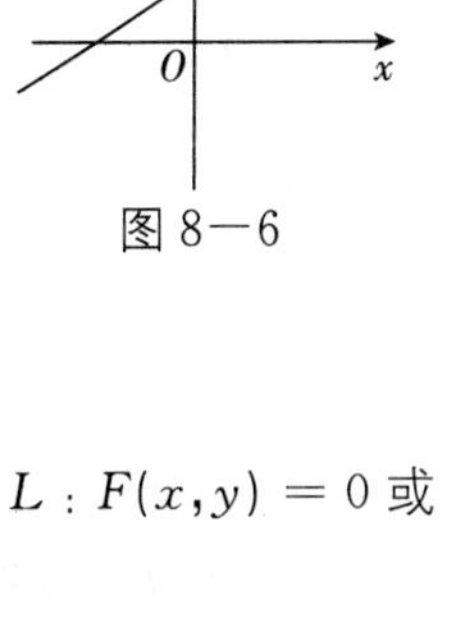

图 8—6

方程 $x-y+1=0$ 的图像是一条直线 l（见图 8—6），那么方程的解与直线 l 上的点之间存在着如下关系：

(1)直线 l 上任意一点的坐标都是________________；

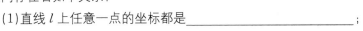

(2)以方程 $x-y+1=0$ 的解为坐标的都在________.

一般地，如果直线（或曲线）L 与方程 $F(x,y)=0$ 满足下列关系：

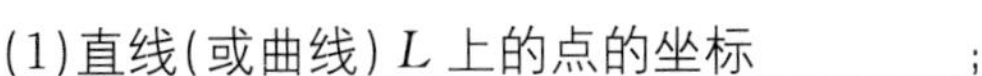
(1)直线（或曲线）L 上的点的坐标________；

(2)以方程 $F(x,y)=0$ 的解为坐标的点都在________.

那么，直线（或曲线）L 叫作________，方程 $F(x,y)=0$ 叫作________. 记作曲线 L：$F(x,y)=0$ 或者曲线 $F(x,y)=0$.

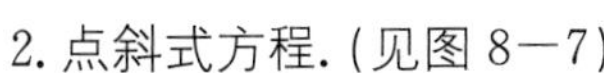
2. 点斜式方程.（见图 8—7）

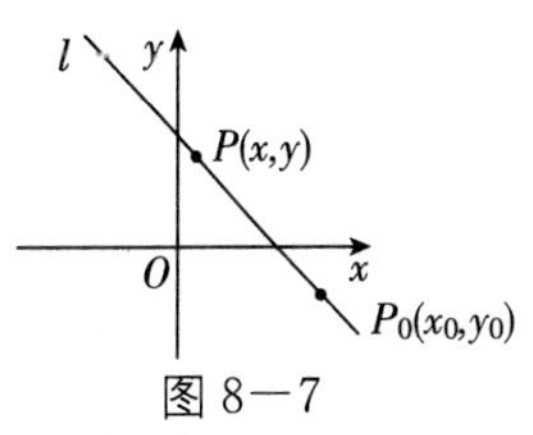

图 8—7

如何求经过点 $P_0(x_0,y_0)$，且斜率为 k 的直线 l 的方程？

在直线 l 上任取点 $P(x,y)$（不同于 P_0 点），由斜率公式可得 $k=$________，

化简，得____________.

显然，点 $P_0(x_0,y_0)$ 的坐标也满足上面的方程.

得到直线的点斜式方程：

$$y-y_0=k(x-x_0)$$

其中，点 $P_0(x_0,y_0)$ 为直线上的点，k 为直线的斜率.

例如，经过点 $P_0(1,2)$，斜率 k 为 3 的直线的方程为______.

3. 斜截式方程.

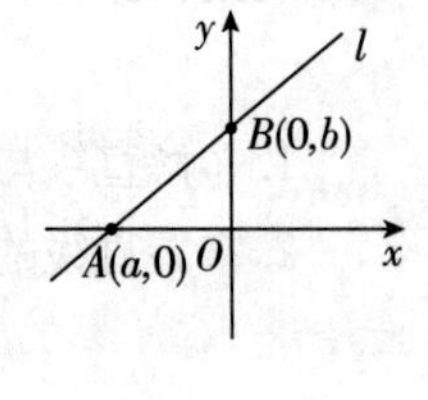

图 8—8

截距：如图 8—8 所示，直线 l 与 x 轴交于点 $A(a,0)$，与 y 轴交于点 $B(0,b)$，则 a 叫作直线 l______；b 叫作直线 l______.

想一想：直线在 x 轴及 y 轴上的截距有可能是负数吗？

例如，直线 l 经过点 $A(-3,0)$，$B(0,6)$，则直线 l 在 x 轴、y 轴上的截距分别为 $a=$______，$b=$______.

若直线经过点 $B(0,b)$，且斜率为 k，则这条直线的方程为________.

得到直线的斜截式方程：

$$y=kx+b$$

其中，k 为直线的斜率，b 为直线在 y 轴上的截距.

微思考

思考：当直线的斜率不存在时，直线是否存在？若存在，如何求它的方程？

特殊的直线方程：

(1) 过点 $M(x_0,y_0)$，平行于 y 轴（垂直于 x 轴）的直线方程为________；

(2) 过点 $M(x_0,y_0)$，平行于 x 轴（垂直于 y 轴）的直线方程为________.

微实践

题型一　求直线的方程

1. 在下列各条件下，分别求出直线的方程：

(1) 直线经过点 $P_0(3,2)$，倾斜角为 $45°$；

(2) 直线经过点 $P_1(1,2)$，$P_2(-1,-1)$；

(3) $k=3$，$b=-1$.

2. 直线 l 的倾斜角为 $30°$，且在 y 轴上的截距为 -4，求直线 l 的方程.

3. 设直线 l 的倾斜角为 $60°$,并且经过点 $P(2,3)$.
(1)写出直线 l 的方程;
(2)求直线 l 在 y 轴的截距.

练习案之一叶知秋

微练习

1. 根据下列各直线满足的条件,写出直线的方程:
(1)直线经过点 $A(2,-3)$,$k=-2$;
(2)直线经过点 $P_1(2,-1)$,倾斜角 $\alpha=\frac{2\pi}{3}$;
(3)直线经过点 $P_1(4,3)$,$P_2(-2,6)$;
(4) $k=-\frac{\sqrt{3}}{3}$,$b=2$.

2. 已知三角形的顶点为 $A(0,2)$,$B(-2,1)$,$C(-3,4)$,求三角形三边所在的直线的方程.

自测案之一树花开

微自测

一、填空题

1. 设点 $P(a,1)$ 在直线 $3x+y-5=0$ 上,则 $a=$________.
2. 经过点 $(5,3)$ 且斜率为 -2 的直线方程为________________.
3. 在 y 轴上的截距为 5,斜率为 4 的直线方程为________________.
4. 经过点 $A(1,-2)$ 和点 $B(-3,5)$ 的直线方程为________________.
5. 经过点 $A(2,3)$ 且平行于 x 轴的直线方程为________________.
6. 经过点 $A(-3,5)$ 且平行于 y 轴的直线方程为________________.
7. 直线 $y=3x-5$ 的斜率为________,在 y 轴上的截距为________.

二、选择题

1. 下列点在直线 $2x-3y-6=0$ 上的是(　　).

A. $(2,-1)$　　B. $(0,2)$　　C. $(3,0)$　　D. $(6,-2)$

2. 若直线过点 $(\sqrt{3},-3)$ 且倾斜角为 $30°$,则该直线的方程为(　　).

A. $y=\sqrt{3}x-6$　　B. $y=\frac{\sqrt{3}}{3}x+4$

C. $y=\frac{\sqrt{3}}{3}x-4$　　D. $y=\frac{\sqrt{3}}{3}x+2$

3. 经过点 $A(1,4)$ 和点 $B(-3,-4)$ 的直线方程为(　　).

A. $2x-y+2=0$　　B. $2x-y-2=0$

C. $2x+y-2=0$　　D. $2x+y+2=0$

4. 若直线过点 $A(1,-3)$,并且与 y 轴平行,则此直线的方程为(　　).

A. $x=1$　　B. $y=-3$　　C. $x=-1$　　D. $y=3$

三、解答题

1. 根据下列条件写出直线的方程:

(1)过点 $P(-1,2)$,且倾斜角为 $60°$;

(2)倾斜角为 $\frac{3\pi}{4}$,且在 y 轴上的截距为 6.

2. 求过点 $P(3,2)$,倾斜角的余弦为 $\frac{3}{5}$ 的直线方程.

§8.2.3　直线的一般式方程

预习案之一草一木

微预习

1. 理解直线方程与一般的二元一次方程的关系.
2. 由直线的一般式方程形式求斜率 k、a、b.

微作业

图 8—9

1. 了解解析几何之父笛卡尔(见图 8—9)的生平以及他对现代数学的发展作出的重要贡献.

2. 将直线的点斜式方程 $y-y_0=k(x-x_0)$,斜截式方程 $y=kx+b$ 都化为方程的一般形式,观察方程的特点.

3. 思考:一般形式的二元一次方程 $Ax+By+C=0$ 是否是直线的方程?

探究案之一花独放

微探究

1. 当 $A\neq0$,$B\neq0$ 时,二元一次方程 $Ax+By+C=0$ 可化为 $y=$________.表示斜率为 $k=$________,在 y 轴上的截距 $b=$________的直线.

2. 当 $A=0$,$B\neq0$ 时,方程为 $y=$________,表示经过点 $P\left(0,-\dfrac{C}{B}\right)$ 且平行于________轴的直线.

3. 当 $A\neq0$,$B=0$ 时,方程为 $x=$________,表示经过点 $P\left(-\dfrac{C}{A},0\right)$ 且平行于________轴的直线.

所以,二元一次方程 $Ax+By+C=0$(其中 A、B 不全为零)表示一条直线.

方程 $Ax+By+C=0$(其中 A、B 不全为零)叫作直线的一般式方程.

微思考

已知直线的一般式方程,如何求 k、a、b?

微实践

题型一　根据条件,求直线方程并将其化为一般式方程

根据下列条件求直线的方程:

(1)过点 $P(-3,7)$,且倾斜角为 $120°$;

(2)倾斜角为 $\dfrac{\pi}{4}$,且在 y 轴上的截距为 -5;

(3)经过 $A(3,-1)$ 和 $B(4,5)$ 两点.

题型二　已知直线的一般式方程,会求 k、a、b

1. 将方程 $y-2=\dfrac{1}{3}(x+1)$ 化为直线的一般式方程,并分别求出该直线在 x 轴与 y 轴上的截距.

2. 求直线 $x-2y+6=0$ 在 x 轴、y 轴上的截距及斜率 k.

练习案之一叶知秋

微练习

1. 由下列条件，求出直线的方程，并且化成一般式：

(1)过点 $P(-4,3)$，斜率 $k=-2$；

(2)经过 $A(0,-2)$ 和 $B(3,2)$ 两点；

(3)倾斜角为 $\frac{5\pi}{6}$，在 y 轴上的截距为 2.

2. 求直线 $2x-5y+3=0$ 的斜率 k 及在 x 轴、y 轴上的截距.

自测案之一树花开

微自测

一、填空题

1. 直线 $x-2y+10=0$ 在 x 轴上的截距为________，在 y 轴上的截距为________，斜率为________.

2. 若 $A>0,B>0,C<0$，那么 $Ax+By+C=0$ 不经过第______象限.

3. 直线 $\sqrt{3}x+y-1=0$ 的倾斜角为________.

二、选择题

1. 直线 $3x-2y=6$ 在 y 轴上的截距为(　　).

A. 3　　B. -3　　C. -2　　D. $\frac{3}{2}$

2. 求直线方程 $3x-4y-12=0$ 的斜率，$k=$(　　).

A. $\frac{3}{4}$　　B. 3　　C. $-\frac{3}{4}$　　D. -4

3. 直线 $x+\sqrt{3}y-3=0$ 的倾斜角为(　　).

A. $\frac{\pi}{6}$　　B. $\frac{\pi}{3}$　　C. $\frac{2\pi}{3}$　　D. $\frac{5\pi}{6}$

4. 直线 $y=-x+3$ 与坐标轴围成三角形的面积是(　　).

A. 4　　　B. 6　　　C. $\frac{9}{2}$　　　D. $\frac{7}{2}$

5. 直线的倾斜角是 $\frac{2\pi}{3}$，且经过点 $M(-1,-2)$ 的直线方程是(　　).

A. $\sqrt{3}x+y+2+\sqrt{3}=0$　　　B. $\sqrt{3}x-y+2+\sqrt{3}=0$

C. $\sqrt{3}x+y-2-\sqrt{3}=0$　　　D. $\sqrt{3}x-y-2-\sqrt{3}=0$

三、解答题

1. 已知 $\triangle ABC$ 的三个顶点分别为 $A(-3,0)$，$B(2,-1)$，$C(-1,4)$，求 AC 边上的中线所在直线的方程.

2. 直线在 y 轴上的截距为 -3，且 $\sin\alpha=\frac{3}{5}$，求直线方程.

8.3　两条直线的位置关系

§8.3.1　两条直线平行

预习案之一草一木

微预习

1. 能判断平面内两条直线的位置关系.
2. 掌握两条直线平行的条件.
3. 能应用两条直线平行的条件解题.

微作业

1. 观察我们所在的教室，说一说相邻墙面的交线，墙面与屋顶、地面等交线之间有几种位置关系.
2. 用两支铅笔在桌面上摆一摆，看有几种位置关系.

探究案之一花独放

微探究

1. 我们用两支铅笔在桌面上任意摆,发现有下面三种不同的情形(见图8—10):

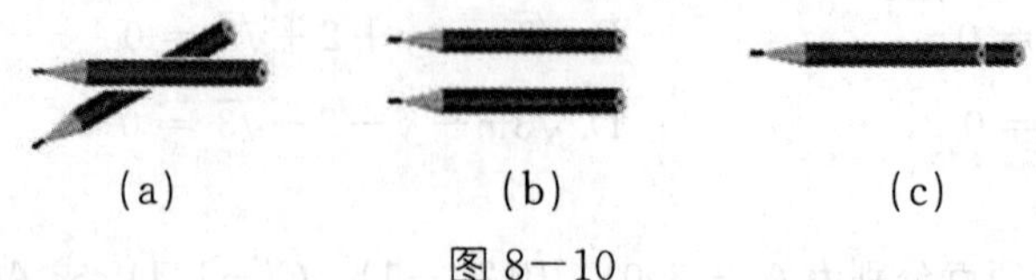

图8—10

平面内两条直线的位置关系有________________________________.

2. 两条直线平行(见图8—11):

$l_1 // l_2 \Leftrightarrow$倾斜角________$\Leftrightarrow k_1 = k_2$. (倾斜角 $\alpha \neq \frac{\pi}{2}$)

特殊地:(1)当 $k_1 = k_2 = 0$ 时:

l_1、l_2 都与________轴平行,所以 $l_1 // l_2$.

(2)当 k_1、k_2 都不存在时:

倾斜角=________,l_1、l_2 都与________轴垂直,所以 $l_1 // l_2$.

想一想:如何区分两条直线平行和重合这两种位置关系?

3. 如果两条直线相交,那么它们的情形如何?

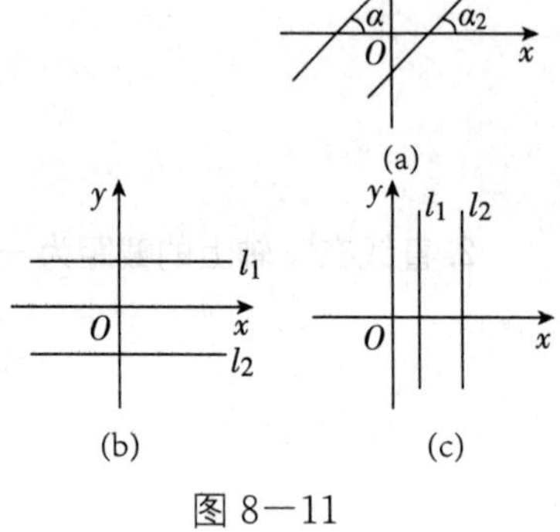

图8—11

微思考

如何判断两条直线的位置关系?

由上面的讨论知,当直线 l_1、l_2 的斜率都存在时,将它们化成斜截式方程.

设 $l_1: y = k_1x + b_1$,$l_2: y = k_2x + b_2$,则如表8—3所示.

表8—3

两个方程的系数关系	$k_1 \neq k_2$	$k_1 = k_2$	
		$b_1 \neq b_2$	$b_1 = b_2$
两条直线的位置关系			

若两条直线的斜率都不存在,则平行(或重合);若只有一个不存在,则相交.

微实践

题型一　判断两条直线的位置关系

判断下列各组直线的位置关系:

(1) $l_1: x + 2y + 3 = 0$,　　$l_2: 2x - 4y = 0$;

(2) $l_1: y = \frac{4}{3}x - 5$,　　$l_2: 4x - 3y + 7 = 0$;

(3) $l_1: x + 3y - 4 = 0$,　　$l_2: 2x + 6y - 8 = 0$.

题型二　求过一点且与某直线平行的直线方程

已知直线 l 经过点 $M(3, -2)$,且与直线 $x - 2y + 1 =$ 平行,求直线 l 的方程.

练习案之一叶知秋

微练习

1. 判断下列各组直线的位置关系：

(1) $l_1: x-y=0$ 与 $l_2: 2x-3y+5=0$；

(2) $l_1: y=-x-2$ 与 $l_2: 2x+2y+4=0$；

(3) $l_1: 4x-5y+2=0$ 与 $l_2: y=\frac{4}{5}x-6$.

2. 已知直线 l 经过点 $P(3,-1)$，且与直线 $6x-2y+1=0$ 平行，求直线 l 的方程.

3. 求平行于直线 $2x-5y-7=0$，且在 y 轴上的截距为 4 的直线方程.

自测案之一树花开

微自测

一、填空题

1. 判断下列各对直线的位置关系：

(1) $6x-10y+5=0$ 与 $3x-5y+1=0$ __________；

(2) $2x+6y+4=0$ 与 $x+3y+2=0$ __________；

(3) $3x-4y+1=0$ 与 $2x-3y+7=0$ __________.

2. 已知过点 $A(-2,m)$ 和点 $B(m,4)$ 的直线与直线 $2x+y-1=0$ 平行，则 $m=$ ________.

3. 过点 $(-2,2)$ 与直线 $5x-y+1=0$ 平行的直线方程是________.

二、选择题

1. 下列直线中与 $x-y=-1$ 平行的是(　　).

A. $x+y=-1$　　B. $x+y=1$　　C. $3x-3y=6$　　D. $2x-2y=-2$

2. 已知直线 l 与直线 $2x-5y-1=0$ 平行，则直线 l 的斜率 $k=$ (　　).

A. $\frac{2}{5}$　　B. $-\frac{2}{5}$　　C. $-\frac{5}{2}$　　D. $\frac{5}{2}$

3. 过点 $(0,1)$ 且与直线 $y-2x+3$ 平行的直线方程是(　　).

A. $x+2y-2=0$　　B. $x-2y+2=0$

C. $2x-y+1=0$　　D. $2x-y-1=0$

4. 已知直线 $Ax-2y-1=0$ 和直线 $6x-4y+C=0$ 平行，那么(　　).

A. $A=0, C=-2$　　B. $A=3, C\neq-2$

C. $A\neq3, C=-2$　　D. $A\neq3, C\neq-2$

5. 直线 $2x-y+1=0$ 与直线 $x+2y-5=0$ 的位置关系是(　　).

A. 相交　　B. 平行　　C. 重合　　D. 以上都不对

6. 下列各项中两条直线互相平行的是(　　).

A. $x-y+1=0$ 与 $x+y+1=0$　　B. $x-y+1=0$ 与 $x+y-1=0$

C. $x-y+1=0$ 与 $y=-x+1$　　D. $x-y+1=0$ 与 $y=x$

§8.3.2　两条直线相交

预习案之一草一木

微预习

1. 能求两条直线的交点坐标.
2. 掌握两条直线垂直的条件及灵活运用.

微作业

1. 观察我们教室后面墙壁的钟表,说一说分针和时针所成的角,例如,在 2 点、9 点时分针和时针所成的角分别是多少?

2. 分别画出直线 $l_1: x+2y+1=0$ 与 $l_2: y=x-2$ 的图像,找出它们的交点 P.

3. 解方程组 $\begin{cases} x+2y+1=0, \\ y=x-2. \end{cases}$

探究案之一花独放

微探究

1. 两条相交直线的交点坐标.

直线 l_1 与 l_2 的交点 P 的坐标为________,方程组 $\begin{cases} x+2y+1=0, \\ y=x-2 \end{cases}$ 的解为________.

由此可见,直线 $l_1: x+2y+1=0$ 与直线 $l_2: y=x-2$ 的交点 $P(1,-1)$ 既在 l_1 上又在 l_2 上,所以点 P 的坐标是两条直线方程的公共解. 因此要求两条相交直线的交点的坐标,就是解两条直线方程所组成的方程组,如图 8—12 所示.

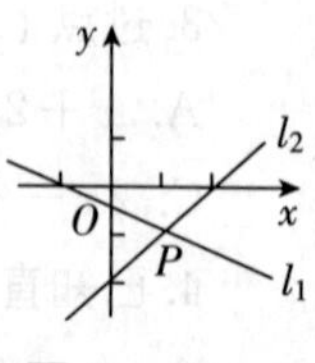

图 8—12

2. 两条直线的夹角.

直线 l_1、l_2 相交于点 P,共形成几个角? 它们之间有什么关系?

我们把________________________叫作这两条直线的夹角,记作 θ.

规定,当两条直线平行或重合时,两条直线的夹角为________.

两条直线夹角的取值范围为________.

3. 两条直线垂直.

观察表盘,9 点时分针和时针所成的角为直角,分针与时针垂直.

________________称直线 l_1 与直线 l_2 垂直,记作________.

特殊地,平行于 x 轴的直线 l_1 与平行于 y 轴的直线 l_2 ________,即斜率为零的直线与斜率不存在的直线垂直(见图 8—13).

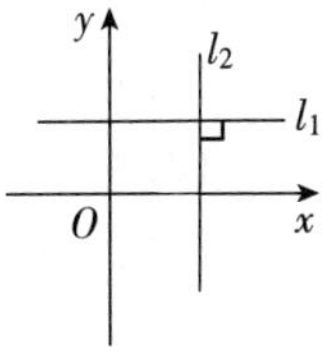

图 8—13

如果两条直线的斜率都存在且不为零,如何判断这两条直线垂直呢?

如图 8—14 所示,设直线 l_1 与直线 l_2 的斜率分别为 k_1 和 k_2,若 $l_1 \perp l_2$,则

$k_1 = \tan$ ________ $=$ ________;

$k_2 = \tan$ ________ $= \tan$ ________ $= -\tan$ ________ $=$ ________.

因此 $k_1 \cdot k_2 =$ ________.

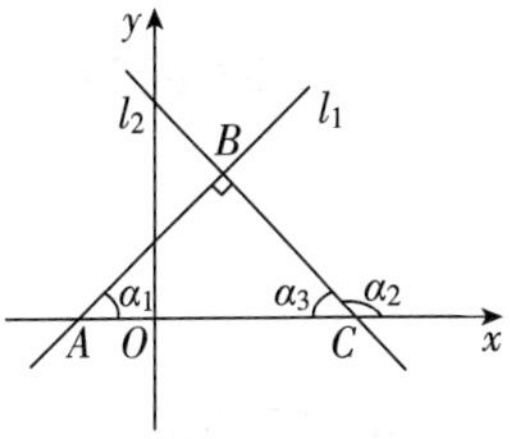

图 8—14

微思考

两条直线垂直的条件:

1. 如果直线 l_1 与直线 l_2 的斜率都存在且不等于 0,那么 $l_1 \perp l_2 \Leftrightarrow$ ________.

2. 斜率不存在的直线与斜率为________的直线垂直.

微实践

题型一　求两条直线的交点坐标

求两条直线 $2x - y - 8 = 0$ 和 $x + 2y + 1 = 0$ 的交点坐标.

题型二　求过一点且与某条直线垂直的直线方程

1. 已知直线 l 经过点 $M(-5,2)$,且垂直于直线 $x - y - 2 = 0$,求直线 l 的方程.

2. 求过两条直线 $2x - y - 3 = 0$ 和 $x + y - 6 = 0$ 的交点,且垂直于直线 $3x + 4y - 1 = 0$ 的直线方程.

题型三　求线段的垂直平分线方程

已知点 $A(2,5)$,点 $B(4,-1)$,求线段 AB 的垂直平分线的方程.

题型四　利用两条直线垂直的条件,求待定系数

已知直线 $3x - y - 1 = 0$ 与直线 $x + ay + 2 = 0$ 垂直,求实数 a 的值.

练习案之一叶知秋

微练习

1. 判断下列各对直线是否相交，若相交，求出交点坐标：

(1) $l_1: x-2y-3=0$ 与 $l_2: 2x-y+9=0$；

(2) $l_1: y=-x-2$ 与 $l_2: x+y+4=0$；

(3) $l_1: 2x+y-4=0$ 与 $l_2: x+3y-7=0$.

2. 已知直线 l 经过点 $P(2,-4)$，且与直线 $3x-2y+5=0$ 垂直，求直线 l 的方程.

3. 已知点 $A(2,4)$，点 $B(6,-2)$，求线段 AB 的垂直平分线的方程.

4. 已知直线 $mx-y+5=0$ 与 $y=-mx+1$ 互相垂直，求 m 的值.

自测案之一树花开

微自测

一、选择题

1. 直线 $x=2$ 与直线 $y=-5$ 的位置关系是(　　).

A. 平行　　B. 重合　　C. 垂直　　D. 相交但不垂直

2. 若一条直线垂直于直线 $y=2x$ 且过点 $C(0,-2)$，则此直线的方程是(　　).

A. $x+2y+4=0$　　B. $x-2y+4=0$

C. $x+2y-4=0$　　D. $x-2y-4=0$

3. 已知直线 l 与直线 $3x-4y+1=0$ 垂直，则直线 l 的斜率 $k=$ (　　).

A. $-\frac{4}{3}$　　B. $-\frac{3}{4}$　　C. $\frac{4}{3}$　　D. $\frac{3}{4}$

4. 过点 $P(3,4)$，且与直线 $3x-2y-7=0$ 垂直的直线 l 方程是(　　).

A. $3x+2y-18=0$　　B. $2x+3y-18=0$

C. $3x-2y-18=0$　　D. $2x-3y-18=0$

5. 已知过点 $A(-2,m)$ 和点 $B(m,4)$ 的直线与直线 $2x-y-1=0$ 垂直，则 $m=$ (　　).

A. 8　　B. 10　　C. -10　　D. 0

二、解答题

1. 已知直线 $l_1: y=3x+1$ 与 $l_2: ax+y+1=0$，若 $l_1 \perp l_2$，求 a 的值.

2. 求在 y 轴上的截距是 2 且垂直于直线 $x+3y+1=0$ 的直线方程.

3. 求过直线 $3x-2y+10=0$ 与直线 $4x-3y+2=0$ 的交点，且垂直于直线 $2x-3y+1=0$ 的直线方程.

4. 已知点 $A(4,-1)$，点 $B(-2,3)$，求线段 AB 的垂直平分线的方程.

5. 已知 $\triangle ABC$ 的三个顶点坐标分别为 $A(-3,0)$，$B(1,4)$，$C(3,-2)$，求 AB 边上的高所在的直线方程.

§8.3.3 点到直线的距离

预习案之一草一木

微预习

1. 掌握点到直线的距离公式的应用.
2. 会求两条平行直线间的距离.

微作业

1. 如图 8—15 所示，小河的一边有个 A 村，村民要修一条水渠引到村里来灌溉农田，你能设计一个方案使得水渠长度最短吗？最短要修多长？

2. 你能测量出火车铁轨之间的间距吗？

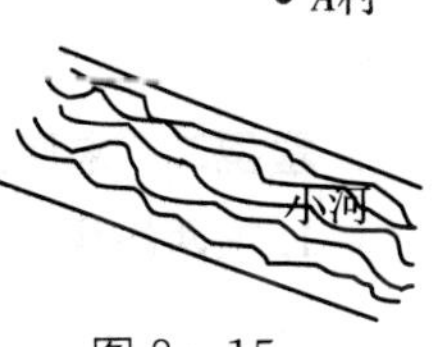

图 8—15

探究案之一花独放

微探究

1. 点到直线的距离公式.

连接直线外一点与直线上各点的所有线段中，________最短. 过 A 村修水渠，要使所修的水渠长度最短，水渠应与小河边垂直.

点到直线的距离是指点到这条直线的________的长度.

在图 8—16 中，作出点 P_0 到直线 l 的垂线，垂足为 Q，则垂线段 P_0Q 的长度为点 P_0 到直线 l 的距离，记作 d.

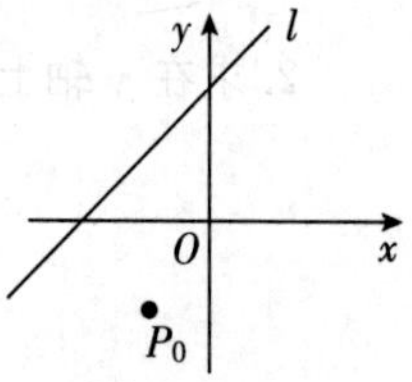

图 8—16

点 $P_0(x_0, y_0)$ 到直线 $l: Ax+By+C=0$ 的距离公式：

$d=$ ______________________________.

注意：应用公式时，直线的方程必须是一般式方程.

微思考

1. 若直线 l 与 x 轴或 y 轴平行，你能快速求出点 P_0 到直线 l 的距离吗？（见图 8—17）

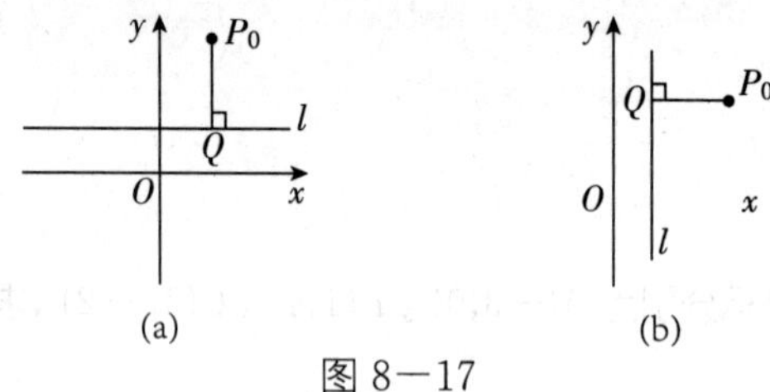

图 8—17

2. 两条平行直线间的距离公式.

两条平行直线间的距离处处相等.

利用点到直线的距离公式你能求两条平行直线间的距离吗？

已知 $l_1 // l_2$，设直线 $l_1: Ax+By+C_1=0$，$l_2: Ax+By+C_2=0$，则两条平行直线间的距离公式：

$d=$ ________________.

微实践

题型一　求点到直线的距离

1. 求点 $P_0(3, -1)$ 到直线 $2x-y+1=0$ 的距离.

2. 求点 $P_0(2, -3)$ 到直线 $y=-6x+5$ 的距离.

题型二　求两条平行直线间的距离

1. 求两条平行直线 $3x+4y+6=0$ 与 $3x+4y-1=0$ 间的距离.

2. 求两条平行直线 $4x+3y+1=0$ 与 $8x+6y-3=0$ 间的距离.

题型三　利用点到直线的距离公式求待定系数

已知点 P 为 y 轴上一点,且点 P 到直线 $3x-4y+6=0$ 的距离为 2,求点 P 的坐标.

练习案之一叶知秋

微练习

1. 根据下列条件求点 P 到直线 l 的距离:

(1) $P(1,-3)$,直线 $l:4x-3y+7=0$;

(2) $P(2,-1)$,直线 $l:6x-8y=5$;

(3) $P(-6,4)$,直线 $l:y=\frac{1}{2}x-\frac{3}{2}$.

2. 求两条平行直线 $3x-4y-1=0$ 与 $3x-4y+9=0$ 间的距离.

3. 已知点 $(4,a)$ 到直线 $4x-3y-1=0$ 的距离等于 3,求 a 的值.

4. 已知 $\triangle ABC$ 的三个顶点坐标分别为 $A(0,1)$, $B(3,0)$, $C(5,2)$,求 AB 边上的高.

自测案之一树花开

微自测

1. 求坐标原点到直线 $3x+4y-25=0$ 的距离.

2. 求点 $A(2,1)$ 到直线 $y=x+1$ 的距离.

3. 求两条平行直线 $2x+3y-8=0$ 与 $4x+6y-9=0$ 间的距离.

4. 已知点 $P(a,3)$ 到直线 $4x-3y+1=0$ 的距离是 4,求 a 的值.

5. 已知坐标原点到直线 $kx-y+2=0$ 的距离是 $\sqrt{2}$,求 k 的值.

6. 已知 l 的倾斜角为 $\frac{3\pi}{4}$,且与点 $(2,-1)$ 的距离是 $\frac{\sqrt{2}}{2}$,求此直线的方程.

8.4 圆

§8.4.1 圆的标准方程

预习案之一草一木

微预习

1. 了解圆的定义,掌握圆的标准方程的推导过程及特点.
2. 能根据具体条件正确写出圆的标准方程.

微作业

1. 圆在我们的生活中无处不在,日出东方,车行天下(见图 8—18),这些都是圆的具体表现形式. 你知道车轮为何设计为圆形,而不是其他的形状吗?

2. 用圆规在白纸上画几个圆,观察圆的大小与什么有关. 如果没有圆规,你还能画出圆的图形吗?

(a)

(b)

图 8—18

探究案之一花独放

微探究

1. 圆的定义.

因为车轮为圆形,可以让车轮上的每一点到轴心的距离相等,保证了轮子转起来而不颠簸.

圆是________点的轨迹,________叫作圆心,________叫作半径.

2. 圆的标准方程.

在平面直角坐标系中,任何一条直线都可用一个二元一次方程来表示,那么,圆是否也可用一个方程来表示呢? 如果能,这个方程又有什么特征呢?

下面我们在直角坐标系中研究圆的方程.(见图 8—19)

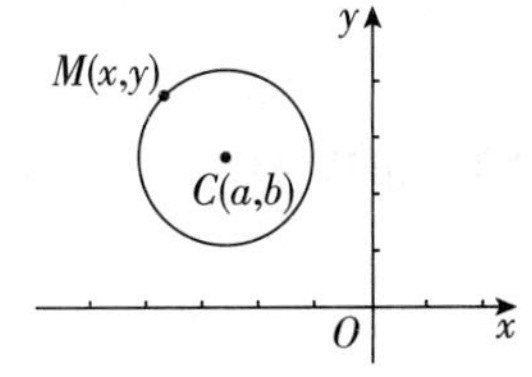

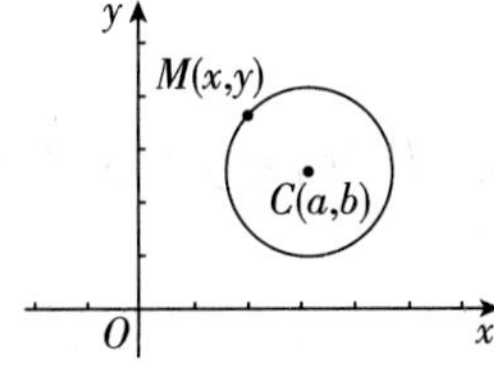

图 8—19

设圆心的坐标为 $C(a,b)$,半径为 r,点 $M(x,y)$ 为圆上的任意一点,则 $|MC|$ ________ r,

由两点距离公式,得________________ $=r$.

将上式两边平方,得方程______________.

这个方程叫作以点________为圆心,以________为半径的圆的标准方程.

微思考

1. 当圆心为坐标原点 $O(0,0)$ 时,半径为 r 的圆的标准方程为________.

2. 圆的标准方程形式有什么特点? 确定圆的标准方程需要哪些条件?

3. 已知圆的标准方程 $(x-a)^2+(y-b)^2=r^2$ 求圆心的坐标及半径时,要注意公式中两个括号内都是"—"号,方程右边是 r^2.

微实践

题型一　已知圆的标准方程写出圆心坐标及半径

写出下列各圆的圆心坐标和半径:

(1) $(x-3)^2+(y+1)^2=4$;

(2) $x^2+(y+5)^2=8$;

(3) $x^2+y^2=9$.

题型二　已知圆的圆心坐标及半径，直接写出圆的方程

1. 根据下面条件，求出圆的方程：

(1)圆心 $D(-2,3)$，半径 $r=2$；

(2)圆心 $C(0,-3)$，半径 $r=\sqrt{5}$；

(3)圆心在坐标原点，半径 $r=6$.

2. 求圆心在点 $C(8,-3)$ 且经过点 $P(5,1)$ 的圆的方程.

3. 已知点 $P_1(4,9)$)和点 $P_2(6,3)$，求以 P_1P_2 为直径的圆的方程.

4. 求圆心在点 $C(1,3)$，并且和直线 $3x-4y+7=0$ 相切的圆的方程.

练习案之一叶知秋

微练习

1. 写出下列各圆的圆心坐标和半径：

(1) $(x-1)^2+(y+5)^2=2$；

(2) $(x+3)^2+y^2=7$；

(3) $x^2+y^2=16$.

2. 根据下面所给条件，分别求出圆的方程：

(1)圆心 $C(-2,6)$，半径 $r=\sqrt{13}$；

(2)圆心 $C(-4,8)$，并且经过点 $P(1,-2)$；

(3)已知点 $A(6,-1)$ 和点 $B(4,3)$，以线段 AB 为直径;

(4)圆心在点 $C(0,3)$ 且与直线 $x-2y+1=0$ 相切.

自测案之一树花开

微自测

一、填空题

1.平面内与点 $A(-1,4)$ 的距离等于3的动点的轨迹方程是________________.

2.圆 $(x-3)^2+(y+5)^2=15$ 的圆心坐标是________，半径为________.

3.圆 $x^2+(y-3)^2=4$ 的圆心坐标是________，半径为________.

4.以 $C(-5,3)$ 为圆心，$\sqrt{6}$ 为半径的圆的标准方程为________________.

5.在______________情况下，方程 $(x-a)^2+(y-b)^2=r^2$ 的曲线经过坐标原点.

6.若圆 $x^2+y^2=m$ 经过点 $C(4,3)$，则圆的半径为________.

二、选择题

1.圆 $(x-3)^2+(y+5)^2=16$ 的圆心和半径分别为(　　).

A. $(3,-5)$,4　　B. $(3,-5)$,16

C. $(-3,5)$,4　　D. $(-3,5)$,16

2.圆心为点 $O(3,-1)$，半径为 $\sqrt{11}$ 的圆的方程为(　　).

A. $(x+3)^2+(y-1)^2=\sqrt{11}$　　B. $(x+3)^2+(y-1)^2=11$

C. $(x-3)^2+(y+1)^2=\sqrt{11}$　　D. $(x-3)^2+(y+1)^2=11$

3.圆心在点 $(2,1)$，且与 y 轴相切的圆的方程是(　　).

A. $(x-2)^2+(y-1)^2=1$　　B. $(x-2)^2+(y-1)^2=4$

C. $(x+2)^2+(y+1)^2=1$　　D. $(x+2)^2+(y+1)^2=4$

4.若点 $P(1,2)$ 在圆 $(x+1)^2+(y-1)^2=r^2$ 上，则圆的半径为(　　).

A. 5　　B. $\sqrt{5}$　　C. 25　　D. 1

5.动点 P 到点 $(1,-2)$ 的距离为3，则动点 P 的轨迹方程是(　　).

A. $(x+1)^2+(y-2)^2=3$　　B. $(x-1)^2+(y+2)^2=3$

C. $(x+1)^2+(y-2)^2=9$　　D. $(x-1)^2+(y+2)^2=9$

三、解答题

1.已知圆的一条直径的两个端点 P_1,P_2 的坐标分别为 $(3,2)$，$(1,-4)$，求该圆的方程.

2. 求与圆 $(x-2)^2+(y+3)^2=3$ 同心且过点 $(-1,1)$ 的圆的方程.

§8.4.2 圆的一般方程

预习案之一草一木

微预习

1. 掌握圆的一般方程的特点.
2. 能将圆的一般方程化为圆的标准方程,从而求出圆心的坐标和半径.
3. 能用待定系数法由已知条件求出圆的方程.

微作业

1. 苏轼(1037—1101 年),北宋文学家、书画家,《水调歌头・中秋》:"明月几时有,把酒问青天. 不知天上宫阙,今夕是何年? 我欲乘风归去,又恐琼楼玉宇. 高处不胜寒,起舞弄清影,何似在人间?"

2. 河北省赵县的赵州桥,建于隋朝年间公元 595—605 年,由著名匠师李春设计建造,距今已有1 400多年的历史,是中国现存最早、保存最好的巨大石拱桥. 赵州桥的跨度是 37.02 m,圆拱高约7.2 m,你能建立适当的平面直角坐标系,写出这个圆拱所在的圆的方程吗?

探究案之一花独放

微探究

圆的一般方程:

圆的标准方程 $(x-a)^2+(y-b)^2=r^2$ 的优点是可直接得到圆心的坐标及半径. 它展开是一个二元二次方程,它有什么特点呢?

将圆的标准方程 $(x-a)^2+(y-b)^2=r^2$ 展开并整理,可得

____.

令 $D=-2a$, $E=-2b$, $F=a^2+b^2-r^2$,则得到方程

____.

观察方程,可以发现它具有下列特点:

(1)含 x^2 项的系数与含 y^2 项的系数________;

(2)方程不含________项.

想一想:具有这两个特点的二元二次方程是否一定是圆的方程?

将方程 $x^2+y^2+Dx+Ey+F=0$ 配方整理,得

$$\left(x+\frac{D}{2}\right)^2+\left(y+\frac{E}{2}\right)^2=\frac{D^2+E^2-4F}{4}$$

当________时，它才是圆的标准方程，其圆心坐标为________，半径为________.

方程 $x^2+y^2+Dx+Ey+F=0$（其中 $D^2+E^2-4F>0$）叫作圆的一般方程. 其中，D、E、F 均为常数.

微思考

1. 为什么只有当 $D^2+E^2-4F>0$ 时，方程 $x^2+y^2+Dx+Ey+F=0$ 才是圆的方程？若 $D^2+E^2-4F=0$ 或 $D^2+E^2-4F<0$，方程 $x^2+y^2+Dx+Ey+F=0$ 表示什么呢？

2. 已知圆的一般方程，如何求圆心的坐标和半径.

$a=$________，$b=$________，$r=$________.

说明：圆的标准方程 $(x-a)^2+(y-b)^2=r^2$ 和一般方程 $x^2+y^2+Dx+Ey+F=0$ 中分别含有三个字母系数 a,b,r 或 D,E,F. 确定了这三个字母系数，圆的方程也就确定了.

微实践

题型一　圆的一般方程中圆心的坐标及半径公式的应用

1. 判断方程 $x^2+y^2+4x-6y-12=0$ 是否为圆的方程，如果是，求出圆心的坐标和半径.

2. 已知圆 $x^2+y^2+Dx+Ey-6=0$ 的圆心在点 $(3,4)$，求圆的半径 r.

3. 若方程 $x^2+y^2-2x+4y=k^2-6k$ 表示一个圆，求实数 k 的取值范围.

题型二　求圆的方程

1. 已知圆过点 $P(3,1)$ 和点 $Q(-1,3)$，并且圆心在直线 $3x-y-2=0$ 上，求圆的方程.

2. 求经过三点 $O(0,0)$，$A(1,-1)$，$B(2,0)$ 的圆的方程.

练习案之一叶知秋

微练习

一、填空

1. $x^2+y^2-6x+4y+9=0$ 的圆心是________,半径为________.

2. $x^2+y^2+2x-3=0$ 的圆心是________,半径为________.

3. $2x^2+2y^2-4x+8y+5=0$ 的圆心是________,半径为________.

4. 直线 $y=x+b$ 过圆 $x^2+y^2-4x+6y-4=0$ 的圆心,则 $b=$________.

5. 若方程 $x^2+y^2+(1-m)x+1=0$ 表示圆,则 m 的取值范围为________.

二、解答题

1. 求经过直线 $x+2y+1=0$ 与直线 $2x+y-1=0$ 的交点,圆心为 $C(-3,2)$ 的圆的方程.

2. 求半径是 3,圆心在 y 轴上,且和直线 $y=4$ 相切的圆的方程.

3. 求经过三点 $A(2,0)$,$B(1,3)$,$C(-1,1)$ 的圆的方程.

探究案之一花独放

微探究

一、选择题

1. 圆 $x^2+y^2-4x+2y=0$ 的圆心和半径分别是(　　).

A. $(2,-1)$,$\sqrt{5}$　　B. $(2,-1)$,5　　C. $(-2,1)$,$\sqrt{5}$　　D. $(-2,1)$,5

2. 已知圆 $x^2+y^2+2x-4y-a=0$ 的半径为 3,则 a 的值为(　　).

A. 8　　B. 4　　C. 2　　D. 14

3. 圆 $x^2+y^2-6y=0$ 的圆心到直线 $3x+4y-2=0$ 的距离等于(　　).

A. 4　　B. 2　　C. $\frac{22}{5}$　　D. 5

4. 半径为 4 且与 y 轴相切于坐标原点的圆的方程为(　　).

A. $(x-4)^2+y^2=16$　　B. $(x+4)^2+y^2=16$

C. $x^2+(y+4)^2=16$　　D. $(x-4)^2+y^2=16$ 或 $(x+4)^2+y^2=16$

5. 已知圆经过三点 $O(0,0)$，$A(4,2)$，$B(1,1)$，则圆的方程为(　　).

A. $x^2+y^2-8x+2y=0$　　B. $x^2+y^2-8x-2y=0$

C. $x^2+y^2+8x+6y=0$　　D. $x^2+y^2-8x+6y=0$

二、解答题

1. 已知点 $A(6,-5)$ 和点 $B(2,1)$，求以线段 AB 为直径的圆的方程.

2. 求经过三点 $A(1,-1)$，$B(4,-2)$，$C(1,4)$ 的圆的方程.

3. 求过点 $(3,2)$，圆心在直线 $y=2x$ 上，且和直线 $y=2x+5$ 相切的圆的方程.

§8.4.3　直线与圆的位置关系

预习案之一草一木

微预习

1. 理解直线和圆相交、相切、相离等概念.
2. 利用 d 与 r 的关系判断直线与圆的位置关系.

微作业

1. 观察一轮红日在海上升起的过程，总结直线与圆的位置关系(见图 8—20).

(a)

(b)

(c)

图 8—20

2. 举例说明生活中直线及圆的位置关系.

探究案之一花独放

微探究

画一画：直线和圆的几种位置关系.

想一想：1. 点与圆的位置关系.

设圆 $C:(x-a)^2+(y-b)^2=r^2$，点 $M(x_0,y_0)$ 到圆心的距离为 d，则有：

(1)$d>r\Leftrightarrow$点 M 在圆________；

(2)$d=r\Leftrightarrow$点 M 在圆________；

(3)$d<r\Leftrightarrow$点 M 在圆________.

2. 直线与圆的位置关系.

设圆 $C:(x-a)^2+(y-b)^2=r^2$，直线 l 的方程为 $Ax+By+C=0$，圆心 (a,b) 到直线 l 的距离 $d=$________.

(1)$d<r\Leftrightarrow$直线与圆________；

(2)$d=r\Leftrightarrow$直线与圆________；

(3)$d<r\Leftrightarrow$直线与圆________.

微思考

还有没有其他方法来判断直线和圆的位置关系？（提示：可根据交点的个数）

微实践

题型一　判断直线与圆的位置关系

判断下列直线与圆的位置关系：

(1)直线 $x+y-2=0$ 与圆 $x^2+y^2=4$；

(2)直线 $3x+4y+1=0$ 与圆 $(x-1)^2+(y-2)^2=4$；

(3)直线 $3x+y-5=0$ 与圆 $x^2+y^2-10y=0$.

题型二　利用直线与圆的位置关系求切线方程

1. 求过圆 $x^2+y^2=25$ 上一点 $(3,4)$ 的切线方程.

2. 过点 $P(1,-1)$ 作圆 $x^2+y^2-2x-2y+1=0$ 的切线，试求切线方程.

题型三　圆的方程的应用

某施工单位砌圆拱时，需要制作如图 8—21 所示的木模. 设圆拱高为 1 m，跨度为 6 m，中间需要等距离地安装 5 根支撑柱子，求 E 点的柱子长度（精确到 0.1 m）.（见图 8—21）

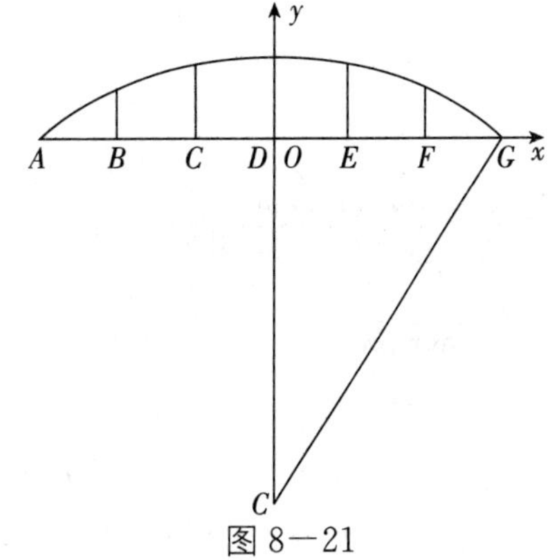

图 8—21

题型四　直线方程的应用

从 $M(2,2)$ 射出一条光线，经过 x 轴反射后过点 $N(-8,3)$，如图 8—22 所示. 求反射点 P 的坐标.

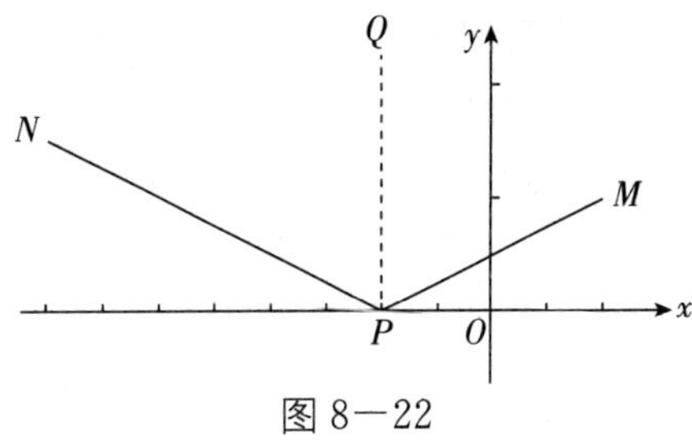

图 8—22

练习案之一叶知秋

微练习

1. 判断下列直线与圆的位置关系：

(1) 直线 $x+y=2$ 与圆 $x^2+y^2=2$；

(2) 直线 $y=-\frac{\sqrt{3}}{3}$ 与圆 $(x-4)^2+y^2=4$；

(3) 直线 $5x+12y-8=0$ 与圆 $(x-1)^2+(y+3)^2=8$；

(4) 求以 $C(2,-1)$ 为圆心，且与直线 $2x+5y=0$ 相切的圆的方程.

2. 光线从点 $M(-2,3)$ 射到点 $P(1,0)$，然后被 x 轴反射，求反射光线所在直线的方程.

3. 赵州桥圆拱的跨度是 37.4 m，圆拱高约 7.2 m，适当选取坐标系求出其拱圆的方程.

4. 某地要建造一座跨度为 8 m，拱高为 2 m 的圆拱桥，每隔 1 m 需要一根支柱支撑，求第二根支柱的长度(精确到 0.01 m).

自测案之一树花开

微自测

一、填空题

1. 若直线 $y=x+b$ 过圆 $x^2+y^2-4x+2y-4=0$ 的圆心，则 $b=$ ________.

2. 过圆 $x^2+y^2-4x+6y-12=0$ 上一点 $(-1,1)$，且与圆相切的切线方程是________.

3. 直线 $y=x-1$ 与圆 $x^2+y^2=4$ 相交所截得的弦长是________.

4. 圆 $(x-2)^2+(y+2)^2=4$ 截直线 $x-y-5=0$ 所得的弦长是________.

5. 直线 $2x-y+m=0$ 与圆 $x^2+y^2=9$ 相切，则 $m=$ ________.

二、选择题

1. 过圆 $x^2+y^2+6x-2y-15=0$ 的圆心的直线方程是(　　)

A. $x+2y+1=0$　　B. $x+2y-1=0$

C. $x-2y+1=0$　　D. $x-2y-1=0$

2. 直线 $y=-\sqrt{3}x$ 与圆 $(x-4)^2+y^2=4$ (　　).

A. 相交且过圆心　　B. 相交不过圆心

C. 相切　　D. 相离

3. 以 $C(1,1)$ 为圆心，并且与 $3x-4y+6=0$ 相切的圆方程是(　　).

A. $(x-1)^2+(y-1)^2=1$　　B. $(x-1)^2+(y+1)^2=1$

C. $(x+1)^2+(y+1)^2=2$　　D. $(x+1)^2+(y-1)^2=2$

4. 过点 $(2,1)$ 与圆 $x^2+y^2=5$ 相切的直线方程是(　　).

A. $2x+y-5=0$　　B. $x+2y-5=0$

C. $2x+y+5=0$　　D. $x-2y+5=0$

三、解答题

1. 求平行于 $x+y=5$ 且与圆 $x^2+y^2=8$ 相切的直线方程.

2. 求实数 m，使直线 $x-y+m=0$ 和圆 $x^2+y^2-6x+5=0$：

(1)相切；

(2)相交；

(3)相离.

8.5 椭圆

§8.5.1 椭圆的定义及标准方程

预习案之一草一木

微预习

1. 理解椭圆的定义.
2. 掌握椭圆的标准方程.

微作业

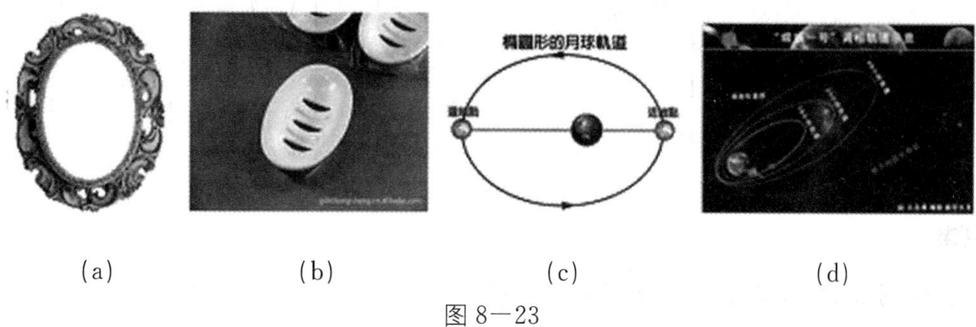

(a)　　(b)　　(c)　　(d)

图 8—23

1. 观察图 8—23 中形状的共性:________.

2. "嫦娥一号"是我国首颗绕月人造卫星. 以中国古代神话人物嫦娥命名,已于 2007 年 10 月 24 日 18 时 05 分左右在西昌卫星发射中心升空,你知道卫星的运行轨道吗?

探究案之一花独放

微探究

画一画:准备图钉、没有弹力的细绳,取一条一定长的细绳,把它的两端固定在画图板上的 F_1、F_2 两点,当绳长大于 F_1、F_2 的距离时,(为什么)用铅笔尖把绳子拉紧,使笔尖在图板上慢慢移动,就可以画出一个椭圆.(见图 8—24)

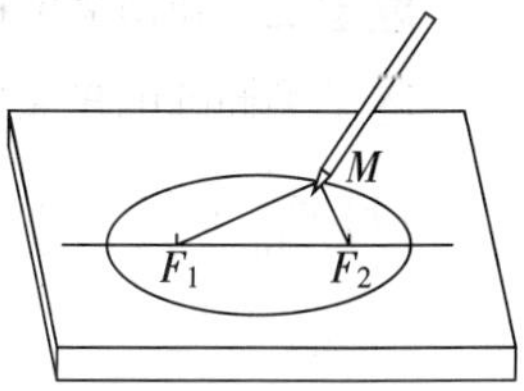

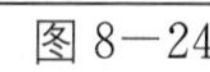

图 8—24

1. 椭圆的定义是什么?

语言描述:____.

数学表达式 $|MF_1|+|MF_2|=$ __________.

2. 椭圆定义中为什么要 $2a>2c$? ______________________________________.

3. 椭圆与圆定义的不同点:____.

4. 对照圆标准方程的推导过程,试着推导椭圆的标准方程:

建系:____

设点:____

列式:____

化简:____

画图(见图 8—25)

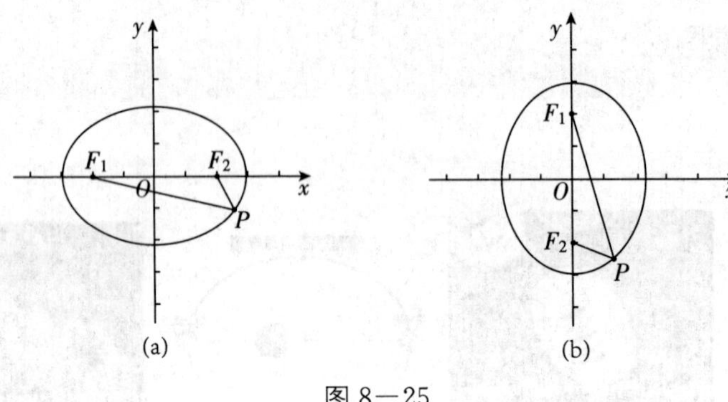

图 8—25

微思考

1. 改变坐标系的设法,椭圆的标准方程有何变化?

2. 椭圆标准方程中 a,b,c 的关系:____________________.

3. 根据标准方程如何判断焦点在哪个轴上? ____________________.

微实践

题型一 利用椭圆的定义求标准方程

已知椭圆的焦点在 x 轴上,且焦距为 8,椭圆上一点到两个焦点距离之和等于 10,请写出椭圆的标准方程.(去掉 x 轴呢?)

题型二 利用椭圆标准方程求焦点和焦距

求下列椭圆的焦点坐标与焦距:

(1) $\dfrac{x^2}{144}+\dfrac{y^2}{25}=1$;　　　　(2) $y^2+2x^2=4$.

题型三　利用椭圆标准方程求 a,b,c 的值

指出下列曲线焦点的位置及 a,b,c 的值：

(1) $\frac{x^2}{9}+\frac{y^2}{4}=1$；　　　　(2) $\frac{y^2}{9}+\frac{x^2}{4}=1$.

练习案之一叶知秋

微练习

1. 设动点 M 到两个定点 $F_1(-\sqrt{13},0)$，$F_2(\sqrt{13},0)$ 的距离之和等于 8，求动点 M 的轨迹方程.

2. 求满足下列条件的椭圆的标准方程：

(1) $a=12$，焦点为 $F_1(-10,0)$，$F_2(10,0)$；

(2) $b=3$，焦点为 $F_1(0,-3\sqrt{3})$，$F_2(0,3\sqrt{3})$.

3. 求下列椭圆的焦点坐标和焦距：

(1) $\frac{x^2}{7}+\frac{y^2}{9}=1$；　　　　(2) $\frac{y^2}{25}+\frac{x^2}{4}=1$.

自测案之一树花开

微自测

一、填写表 8－4

表 8－4

方程	a	b	焦点坐标
$4x^2+y^2=4$			
$\frac{x^2}{27}+\frac{y^2}{9}=1$			
$3x^2+4y^2=36$			
$x^2=-4y^2+4$			
$9y^2=144-16x^2$			

二、选择题

1. 已知椭圆的标准方程是 $\frac{x^2}{9}+\frac{y^2}{4}=1$，则该椭圆的焦点在(　　)上.

A. x 轴　　B. y 轴　　C. $y=x$　　D. $y=-x$

2. 已知椭圆的标准方程是 $\frac{x^2}{4}+\frac{y^2}{3}=1$，则该椭圆的半焦距 c 是(　　).

A. -5　　B. 5　　C. -1　　D. 1

3. 已知椭圆的焦距为 8，椭圆上一点到两个焦点的距离之和为 10，则椭圆的标准方程是(　　).

A. $\frac{x^2}{16}+\frac{y^2}{48}=1,\frac{y^2}{48}+\frac{x^2}{16}=1$　　B. $\frac{x^2}{48}+\frac{y^2}{16}=1,\frac{y^2}{16}+\frac{x^2}{48}=1$

C. $\frac{x^2}{25}+\frac{y^2}{9}=1,\frac{y^2}{25}+\frac{x^2}{9}=1$　　D. $\frac{x^2}{4}+\frac{y^2}{12}=1,\frac{y^2}{4}+\frac{x^2}{12}=1$

三、解答题

求焦点为(5,0)，(－5,0)，椭圆上的点与两焦点的距离和等于 16 的椭圆方程.

§ 8.5.2　椭圆的性质

预习案之一草一木

微预习

理解椭圆的性质.

微作业

人造地球卫星绕地球运行遵循开普勒行星运动三定律.一是卫星轨道为一椭圆,地球在椭圆的一个焦点上,其长轴的两个端点是卫星离地球最近和最远的点,分别叫作远地点和近地点.二是人造地球卫星在椭圆轨道上绕地球运行时,其运行速度是变化的,在远地点时最低,在近地点时最高.三是人造地球卫星轨道的形状和大小由它的半长轴和半短轴的数值来决定.其半长轴和半短轴的数值越大,轨道越高;半长轴与半短轴相差越多,轨道的椭圆形越扁长;半长轴与半短轴相等则为圆形轨道.

探究案之一花独放

微探究

看教材和微课完成下列问题:

以椭圆标准方程 $\frac{x^2}{a^2}+\frac{y^2}{b^2}=1$ 为例进行说明.

1. 范围:椭圆在两条直线________的内侧.
2. 对称性:椭圆关于________、________轴和________都是对称的.
3. 顶点:椭圆和对称轴的________叫作椭圆的顶点.

椭圆和 x 轴有两个交点____________;椭圆和 y 轴有两个交点____________.

(1)注意:椭圆有四个顶点.

(2)长轴:线段 A_1A_2 叫作椭圆的________,它的长等于________,叫作椭圆的长半轴长.

(3)短轴:线段 B_1B_2 叫作椭圆的________,它的长等于________,叫作椭圆的短半轴长.

4. 离心率:椭圆的焦距与实轴长的比________,叫作椭圆的离心率,e 的范围为________.

微思考

1. 结合图形分析离心率的大小对椭圆形状的影响:

(1)当 e 越接近 1 时,c 越接近 a,从而 b 越________,因此椭圆越扁;

(2)当 e 越接近 0 时,c 越接近 0,从而 b 越接近________,因此椭圆接近圆;

(3)当 $e=0$ 时,$c=0$,$a=b$ 两焦点重合,椭圆的标准方程为 $x^2+y^2=a^2$,图形就是________了.

2. 改变椭圆焦点的位置(改在 y 轴上),它的性质有什么变化?

微实践

题型一　椭圆性质的应用

1. 求椭圆 $16x^2+25y^2=400$ 的长轴和短轴的长、离心率、焦点和顶点的坐标,并用描点法画出它的图形.

2. 求下列椭圆的长轴和短轴的长、焦距、离心率、各个顶点和焦点坐标:

(1) $25x^2+4y^2-100=0$;

(2) $x^2+4y^2-1=0$.

题型二　利用椭圆性质求标准方程

已知一个椭圆形的油桶盖,其长轴的两端到同一个焦点的距离分别为 40 cm 和 10 cm,求椭圆的标准方程与两个焦点的坐标.

练习案之一叶知秋

微练习

1. 求 $a=5,b=3$,焦点在 x 轴上的椭圆的标准方程.

2. 若椭圆经过点$(-3,0)$和点$(0,5)$,则椭圆的标准方程是什么?

3. 若椭圆标准方程为 $\frac{x^2}{25}+\frac{y^2}{16}=1$,求其长轴长、短轴长、焦距和离心率.

自测案之一树花开

微自测

一、填写表 8－5

表 8－5

方程	长轴长	短轴长	焦距	焦点坐标	顶点坐标
$\frac{x^2}{25}+\frac{y^2}{9}=1$					
$2x^2+9y^2=18$					
$9y^2=144-16x^2$					

二、选择题

1. 已知椭圆的标准方程是 $\frac{x^2}{5}+\frac{y^2}{4}=1$,则该椭圆的半焦距 c 是(　　).

A. -3　　B. 3　　C. -1　　D. 1

2. 对称轴是坐标轴,离心率是 0.8 ,焦距是 8 的椭圆的标准方程是(　　).

A. $\frac{x^2}{5}+\frac{y^2}{3}=1,\frac{x^2}{3}+\frac{y^2}{5}=1$

B. $\frac{x^2}{5}+\frac{y^2}{4}=1,\frac{x^2}{4}+\frac{y^2}{5}=1$

C. $\frac{x^2}{25}+\frac{y^2}{16}=1,\frac{x^2}{16}+\frac{y^2}{25}=1$

D. $\frac{x^2}{25}+\frac{y^2}{9}=1,\frac{x^2}{9}+\frac{y^2}{25}=1$

3. 已知椭圆的标准方程是 $\frac{x^2}{m}+\frac{y^2}{4}=1$,该椭圆的焦距是 2,则 m 的值等于(　　).

A. 5　　B. 3　　C. 5 或 3　　D. 8

4. 椭圆 $x^2+4y^2=1$ 的离心率是(　　).

A. $\frac{\sqrt{6}}{2}$　　B. $\frac{\sqrt{5}}{2}$　　C. $\frac{\sqrt{2}}{2}$　　D. $\frac{\sqrt{3}}{2}$

5. 已知椭圆 $\frac{x^2}{25}+\frac{y^2}{16}=1$ 上一点 P 到椭圆一个焦点的距离是 3 ,则该点到另一个焦点的距离为(　　).

A. 2　　B. 5　　C. 7　　D. 10

6. 已知椭圆方程为 $\frac{x^2}{5}+\frac{y^2}{9}=1$,则该椭圆的焦点是(　　).

A. $(2,0),(-2,0)$

B. $(0,2),(0,-2)$

C. $(4,0),(-4,0)$

D. $(0,4),(0,-4)$

7. 若椭圆的长轴长为 10,焦点为 $F_1(0,-3),F_2(0,3)$,则椭圆的标准方程是(　　).

A. $\frac{x^2}{91}+\frac{y^2}{100}=1$

B. $\frac{x^2}{100}+\frac{y^2}{91}=1$

C. $\frac{x^2}{16}+\frac{y^2}{25}=1$

D. $\frac{x^2}{25}+\frac{y^2}{16}=1$

8. 已知椭圆的焦点坐标是 $(-1,0),(1,0)$,P 是椭圆上一点,且 $|F_1F_2|$ 是 $|PF_1|,|PF_2|$ 的等差中项,则椭圆的标准方程是(　　).

A. $\frac{x^2}{16}+\frac{y^2}{9}=1$　　B. $\frac{x^2}{16}+\frac{y^2}{12}=1$　　C. $\frac{x^2}{4}+\frac{y^2}{3}=1$　　D. $\frac{x^2}{3}+\frac{y^2}{4}=1$

9. 椭圆的短轴长为 8,焦距 $|F_1F_2|=6$,弦 AB 过 F_1 ,则 $\triangle ABF_2$ 的周长是(　　).

A. 10　　B. 15　　C. 20　　D. 25

10. 在$\triangle ABC$ 中,已知点 $B(-2,0)$,点 $C(2,0)$,且其周长为 10,则顶点 A 的轨迹方程为(　　).

A. $\frac{y^2}{9}+\frac{x^2}{5}=1\ (x\neq0)$

B. $\frac{x^2}{9}+\frac{y^2}{5}=1\ (y\neq0)$

C. $\frac{x^2}{36}+\frac{y^2}{20}=1\ (x\neq0)$

D. $\frac{y^2}{36}+\frac{x^2}{32}=1\ (y\neq0)$

11. 当方程 $\frac{x^2}{3-k}+\frac{y^2}{2+k}=1$ 表示椭圆时,k 的值是(　　).

A. $k<-2$ 或 $k>3$

B. $-2<k<3$

C. $k\neq\frac{1}{2}$

D. $-2<k<\frac{1}{2}$ 或 $\frac{1}{2}<k<3$

12. 方程 $x^2+ky^2=2$ 表示焦点在 y 轴上的椭圆,则实数 k 的取值范围是(　　).

A. $(0,+\infty)$　　B. $(1,+\infty)$　　C. $(0,2)$　　D. $(0,1)$

三、解答题

1. 求长轴长为 12,离心率为 $\frac{2}{3}$ 的椭圆标准方程.

2. 椭圆的焦点为 $F_1(-5,0)$,$F_2(5,0)$,椭圆上任一点到 F_1,F_2 的距离之和为 26,求椭圆的标准方程.

3. 椭圆 $\frac{x^2}{9}+\frac{y^2}{25}=1$ 短轴的一个端点为 A,焦点为 F_1,F_2,求$\triangle AF_1F_2$ 的周长和面积.

4. 椭圆 $\frac{x^2}{25}+\frac{y^2}{16}=1$ 与 x 轴,y 轴的正半轴分别交于点 A 和 B,左焦点为 F,求$\triangle ABF$ 的面积.

5. 求离心率.

若从椭圆的焦点看它的短轴的端点所成的角为 60°,则椭圆的离心率为________.

若从椭圆的短轴的端点看两焦点所成的视角为 90°,则椭圆的离心率为________.

若椭圆的长轴是短轴的 2 倍,则椭圆的离心率为________.

8.6　双曲线

§8.6.1　双曲线的定义及标准方程

预习案之一草一木

微预习

1. 理解双曲线的定义.
2. 掌握双曲线的标准方程.

微作业

1. 观察图 8－26 中形状的共性:______________.

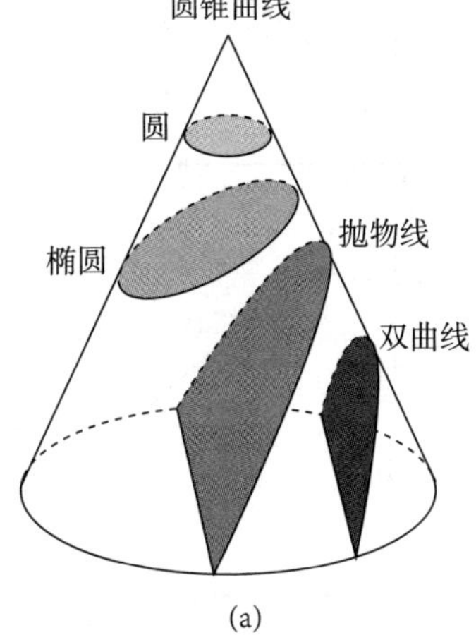

(a)

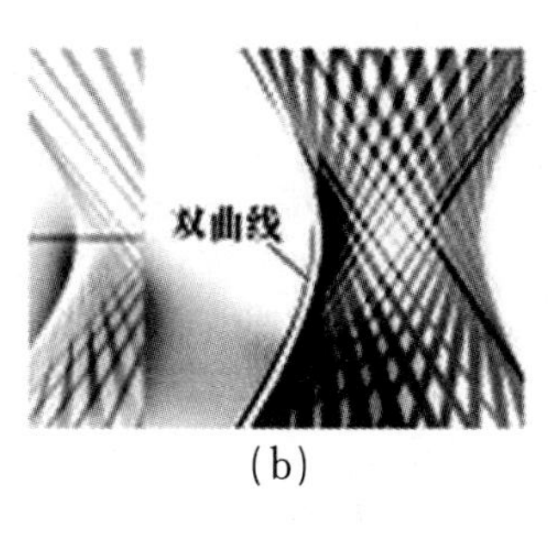

(b)

(c)

图 8－26

2. 手电筒射出来的光束,圆形灯罩里的台灯照出来的光束,天花板上的筒灯里照出的光束,可以视为圆锥形. 光照到墙上,就好比用平面(墙)去截圆锥,光照到亮处与没有照到的地方的暗处的分界线就是平面与圆锥的交线,就是圆锥曲线. 调整手电筒照射的方向,可以得到圆、椭圆、抛物线、双曲线. 台灯和筒灯照出来的圆锥形光束的轴基本上与墙平行,得到的交线是双曲线的一支.

探究案之一花独放

微探究

每个同学准备一条拉链,如图 8－27 所示:让它们的长度不等,将拉链的两边分别固定在两个定点 F_1,F_2(拉链两边的长度之差小于 F_1,F_2 的距离,为什么?)上,把铅笔尖固定在拉链口处,慢慢拉开拉链,使铅笔尖慢慢移动,画出图形的一部分,再将拉链的两边交换位置分别固定在 F_2,F_1处,用同样的方法画出图形的另一部分.

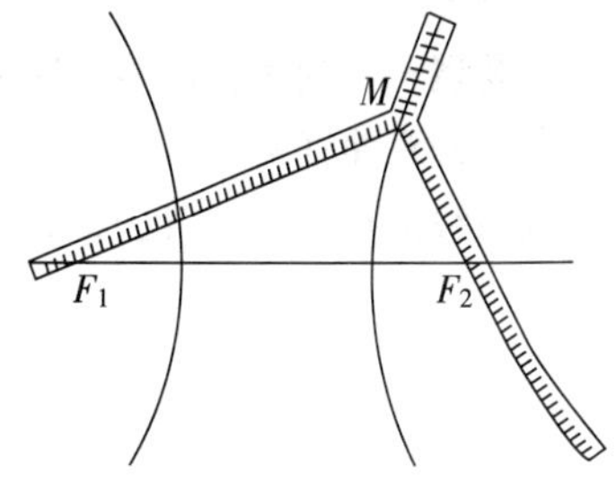

图 8－27

1. 双曲线的定义是什么?

语言描述:______________________________.

数学表达式: $||MF_1|-|MF_2||=$ ________.

2. 双曲线定义中去掉绝对值的轨迹是什么?

3. 双曲线定义中为什么要 $2a<2c$?

4. 与椭圆比较,双曲线有哪些相同点:______________________________;

不同点:______________________________.

5. 求双曲线的标准方程(见图 8—28):

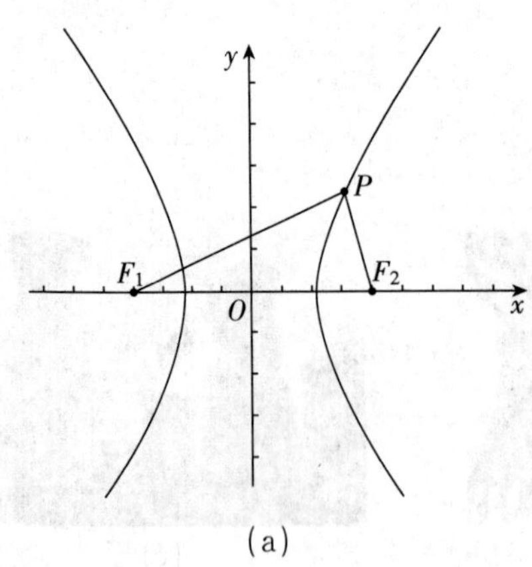

(a)

(b)

图 8—28

建系:____;

设点:____;

列式:____;

化简:____;

双曲线的标准方程:______________________________________.

微思考

1. 改变焦点的位置,椭圆的标准方程有什么变化?

2. 双曲线标准方程中 a,b,c 有什么关系? ______________.

3. 根据标准方程如何判断焦点在哪个轴上? ________.

微实践

题型一　利用双曲线的定义求标准方程

已知双曲线的焦点在 x 轴上,且焦距为 14,双曲线上一点到两个焦点距离之差的绝对值等于 8,请写出双曲线的标准方程.(去掉 x 轴呢?)

题型二　利用双曲线的标准方程求焦点和焦距

求下列双曲线的焦点坐标与焦距:

(1) $\dfrac{x^2}{144}-\dfrac{y^2}{25}=1$;　　　　(2) $y^2-x^2=4$.

练习案之一叶知秋

微练习

指出下列曲线焦点的位置及 a,b,c 的值:

(1) $\frac{x^2}{9}-\frac{y^2}{4}=1$;

(2) $\frac{x^2}{9}+\frac{y^2}{4}=1$;

(3) $\frac{y^2}{9}+\frac{x^2}{4}=1$;

(4) $\frac{x^2}{9}-\frac{y^2}{4}=-1$.

自测案之一树花开

微自测

一、填写表 8—6

表 8—6

方程	a	b	焦点坐标
$4x^2-y^2=-4$			
$\frac{x^2}{27}-\frac{y^2}{9}=1$			
$3x^2-4y^2=36$			
$x^2=4y^2-4$			
$9y^2=144+16x^2$			

二、选择题

1. 已知双曲线的标准方程是 $\frac{x^2}{9}-\frac{y^2}{4}=1$,则该双曲线的焦点在(　　)上.

A. x 轴　　B. y 轴　　C. $y=x$　　D. $y=-x$

2. 已知双曲线的标准方程是 $\frac{x^2}{4}-\frac{y^2}{3}=1$,则该双曲线的半焦距 c 是(　　).

A. -5　　B. 5　　C. -1　　D. 1

3. 已知双曲线的焦距为 8,双曲线上一点到两个焦点的距离之差的绝对值为 4,则双曲线的标准方程是(　　).

A. $\frac{x^2}{16}-\frac{y^2}{48}=1,\frac{y^2}{48}-\frac{x^2}{16}=1$

B. $\frac{x^2}{48}-\frac{y^2}{16}=1,\frac{y^2}{16}-\frac{x^2}{48}=1$

C. $\frac{x^2}{12}-\frac{y^2}{4}=1,\frac{y^2}{12}-\frac{x^2}{4}=1$

D. $\frac{x^2}{4}-\frac{y^2}{12}=1,\frac{y^2}{4}-\frac{x^2}{12}=1$

三、解答题

1. 求焦点为(5,0),(−5,0),双曲线上的点与两焦点的距离差的绝对值等于 8 的双曲线方程.

2. 求一个焦点坐标为 (0,−6) 且经过点 A (−5,6) 的双曲线标准方程.

3. 求 $a=3,b=4$,焦点在 x 轴上的双曲线标准方程.

4. 已知方程 $\frac{x^2}{m+2}-\frac{y^2}{m+1}=1$ 表示双曲线,求 m 的取值范围.

5. (选做)M 是双曲线 $\frac{x^2}{4}-\frac{y^2}{9}=1$ 上一点,F_1,F_2 是双曲线的焦点,$\angle F_1MF_2=90°$,求 $\triangle F_1MF_2$ 的面积.

§8.6.2　双曲线的性质

预习案之一草一木

微预习

对照椭圆的性质试着写出双曲线的性质.

微作业

王渊超于 1995 年读高中时创作了《悲伤的双曲线》这首歌曲,据说,创作的灵感正是来源于一堂解析几何课,当时老师正在论证讲解"双曲线与渐近线只能无限接近不能达到",而正是这点给王渊超带来了创作动机,并在笔记本上把歌词一挥而就.

探究案之一花独放

微探究

看教材和微课完成下列问题:

以双曲线标准方程 $\frac{x^2}{a^2}-\frac{y^2}{b^2}=1$ 为例进行说明.

1.范围:双曲线在两条直线________的外侧.

2.对称性:双曲线关于________、________轴和________都是对称的.

3.顶点:双曲线和对称轴的________叫作双曲线的顶点.

双曲线和 x 轴有两个交点:________________.

(1)注意:双曲线的顶点只有两个,这是与椭圆不同的(椭圆有四个顶点),双曲线的顶点分别是实轴的两个端点.

(2)实轴:线段 A_1A_2 叫作双曲线的________,它的长等于________,叫作双曲线的实半轴长.

(3)虚轴:线段 B_1B_2 叫作双曲线的________,它的长等于________,叫作双曲线的虚半轴长.

在作图时,我们常常把虚轴的两个端点画上(为要确定渐近线),但要注意它们并非是双曲线的顶点.

4.渐近线:注意到开课之初所画的矩形,矩形确定了两条对角线,这两条直线即称为双曲线的渐近线.渐近线方程为________________.

5.离心率:双曲线的焦距与实轴长的比________,叫作双曲线的离心率.

e 的范围:________;

e 的含义:

$$\frac{b}{a}=\frac{\sqrt{c^2-a^2}}{a}=\sqrt{\left(\frac{c}{a}\right)^2-1}=\sqrt{e^2-1}$$

$\Rightarrow e$ 增大时,渐近线与实轴的夹角________.

e 是表示双曲线开口大小的一个量,e 越大,开口________.

微思考

1.改变双曲线焦点的位置,它的性质有何变化?

2.等轴双曲线:

(1)定义:实轴和虚轴等长的双曲线叫作________双曲线.

(2)等轴双曲线的性质:①渐近线方程为:$y=\pm x$;②渐近线互相垂直.

(3)注意到等轴双曲线的特征 $a=b$,则等轴双曲线可以设为 $x^2-y^2=\lambda$.

当 $\lambda>0$ 时,交点在 x 轴上;当 $\lambda<0$ 时,焦点在 y 轴上.

微实践

题型一　已知双曲线标准方程求其性质

求双曲线 $\frac{x^2}{9}-\frac{y^2}{81}=1$ 的实半轴和虚半轴长、焦点坐标、渐近线方程.

题型二　已知双曲线性质求标准方程

1. 已知双曲线的两个顶点坐标为 $(0,-4)$，$(0,4)$，离心率为 $\frac{3}{2}$，求双曲线的标准方程及其渐近线方程.

2. 已知双曲线的一个焦点为$(6,0)$，渐近线方程为 $y=\pm\frac{2\sqrt{5}}{5}x$，求双曲线的标准方程.

题型三　双曲线性质的灵活应用

求与双曲线 $4x^2-y^2=4$ 有共同渐近线，且过点 $M(2,2)$ 的双曲线的方程.

总结规律：已知双曲线的渐近线和一点坐标，求双曲线方程的一般方法为________________.

练习案之一叶知秋

微练习

1. 求双曲线 $9y^2-16x^2=144$ 的实半轴和虚半轴长、焦点坐标、渐近线方程.

2. 已知双曲线的两个焦点坐标为 $(-5,0)$，$(5,0)$，离心率为 $\frac{5}{4}$，求双曲线的标准方程及其渐近线方程.

3. 渐近线方程为 $y=\pm\frac{3}{5}x$，焦点坐标为 $(\pm\sqrt{2},0)$，求双曲线的方程.

4. 双曲线的渐近线方程为 $y=\pm\frac{2}{3}x$，且过点 $P(3\sqrt{2},-4)$，求双曲线的方程.

自测案之一树花开

微自测

一、填写表 8—7

表 8—7

方程	实轴长	虚轴长	焦点坐标	顶点坐标	e	渐近线方程
$4x^2-y^2=-4$						
$\dfrac{x^2}{27}-\dfrac{y^2}{9}=1$						
$3x^2-4y^2=36$						
$x^2=4y^2-4$						
$9y^2=144+16x^2$						

二、选择题

1. 已知双曲线的标准方程是 $\dfrac{x^2}{25}-\dfrac{y^2}{16}=1$，则该双曲线的焦点在(　　)上.

A. x 轴　　B. y 轴　　C. $y=x$　　D. $y=-x$

2. 已知双曲线的标准方程是 $\dfrac{x^2}{5}-\dfrac{y^2}{4}=1$，则该双曲线的半焦距 c 是(　　).

A. -3　　B. 3　　C. -1　　D. 1

3. 对称轴是坐标轴，离心率是 2，焦距是 8 的双曲线的标准方程是(　　).

A. $\dfrac{x^2}{16}-\dfrac{y^2}{48}=1,\dfrac{y^2}{48}-\dfrac{x^2}{16}=1$　　B. $\dfrac{x^2}{48}-\dfrac{y^2}{16}=1,\dfrac{y^2}{16}-\dfrac{x^2}{48}=1$

C. $\dfrac{x^2}{12}-\dfrac{y^2}{4}=1,\dfrac{y^2}{12}-\dfrac{x^2}{4}=1$　　D. $\dfrac{x^2}{4}-\dfrac{y^2}{12}=1,\dfrac{y^2}{4}-\dfrac{x^2}{12}=1$

4. 标准坐标系内的双曲线的一个顶点坐标是 (4,0)，它的渐近线方程是 $y=\pm\dfrac{3}{4}x$，该双曲线的标准方程是(　　).

A. $\dfrac{x^2}{4}-\dfrac{y^2}{3}=1$　　B. $\dfrac{x^2}{3}-\dfrac{y^2}{4}=1$　　C. $\dfrac{x^2}{9}-\dfrac{y^2}{16}=1$　　D. $\dfrac{x^2}{16}-\dfrac{y^2}{9}=1$

5. 中心在坐标原点，焦点在 y 轴上，实轴和虚轴的长分别是 16 和 8 的双曲线的标准方程是(　　).

A. $\dfrac{y^2}{16}-\dfrac{x^2}{8}=1$　　B. $\dfrac{y^2}{8}-\dfrac{x^2}{16}=1$　　C. $\dfrac{y^2}{16}-\dfrac{x^2}{64}=1$　　D. $\dfrac{y^2}{64}-\dfrac{x^2}{16}=1$

6. 顶点间的距离是 2，渐近线方程是 $y=\pm x$ 的双曲线的标准方程是(　　).

A. $x^2-y^2=1$　　B. $x^2-y^2=2$

C. $x^2-y^2=1,y^2-x^2=1$　　D. $x^2-y^2=2,y^2-x^2=2$

7. 双曲线 $\dfrac{x^2}{9}-\dfrac{y^2}{4}=1$ 与 $\dfrac{x^2}{4}-\dfrac{y^2}{9}=1$ 有(　　).

A. 相同的顶点　　B. 相同的焦点

C. 相同的离心率　　D. 相同的渐近线

8. 若双曲线的实轴长为 10，焦点坐标分别是 $(0,\sqrt{29})$，$(0,-\sqrt{29})$，则双曲线的标准方程是(　　).

A. $\frac{x^2}{25}-\frac{y^2}{4}=1$　　B. $\frac{y^2}{4}-\frac{x^2}{25}=1$　　C. $\frac{x^2}{4}-\frac{y^2}{25}=1$　　D. $\frac{y^2}{25}-\frac{x^2}{4}=1$

9. 双曲线 $\frac{x^2}{16}-\frac{y^2}{9}=1$ 的离心率为(　　).

A. $\frac{4}{5}$　　B. $\frac{5}{4}$　　C. $\frac{3}{5}$　　D. $\frac{5}{3}$

10. 当方程 $\frac{x^2}{9-k}+\frac{y^2}{4-k}=1$ 表示焦点在 x 轴上的双曲线时，k 的值是(　　).

A. $k<4$　　B. $4<k<9$　　C. $k<9$　　D. $k>9$

三、解答题

1. 已知双曲线的焦距为 6，$e=\frac{3}{2}$，焦点在 x 轴上，求双曲线的标准方程.

2. 已知双曲线的实轴长为 16，$e=1$，求双曲线的标准方程.

3. 对称轴是坐标轴，实轴和虚轴长相等，求两顶点距离为 8 的双曲线方程.

4. 已知一双曲线以椭圆 $\frac{x^2}{8}+\frac{y^2}{5}=1$ 的焦点和顶点分别为顶点和焦点，求该双曲线的标准方程.

8.7　抛物线

§8.7.1　抛物线的定义及标准方程

预习案之一草一木

微预习

1. 理解抛物线的定义.
2. 掌握抛物线的标准方程.

微作业

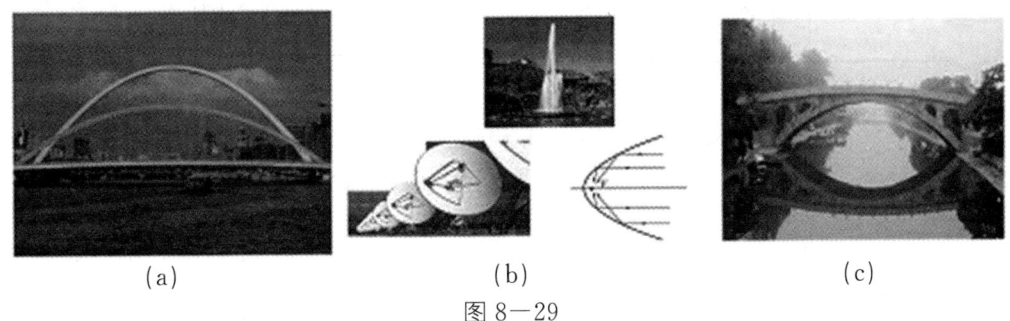

(a)　　(b)　　(c)

图 8—29

1. 观察图 8—29 中形状的共性:________.

2. 在足球比赛时,猛一脚射门,足球沿着一条美丽的弧线运动,球进了,那将是激动人心的事.夏天,仰望天空,看见一道美丽的彩虹,你一定会遐想翩翩;夜晚,当你看到伴随美妙音乐呈现出五彩斑斓的喷泉时,你一定有一种天上人间般的感觉.当你看到运动员投篮正中篮心时,你一定会惊讶他的准确率.这一切的一切,如果抽取出来,就是抛物线.只要我们细心观察生活,就会发现生活中有很多与抛物线有联系的事物,农田或草地灌溉器,甚至导弹轨迹也与抛物线有一定的联系.

探究案之一花独放

微探究

1. 把一根直尺固定在图上直线 L 的位置,把一块三角尺的一条直角边紧靠着直尺的边缘,再把一条细绳的一端固定在三角尺的另一条直角边的一点 A,取绳长等于点到直角顶点 C 的长,并且把绳子的另一端固定在图上一定点 F.用铅笔尖扣着绳子,使点 A 到笔尖的一段绳子紧靠着三角尺,然后将三角尺沿着直尺上下滑动,笔尖就在图板上描出一条曲线.(见图 8—30)

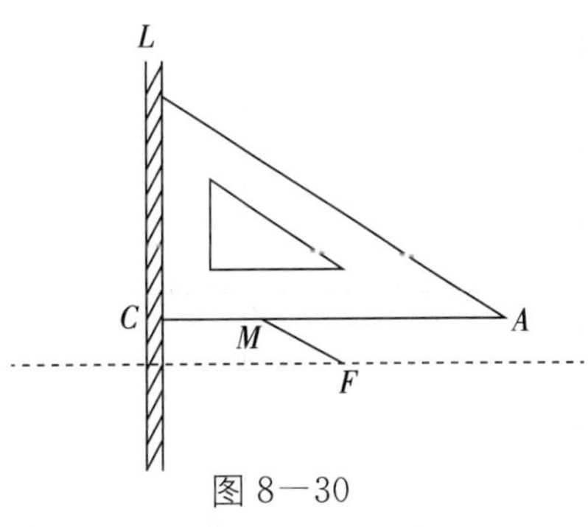

图 8—30

问:

(1)笔尖(设为动点 M)在运动过程中满足的条件是什么?

(2)此曲线是否为椭圆或一支双曲线?为什么?如果不是,猜想它是什么.

(3)观察、讨论、总结：动点 M 在运动过程中满足的几何条件是到定点 F 的距离和它到定直线 L 的距离相等，即________($e=1$).

2. 抛物线的定义是什么？

语言描述：____.

数学表达式：____.

3. 抛物线定义中的关键词是什么？

4. 与椭圆、双曲线定义比较，抛物线有什么不同？________________________.

5. 抛物线的标准方程(见图 8－31)：

建系：____；

设点：____；

列式：____；

化简：____.

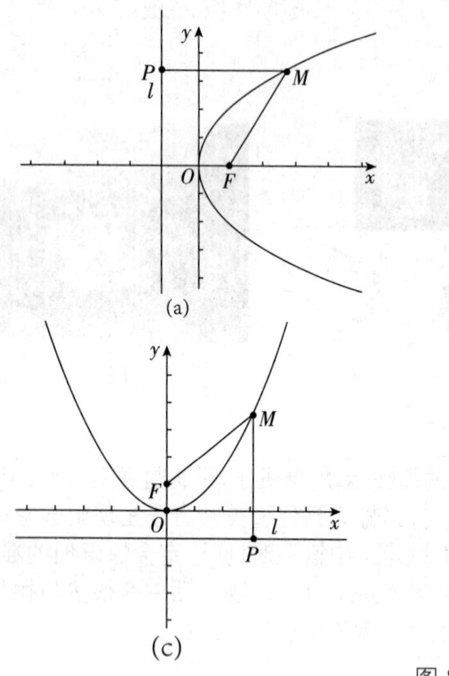

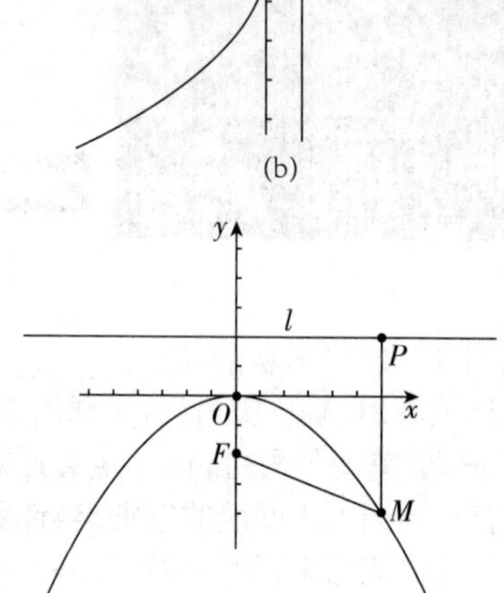

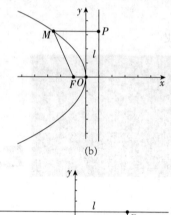

图 8－31

6. 在表 8－8 中画出抛物线其他几种情况的图像.

表 8－8

图像	标准方程	焦点坐标	准线方程
y O x	$y^2=2px$ $(p>0)$	$\left(\dfrac{p}{2},0\right)$	$x=-\dfrac{p}{2}$

续表

图像	标准方程	焦点坐标	准线方程
y O x			
y O x			
y O x			

请大家总结各种标准方程的特点.(提示:一次项是谁?二次项是谁?系数是谁?系数的正负有何特点?)

微思考

根据标准方程如何判断焦点在哪个轴上?________.

微实践

题型一　根据抛物线焦点或准线求标准方程

利用已知条件求抛物线的标准方程:

(1)焦点在 x 轴的正半轴,并且 $p=5$;

(2)焦点为 $F(0,-2)$;

(3)准线方程为 $x=\frac{1}{2}$.

题型二　根据抛物线标准方程求焦点或准线方程

已知抛物线的方程,求焦点坐标和准线方程:

(1) $y^2=16x$;

(2) $x^2+y=0$.

练习案之一叶知秋

微练习

1. 已知抛物线的标准方程是 $y^2=6x$,求它的焦点坐标和准线方程.

2. 已知抛物线的焦点坐标是 $F(0,-2)$,求它的标准方程.

3. 根据下列所给条件,写出抛物线的标准方程:

(1)焦点是 $F(3,0)$;

(2)焦点到准线的距离是 2.

自测案之一树花开

微自测

一、填写表 8—9

表 8—9

方程	焦点在哪个轴上	p 的值	焦点坐标
$y^2=4x$			
$y^2=-4x$			
$x^2=4y$			
$x^2=-4y$			

二、选择题

1. 已知抛物线的标准方程是 $y^2=x$，则该抛物线的焦点在(　　)上.

A. x 轴　　B. y 轴　　C. $y=x$　　D. $y=-x$

2. 已知抛物线的标准方程是 $y^2=2x$，则该抛物线的 p 值是(　　).

A. -5　　B. 5　　C. -1　　D. 1

3. 已知抛物线的焦点在 x 轴正半轴上且到准线的距离为 2，则抛物线的方程为(　　).

A. $y^2=4x$　　B. $y^2=-4x$　　C. $x^2=4y$　　D. $x^2=-4y$

三、解答

1. 求下列抛物线的焦点坐标和准线方程：

(1) $x^2=2y$；

(2) $4x^2+3y=0$；

(3) $2y^2+5x=0$.

2. 根据下列条件，求抛物线的方程，并描点画出图形：

(1)顶点在坐标原点，对称轴是 x 轴，并且顶点与焦点的距离等于 6；

(2)顶点在坐标原点，对称轴是 y 轴，并经过点 $P(-6,-3)$.

§8.7.2　抛物线的性质

预习案之一草一木

微预习

对照双曲线的性质试着写出抛物线的性质.

微作业

一只很小的灯泡发出的光，会分散地射向各方，但把它装在圆柱形手电筒里，经过调节，就能射出一束比较强的平行光线，这是为什么呢？原来手电筒内，在小灯泡后面有一个反光镜，镜面的形状是一个由抛物线绕它的轴旋转所得到的曲面，叫抛物面. 人们已经证明，抛物线有一条重要性质：从焦点发出的光线，

经过抛物线上任一点反射后，反射光线平行于抛物线的轴. 探照灯就是利用这个原理设计出来的. 人们利用这个原理设计了一种加热水和食物的太阳灶. 在这个太阳灶上装有一个旋转抛物面形的反光镜，当它的轴与太阳光平行时，太阳光经过反射后集中于焦点处，这一点的温度就会很高.

探究案之一花独放

微探究

看教材和微课完成下列问题：

以抛物线标准方程 $y^2=2px$ 为例进行说明.

1. 范围：________；开口方向：________.
2. 对称性：抛物线关于________轴是对称的.
3. 顶点：______________.
4. 离心率：________.

微思考

抛物线的性质（见表 8—10）.

表 8—10

标准方程	范围	对称性	顶点	离心率

微实践

题型一　根据抛物线的性质求标准方程

1. 顶点在坐标原点，对称轴是 x 轴，并且顶点与焦点的距离等于 6，求抛物线的标准方程.

2. 已知抛物线关于 x 轴对称，它的顶点在坐标原点，并且经过点 $M(2,-2)$，求抛物线方程，并用描点法画出图像.

题型二　抛物线性质的综合应用

已知抛物线的顶点在坐标原点，对称轴是 x 轴，抛物线上的点 $M(-3,m)$ 到焦点的距离等于 5，求抛物线的方程和 m 的值.

练习案之一叶知秋

微练习

1. 求顶点在坐标原点,对称轴是 y 轴,并经过点 $P(6,3)$ 的抛物线标准方程.

2. 抛物线 $y=ax^2$ 的准线方程是 $y=2$,则 a 的值为________.

3. 抛物线 $y=4x^2$ 上的一点 M 到焦点的距离为 1,则点 M 的纵坐标是________.

4. 在抛物线 $y^2=2px$ 上,横坐标为 4 的点到焦点的距离为 5,则 p 的值为________.

自测案之一树花开

微自测

一、选择题

1. 已知抛物线的标准方程是 $y^2=10x$,则它的焦点坐标和准线方程是(　　).

A. $(5,0)$,$x=-5$　　B. $(0,5)$,$y=-5$

C. $\left(\frac{5}{2},0\right)$,$y=-5$　　D. $\left(\frac{5}{2},0\right)$,$x=-\frac{5}{2}$

2. 已知抛物线的标准方程是 $y=-\frac{1}{9}x^2$,则该抛物线的准线方程是(　　).

A. $y=\frac{9}{2}$　　B. $x=\frac{9}{2}$　　C. $y=\frac{9}{4}$　　D. $x=-\frac{9}{4}$

3. 抛物线的方程是 $y^2=-4x$,其上一点 P 到焦点的距离为 4,则它的横坐标是(　　).

A. -4　　B. -3　　C. -2　　D-1

4. 顶点在坐标原点,焦点在 x 轴上,且经过 $A(-1,2)$ 的抛物线的标准方程是(　　).

A. $y^2=\frac{1}{4}x$　　B. $y=-\frac{1}{4}x^2$　　C. $x^2=-2y$　　D. $x=-\frac{1}{4}y^2$

5. 在标准坐标系内,抛物线方程 $2y^2-\frac{1}{2}x=0$ 的焦点坐标是(　　).

A. $\left(-\frac{1}{16},0\right)$　　B. $\left(-\frac{1}{8},0\right)$　　C. $\left(\frac{1}{16},0\right)$　　D. $\left(0,-\frac{1}{4}\right)$

二、填空题

1. 抛物线 $y^2=8x$ 的焦点到准线的距离是________.

2. 抛物线 $x^2=4y$ 上一点 P 到焦点的距离是 5,且点 P 在第一象限,则点 P 的坐标是________

3. 平面内到定点(2,0)和到定直线 $x+2=0$ 的距离相等的点的轨迹方程是____________.

4. 已知抛物线顶点在坐标原点,焦点在 y 轴上,抛物线上一点 $A(m,-3)$到焦点的距离为 5,则抛物线的方程是________,$m=$________.

5. 抛物线 $y=x^2$ 的对称轴是________.

三、解答题

1.求满足下列条件的抛物线的标准方程:

(1)焦点在 x 轴的正半轴,过点(2,−4);

(2)过点(−3,6).

2.顶点在坐标原点,焦点在 x 轴正半轴的抛物线被直线 $y=2x+1$ 所截得的弦长为 $\sqrt{15}$,求抛物线的标准方程.

3.过抛物线 $y^2=4x$ 的焦点,且斜率为 2 的直线交抛物线于 A、B 两点,求:

(1)线段 AB 所在的直线方程;

(2)线段 AB 的中点 M 的坐标和 $|AB|$ 的长度.

4.已知抛物线的顶点在直角坐标系的原点,准线方程为 $4x+1=0$,求:

(1)抛物线的标准方程;

(2)在抛物线上有一动点 Q,求动点 Q 与点 A 的最小距离.

单元总结案

总结案之看图说话

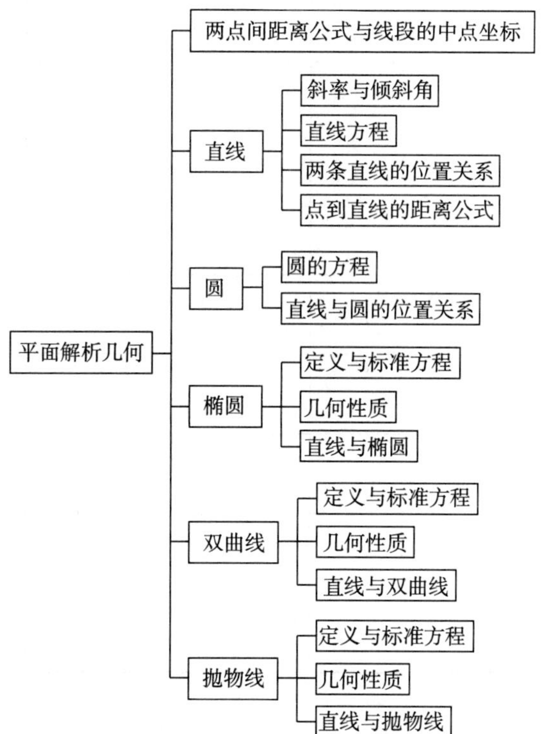

直线方程的形式及运用条件如表 8—11 所示.

表 8—11

名称	几何条件	方程	局限性
点斜式			
斜截式			
两点式			
一般式			

两条直线的位置关系如表 8—12 所示.

表 8—12

直线方程	一般式	斜截式
平行		
重合		
相交		
相交中的特例垂直		

椭圆、双曲线和抛物线的标准方程和性质如表 8—13 所示.

表 8—13

项目	椭圆	双曲线	抛物线
几何条件			
标准方程			
图像			
对称轴			
顶点坐标			
焦点坐标			
离心率			
渐近线			

总结案之群英荟萃

题型一　两点之间的距离公式

已知 $A(\cos 80°,\sin 80°)$，$B(\cos 20°,\sin 20°)$，则线段 AB 的长度为________.

题型二　求斜率的方法

1. 已知直线经过两点 $A(1,\sqrt{3})$，$B(a,0)$，且直线的倾斜角为 $\frac{\pi}{6}$，则 $a=$________.

2. 若点 $A(1,2)$，$B(-2,3)$，$C(4,m)$ 在同一条直线上，则 $m=$________

3. 若直线 $(m-2)x-2y+m-3=0$ 的斜率等于 2，则 $m=$________.

4. 直线 $l_1:ax+by+c=0$ 经过第一、二、三象限，则(　　).

A. $ab>0,bc>0$　　B. $ab>0,bc<0$　　C. $ab<0,bc<0$　　D. $ab<0,bc>0$

题型三　求直线方程(直接法)

1. 点斜式方程.

(1)求过点 $Q(2,-3)$，且倾斜角是直线 $x-2y+3=0$ 的倾斜角的 2 倍的直线方程；

(2)求过点$(1,-2)$，且倾斜角 α 的余弦值等于 $\frac{3}{5}$ 的直线方程.

2. 斜截式方程：直线在 y 轴上的截距是 -3，且倾斜角为 $135°$，则直线的标准方程为________.

3. 截距式方程：直线 $x-2y+6=0$ 与坐标轴所围成的三角形面积是________.

4. 一般式：

(1) 已知两条平行线 $l_1:3x+2y-6=0$ 与 $l_2:6x+4y-3=0$，求与它们等距离的直线方程；

(2) 与直线 $3x-4y+1=0$ 平行，且距离为 1 的直线方程为________；

(3) 过点 $(-1,2)$ 且与直线 $2x-3y+4=0$ 垂直的直线的方程是________.

题型四　对称问题

1. 关于点对称：点 $M(4,m)$ 关于点 $N(n,-3)$ 的对称点为 $P(6,-9)$，则 $m=$________，$n=$________.

2. 关于直线对称：点 $(1,2)$ 关于直线 $y=x$ 的对称点为________，关于直线 $x+y=0$ 的对称点为________.

3. 圆 $x^2+y^2-4y=0$ 关于直线 $x+y=0$ 的对称圆的方程为________.

题型五　两条直线的位置关系

1. 垂直关系

(1) 设 $\alpha\in\left(\frac{\pi}{2},\pi\right)$，已知直线 $l_1:x\cos\alpha+y\sqrt{1-\sin\alpha}+3=0$，直线 $l_2:x+y\sqrt{1+\sin\alpha}-3=0$，则直线 l_1 与 l_2 的位置关系是________.

(2) 若过两点 $A(3,m)$，$B(1,-2)$ 的直线垂直于直线 $2x-y+3=0$，则 $m=$________.

(3) 过点 $(-1,2)$ 且与直线 $2x-3y+4=0$ 垂直的直线方程是________.

(4) 已知 A、B 是抛物线 $y^2=\frac{1}{2}x$ 上的两点，A 点的纵坐标为 2，且 $OA\perp OB$，则直线 OB 的方程为________.

(5) 已知直线 $l_1:y=3x+1$ 与 $l_2:ax+y+1=0$，若 $l_1\perp l_2$，则 a 的值为________.

2. 平行关系.

(1) 直线 $l_1:x+ay+6=0$ 与 $l_2:(a-2)x+3y+a=0$ 平行，则 a 的值为________.

(2) 过直线 $x+y-2=0$ 与直线 $x-y=0$ 的交点且与直线 $x+2y-1=0$ 平行的直线的方程为________.

题型六　求圆的方程

1. 直接法.

已知两点 $P(1,-4)$，$Q(3,2)$，那么以线段 PQ 为直径的圆的方程为________.

2. 待定系数法.

过平面上两点 $F_1(-2,0)$，$F_1(-2,0)$，且圆心在直线 $2x-7y+8=0$ 上的圆的标准方程为________.

题型七　直线与圆的位置关系

(一) 直线与圆相切

1. 过圆上一点的切线方程. 求：

(1) 过点 $P(3,4)$，且与圆 $x^2+y^2=25$ 相切的直线方程；

(2) 过点 $P(-1,4)$，且与圆 $(x+1)^2+(y-2)^2=4$ 相切的直线的方程.

2. 过圆外一点的切线方程.

求过点 $P(1,-2)$,且与圆 $(x+1)^2+(y-2)^2=4$ 相切的直线方程________.

3. 求切线长.

已知圆的方程为 $x^2+y^2+2x-8y+8=0$, 过点 $P(2,0)$ 作该圆的一条切线,求切线长.

(二)直线与圆相交

1. 圆 $(x-2)^2+(y+2)^2=2$ 截直线 $x-y-5=0$ 所得弦长为________.

2. 已知圆 $x^2+(y-b)^2=4$ 被直线 $x-y-2=0$ 所截得的弦长为 $2\sqrt{2}$,则实数 b 的值为________.

3. 圆 $x^2+y^2+2x+4y-3=0$ 上到直线 $x+y+1=0$ 的距离为 $\sqrt{2}$ 的点有________个.

(三)直线与圆相离

设 P 为圆 $x^2+y^2=1$ 上的动点,则点 P 到直线 $3x-4y-10=0$ 的距离的最小值为________,最大值为________.

题型八　椭圆、双曲线、抛物线的定义

(一)椭圆的定义

1. 已知 F_1、F_2 是椭圆的两个焦点,现有椭圆上一点 M 到两焦点的距离之和为 20,且 $|MF_1|$,$|F_1F_2|$,$|MF_2|$ 成等差数列,试求该椭圆的标准方程.

2. 椭圆 $\frac{x^2}{25}+\frac{y^2}{16}=1$ 上一点 P 到一个焦点的距离是 3,则点 P 到另一个焦点的距离是________.

(二)双曲线定义

1. 已知双曲线 $\frac{x^2}{16}-\frac{y^2}{9}=1$,过右焦点 F_2 作双曲线的弦 AB,且 $|AB|=5$,设该双曲线的另一焦点为 F_1,求 $\triangle ABF_1$ 的周长.

2. 设 F_1、F_2 为双曲线 $\frac{x^2}{4}-y^2=1$ 的两焦点,点 P 在双曲线上,且满足 $\angle F_1PF_2=90°$,则 $\triangle F_1PF_2$ 的面积为________.

(三)抛物线的定义

已知抛物线顶点在坐标原点,对称轴为 x 轴,点 $P(-2,k)$ 为抛物线上的点,且点 P 到焦点的距离为 6,则抛物线方程为________________.

题型九　圆、椭圆、双曲线、抛物线的标准方程

1. 方程 $x^2+y^2+ax+2y+a+1=0$ 表示圆,则 a 的取值范围是________.

2. 若方程 $\frac{x^2}{4-k}+y^2=k$ 表示椭圆,则 k 的取值范围是________.

3. 方程 $x^2+ky^2=2$ 表示焦点在 y 轴上的椭圆，k 的取值为________.

4. 已知方程$\frac{x^2}{2-m}+\frac{y^2}{m-1}=1$ 所表示的曲线是双曲线，那么 m 的取值范围是________.

题型十　圆锥曲线间的关系

1. 中心在直角坐标系原点，焦点在 x 轴上的椭圆与某双曲线有共同的焦点 F_1、F_2，并且$|F_1F_2|=2\sqrt{13}$，椭圆的长半轴与双曲线的实半轴之差为 4，椭圆与双曲线的离心率之比为 3∶7，求椭圆和双曲线的标准方程.

2. 求以椭圆$\frac{x^2}{169}+\frac{y^2}{144}=1$ 的右焦点为圆心，且与双曲线$\frac{x^2}{9}-\frac{y^2}{16}=1$ 的渐近线相切的圆的标准方程.

3. 求以椭圆$\frac{x^2}{4}+\frac{y^2}{16}=1$ 的焦点为顶点，且与该椭圆的离心率相同的椭圆方程.

4. 椭圆$\frac{x^2}{a^2}+\frac{y^2}{b^2}=1$ 的左焦点为 $F_1(-2,0)$，离心率为$\frac{\sqrt{6}}{3}$，求椭圆的标准方程.

5. 已知椭圆的离心率 $e=\frac{\sqrt{2}}{2}$，左焦点为 $F_1(-1,0)$，求椭圆的标准方程.

6. 已知双曲线的两个顶点为$(0,3)$，$(0,-3)$，离心率为$\frac{5}{3}$，求双曲线的标准方程以及渐近线方程.

7. 求顶点间距离是 2，渐近线方程是 $y=\pm x$ 的双曲线方程.

8. 已知椭圆的一焦点与短轴两端点连线夹角为 90°，则椭圆的离心率为________.

9. 抛物线 $y=4x^2$ 的准线方程是________.

10. 已知抛物线的顶点为坐标系的原点，准线方程为 $4x+1=0$，求抛物线方程.

题型十一　双曲线系问题

双曲线的渐近线方程为 $y=\pm\frac{2}{3}x$，且过点 $P(3\sqrt{2},-4)$，则双曲线的方程为________.

题型十二　圆锥曲线与直线的位置关系

1. 已知过点 $(0,-2)$ 且倾斜角为 $\frac{\pi}{4}$ 的直线与抛物线 $y^2=4x$ 交于 A、B 两点，

(1) 求线段 AB 的中点 M 的坐标；

(2) 某椭圆中心在坐标原点，一个焦点是抛物线的焦点，且长轴长等于 $|AB|$，求椭圆的标准方程；

(3) 求 $\triangle OAB$ 的面积.

2. 已知直线 $y=kx-2$ 与抛物线 $y^2=8x$ 交于两个不同的点 A、B，且 AB 中点横坐标为 2，则 k 的值为________.

3. 经过点 $M(2,1)$ 作直线 l 交双曲线 $x^2-\frac{y^2}{2}=1$ 于两点，且 M 为线段的中点，求直线 l 的方程.

4. 直线 $y=\frac{\sqrt{3}}{3}(x+3)$ 与椭圆 $\frac{x^2}{6}+\frac{y^2}{2}=1$ 交于 A、B 两点，求证：点 $F_1(-2,0)$ 在以线段 AB 为直径的圆上.

5. 设抛物线对称轴为坐标轴，顶点在坐标原点，焦点在圆 $x^2+y^2-2x-3=0$ 的圆心，过焦点作倾斜角为 45°的直线，与抛物线交于 A、B 两点，

(1) 求直线与抛物线的方程；

(2) 求 $\triangle OAB$ 的面积.

6. 设抛物线的顶点在坐标原点，焦点是圆 $x^2+y^2=6x$ 的圆心，

(1)求此抛物线的标准方程；

(2)过抛物线焦点且斜率为 2 的直线与抛物线和圆分别交于 A、D、B、C 四点，求$\triangle OAB$ 与$\triangle OCD$ 的面积之和.

7. 如图 8—32 所示，斜率为 1 的直线 l 经过椭圆$\dfrac{x^2}{3}+\dfrac{y^2}{2}=1$ 的右焦点 F_2，交椭圆于 A 与 B 两点，F_1 是左焦点，求(1)弦长$|AB|$；(2)$\triangle ABF_1$ 的面积.

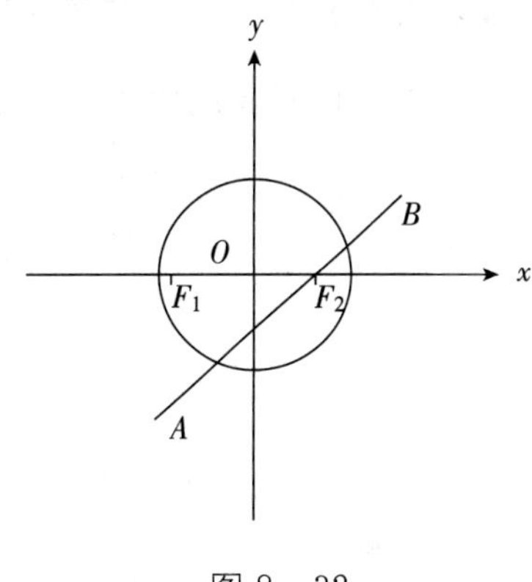

图 8—32

8. 设椭圆 C:$\dfrac{x^2}{a^2}+\dfrac{y^2}{b^2}=1(a>b>0)$过点(0,4)，离心率为$\dfrac{3}{5}$.

(1)求 C 的方程；

(2)求过点(3,0)且斜率为$\dfrac{4}{5}$的直线被椭圆 C 所截线段的中点坐标.

9. 如图 8－33 所示，已知抛物线 $y^2=4x$ 与椭圆$\frac{x^2}{9}+\frac{y^2}{m}=1$ 有共同的焦点 F_2，并且相交于 P,Q 两点，F_1 是椭圆的另一个焦点.

求：(1)m 的值；

(2)P、Q 两点的坐标；

(3)$\triangle F_1F_2P$ 的面积.

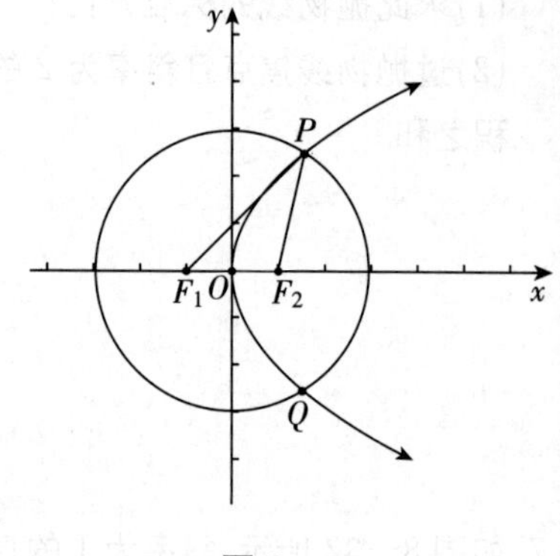

图 8－33

10. 以椭圆 $x^2+4y^2=64$ 的焦点为顶点，渐近线方程为 $y=\pm\frac{\sqrt{3}}{3}x$ 的双曲线，与过该双曲线的右焦点且倾斜角为 45°的直线相交，求直线被该双曲线截得的线段的长.

11. 直线 $y=x+1$ 与抛物线 $y^2=-2px$ 相交，得到的弦长为 8，求此抛物线的方程.

总结案之硕果累累

一、选择题

1. 若直线经过坐标原点和点$(-2,-2)$，则直线的倾斜角是(　　).

A. $\frac{\pi}{4}$　　B. $\frac{5\pi}{4}$　　C. $\frac{\pi}{4}$或$\frac{5\pi}{4}$　　D. $-\frac{\pi}{4}$

2. 若直线过点$(\sqrt{3},-3)$且倾斜角为 30°，则该直线的方程为(　　).

A. $y=\frac{\sqrt{3}}{3}x-6$　　B. $y=\frac{\sqrt{3}}{3}x+4$

C. $y=\frac{\sqrt{3}}{3}x-4$　　D. $y=\frac{\sqrt{3}}{3}x+2$

3. 直线 $Ax-2y-1=0$ 和 $6x-4y+C=0$ 平行，那么(　　).

A. $A=3$ 且 $C=-2$　　B. $A=3$ 且 $C\neq-2$

C. $A\neq3$ 且 $C=-2$　　D. $A\neq3$ 且 $C\neq-2$

4. 过点(1,0)且与直线 $3x+2y=1$ 垂直的直线方程为(　　).

A. $2x-3y-1=0$　　B. $2x-3y-2=0$

C. $3x-2y-1=0$　　D. $3x-2y-3=0$

5. 圆的一条直径的端点是 $A(0,4)$,$B(2,2)$,则这个圆的方程是(　　).

A. $(x-1)^2+(y-3)^2=2$　　B. $x^2+(y-4)^2=2$

C. $(x-2)^2+(y-2)^2=2$　　D. $(x-2)^2+(y-2)^2=4$

6. 以点$(-2,4)$为圆心,如果有一条直径的两个端点分别在两个坐标轴上,那么该圆的方程是(　　).

A. $(x+2)^2+(y-4)^2=10$　　B. $(x+2)^2+(y-4)^2=20$

C. $(x-2)^2+(y+4)^2=20$　　D. $(x-2)^2+(y+4)^2=10$

7. 过点(2,1)与圆 $x^2+y^2=5$ 相切的直线方程是(　　).

A. $2x+y-5=0$　　B. $x+2y-5=0$

C. $2x+y+5=0$　　D. $x-2y+5=0$

8. 点 M 在圆$(x-5)^2+(y-3)^2=9$ 上,则点 M 到直线 $3x+4y-2=0$ 的最短距离是(　　).

A. 9　　B. 8　　C. 5　　D. 2

9. 已知椭圆的标准方程是 $\frac{x^2}{m}+\frac{y^2}{4}=1$,该椭圆的焦距是 2,则 m 的值等于(　　).

A. 5　　B. 3　　C. 5 或 3　　D. 8

10. 已知椭圆 $\frac{x^2}{25}+\frac{y^2}{16}=1$ 上一点 P 到椭圆一个焦点的距离是 3,则该点到另一个焦点的距离为(　　).

A. 2　　B. 5　　C. 7　　D. 10

11. 标准坐标系内的双曲线的一个顶点坐标是(4,0),它的渐近线方程是 $y=\pm\frac{3}{4}x$,该双曲线的标准方程是(　　).

A. $\frac{x^2}{4}-\frac{y^2}{3}=1$　　B. $\frac{x^2}{3}-\frac{y^2}{4}=1$

C. $\frac{x^2}{9}-\frac{y^2}{16}=1$　　D. $\frac{x^2}{16}-\frac{y^2}{9}=1$

12. 当方程 $\frac{x^2}{9-k}+\frac{y^2}{4-k}=1$ 表示焦点在 x 轴上的双曲线时, k 的值是(　　).

A. $k<4$　　B. $4<k<9$　　C. $k<9$　　D. $k>9$

13. 已知抛物线的标准方程是 $y=-\frac{1}{9}x^2$,则该抛物线的准线方程是(　　).

A. $y=\frac{9}{2}$　　B. $x=\frac{9}{2}$　　C. $y=\frac{9}{4}$　　D. $x=-\frac{9}{4}$

14. 抛物线的方程是 $y^2=-4x$,其上一点 P 到焦点的距离为 4,则它的横坐标是(　　).

A. -4　　B. -3　　C. -2　　D. -1

15. 焦点坐标是(0,2)的抛物线的标准方程是(　　).

A. $y^2=8x$　　B. $y^2=4x$　　C. $x^2=8y$　　D. $x^2=-4y$

二、填空题

1. 过点 $P(3,-5)$ 且与直线 $x-2y+1=0$ 垂直的直线方程为________.

2. 坐标原点到直线 $y=kx+2$ 的距离是$\sqrt{2}$,则 $k=$________.

3. 直线过点 $P(3,2)$，倾斜角的余弦为$\frac{3}{5}$的直线的方程为________________.

4. 直线 $y=x-1$ 与圆 $x^2+y^2=4$ 相交所截得的弦长是________.

5. 直线 $2x-y+m=0$ 与圆 $x^2+y^2=9$ 相切，则 $m=$________.

6. 焦点在 x 轴上，长轴长是 4，离心率是$\frac{1}{2}$的椭圆的标准方程是________________.

7. 椭圆的短轴长为 8，焦距$|F_1F_2|=6$，弦 AB 过 F_1，则 $\triangle ABF_2$ 的周长是________.

8. 已知椭圆的焦点坐标是$(-1,0)$，$(1,0)$，P 是椭圆上一点，且$|F_1F_2|$是$|PF_1|$，$|PF_2|$的等差中项，则椭圆的标准方程是________.

9. 若双曲线的实轴长是 6，一个焦点坐标是$(4,0)$，该双曲线的标准方程是________.

10. 双曲线 $3x^2-4y^2=12$ 的渐近线方程是________.

11. 抛物线 $y^2=8x$ 的焦点到准线的距离是________.

12. 抛物线 $x^2=4y$ 的焦点坐标是________，准线方程是________.

13. 若抛物线的焦点是圆 $x^2+y^2-4x=0$ 的圆心，则该抛物线的标准方程是________.

14. 动点 M 到顶点 $F(4,0)$的距离比它到定直线 $x+5=0$ 的距离小 1，则点 M 的轨迹方程是________.

15. 椭圆 $\frac{x^2}{4}+\frac{y^2}{a^2}=1$ 和双曲线 $\frac{x^2}{a^2}-\frac{y^2}{2}=1$ 有相同的焦点，则 $a^2=$________.

三、解答题

1. 求平行于直线 $x-y-2=0$ 且与它的距离为 $2\sqrt{2}$ 的直线方程.

2. 求过点 $A(3,2)$，圆心在直线 $y=2x$ 上，且与直线 $y=2x+5$ 相切的圆方程.

3. 已知椭圆 $\frac{x^2}{4}+y^2=1$ 与直线 $x+y-1=0$ 相交于点 A,B 两个点，求 A,B 两个点的坐标，线段 AB 的中点的坐标和 $|AB|$.

4. 已知双曲线 $\frac{x^2}{16}-\frac{y^2}{9}=1$，过右焦点 F_2 作双曲线的弦 AB 且 $|AB|=5$，设该双曲线另一焦点为 F_1，求 $\triangle ABF_1$ 的周长.

5. 求以椭圆 $9x^2+25y^2=225$ 的焦点为焦点，离心率为 2 的双曲线的标准方程.

6. 过抛物线 $y^2=4x$ 的焦点，且斜率为 2 的直线交抛物线于 A，B 两点，求：

(1)线段 AB 所在的直线方程；

(2)线段 AB 的中点 M 的坐标和 $|AB|$ 的长度.

7. 已知过点(0，−2)且倾斜角为 $\frac{\pi}{4}$ 的直线与抛物线 $y^2=4x$ 交于 A，B 两点，某椭圆中心在坐标原点，一个焦点是抛物线的焦点，且长轴长等于 $|AB|$，求椭圆的标准方程.

第 9 章　立体几何

9.1　平面的基本性质

§9.1.1　平面

预习案之一草一木

微预习

1. 了解平面的概念、平面的基本性质.
2. 掌握平面的表示法与画法.

微作业

个性化作业:收集湖面、窗户的玻璃面、黑板面、课桌面、墙书面等图形.

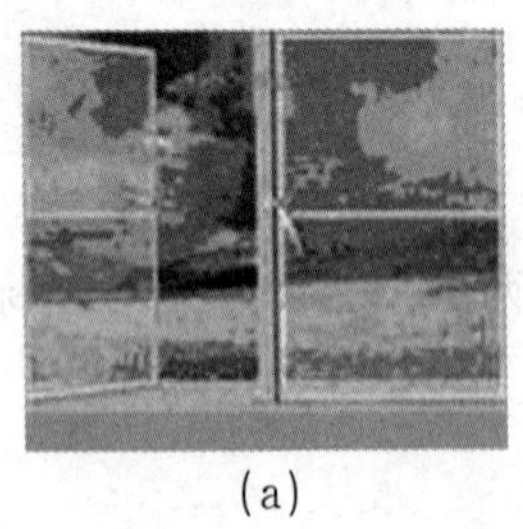
(a)

(b)

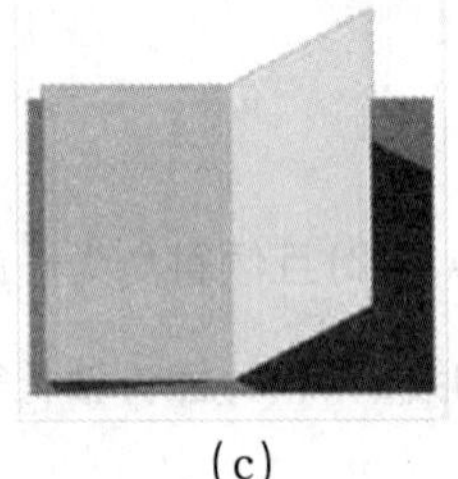
(c)

图 9—1

图 9—1 中的图形有一个共同的特征:____.

探究案之一花独放

微探究

1. 数学中的平面是______________________________.

2. 通常用________表示平面,记作________________,也可以用平行四边形的四个顶点的字母或两个相对顶点的字母来命名,记作________________.

微思考

圆、三角形能表示平面吗?

微实践

题型一　感悟点、线、面,学会平面的画法

平面的画法:

练习案之一叶知秋

微练习

表示出图 9—2 中正方体 $ABCD-A_1B_1C_1D_1$ 的 6 个面.

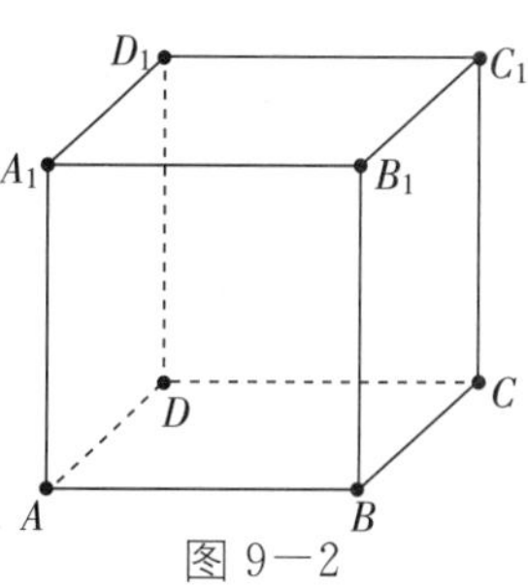

图 9—2

自测案之一树花开

微自测

1. 举出生活中平面的实例.
2. 画出一个平面,并表述出来.

§9.1.2　平面的基本性质

预习案之一草一木

微预习

1. 复习空间元素间的关系.
2. 用符号表示元素间的关系.

微作业

1. 感悟点与直线(见图 9—3).

(a)

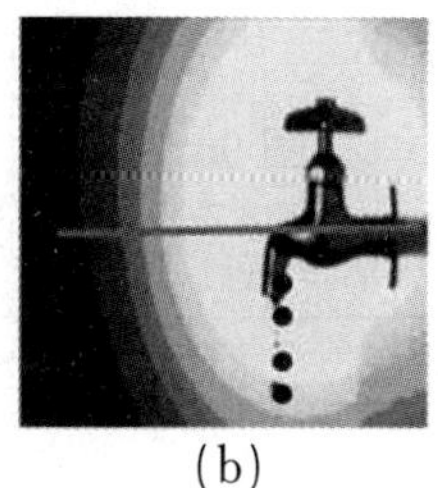

(b)

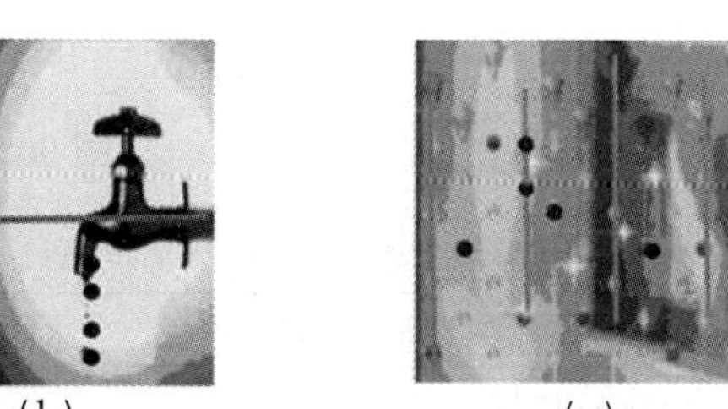

(c)

图 9—3

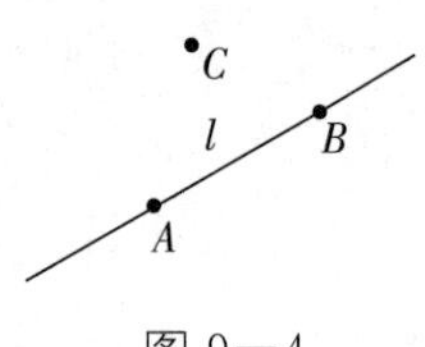

图 9—4

如图 9—4 所示,点 A、B、C 与直线 l 的关系是________,记作________.

2. 感悟点与平面(见图 9—5).

(a)

(b)

图 9—5

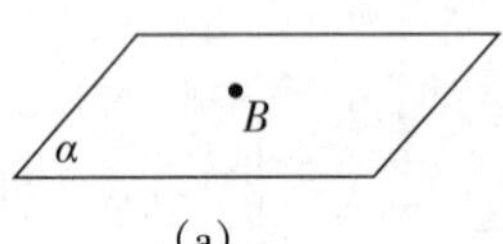

(a)

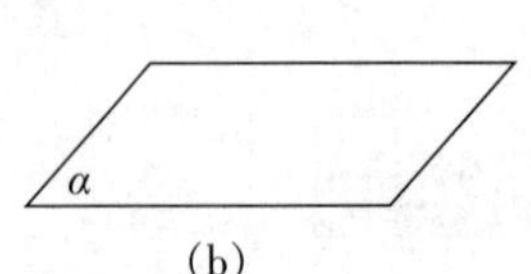

(b)

图 9—6

如图 9—6 所示,记作__________、__________.

3. 感悟直线与直线(见图 9—7).

图 9—7

小结:

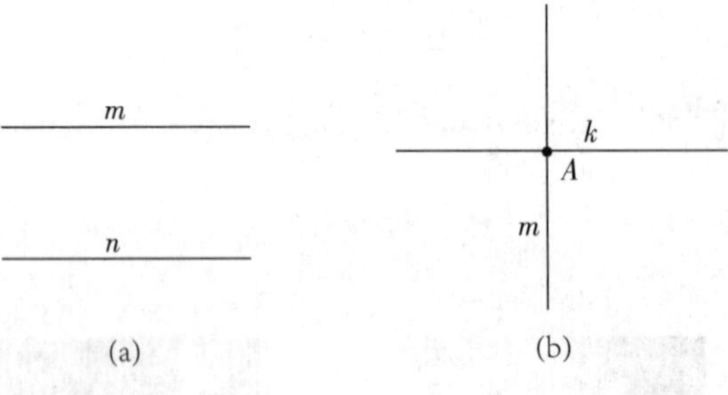

(a) (b)

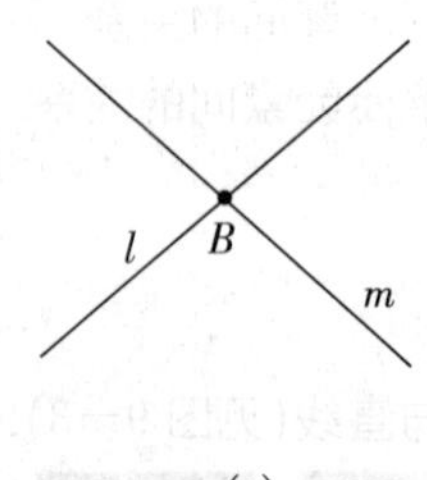

(c)

图 9—8

如图 9—8 所示:

(1)直线与直线的位置关系:________、________、________;

(2)表示法:________、________、________.

4. 感悟直线与平面(见图 9—9).

(1)观察图 9—10,总结直线与平面的几种位置关系:

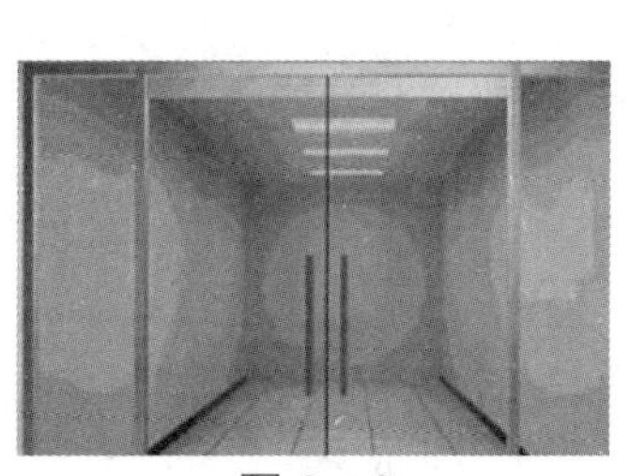

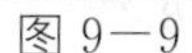

图 9—9

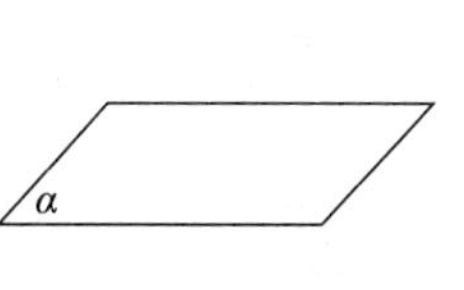

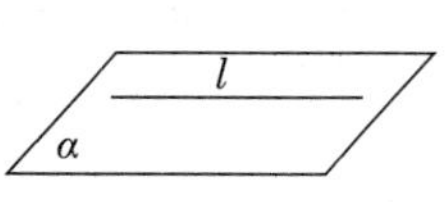

(a)　　(b)　　(c)

图 9—10

(2)表示法:________、________、________.

5. 感悟平面与平面(见图 9—11).

(1)观察图 9—12,总结平面与平面的关系:

图 9—11

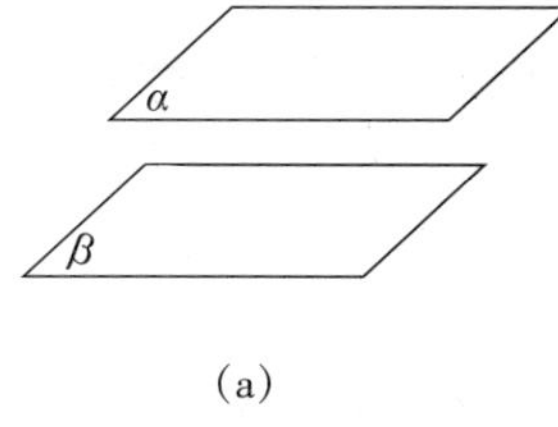

(a)

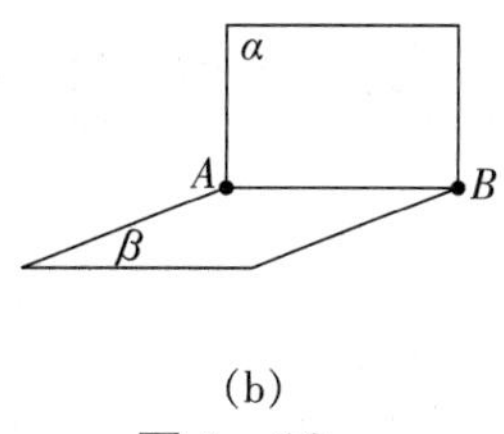

(b)

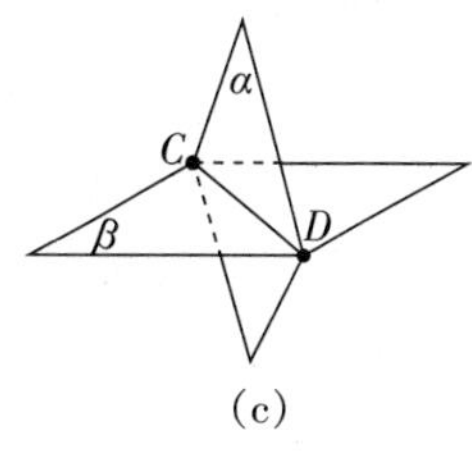

(c)

图 9—12

(2) 记作________、________.

探究案之一花独放

微探究

1. 把一根铅笔平放在桌面上(见图 9—13),发现铅笔的一边紧贴在桌面上,也就是铅笔紧贴桌面的一边上的所有的点都在桌面上.

平面的性质 1:________________________________,记作________.(见图 9—14)

图 9—13

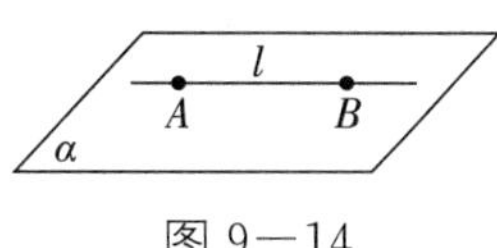

图 9—14

2. 观察(见图 9—15).

平面的性质 2:________________________________,记作________.(见图 9—16)

图 9—15

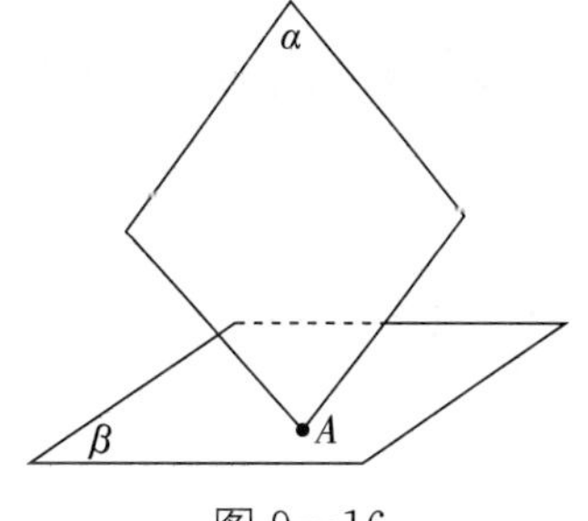

图 9—16

3. 说明.

本章中的两个平面是指不重合的两个平面,两条直线是指不重合的两条直线.(见图 9—17)

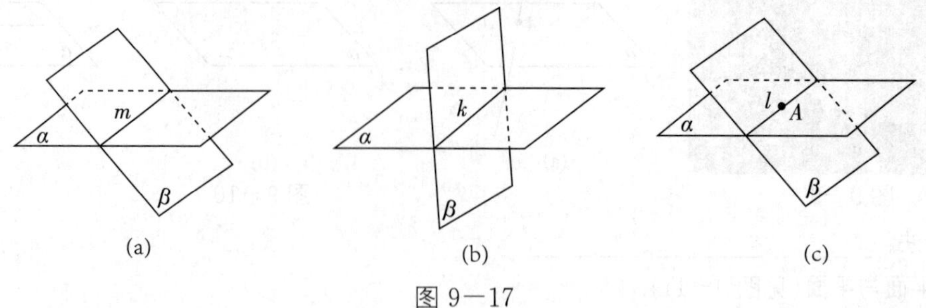

图 9—17

微思考

1. 在桌面上只放一颗或两颗尖朝上的图钉,是否能将一块硬纸板架起?如果在桌面上放置三颗尖朝上的图钉,结果会怎样?

平面的性质3:____________.

2. 说明.

“确定一个平面”指的是“存在着一个平面,并且只存在着一个平面”.

3. 看图说话(见图 9—18).

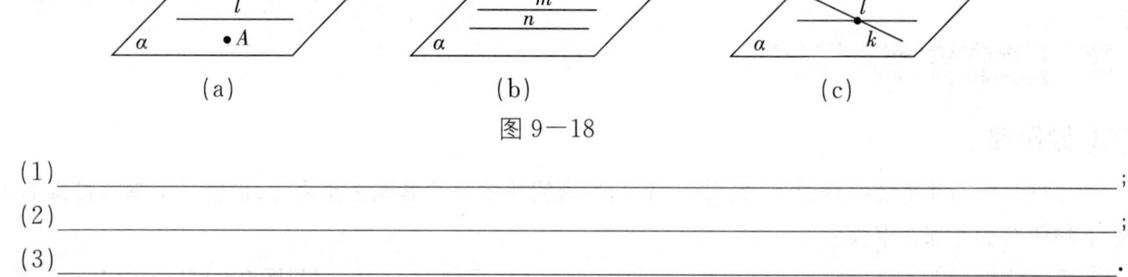

图 9—18

(1)____________;

(2)____________;

(3)____________.

微实践

题型一　根据下列点、线、面之间的位置关系,画出相应的图形

1. 点 A 在平面 α 内,点 B 不在平面 α 内.

2. 点 A 在直线 l 上,直线 l 在平面 α 内.

3. 直线 l 在平面 α 内,直线 m 与平面 α 交于点 A,且点 A 不在直线 l 上.

4. 平面 α 与平面 β 交于直线 l,直线 m 在平面 α 内,且与直线 l 平行.

5. 在长方体 $ABCD-A_1B_1C_1D_1$ 中，画出由 A、C、D_1 三点所确定的平面与长方体的表面的交线.(见图 9—19)

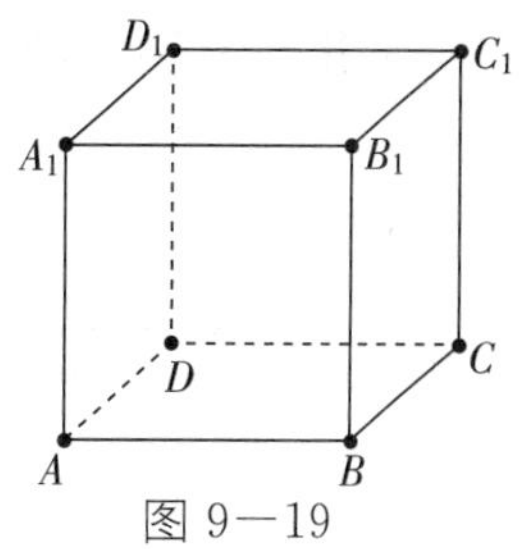

图 9—19

题型二　掌握决定平面的条件

1. 如图 9—20 所示，工人常用两根平行的木条来固定一排物品；营业员用彩带交叉捆扎礼品盒，都是上述那个性质的应用吗？

(a)

(b)

图 9—20

2. 经过直线上三个点分别作三条直线，则这三条直线(　　).

A. 共面　　B. 可能共面也可能异面

C. 一定两两异面　　D. 不确定

题型三　分别说出图 9—21 中点、线、面之间的位置关系，并用集合符号表示

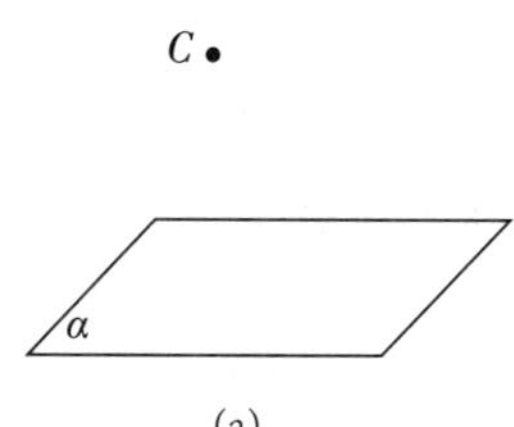

(a)

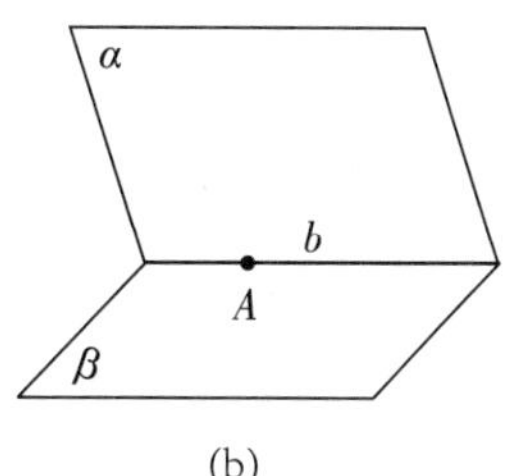

(b)

图 9—21

练习案之一叶知秋

微练习

1. “平面 α 与平面 β 只有一个公共点”的说法正确吗？

2. 梯形是平面图形吗？为什么？

3. 已知 A、B、C 是直线 l 上的三个点，D 不是直线 l 上的点. 判断直线 AD、BD、CD 是否在同一个平面内.

4. 指出图 9—22 中的错误,并改正.

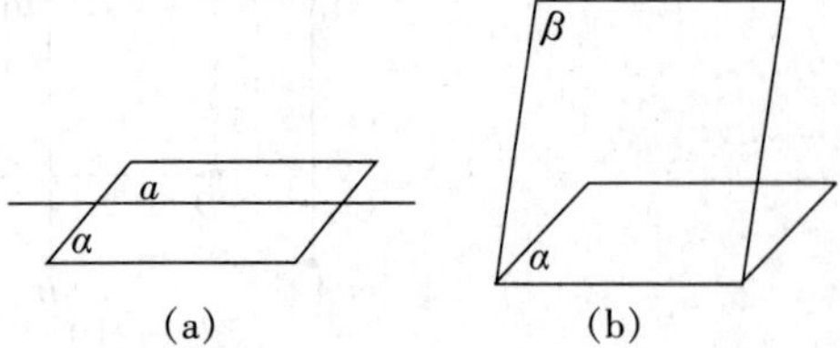

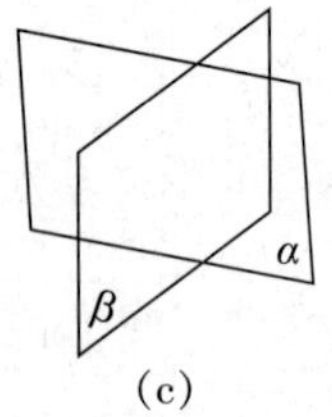

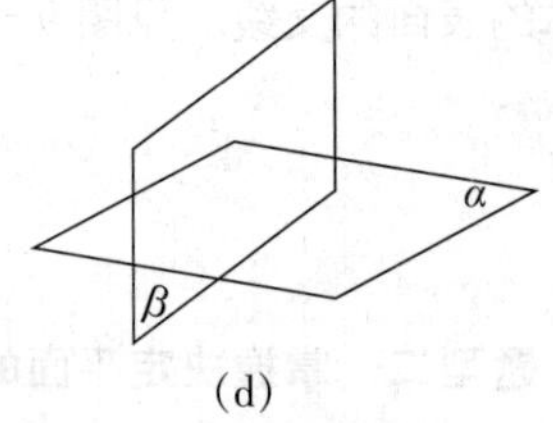

图 9—22

自测案之一树花开

微自测

1. 下列各种图形中不一定是平面图形的是(　　).

A. 三角形　　B. 梯形　　C. 四边形　　D. 圆

2. 下列条件中,可以确定一个平面的是(　　).

A. 两条直线　　B. 相交于同一点的三条直线

C. 一点和一条直线　　D. 三角形的三顶点

3. 已知命题:直线 l 上两点 A、B 在平面 α 内,下列命题中错误的是(　　).

A. $l\subseteq\alpha$　　B. 平面 α 通过直线 l

C. 直线 l 上只有这两点在 α 内　　D. 直线 l 上所有点都在 α 内

4. 过同一直线上的 3 个点的平面(　　).

A. 有且仅有 1 个　　B. 有且仅有 3 个

C. 有无数个　　D. 没有

9.2　直线与直线、直线与平面、平面与平面平行的判定定理与性质

§9.2.1　直线与直线平行

预习案之一草一木

微预习

1. 空间两直线的位置关系.
2. 直线与直线平行的判定与性质.
3. 异面直线的定义.

微作业

收集空间图形,总结两直线的位置关系(见图 9—23).

(a)

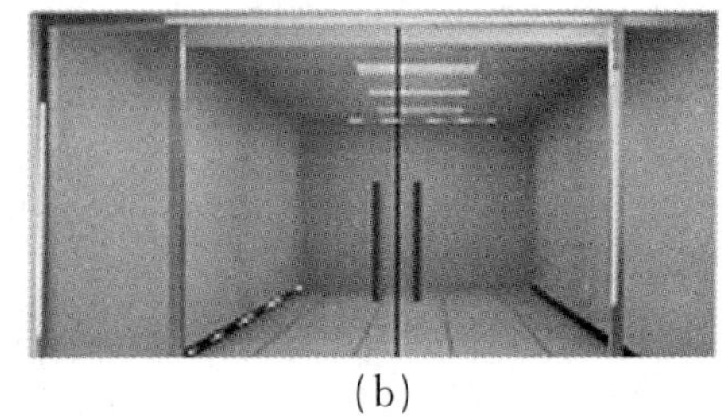
(b)

图 9—23

探究案之一花独放

微探究

1. 如图 9—24 所示,在正方体中找出两条直线的位置关系.

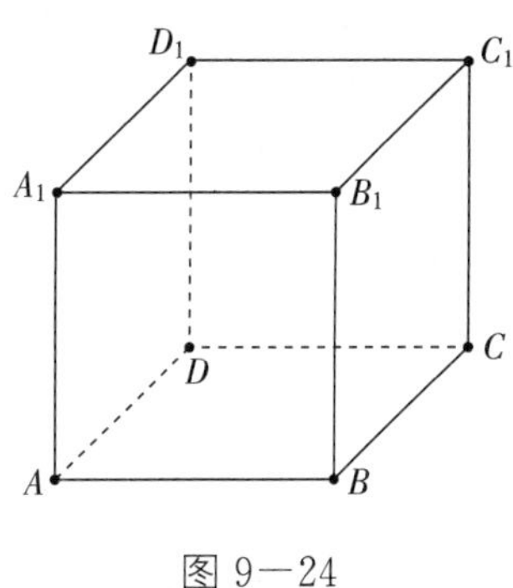

图 9—24

2. 共面直线的特点:______________________________.
3. 直线与直线平行的判定:______________________________.
4. 直线与直线平行的性质:______________________________.
5. 空间中,如果两个角的两边分别对应平行,那么这两个角的度数存在着什么关系?(画图表示)

微思考

1. 在正方体中,DD_1、AA_1 与 BC 有怎样的位置关系?(见图 9—25)

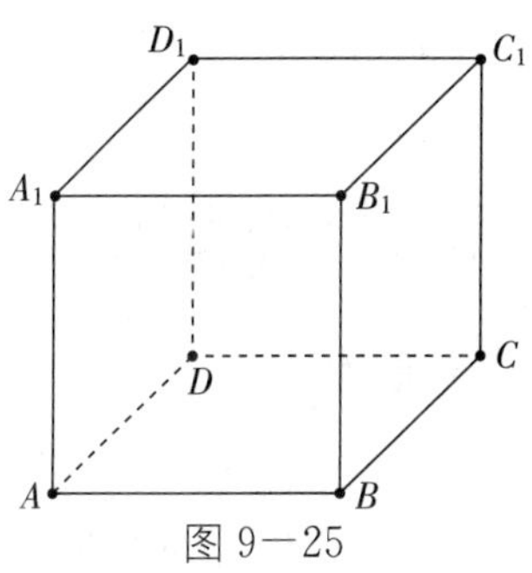

图 9—25

2. 观察图 9－26 中直线 a 与直线 b 的位置关系：________、________.

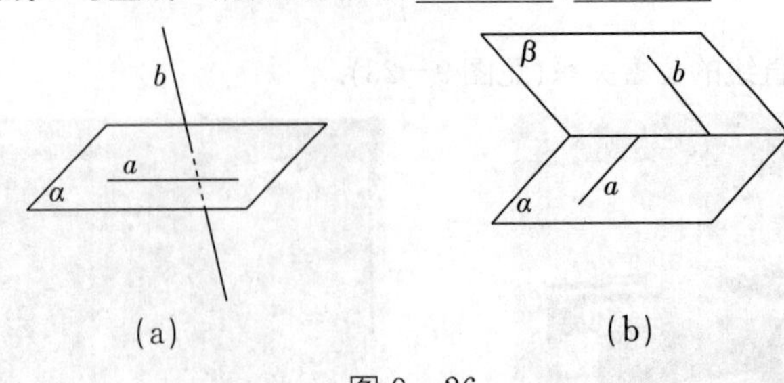

图 9－26

3. 异面直线的定义:____.

4. 异面直线的画法:____.

微实践

题型一　理解空间两直线平行的判定与性质

1. 将平面 α 内的四边形 $ABCD$ 的两条边 AD 与 DC，沿着对角线 AC 向上折起，将点 D 折叠到 D_1 的位置(见图 9－27). 此时 A、B、C、D_1 四个点在同一个平面内吗?

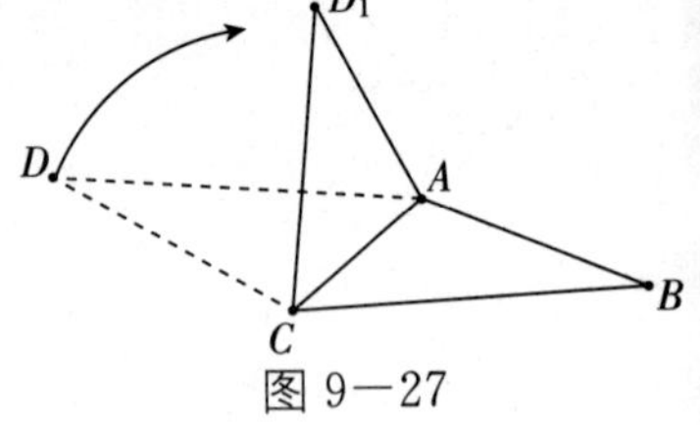

图 9－27

2. 结合教室及室内的物品，举出空间两条直线平行的例子.

3. 把一张矩形的纸对折两次，说明为什么这些折痕是互相平行的?(见图 9－28)

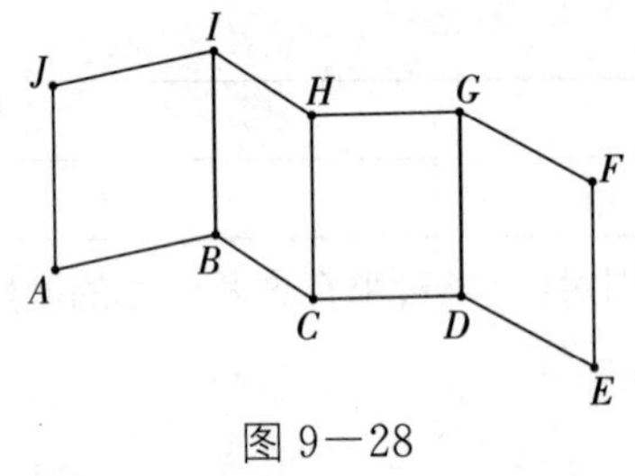

图 9－28

题型二　判断两条直线的位置关系

1. 在正方体 $ABCD-A_1B_1C_1D_1$ 中，与直线 BC 异面的直线有________.

2. 在图 9－28 中，直线 AJ 与直线 BC 的位置关系是________.

练习案之一叶知秋

微练习

1. 两条异面直线是指(　　).

A. 在空间不相交的两条直线

B. 分别位于两个不同平面内的两条直线

C. 某平面内的一条直线和平面外的一条直线

D. 不同在任何一个平面内的两条直线

2. 直线 a 与两条异面直线 b 和 c 都相交，则它们可确定(　　)个平面.

A. 2　　B. 3　　C. 4　　D. 1

3. 若 a、b 是异面直线，b、c 是异面直线，则(　　).

A. $a/\!/c$　　B. a、c 是异面直线

C. a、c 是相交直线　　D. a、c 或平行或相交或异面

自测案之一树花开

微自测

1. a、b 为异面直线，且分别在平面 α 和 β 内，若 $\alpha\cap\beta=l$，则直线 l 必定(　　).

A. 分别与 a、b 相交　　B. 至少与 a、b 之一相交

C. 与 a、b 均不相交　　D. 至多与 a、b 之一相交

2. 空间两条互相平行的直线指的是(　　).

A. 在空间没有公共点的两条直线

B. 分别在两个平面内的两条直线

C. 分别在两个平面内且没有公共点的两条直线

D. 在同一平面内且没有公共点的两条直线

3. 已知空间四边形 $ABCD$ 中，E、F、G、H 分别为 AB、BC、CD、DA 的中点，则四边形 $EFGH$ 是(　　).

A. 正方形　　B. 矩形

C. 菱形　　D. 平行四边形

4. 两条直线不平行是这两条直线异面的(　　).

A. 充分条件　　B. 必要条件

C. 充要条件　　D. 既不充分也不必要

§9.2.2　直线与平面平行

预习案之一草一木

微预习

1. 直线与平面平行的定义与判定定理.

2. 直线与平面平行的性质定理.

微作业

1. 收集空间直线与平面的位置关系的图片(见图 9—29).

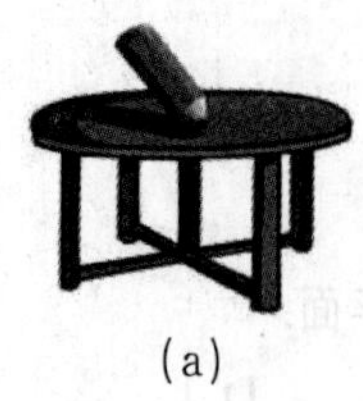
(a)

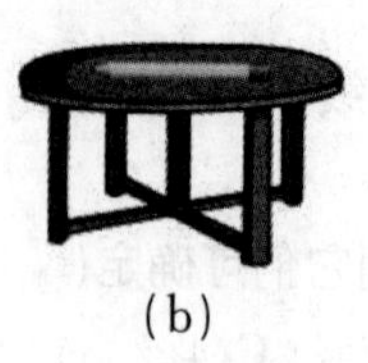
(b)

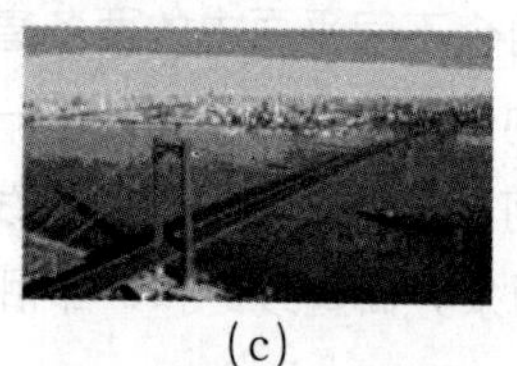
(c)

图 9—29

2. 感悟空间两直线与平面的位置关系.

探究案之一花独放

微探究

1. 直线与平面的位置关系(见图 9—30):

(1)当直线 l 与平面 α 有________公共点时,称这条直线与这个平面________,记作________.

(2)当直线 l 与平面 α 有________公共点时,称这条直线在这个平面________,记作________.

(3)当直线 l 与平面 α 有________公共点时,称这条直线与这个平面________,记作________.

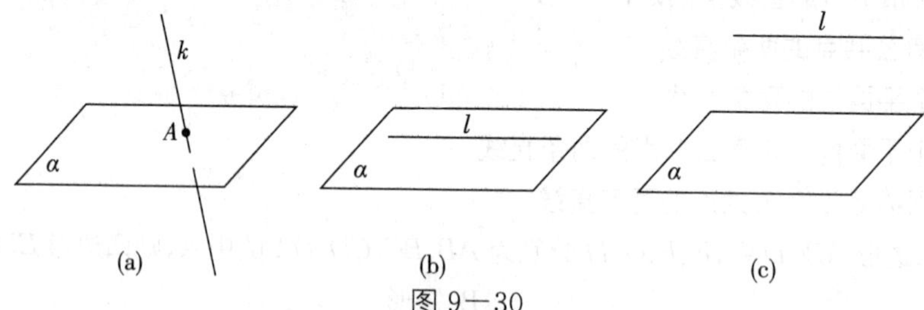

图 9—30

2. 在桌面上放一张白纸,在白纸上画出两条平行直线,沿着其中的一条直线将纸折起,结论是:____.

3. 试举一个直线和平面平行的例子.

微思考

1. 直线与平面平行的判定定理是什么?

2. 直线与平面平行的性质定理是什么?

微实践

题型一　直线与直线平行⇒直线与平面平行(判定定理)

1. 如图 9—31 所示,在长方体 $ABCD-A_1B_1C_1D_1$ 中,证明:直线 DD_1∥平面 BCC_1B_1.

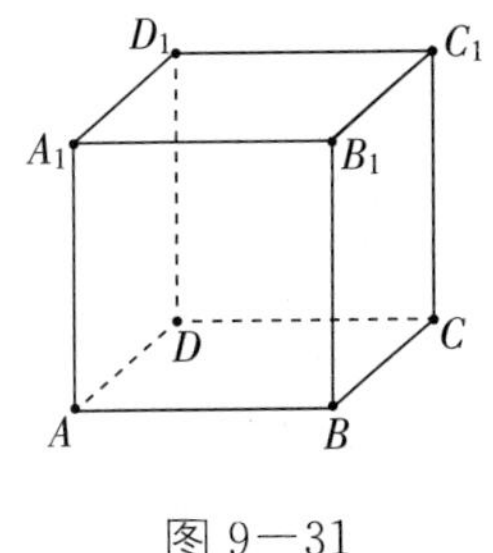

图 9—31

2. 如图 9—32 所示,E、F 分别是 BC、CD 上的点,且 $BE:EC=DF:FC$,求证:BD∥平面 AEF.

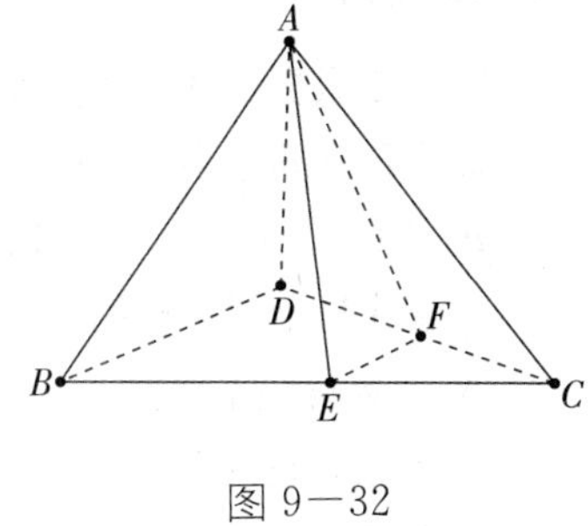

图 9—32

题型二　直线与平面平行⇒直线与直线平行(性质定理)

1. 如图 9—33 所示,设直线 l 为平面 α 与平面 β 的交线,直线 m 在平面 β 内且 $m\parallel\alpha$,则________.

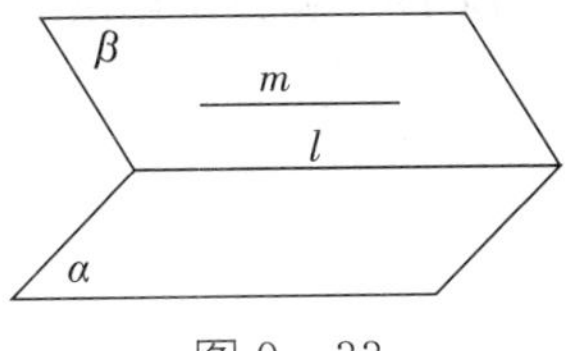

图 9—33

2. 如图 9—34 所示,若 BC∥平面 $A_1B_1C_1D_1$,经过平面 A_1C_1 内的一点 P 如何作与平面 $ABCD$ 平行的直线?

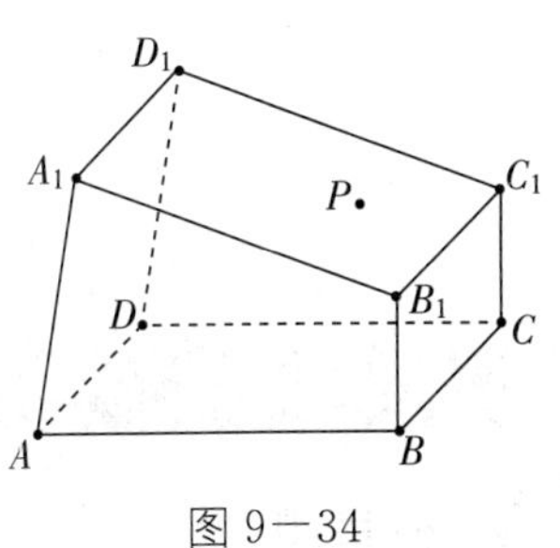

图 9—34

3. 如图 9—35 所示，E、F 是空间四边形 $ABCD$ 的 AB、BC 上的点，且 $AE:EB=CF:FB$，设过 EF 的平面交 AD、CD 于 G、H，求证：$GH\parallel AC$.

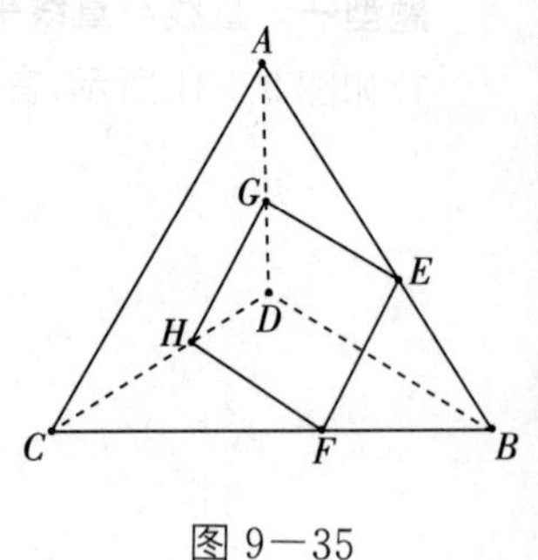

图 9—35

练习案之一叶知秋

微练习

1. 请在黑板上画一条直线与地面平行，并说出所画的直线与地面平行的理由________________.

2. 平行于同一平面的两条直线的位置关系为(　　).

A. 平行　　B. 相交　　C. 异面　　D. 平行或相交或异面

3. 直线与平面平行的充要条件是该直线与平面内的(　　).

A. 一条直线不相交　　B. 两条直线不相交

C. 无数条直线不相交　　D. 任意一条直线不相交

4. 若直线 l 在平面 α 外，则(　　).

A. $l\parallel\alpha$　　B. l 和 α 至少有一个公共点

C. l 和 α 相交　　D. l 和 α 至多有一个公共点

5. 如图 9—36 所示，S 是平行四边形 $ABCD$ 平面外一点，M、N 分别是 SA、BD 上的中点，求证：$MN\parallel$ 平面 SBC.

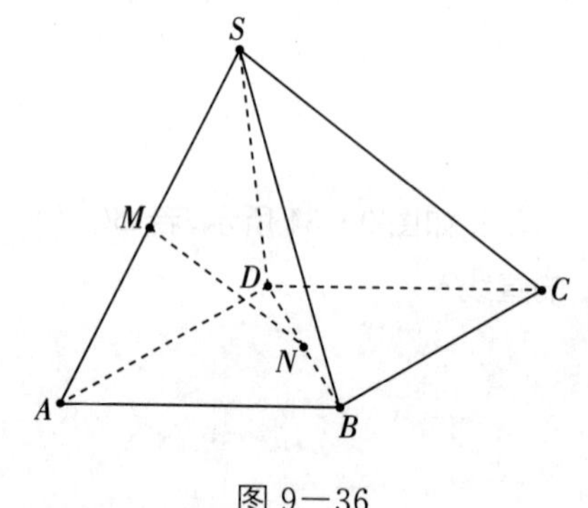

图 9—36

自测案之一树花开

微自测

1. 下列命题中正确的是(　　).

A. 如果直线 $l\parallel$ 平面 α，则 l 平行于平面 α 内的无数条直线

B. 如果直线 l 平行于平面 α 内的无数条直线，则 $l\parallel\alpha$

C. 如果直线 l//直线 b,且 b 在平面 α 内,则 l//α

D. 如果直线 l//直线 b,且 b//平面 α,则 l//α

2. 如果直线 a//平面 α,则(　　).

A. 平面 α 内有且仅有一条直线与 a 平行

B. 平面 α 内有无数条直线与 a 平行

C. 平面 α 内不存在与 a 垂直的直线

D. 平面 α 内有且仅有一条直线与 a 垂直

3. 如图 9－37 所示,M 是平行四边形 $ABCD$ 所在平面外一点,N 是 MD 的中点,求证:MB//平面 ACN.

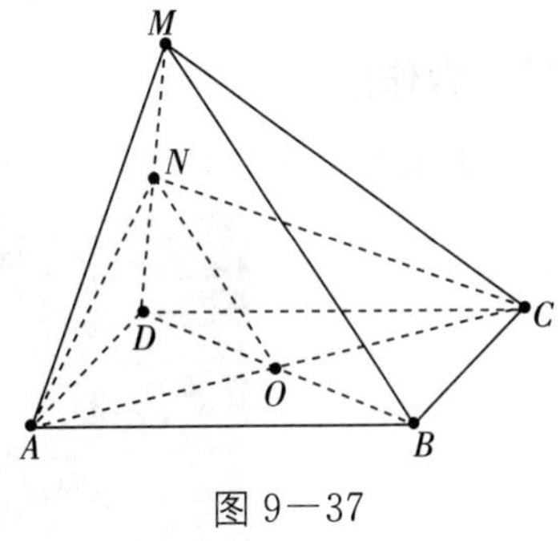

图 9－37

4. 如图 9－38 所示,已知 E、F、G、H 分别为空间四边形 $ABCD$ 各边中点,求证:BD//平面 $EFGH$.

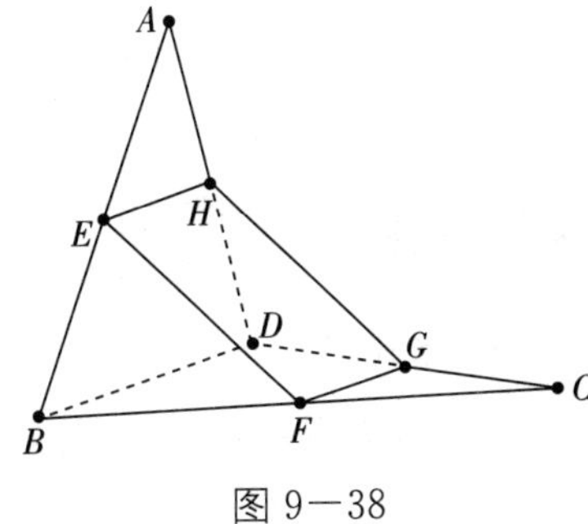

图 9－38

5. 如图 9－39 所示,P 是矩形 $ABCD$ 平面外一点,$PA=AD$,M、N 分别是 AB、PC 的中点,求证:MN//平面 PAD.

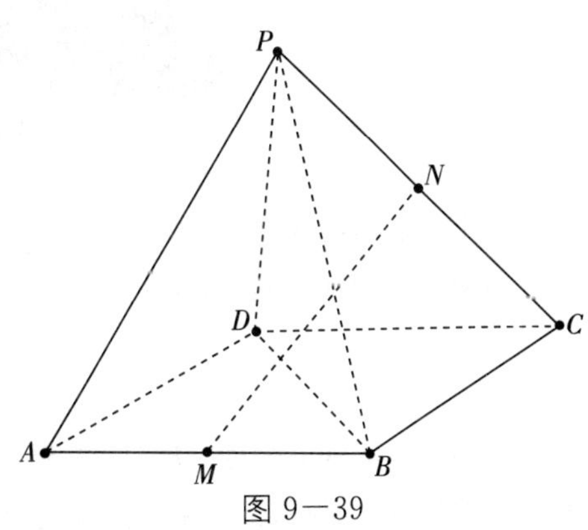

图 9－39

§9.2.3 平面与平面平行

预习案之一草一木

微预习

1. 平面与平面平行的定义.
2. 平面与平面平行的判定定理.
3. 平面与平面平行的性质定理.

微作业

1. 收集平面与平面平行、相交、垂直的事例(见图 9—40).

(a)

(b)

图 9—40

2. 感悟空间两个平面的位置关系.

探究案之一花独放

微探究

1. 观察教室中的天花板与地面有公共点吗?(见图 9—41)

(a)

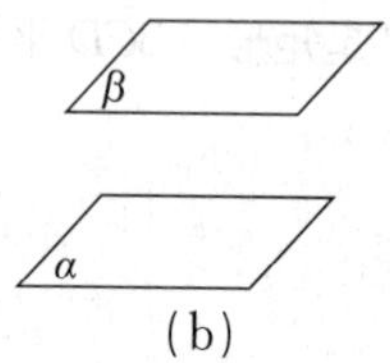

(b)

图 9—41

两个平面平行的定义:______________________________,记作________.(见图 9—41)

画两个互相平行的平面(注意两个平行四边形的对应边分别平行).

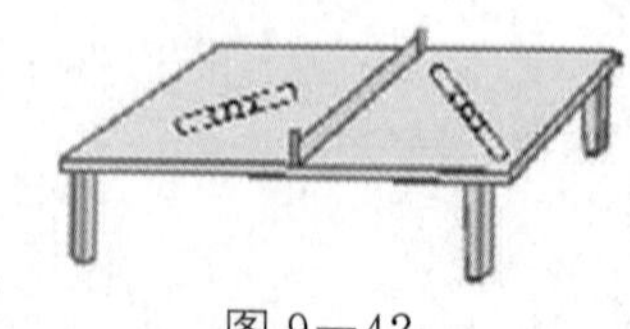

图 9—42

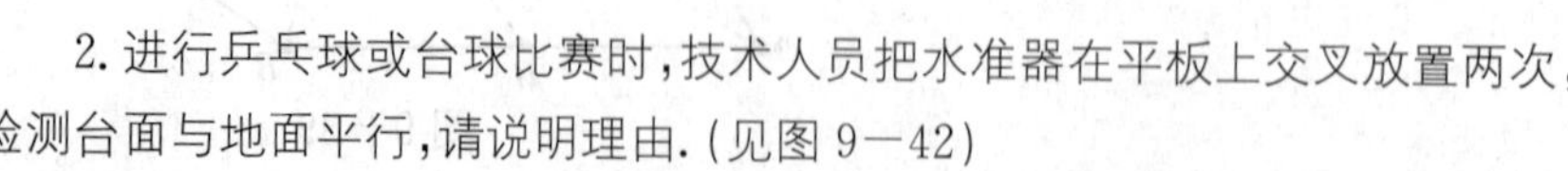

2. 进行乒乓球或台球比赛时,技术人员把水准器在平板上交叉放置两次,检测台面与地面平行,请说明理由.(见图 9—42)

微思考

1. 在 GeoGebra 中探索两个平面平行的条件：

两个平面平行的判定定理：____.

2. 将一本书放在与桌面平行的位置，用作业本靠紧书一边，绕着这条边移动作业本，观察作业本和书的交线与作业本和桌面的交线之间的关系.（见图 9—43）

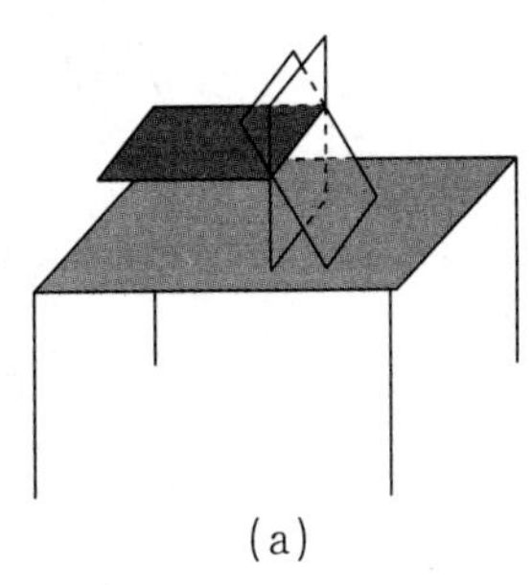

(a)

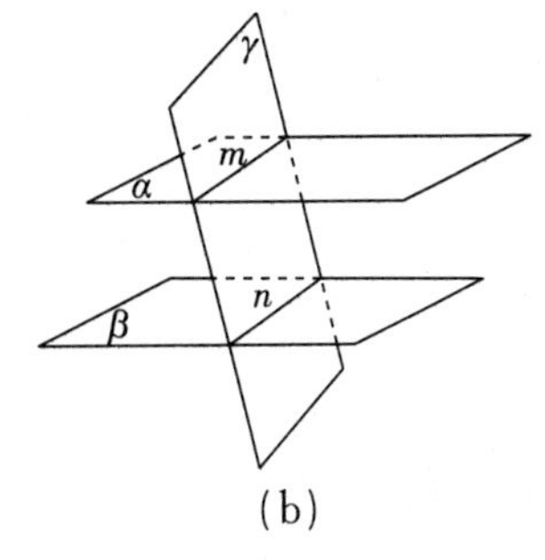

(b)

图 9—43

两个平面平行的性质：____.

微实践

题型一　两个平面平行的判定定理

如图 9—44 所示，在正方体 $ABCD-A_1B_1C_1D_1$ 中，求证：平面 AD_1B_1 // 平面 C_1DB.

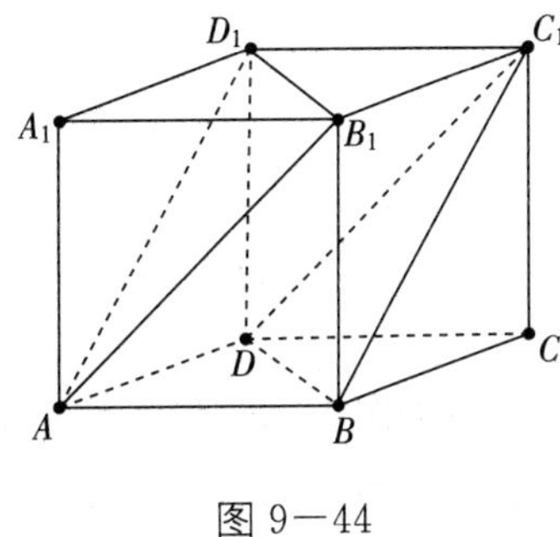

图 9—44

题型二　两个平面平行性质定理

1. 如果平面 $\alpha /\!/ \beta$，直线 $m \subseteq \alpha$，则直线 m 与平面 β 有怎样的位置关系？

如果平面 $\alpha /\!/ \beta$，直线 $m \subseteq \alpha$，直线 $n \subseteq \beta$，则直线 m 与直线 n 有怎样的位置关系？（画图说明）

2. 如图 9—45 所示,点 P 是长方形 $ABCD$ 所在平面外一点,M、N 是 AB、PD 的中点,求证:$MN//$平面 PBC.

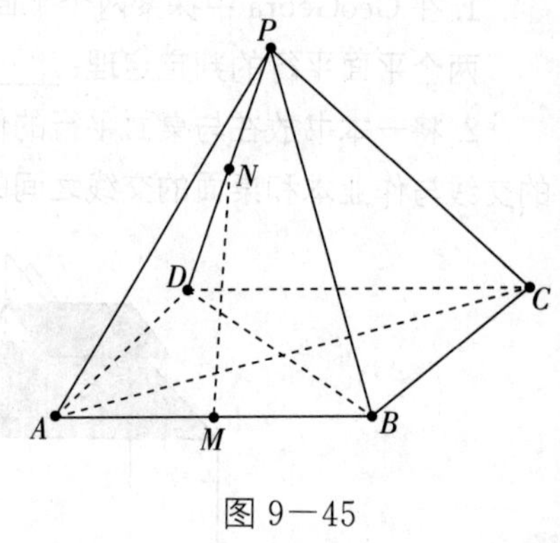

图 9—45

练习案之一叶知秋

微练习

1. 画出下列图形:

(1)两个水平放置的互相平行的平面;

(2)两个竖直放置的互相平行的平面;

(3)与两个平行的平面相交的平面.

2. 如图 9—46 所示,设平面内的两条相交直线 m,n 分别平行于另一个平面 β 内的两条相交直线 k,l,试判断平面 α、β 是否平行,写出理由.

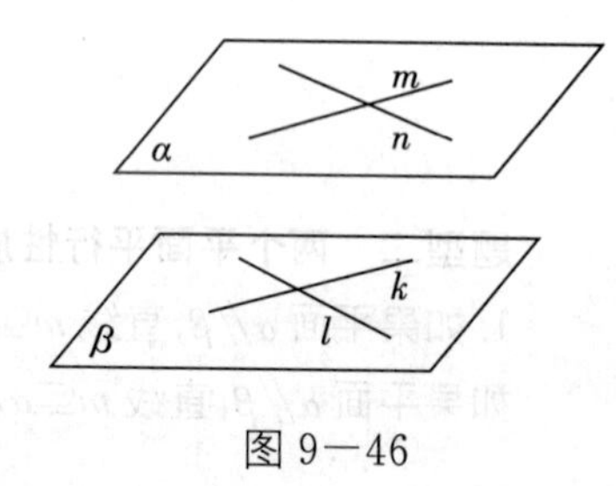

图 9—46

3. α、β 是两个不重合的平面,在下列条件中,可判定 $\alpha//\beta$ 的是(　　).

A. 平面 α 内有无数条直线与平面 β 平行

B. 平面 α 与平面 β 同平行于一条直线

C. 平面 α 内有两条直线平行于平面 β

D. 平面 α 内有两条相交直线与平面 β 平行

4. 如图 9—47 所示，在正方体 $ABCD-A_1B_1C_1D_1$ 中，M、N、P 分别为 A_1B_1、BB_1、B_1C_1 的中点，求证：平面 MNP∥平面 A_1BC_1.

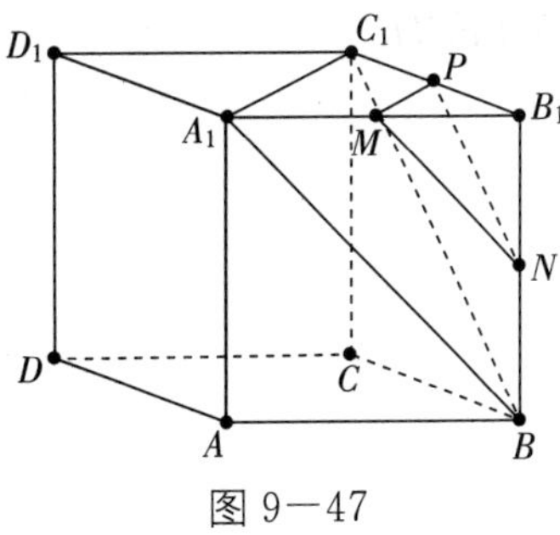

图 9—47

自测案之一树花开

微自测

1. 如图 9—48 所示，$\alpha \parallel \beta$，M 在 α 与 β 同侧，过 M 作直线 a 与 b，a 分别与 α、β 相交于 A、B，b 分别与 α、β 相交于 C、D.

(1)判断直线 AC 与直线 BD 是否平行；

(2)如果 $MA=4$ cm，$AB=5$ cm，$MC=3$ cm，求 MD 的长.

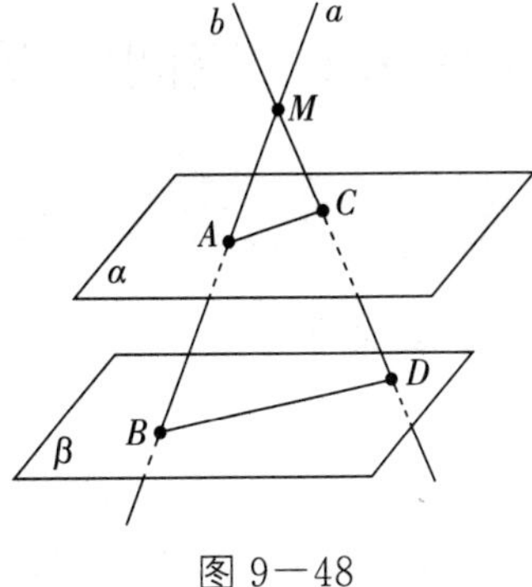

图 9—48

2. 如图 9—49 所示，P 是四边形 $ABCD$ 所在平面外一点，M 是 PC 的中点，在 DM 上取一点 G，过 G 和 AP 作平面交平面 BDM 于 GH，求证：$AP \parallel GH$.

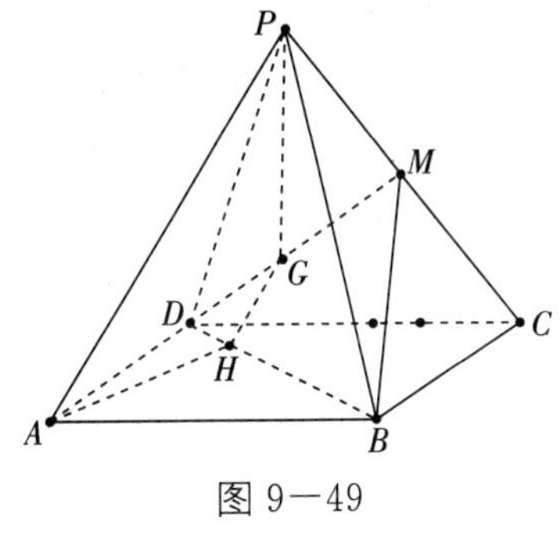

图 9—49

3. 如图 9—50 所示，在正方体 $ABCD-A_1B_1C_1D$ 中，M、N、P、G、E、F 分别为 A_1B_1、B_1B、B_1C_1、DD_1、DC、DA 的中点，求证：平面 EFG∥平面 MNP.

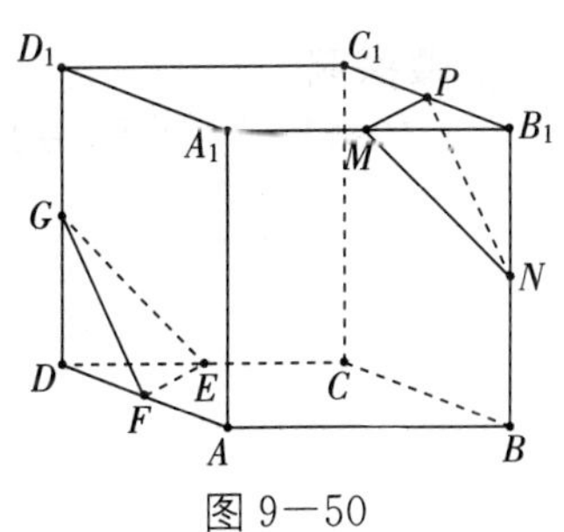

图 9—50

4. 如图9—51所示，E、F分别是BC、CD上的点，G、H分别是AB、AD上的点且$EF/\!/GH$，求证：$AC/\!/$平面$EFGH$.

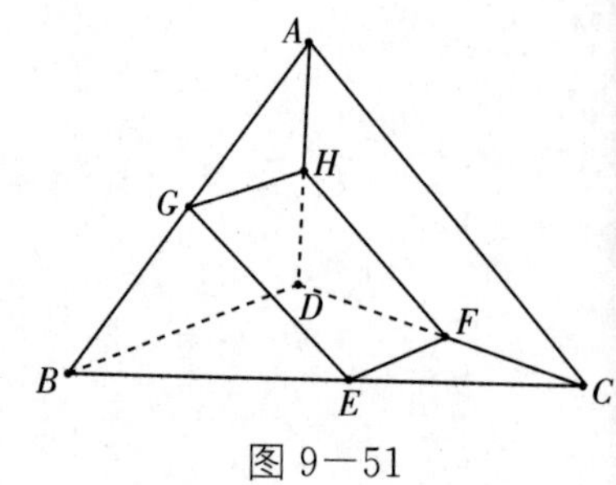

图9—51

9.3 直线与直线、直线与平面、平面与平面所成的角

§9.3.1 空间两直线所成的角

预习案之一草一木

微预习

1. 复习两条异面直线的概念.
2. 了解并掌握两条异面直线所成的角的概念.

微作业

1. 收集空间图中直线与直线的位置关系.

2. 如图9—52所示，在GeoGebra软件中观察直线A_1B、直线D_1C、直线EF与直线DC所成的角.

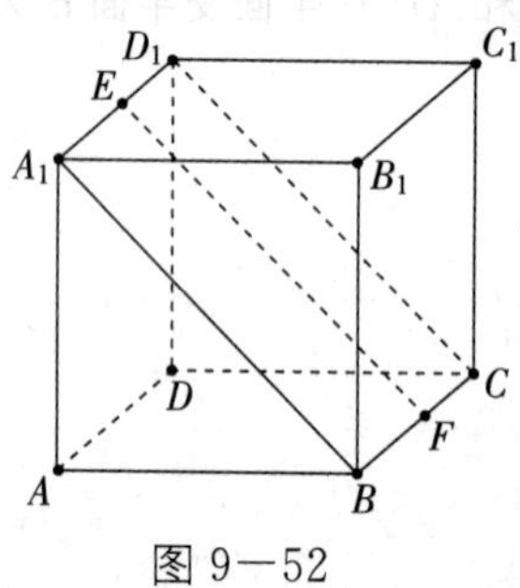

图9—52

探究案之一花独放

微探究

1. 如图9—53所示，由上例，在正方体中，求直线A_1B与直线DC所成的角.

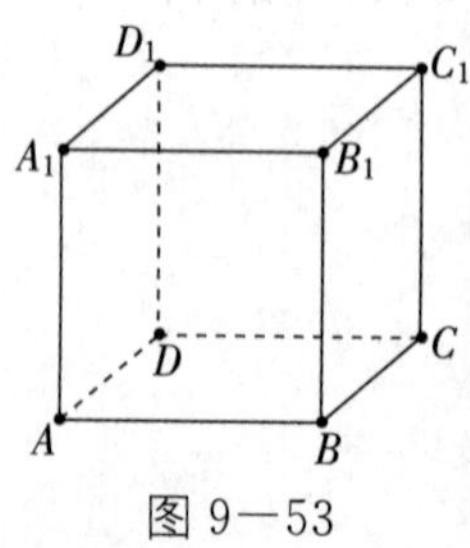

图9—53

2. 两条异面直线所成的角:经过空间任意一点分别作与两条异面直线________的直线,这两条直线的夹角叫作________________.

3. 如图 9—54 所示,当两条异面直线 m 与直线 n 所成的角为直角时,称________,记作________.

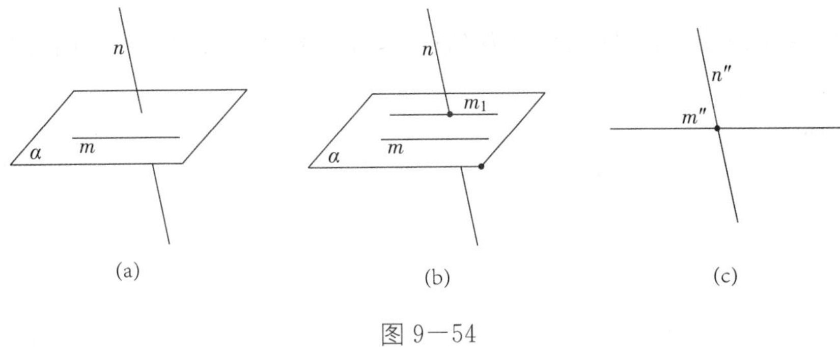

图 9—54

微思考

两条异面直线所成的角的取值范围是______________.

微实践

题型一　选两条异面直线中的一条直线,确定一个点,作另一条直线的平行线所成的角

如图 9—55 所示,在长方体中,$\angle BAB_1=30°$,求下列异面直线所成的角的度数:

(1)AB_1 与 DD_1;

(2)AB_1 与 D_1C_1.

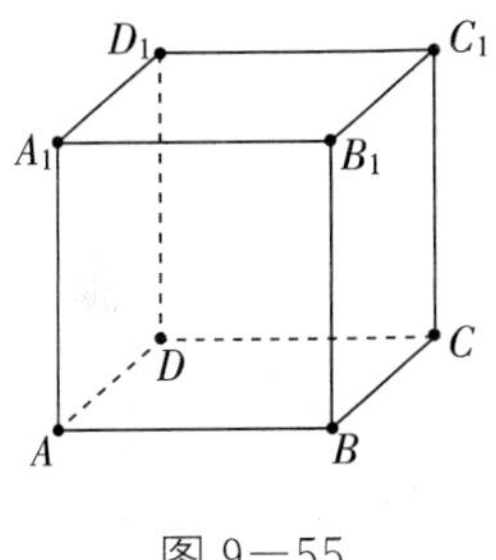

图 9—55

题型二　在空间确定一个点,分别作这两条异面直线的平行线所成的角

如图 9—56 所示,空间四边形 $ABCD$ 的对角线 $AC=8$,$BD=6$,M、N 分别是 AB、CD 的中点,$MN=5$,求异面直线 AC 与 BD 所成的角.

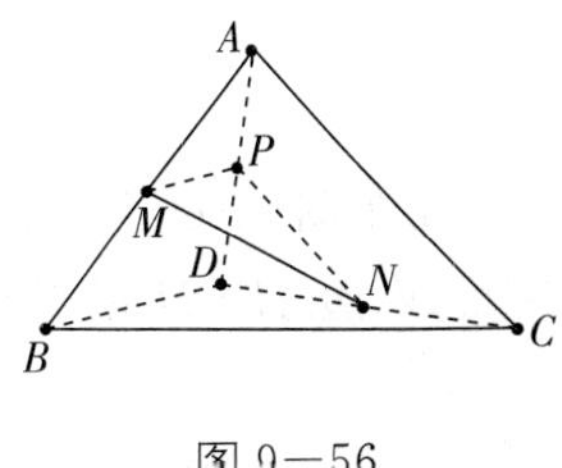

图 9—56

练习案之一叶知秋

微练习

1. 如图 9—57 所示，在正方体 $ABCD-A_1B_1C_1D_1$ 中，求下列异面直线所成的角的度数：

(1)AA_1 与 B_1C；

(2)A_1C_1 与 B_1C.

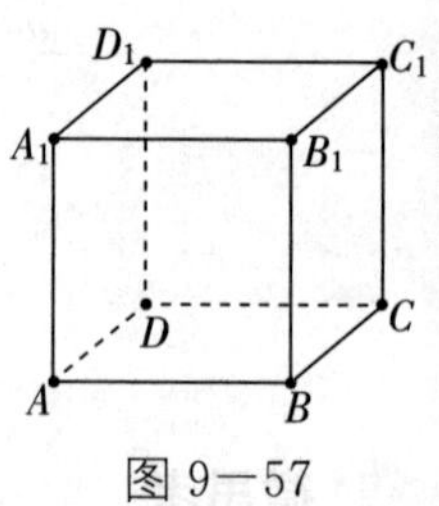

图 9—57

2. 如图 9—58 所示，在正方体 $ABCD-A_1B_1C_1D_1$ 中，M 、N 分别是 BB_1、B_1C_1 的中点，求：

(1)MN 与 CD_1 所成的角；

(2)MN 与 AD 所成的角.

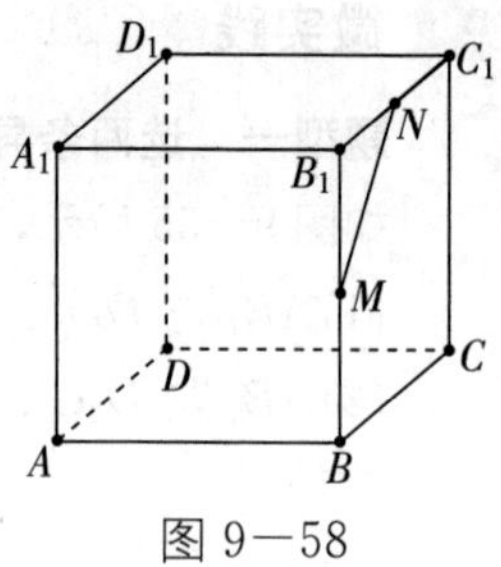

图 9—58

3. 如图 9—59 所示，在正方体 $ABCD-A_1B_1C_1D$ 中，E 是 DD_1 的中点，求 A_1E 与 C_1C 所成的角的余弦值.

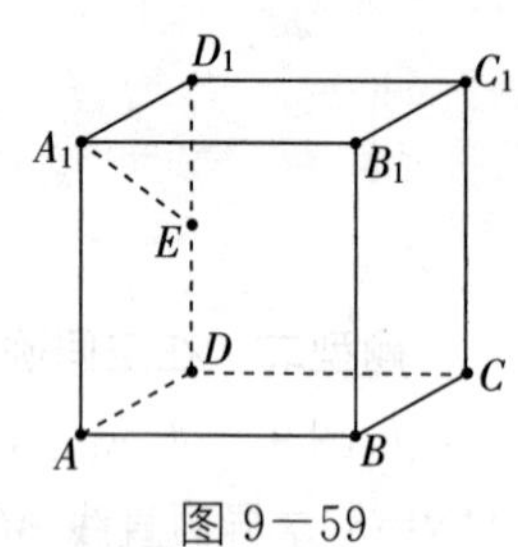

图 9—59

4. 如图 9—60 所示，在空间四边形 $ABCD$ 中，G、E、F、H 分别是 AB、BC、CD、DA 的中点，$AC\perp BD$，求证：四边形$EFHG$是矩形.

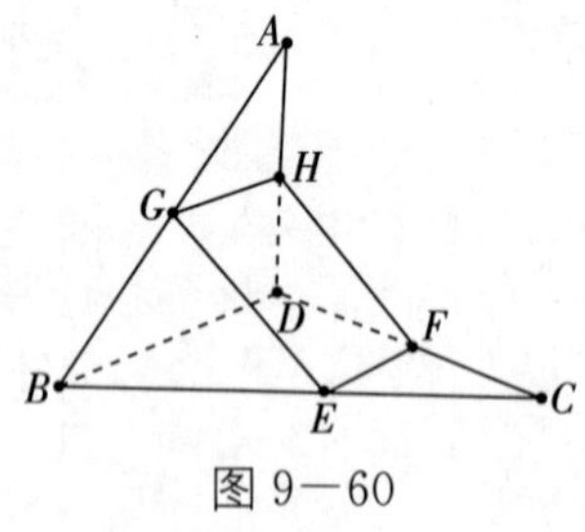

图 9—60

自测案之一树花开

微自测

1. 在棱长为 1 的正方体 $ABCD-A_1B_1C_1D_1$ 中，A_1B 与 B_1C 所成角为________.

2. 在图 9－61 所示的正方体中，求下列各对直线所成角的度数：

(1) DD_1 与 BC；

(2) AA_1 与 BC_1.

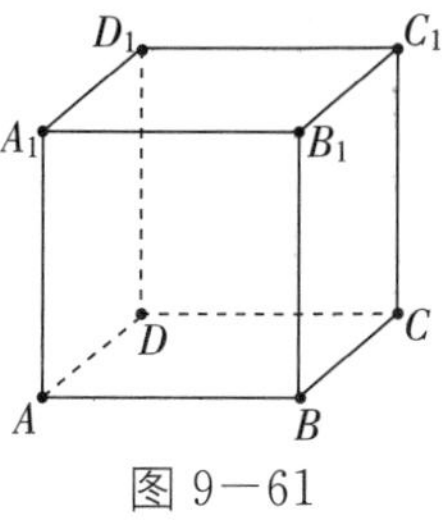

图 9－61

3. 在如图 9－62 所示的正方体 $ABCD-A_1B_1C_1D_1$ 中，分析下列直线的位置关系，并指出所成角的度数.

(1) A_1B_1 与 CC_1；

(2) A_1A 与 BC_1；

(3) AD_1 与 BC_1；

(4) AD_1 与 A_1C_1.

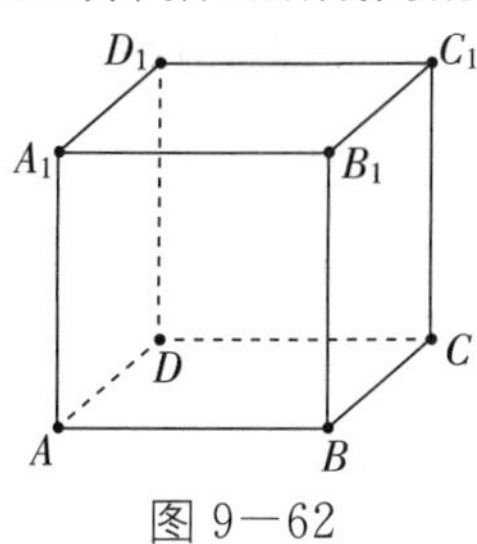

图 9－62

§9.3.2　直线与平面所成的角

预习案之一草一木

微预习

1. 斜线 l 与平面所成的角.
2. 直线与平面所成的角的范围.
3. 直线与平面垂直的定义.

微作业

1. 你了解灯下黑的含义吗？

射影定理：所谓射影，就是正投影(灯下黑).

2. 感悟生活中的线面角(见图 9－63).

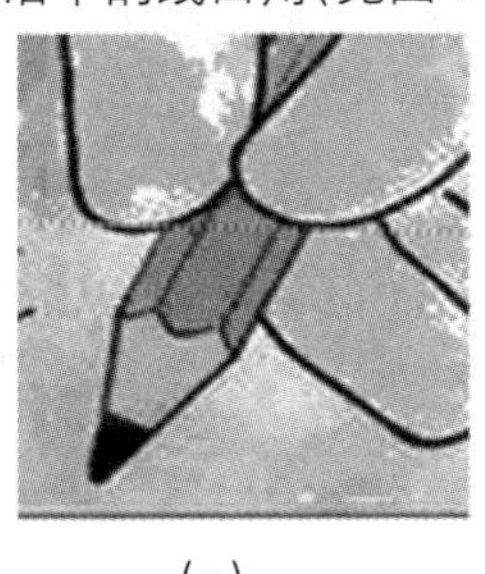

(a)

(b)

(c)

图 9－63

探究案之一花独放

微探究

1. 观察图 9－64 中直线与平面的位置关系：

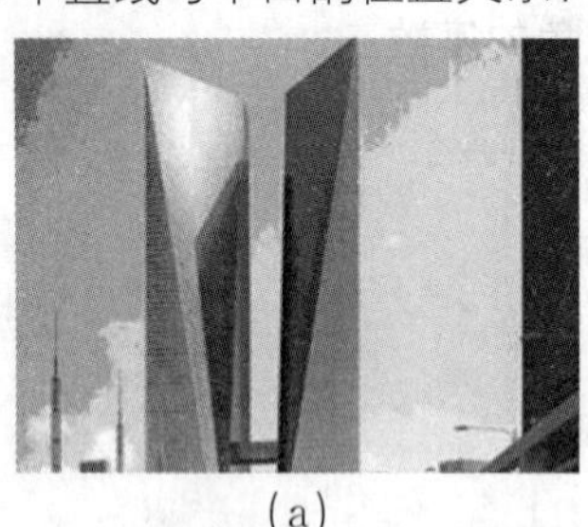
(a)

(b)

图 9－64

空间直线与平面的位置关系有：________、________、________.

2. 理解直线与平面垂直的概念(见图 9－65).

(a)

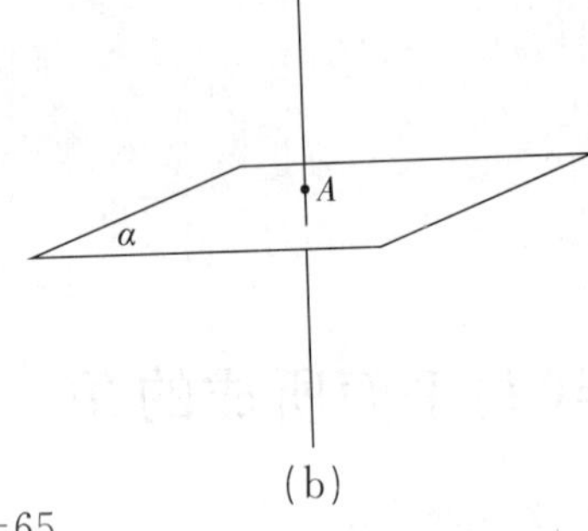

(b)

图 9－65

如果直线 l 和平面 α 内的________一条直线都________，就称直线 l 与平面 α ________，记作________. 直线 l 叫作________，垂线 l 与平面 α 的交点叫作________.

3. 斜线在平面内的射影与斜线段在平面内的射影(见图 9－66).

从平面外一点向平面引垂线，垂足叫作这个点在这个平面内的________，这个点与垂足间的线段叫作________. 如果一条直线和一个平面相交，但不和这个平面垂直，那么这条直线就叫作________，斜线和平面的交点叫作________. 过垂足与斜足的直线叫作________. (见图 9－67)

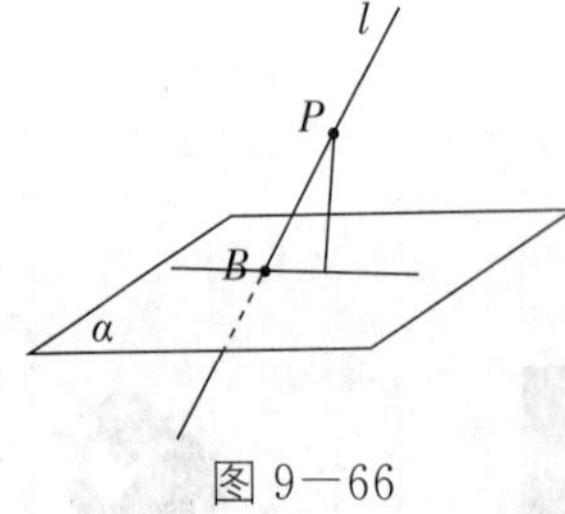

图 9－66

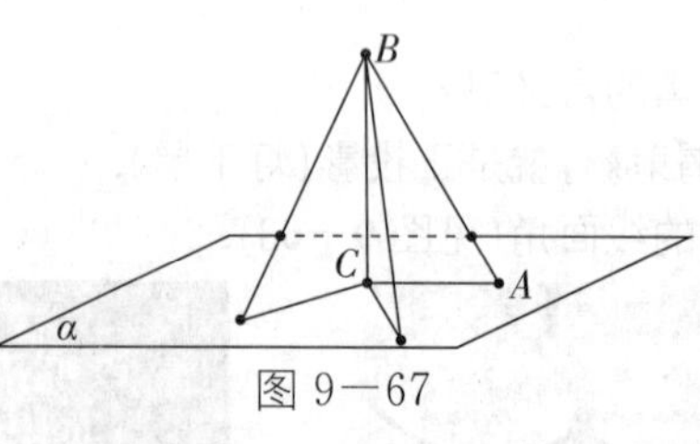

图 9－67

4. 如图 9－68 所示，从平面外一点向这个平面引垂线段和斜线段，垂线段最短. 因此，将从平面外一点 P 到平面 α 的垂线段的长叫作________________.

5. 斜线 l 与它在平面 α 内的射影 l' 的夹角叫作________________.

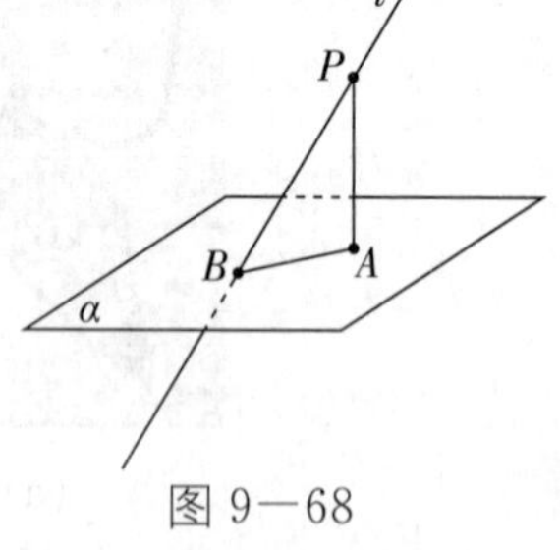

图 9－68

微思考

1. 运动员如何使标枪投得更远？(确定线面所成角的度数)

2. 在 GeoGebra 软件中观察直线与平面所成角的取值范围.

3. 当直线与平面垂直时，所成的角是________；当直线与平面平行或直线在平面内时，所成的角是______________；显然，直线与平面所成角的取值范围是______________.

4. 斜线与平面所成角的取值范围是________________.

微实践

题型一　根据线面所成角的定义求角

如图 9—69 所示，等腰$\triangle ABC$的顶点A在平面α外，底边BC在平面α内，已知底边长$BC=16$，腰长$AB=17$，又知点A到平面α的垂线段$AD=10$. 求：

(1)等腰$\triangle ABC$的高AE的长；

(2)斜线AE和平面α所成角的正弦值.

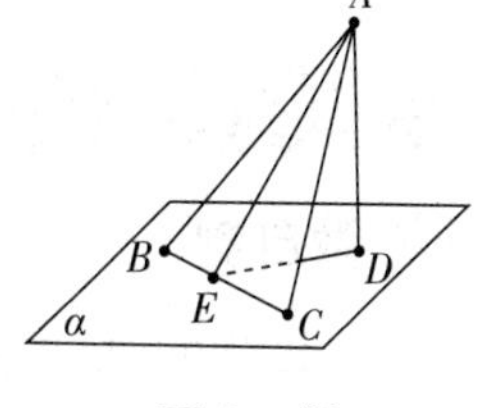

图 9—69

题型二　寻找垂线，连接射影，作出线面角

如图 9—70 所示，在正方体$ABCD-A_1B_1C_1D_1$中，求对角线D_1B与底面$ABCD$所成角的正切值.

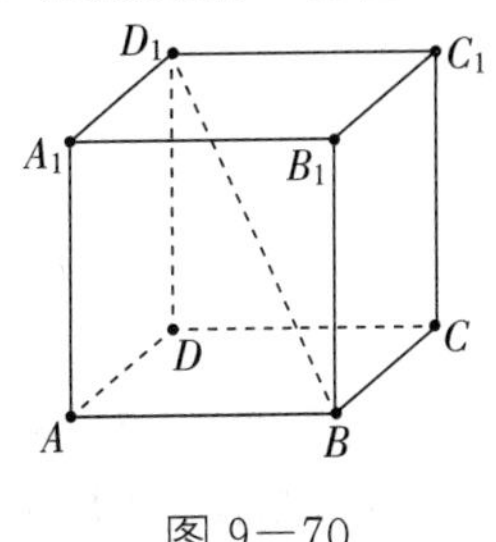

图 9—70

练习案之一叶知秋

微练习

1. 从平面外一点P，引平面β的垂线段PO和斜线段PA，且$PO=3$ cm，$PA=6$ cm，求斜线段PA与平面α所成角的度数.

2. 如图 9—71 所示，在长方体中，高$DD_1=4$ cm，底面是边长为 3 cm 的正方形，求对角线A_1C与平面B_1BCC_1所成角的正切值.

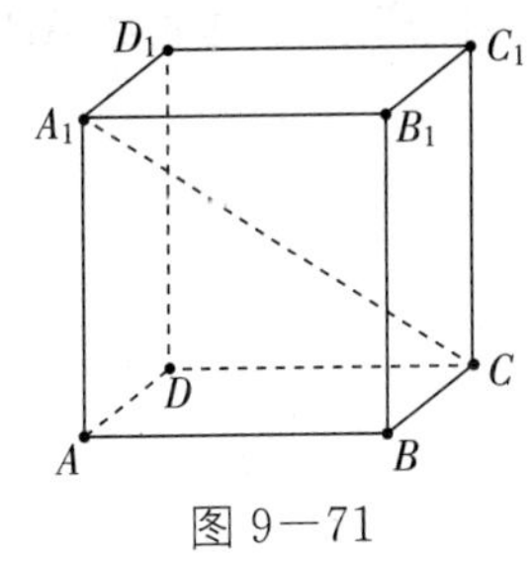

图 9—71

3. 如图 9－72 所示，在长方体中，高 $DD_1=4$ cm，底面是边长为 3 cm 的正方形，求对角线 A_1C 与平面 B_1BCC_1 所成角的正切值.

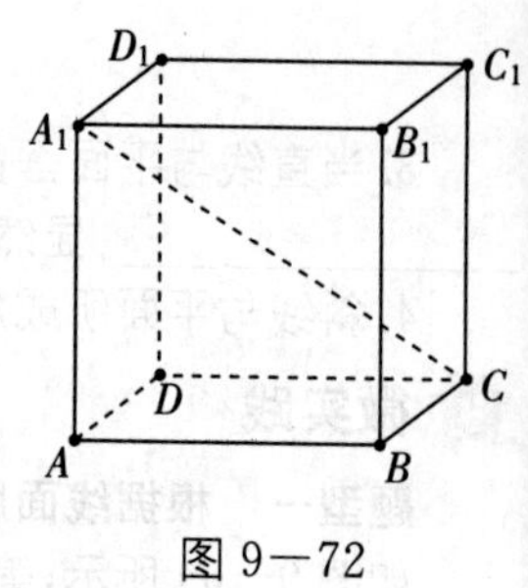

图 9－72

自测案之一树花开

微自测

1. 如图 9－73 所示，在长方体 $ABCD-A_1B_1C_1D_1$ 中，$AB=1$，$BC=2$，$AA_1=\sqrt{3}$，求：

(1)A_1B 与 C_1D_1 所成的角；

(2)BC_1 与平面 CD_1 所成角的正切值.

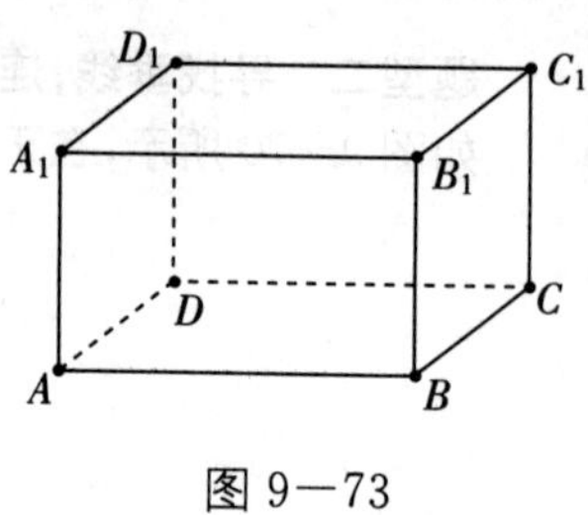

图 9－73

2. 如图 9－74 所示，在正方体 $ABCD-A_1B_1C_1D_1$ 中，求：

(1)A_1B 与 CD 所成的角；

(2)AB 与 DD_1 所成的角；

(3)直线 A_1B_1 与平面 $ABCD$ 所成的角；

(4)直线 A_1B 与平面 $ABCD$ 所成的角；

(5)直线 A_1A 与平面 $ABCD$ 所成的角.

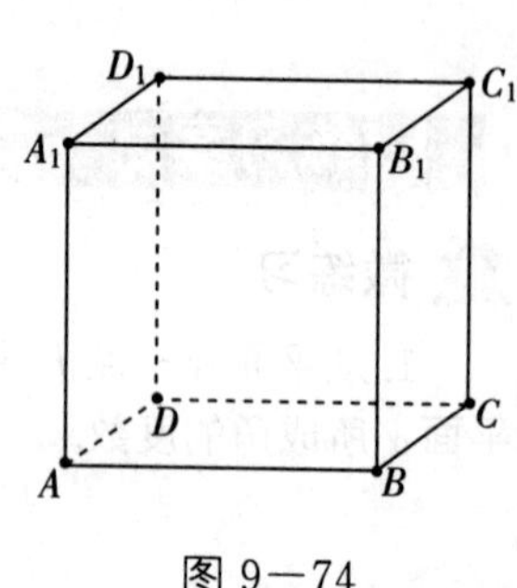

图 9－74

3. 如图 9－75 所示，已知平面 α 外两点 A、B 到平面 α 的距离分别是 1 和 2，A、B 两点在平面 α 的摄影的距离是 $\sqrt{3}$，求直线 AB 和平面 α 所成角.

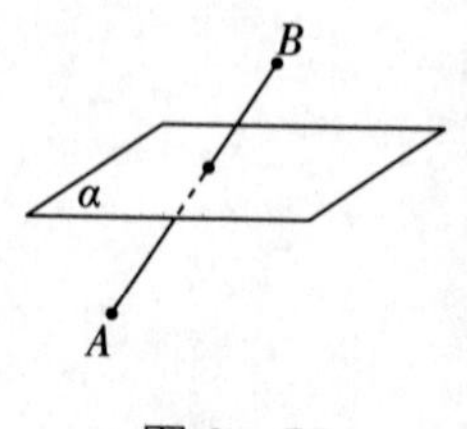

图 9－75

§9.3.3 平面与平面所成的角

预习案之一草一木

微预习

1. 理解并掌握二面角、二面角的平面的概念.
2. 熟练掌握确定二面角的平面角的方法.
3. 了解两个平面相交时,它们的相对位置可用两个平面所成的角来确定.

微作业

1. 收集故宫的图片,感悟空间元素点、线、面的关系,理解空间面面关系(见图9—76).

(a)

(b)

图9—76

2. 包着你的是世界,你心中装的是天下,为自己设计一个书架吧,每天带给自己惊喜与希望.

探究案之一花独放

微探究

1. 两条异面直线所成的角可用来刻画两条异面直线之间的位置关系,直线与平面垂直、直线与平面所成的角可以刻画空间直线与平面的位置关系,那么空间两个平面的位置关系如何刻画呢?

2. 观察两个平面的位置关系,举例说明什么是二面角.(见图9—77)

(a)

(b)

图9—77

(1)从一点出发的两条射线所成的图像叫角,从一条直线出发的两个半平面所组成的图形叫作________.这条直线叫作________,这两个半平面叫作________.以直线l(或CD)为棱,两个半平面分别为α、β,其所组成的图像叫二面角,记作________(或________)(见图9—78).

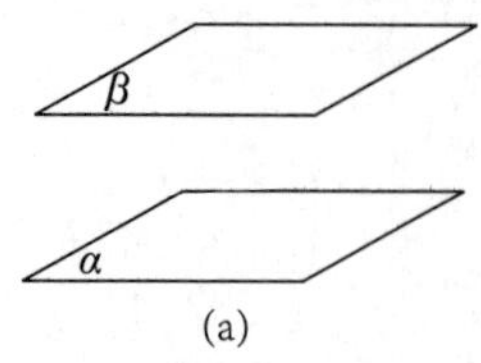

(a)

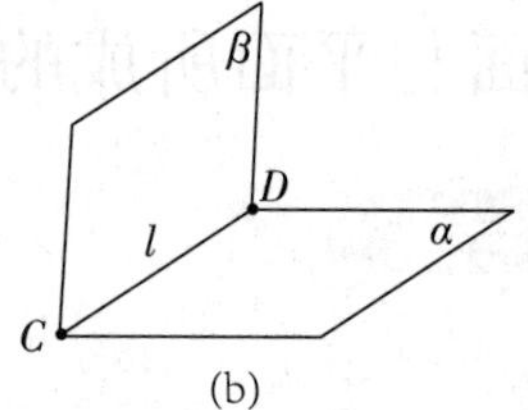

(b)

图 9—78

实验:用直角三角板度量直二面角.

结论:过棱上的一点,分别在二面角的两个面内作与棱________的射线,以这两条射线为边的最________叫作________.(见图 9—79)

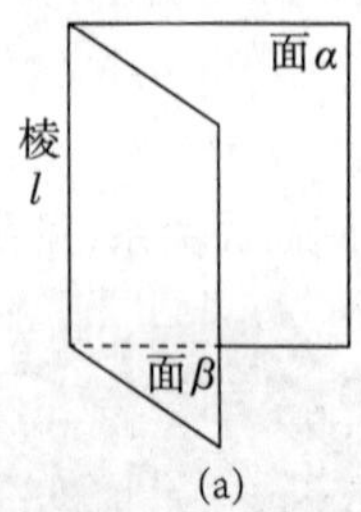

(a)

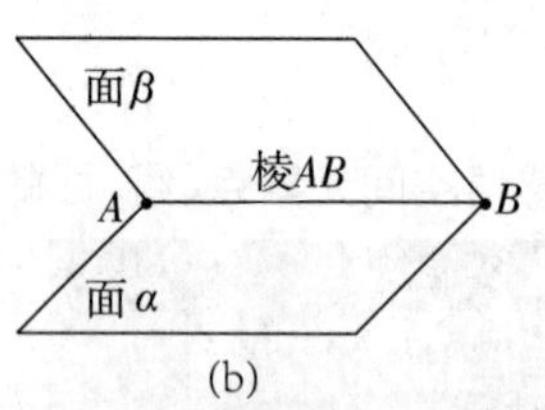

(b)

图 9—79

(2)在二面角 $\alpha-l-\beta$ 的棱 l 上任意选取一点 H,以点 H 为垂足,在平面 α 与平面 β 内分别作________,则________就是这个二面角的平面角.(见图 9—80)

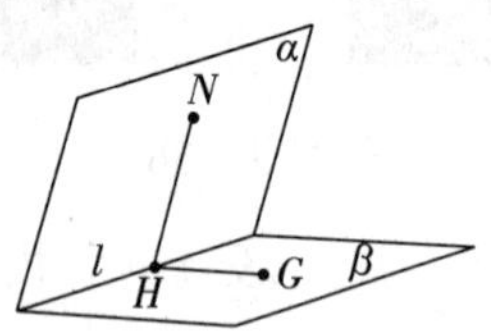

图 9—80

微思考

1. 探求二面角的取值范围(在 GeoGebra 中)(见图 9—81).

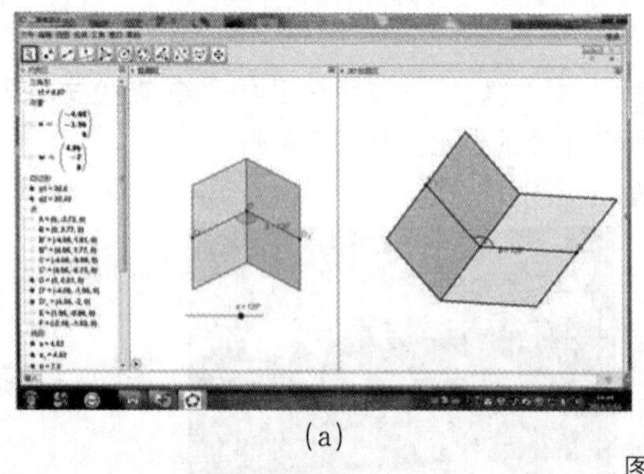
(a)

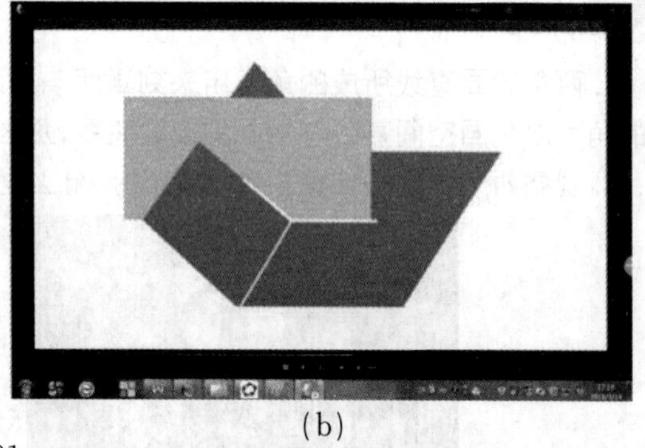
(b)

图 9—81

说明:二面角的平面角的大小由 α、β 的相对位置所决定,与顶点在棱上的________,当二面角给定后,它的平面角的大小也就随之确定.因此,二面角的大小用它的________.当二面角的两个半平面重合时,规定二面角为________;当二面角的两个半平面合成一个平面时,规定二面角为________.因此二面角的取值范围是________.

2. 平面角是直角的二面角叫作________.例如教室的墙壁与地面就组成直二面角,此时称________.平面 α 与平面 β 垂直,记作________.

微实践

题型一　根据二面角的平面角的定义在立体图形中求二面角

如图 9—82 所示，在正方体 $ABCD-A_1B_1C_1D_1$ 中，求二面角 $A-DD_1-B$ 的大小.

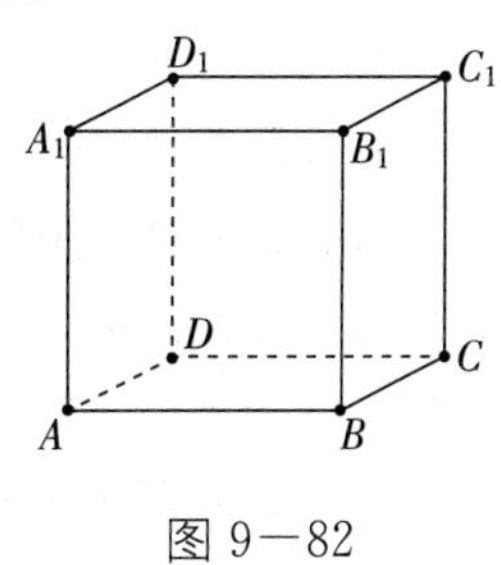

图 9—82

题型二　线线角、线面角、面面角的综合应用

如图 9—83 所示，一山坡与水平面成 45°角，坡面上有一条与山底水平线成 30°角的小路，某人沿小路上坡走 100 m，问：他升高了多少米？

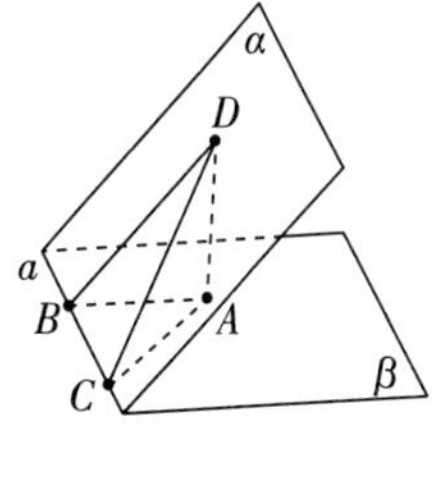

图 9—83

练习案之一叶知秋

微练习

1. 如图 9—84 所示，已知△ABC 与△DBC 是一对有公共底边的两个等腰三角形，作出二面角 $A-BC-D$ 的平面角.

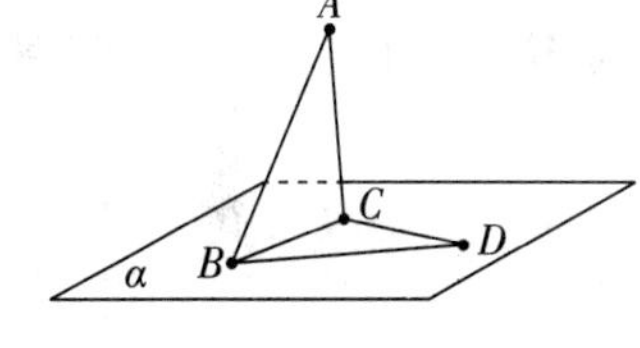

图 9—84

2. 如图 9—85 所示，山坡的倾斜角是 30°，山坡上有一条与斜坡底线 AB 成 60°的小路 EF，如果某人从点 E 出发开始沿着这条小路走了 40 m，问：此人离开地面的高度为多少米？

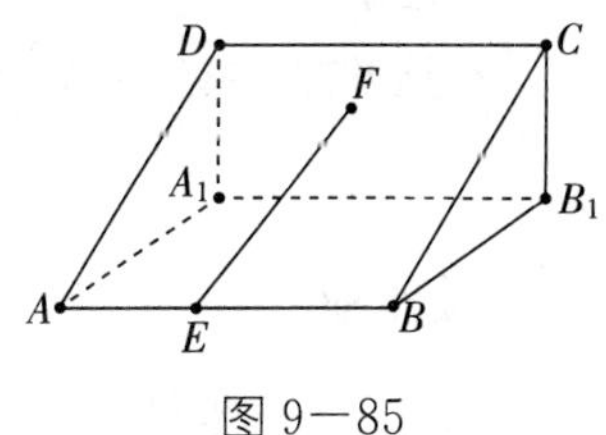

图 9—85

自测案之一树花开

微自测

如图 9—86 所示:

1. 在正方体 AC_1 中,平面 AA_1C_1C 与平面 $ABCD$ 所成的二面角的大小是________.
2. 在正方体 AA_1C_1C 中,平面 A_1BCD_1 与平面 $ABCD$ 所成的二面角的大小是________.
3. 二面角的取值范围是________.
4. 在正方体 $ABCD-A_1B_1C_1D_1$ 中,面 AB_1C_1D 与面 $ABCD$ 所成的二面角的大小为________.
5. 在正方体 $ABCD-A_1B_1C_1D_1$ 中,面 A_1BCD_1 与面 AB_1C_1D 所成的二面角的大小为________.
6. 在正方体 $ABCD-A_1B_1C_1D_1$ 中,面 D_1AB 与面 AA_1B_1B 所成的二面角的大小为________.
7. 在正方体 $ABCD-A_1B_1C_1D_1$ 中,面 ACD_1 与面 ACD 所成的二面角的平面角的正切值为________.

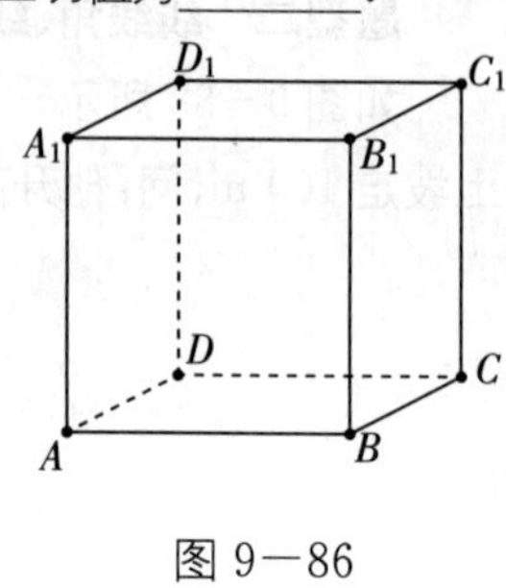

图 9—86

9.4 直线与直线、直线与平面、平面与平面垂直的判定与性质

§9.4.1 直线与平面垂直的判定与性质

预习案之一草一木

微预习

1. 理解并掌握空间两条直线垂直的判定与性质.
2. 理解并掌握直线与平面垂直的判定与性质.

微作业

制作正方体模型.

探究案之一花独放

微探究

在正方体 $ABCD-A_1B_1C_1D_1$ 中(见图 9—87):

1. 直线 AB 与直线 CC_1 所成的角为________.

2. 直线 AB 与直线 B_1C_1 所成的角为________.

问:直线 AB 与平面 B_1BCC_1 的关系是________.

3. 直线 AB 与直线 DD_1 所成的角为________.

4. 直线 AB 与直线 A_1D_1 所成的角为________.

问:直线 AB 与平面 ADD_1A_1 的关系是________.

5. 直线 AB 与直线 A_1B_1、B_1C_1、D_1C、A_1D_1 所成的角为________.

问:直线 AB 与平面 $A_1B_1C_1D_1$ 的位置关系是________.

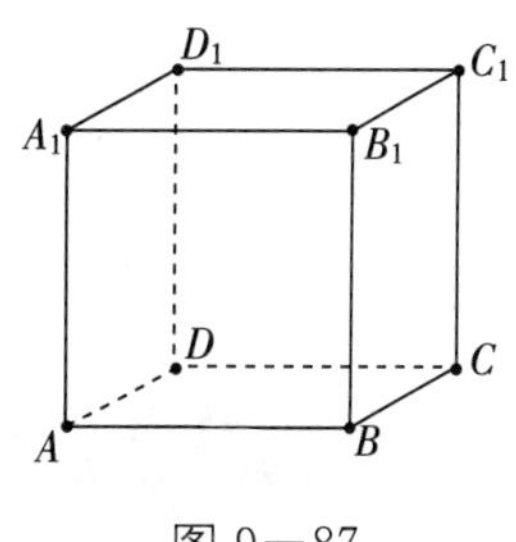

图 9—87

微思考

1. 直线 AB 与平面 $A_1B_1C_1D_1$ 的位置关系是垂直吗?

结论:直线与平面垂直的判定定理:如果一条直线与一个平面内的________都垂直,那么这条直线与这个平面________.

2. 直线与平面垂直的性质:垂直同一个平面的两条直线________.

3. 如果两条平行线中的一条垂直于一个平面,那么另一条________于这个平面.

微实践

题型一　从线面垂直入手,寻找斜线与射影,求得线面角的大小

如图 9—88 所示,AB 和 CD 都是平面 α 的垂线,垂足分别为 B、D、A、C 分别在平面 α 的两侧,$AB=4$ cm,$CD=8$ cm,$BD=5$ cm,求:

(1)AC 的长;

(2)直线 AC 与平面 α 所成的角.

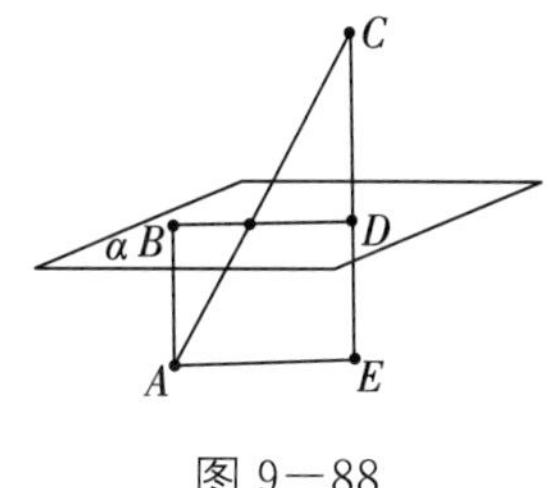

图 9—88

题型二　线面垂直的判定定理

1. 如图 9—89 所示,在正方体 $ABCD-A_1B_1C_1D_1$ 中,求证:$A_1C_1\perp$平面 D_1DBB_1.

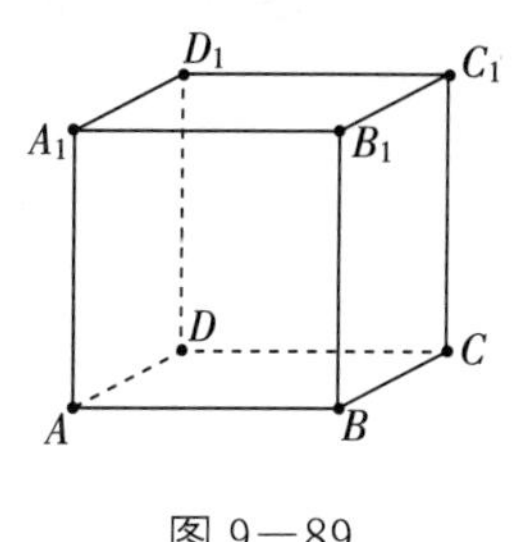

图 9—89

2. 如图 9—90 所示,在正方体 $ABCD-A_1B_1C_1D_1$ 中,求证:$A_1C_1\perp$平面 D_1DBB_1.

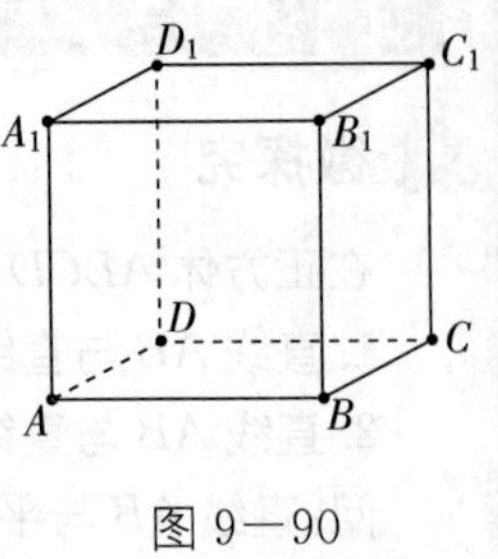

图 9—90

练习案之一叶知秋

微练习

1. 如图 9—91 所示,在长方体 $ABCD-A_1B_1C_1D_1$ 中,判断直线 AB 和 B_1C 是否垂直? 直线 AB 和 BC_1 是否垂直? 可以得到什么结论?

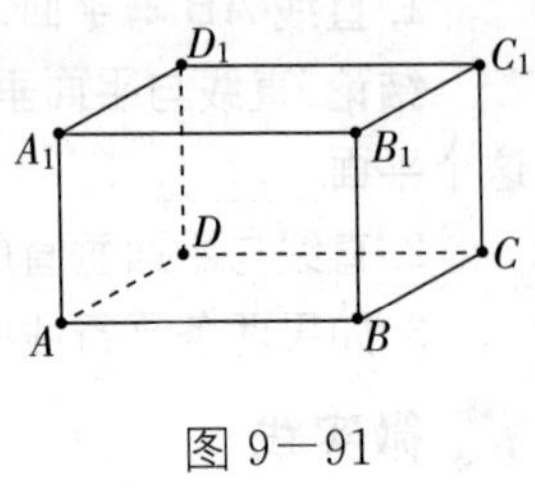

图 9—91

2. 如图 9—92 所示,在长方体 $ABCD-A_1B_1C_1D_1$ 中,判断直线 AA_1 和平面 $ABCD$ 是否垂直? 为什么?

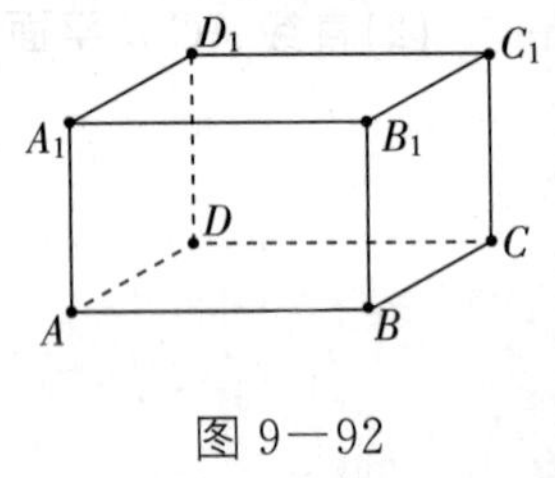

图 9—92

3. 如图 9—93 所示,在正方体 $ABCD-A_1B_1C_1D_1$ 中,求证:$AC\perp$平面 D_1DBB_1.

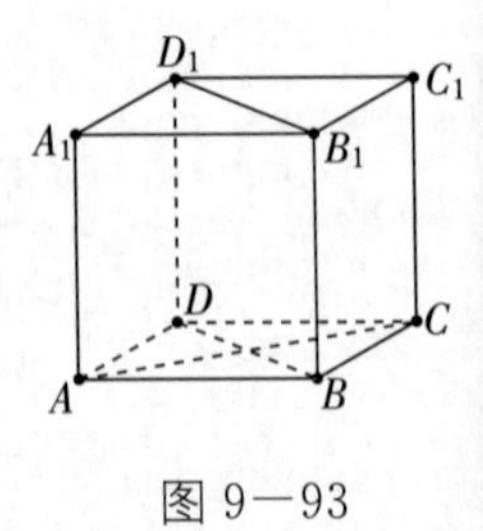

图 9—93

4. 如图 9—94 所示，已知 $ABCD$ 是正方形，P 是平面 $ABCD$ 外一点，$PA=PC$，$PB=PD$，O 是 AC 和 BD 的交点，求证：直线 $PO\perp$ 平面 $ABCD$.

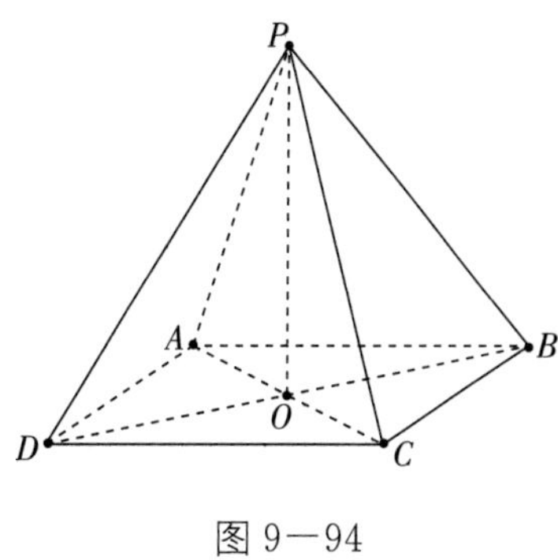

图 9—94

自测案之一树花开

微自测

1. 设直线 a 在平面 α 外，并且直线 a 与平面 α 内两条直线都垂直，则直线 a 与平面 α 的位置关系是(　　).

A. 垂直　　B. 平行　　C. 斜交　　D. 上述都可能

2. 垂直于三角形两边的直线与三角形所在的平面的位置关系是(　　).

A. 垂直　　B. 平行　　C. 斜交　　D. 不能确定

3. 如图 9—95 所示，一根旗杆 AB 高 8 m，它的顶端 A 挂两条 10 m 的绳子，拉紧绳子并把它们的两个下端固定在地面上的 C、D 两点，并使点 C、D 与旗杆 B 不共线，如果 C、D 与 B 的距离都是 6 m，那么是否可以判断旗杆 AB 与地面垂直？为什么？

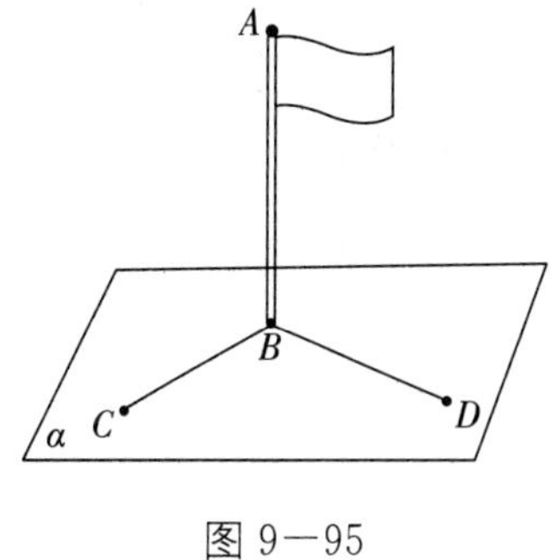

图 9—95

4. 如图 9—96 所示，$\triangle ABC$ 在平面 α 内，$\angle BAC=90°$，且 $PA\perp\alpha$ 于点 A，那么 AC 与 PB 是否垂直？

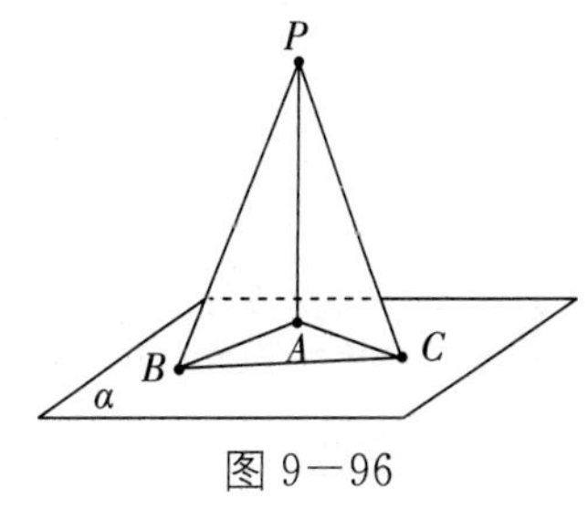

图 9—96

5. 如图 9—97 所示，已知 S 是 $\triangle ABC$ 所在平面外一点，SA、SB、SC 两两垂直，H 是 $\triangle ABC$ 三角形的垂心. 求证：$BC\perp$ 平面 SAH.

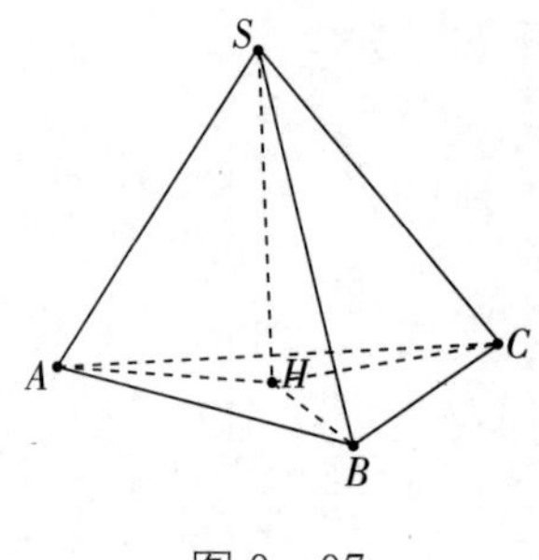

图 9—97

§9.4.2 平面与平面垂直的判定和性质

预习案之一草一木

微预习

1. 理解并掌握平面与平面垂直的判定.
2. 理解并掌握平面与平面垂直的性质.

微作业

1. 收集平面与平面垂直的事例. (见图 9—98)

(a)

(b)

图 9—98

2. 在生活中感悟面面垂直.

探究案之一花独放

微探究

实验：把书直立或打开放在桌面上，你发现了什么现象？(见图 9—99)

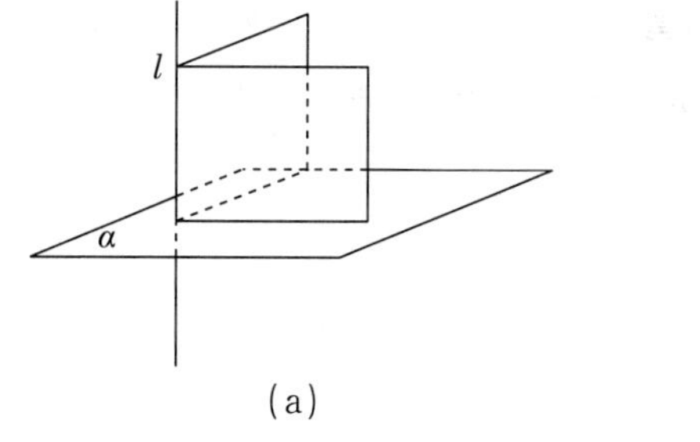

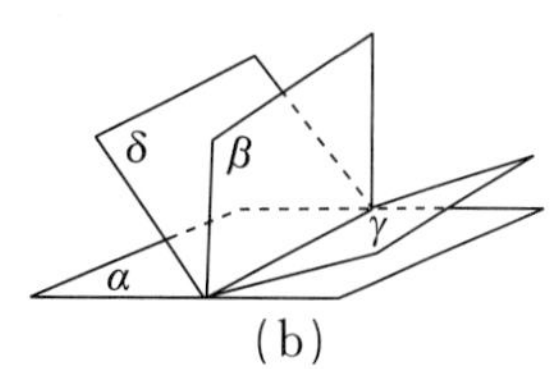

图 9—99

两个平面相交，如果所成的二面角是________，那么称这两个平面________. 平面 α 与平面 β 垂直，记作________.

(画表示两个互相垂直平面的图形时，一般将两个平行四边形的一组对边画成垂直的位置，可以把直立的平面画成矩形，也可以把直立的平面画成平行四边形). (见图 9—100)

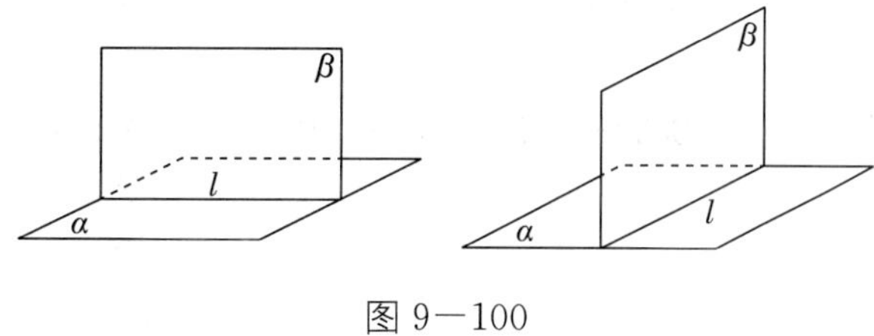

图 9—100

微思考

如何判断两个平面垂直呢?

结论：一个平面经过另一个平面的________，则两个平面________.

如图 9—101 所示，如果________，________在________内，那么________.

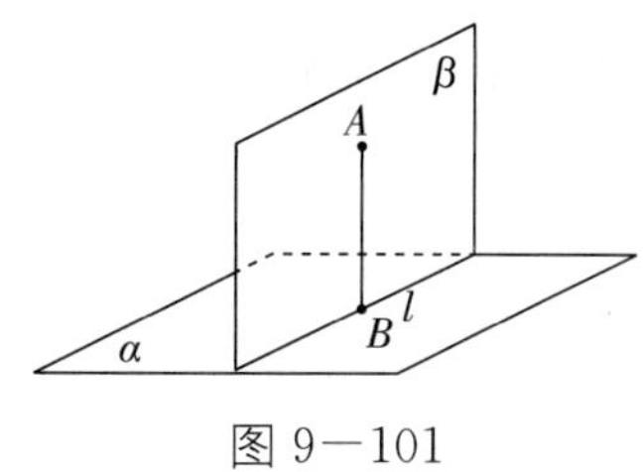

图 9—101

由线面垂直⇒面面垂直.

微实践

题型一　平面与平面垂直的判定定理

如图 9—102 所示，在正方体 $ABCD-A_1B_1C_1D_1$ 中，求证：平面 $B_1AC\perp$ 平面 B_1BDD_1.

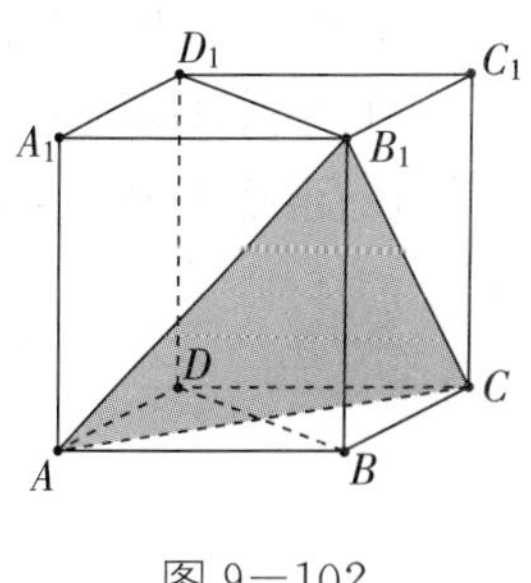

图 9—102

题型二　用计算的方法证明平面与平面垂直

如图 9－103 所示，在四面体 $ABCD$ 中，$BD=CD=\sqrt{2}a$，$AB=AC=AD=a$，求证：平面 $ABD\perp$ 平面 BCA.

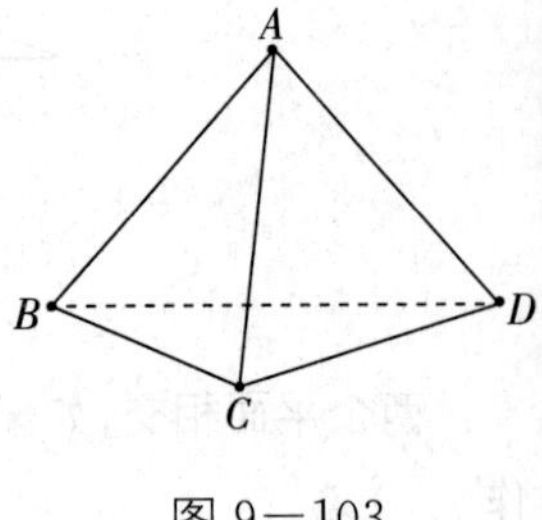

图 9－103

练习案之一叶知秋

微练习

1. 如图 9－104 所示，在正方体 $ABCD-A_1B_1C_1D_1$ 中，求证：平面 $A_1C_1D\perp$ 平面 B_1BDD_1.

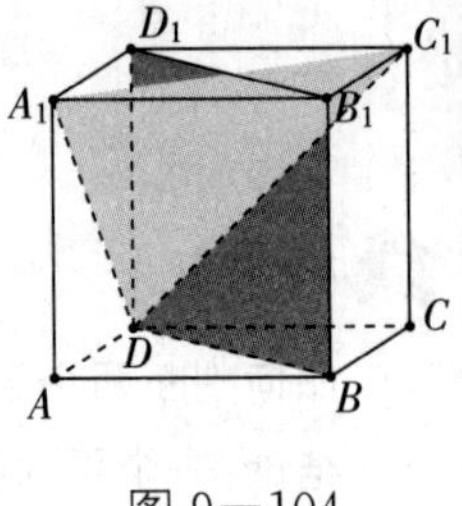

图 9－104

2. 如图 9－105 所示，$\triangle ABC$ 在平面 α 内，$\angle BAC=90^\circ$，且 $PA\perp\alpha$ 于点 A，求证：平面 $PAC\perp$ 平面 PAB.

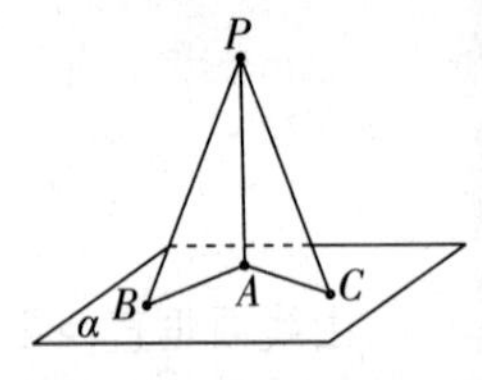

图 9－105

3. 如图 9－106 所示，等腰直角三角形 ABC，以斜边上的高 AD 为折痕折起，求证：

(1) 平面 $ADC\perp$ 平面 DCB；

(2) 平面 $ADB\perp$ 平面 DCB.

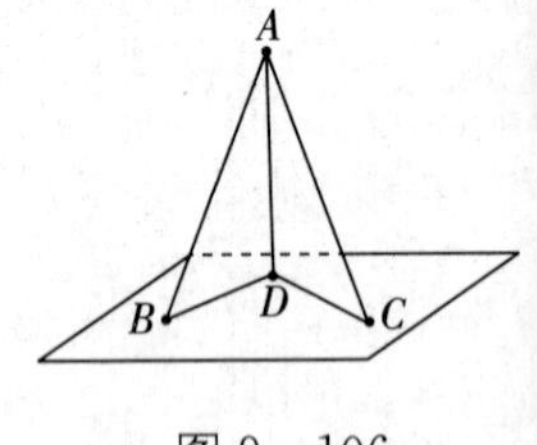

图 9－106

4. 如图 9－107 所示，已知 $CD\perp\alpha$，$\angle FEC=90^\circ$，求证：平面 $EFD\perp$ 平面 DCE.

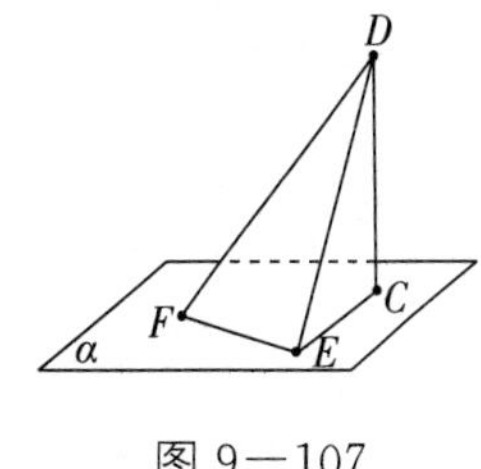

图 9－107

自测案之一树花开

微自测

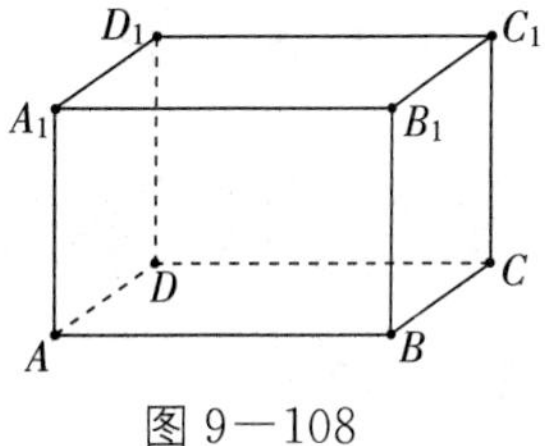

图 9－108

1. 如图 9－108 所示，在长方体 $ABCD-A_1B_1C_1D_1$ 中，与平面 AA_1B_1B 垂直的平面有________个，与平面 AA_1B_1B 垂直的棱有________条.

2. 如图 9－109 所示，等腰直角三角形 ABC，以斜边上的高 AD 为折痕，使 $\angle BDC=90^\circ$，求证：平面 $ADC\perp$ 平面 ADB.

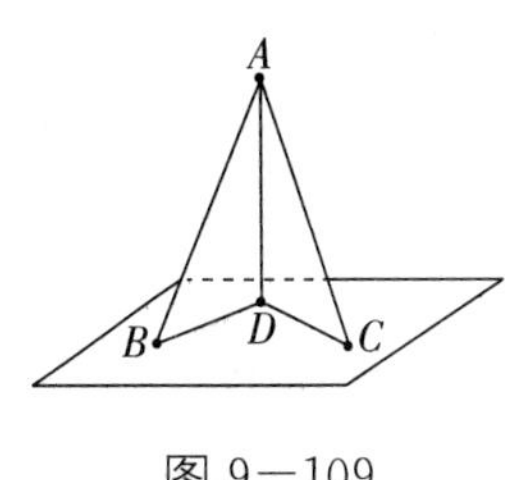

图 9－109

3. 如图 9－110 所示，S 是 $\triangle ABC$ 所在平面外一点，$SA\perp$ 平面 ABC，$\angle ABC=90^\circ$，求证：平面 $SAB\perp$ 平面 SBC.

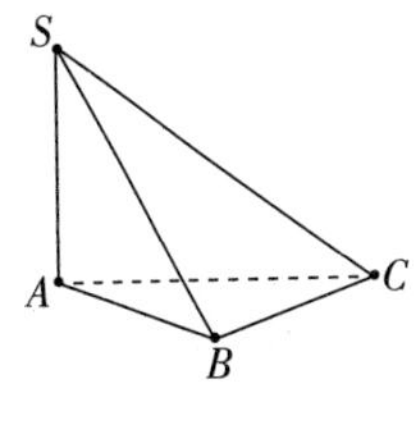

图 9－110

4. 如图 9—111 所示，已知 $ABCD$ 是正方形，P 是平面 $ABCD$ 外一点，$PA=PC$，$PB=PD$，O 是 AC 和 BD 的交点，求证：平面 $PBD\perp$ 平面 $ABCD$ 垂直.

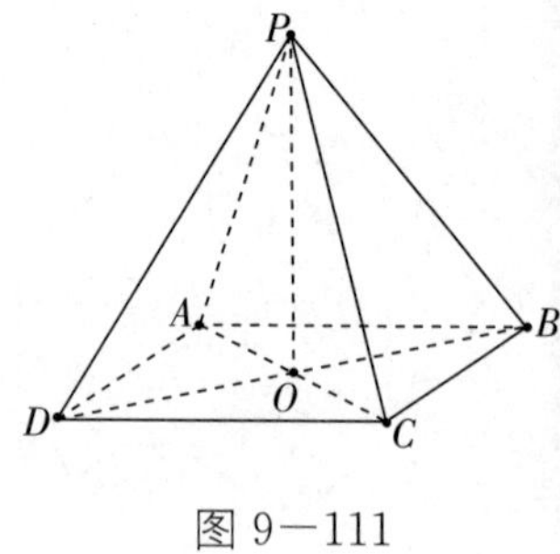

图 9—111

§9.4.3 平面与平面垂直的判定和性质

预习案之一草一木

微预习

直线与直线、直线与平面、平面与平面垂直的判定与性质.

微作业

在 GeoGebra 中构建立体图形，寻找直线与直线、直线与平面、平面与平面垂直关系.（见图 9—112）

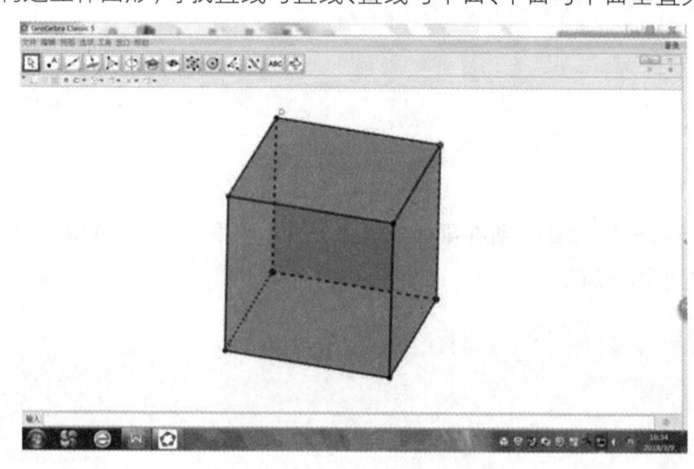
图 9—112

探究案之一花独放

微探究

1. 直线与平面垂直的判定定理：画图并用符号表示出来.

2. 判断点 B 的位置.

(1)若 $\alpha\perp\beta$,过平面 α 内一点 A 作平面 β 的垂线,垂足为 B,那么点 B 在什么位置?

(2)若 $\alpha\perp\beta$,过平面 β 内一点 A 作平面 α 的垂线,垂足为 B,那么点 B 在什么位置?

3. 如果平面 α 与平面 β 垂直,直线 m、k 在平面 β 内,那么直线 m、k 与平面 α 的位置关系是________.

微思考

如何从面面垂直⇒线面垂直呢?

平面与平面垂直的性质定理:如果两个平面垂直,那么一个平面内________的直线与另一个平面垂直.

符号表示:________.

说明:

(1)两个平面互相垂直;

(2)直线必须在平面内;

(3)直线必须垂直它们的交线.

微实践

题型一　面面垂直的判定定理与性质定理的综合应用

如图 9—113 所示,已知平面 $ABC\perp$ 平面 BCD,$\angle BAC=90^\circ$ 且 $AC=AB=AD=a$,点 E 是 BC 的中点,

(1)求证:平面 $AED\perp$ 平面 BCD;

(2)计算 ED 的长度.

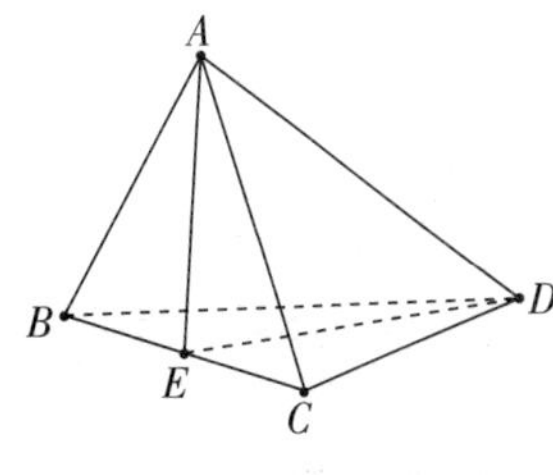

图 9—113

题型二　两条平行线中的一条垂直平面,那么另一条也垂直平面(判定与性质的综合应用)

如图 9—114 所示,已知 $PA\perp$ 平面 $ABCD$,$ABCD$ 为矩形,$PA=AD$,M、N 分别是 AB、PC 的中点,

求证:(1)$MN/\!/$平面 PAD;

(2)直线 $MN\perp$ 平面 PCD.

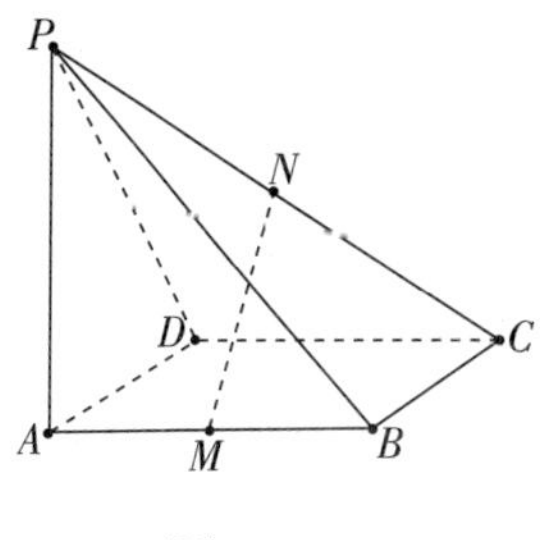

图 9—114

题型三　利用垂直关系求距离、夹角

1. 如图 9—115 所示，平面 $\alpha\perp\beta$，AC 在平面 α 内，且 $AC\perp AB$，BD 在平面 β 内，且 $BD\perp AB$，$AC=12$ cm，$AB=3$ cm，$BD=4$ cm，求 CD 的长.

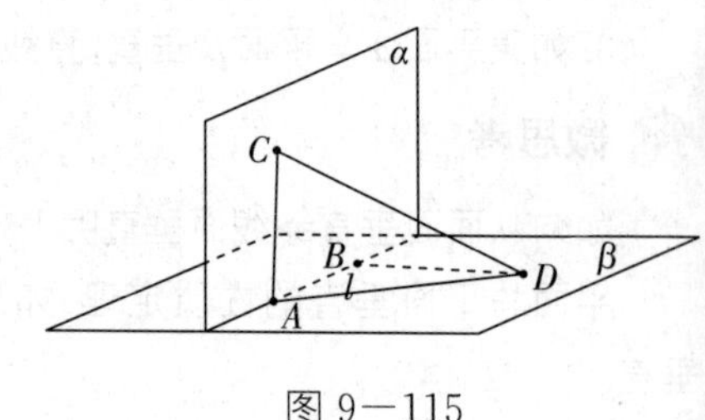

图 9—115

2. 如图 9—116 所示，在长方体 $ABCD-A_1B_1C_1D_1$ 中，底面 $ABCD$ 是边长为 1 的正方形，高为 2，求：

(1)点 A_1 到直线 BC_1 的距离；

(2)二面角 $A_1-BC_1-B_1$ 的正切值.

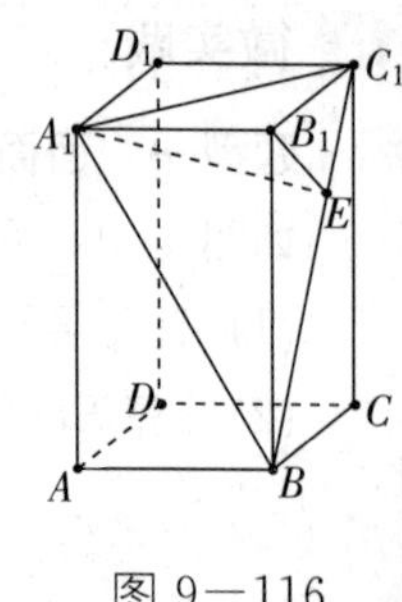

图 9—116

练习案之一叶知秋

微练习

1. 如图 9—117 所示，在四棱锥 $P-ABCD$ 中，底面是边长为 a 的正方形，侧棱 $PD=a$，$PA=PC=\sqrt{2}a$，

(1)求证：$PD\perp$平面 $ABCD$；

(2)求证：平面 $PAC\perp$平面 PBD；

(3)求二面角 $P-BC-D$ 的大小.

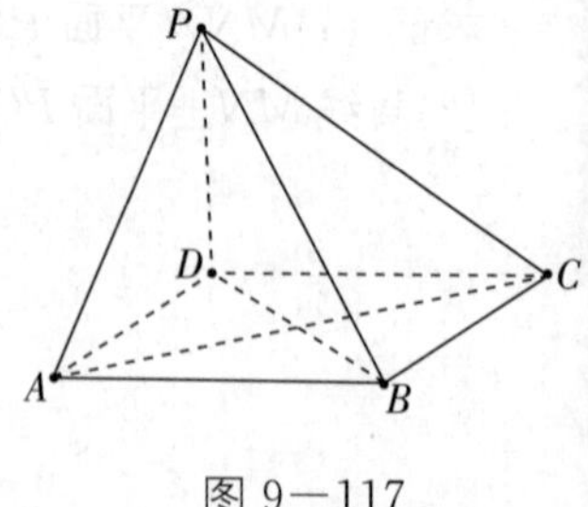

图 9—117

2. 如图 9－118 所示,在正方体 $ABCD-A_1B_1C_1D_1$ 中,求 A_1B 与平面 BB_1D_1D 所成的角.

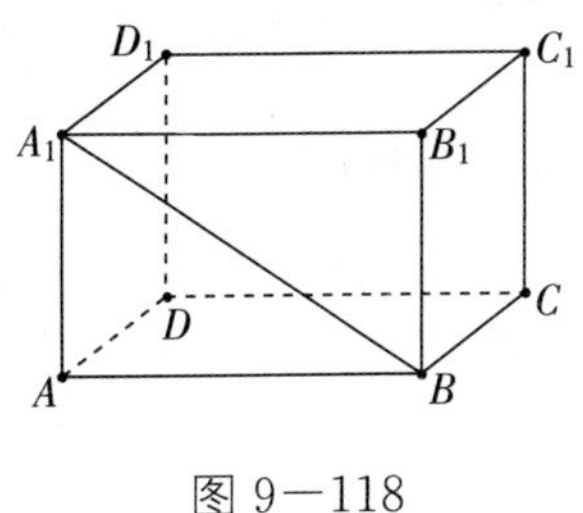

图 9－118

3. 如图 9－119 所示,已知 Rt△ABC 的直角边 AB,AC 的长分别是 2 cm,$2\sqrt{3}$ cm,$PA\perp$平面 ABC,$PA=1$ cm,求二面角 $P-BC-A$ 的大小.

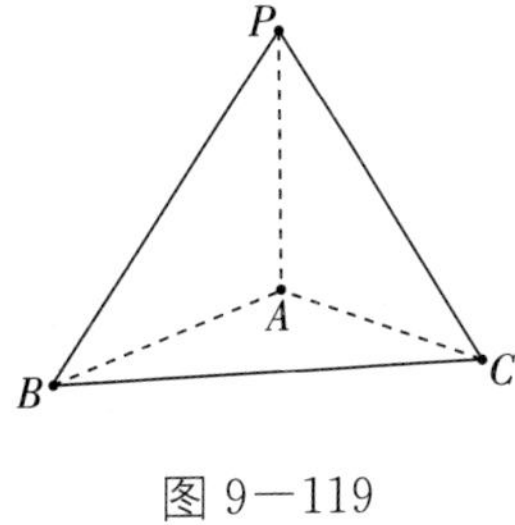

图 9－119

4. 如图 9－120 所示,△ABC 所在平面外一点 S,且 $SA=SC$,$AB=BC$,点 D 是边 AC 的中点,求证:$AC\perp$平面 SBD.

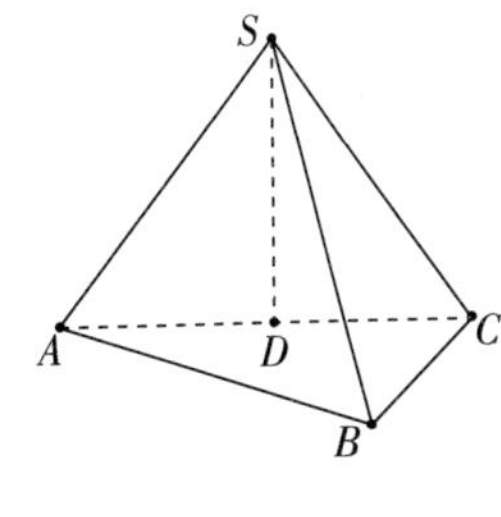

图 9－120

5. 如图 9－121 所示,$\beta\perp\alpha$,$\alpha\cap\beta=AB$,$CD\subseteq\beta$,$CD\perp AB$,$CE\subseteq\alpha$,$EF\subseteq\alpha$,$\angle FEC=90^\circ$,求证:平面 $EFD\perp$平面 DCE.

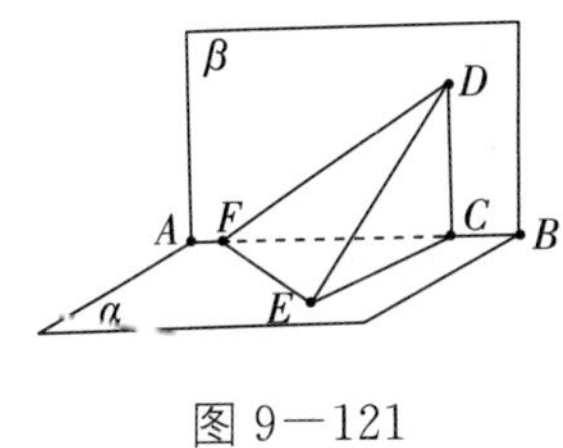

图 9－121

自测案之一树花开

微自测

1. 一条直线的两个端点 A、B 和平面 α 的距离分别是 30 和 50，且点 A、B 在平面 α 的同侧，P 为 AB 上一点，且 $PA:PB=3:7$，则点 P 到平面 α 的距离是________.

2. 在空间内，过一点作与已知直线的垂线可作________条.

3. 如图 9－122 所示，已知 AB 是圆 O 直径，C 是圆周上一点，PA 垂直于圆 O 所在的平面，$AE\perp PB$ 于 E，$AF\perp PC$ 于 F，且 $AE=2$，$AF=1$.

(1) 求证：$AF\perp$ 平面 PBC；

(2) 求 $A-PB-C$ 二面角的大小.

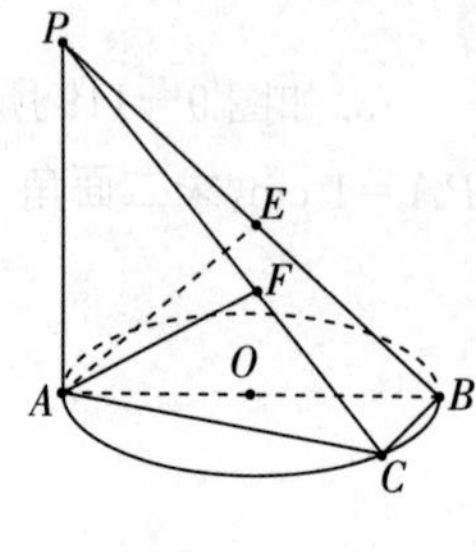

图 9－122

4. 如图 9－123 所示，在正方体 $ABCD-A_1B_1C_1D_1$ 中，M 是 AB 的中点，N 是 A_1C 的中点.

求证：(1) $MN/\!/AD_1$；

(2) $MN\perp$ 平面 A_1DC.

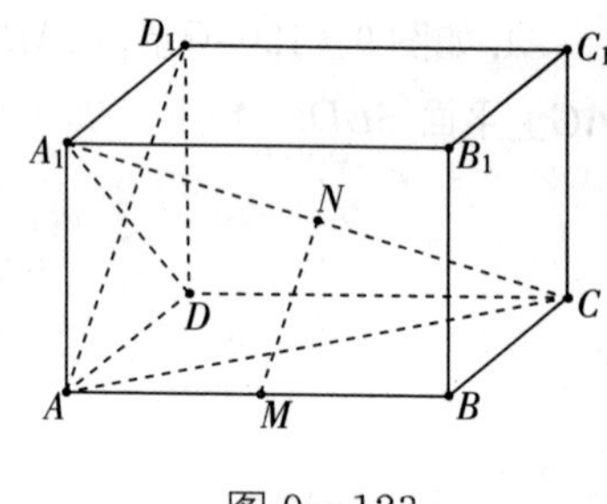

图 9－123

5. 如图 9－124 所示，已知正方形 $ABCD$ 所在平面与正方形 $ABEF$ 所在的平面成直二面角，求异面直线 AD 与 BF 所成角.

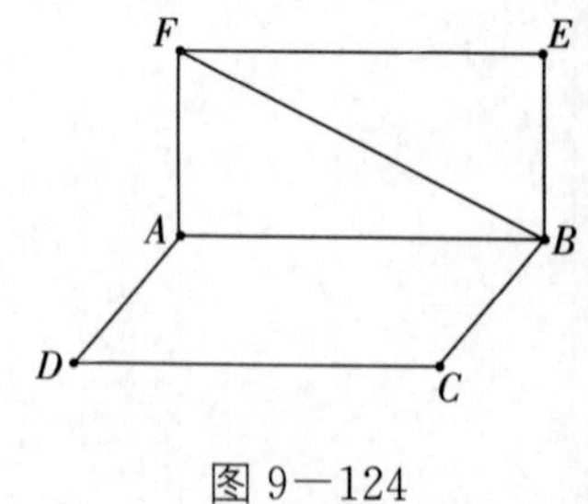

图 9－124

单元总结案

总结案之看图说话

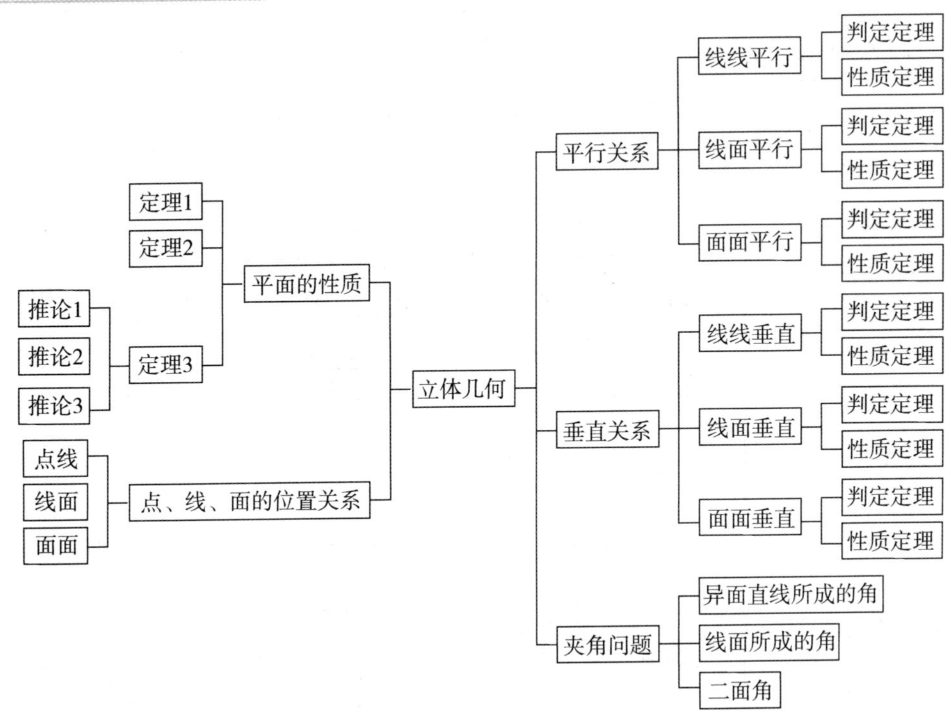

直线与平面的位置关系如表 9—1 所示.

表 9—1

<table>
<tr><td rowspan="3">平面的性质</td><td colspan="2">定理 1:</td><td>推论 1:</td></tr>
<tr><td colspan="2">定理 2:</td><td>推论 2:</td></tr>
<tr><td colspan="2">定理 3:</td><td>推论 3:</td></tr>
<tr><td rowspan="2">直线与平面的位置关系</td><td>线面平行</td><td>线面相交</td><td>线在面里</td></tr>
<tr><td>符号表示:
l
α</td><td>符号表示:
l
α</td><td>符号表示:
m
α</td></tr>
</table>

续表

<table>
<tr><td rowspan="4">平行关系</td><td colspan="4">线线平行</td><td colspan="4">线线平行</td><td colspan="4">线线平行</td></tr>
<tr><td colspan="4">符号表示:</td><td colspan="4">符号表示:</td><td colspan="4">符号表示:</td></tr>
<tr><td colspan="6">线面平行</td><td colspan="6">面面平行</td></tr>
<tr><td colspan="3">符号表示:</td><td colspan="3">符号表示:</td><td colspan="3">符号表示:</td><td colspan="3">符号表示:</td></tr>
<tr><td rowspan="2">垂直关系</td><td colspan="3">线线垂直</td><td colspan="6">线面垂直</td><td colspan="3">面面垂直</td></tr>
<tr><td colspan="3">符号表示:</td><td colspan="3">符号表示:</td><td colspan="3">符号表示:</td><td colspan="3">符号表示:</td></tr>
<tr><td rowspan="2">夹角问题</td><td colspan="4">异面直线的夹角</td><td colspan="4">线面角</td><td colspan="4">二面角及其平面角</td></tr>
<tr><td colspan="4">(1)定义;(2)范围;(3)求法</td><td colspan="4">(1)定义;(2)范围;(3)求法</td><td colspan="4">(1)定义;(2)范围;(3)求法</td></tr>
</table>

说明:

1. 异面直线的夹角.

定义法:平移,相交,找到夹角,解三角形.

2. 线面角.

定义法:作出线面角,并证明、解三角形.

3. 二面角及其平面角.

定义法:作出二面角的平面角,并证明、解三角形,求出二面角的平面角.

总结案之群英荟萃

题型一　平面的性质

1. 下列命题:(1)平面 α 与平面 β 只有一个公共点;(2)梯形是平面图形;(3)平行于同一条直线的两条直线平行;(4)过平面外一点,只有一条直线和这个平面垂直. 其中正确的命题有(　　)个.

A. 0　　B. 1　　C. 2　　D. 3

2. 下列命题中正确的是(　　).

A. 两组对边分别相等的四边形一定是平行四边形

B. 两组对边分别平行的四边形一定是平行四边形

C. 不重合的两点确定一条直线,不重合的三点确定一个平面

D. 可以无限延展的面就是平面

3. 如图 9－125 所示,在空间四边形 $ABCD$ 中,$AC=BD$,E、F、G、H 分别是 AD、AB、CB、CD 的中点,则四边形 $EFGH$ 为(　　).

A. 平行四边形

B. 矩形

C. 正方形

D. 菱形

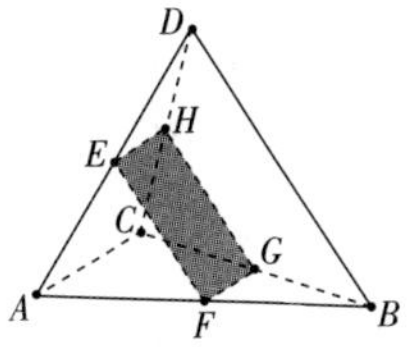

图 9－125

4. 在空间四边形 $ABCD$ 中,$AC=BD$ 且 $AC\perp BD$,E、F、G、H 分别是 AD、AB、CB、CD 的中点,则四边形 $EFGH$ 为(　　).

A. 平行四边形　　B. 矩形　　C. 正方形　　D. 菱形

5. 在空间四边形 $ABCD$ 中,$AC\perp BD$,E、F、G、H 分别是 AD、AB、CB、CD 的中点,则四边形 $EFGH$ 为(　　).

A. 平行四边形　　B. 矩形　　C. 正方形　　D. 菱形

6. 下列条件中可以确定一个平面的是(　　).

A. 两条直线　　B. 相交于一点的两条直线

C. 相交于同一点的三条直线　　D. 三条不相交的直线

题型二　平行关系

1. 直线 $a/\!/$平面 α,直线 $b\perp$平面 α,下列说法中正确的是(　　).

A. $a/\!/b$　　B. $a\perp b$

C. a 与 b 是异面直线　　D. a 与 b 相交

2. 已知平面 α、β、γ 和直线 l,则可以推出 $\alpha/\!/\beta$ 的条件是(　　).

A. $l/\!/\alpha$,$l/\!/\beta$　　B. l 在 α 内,$l/\!/\beta$

C. $\alpha/\!/\gamma$,$\beta/\!/\gamma$　　D. α 与 γ 相交于直线 l,$l/\!/\beta$

3. 已知平面 $\alpha/\!/$平面 β,若直线 a 在平面 α 内,直线 b 在平面 β 内,则 a 与 b 的关系是(　　).

A. 平行　　B. 相交　　C. 异面　　D. 平行或异面

4. 下列命题中正确的是(　　).

A. 平行于同一个平面的两条直线平行　　B. 与同一个平面所成角相等的两条直线平行

C. 垂直于同一条直线的两直线平行　　D. 垂直于同一个平面的两条不重合的直线平行

5. 如图 9—126 所示,长方体中,

(1)与直线 AB 平行的平面有________;

(2)与直线 AA_1 平行的平面有________;

(3)与直线 AD 平行的平面有________.

6. 如图 9—127 所示,点 P 是平行四边形 $ABCD$ 所在平面外一点,点 Q 是 PA 的中点,直线 PC 与平面 QBD 的位置关系是________.

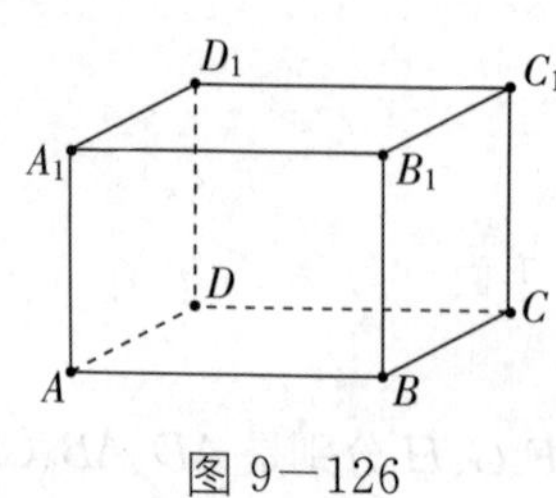

图 9—126

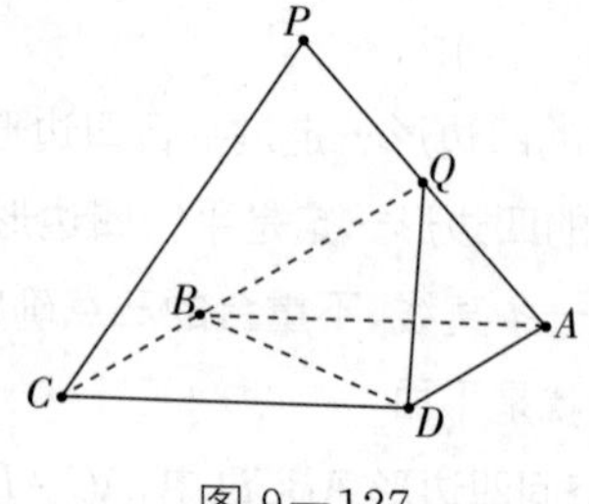

图 9—127

7. 如图 9—128 所示,点 P 为正方形 $ABCD$ 所在平面外的一点,E、F 分别是 AB、PD 的中点,求证:$EF //$ 平面 PBC.

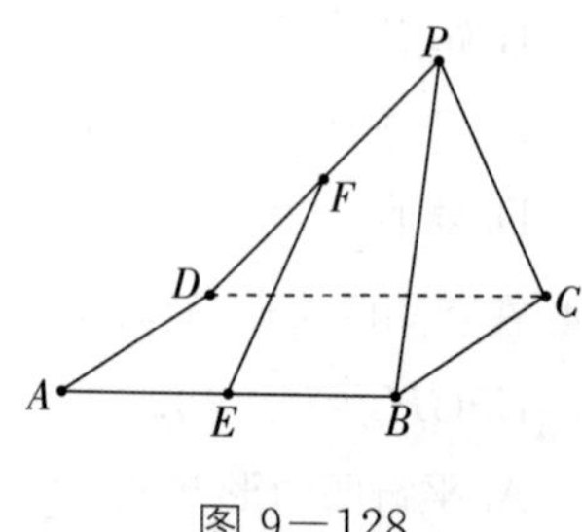

图 9—128

题型三　垂直关系

1. 在一个平面内和这个平面的斜线垂直的直线(　　).

A. 只有一条　　B. 有无数条　　C. 有相交的两条　　D. 不存在

2. 若两个平面互相垂直,则(　　).

A. 一个平面内的已知直线必垂直于另一个平面内的任意一条直线

B. 一个平面内的任意一条直线垂直于另一个平面

C. 一个平面内平行于交线的直线必垂直于另一个平面

D. 一个平面内垂直于交线的直线垂直于另一个平面

3. 直线 a 与平面 α 平行,直线 a 与 b 垂直,则直线 b 与平面 α 的位置关系是(　　).

A. $b // \alpha$　　B. b 与 α 相交

C. $b \subseteq \alpha$　　D. 前三种情况都有可能

4. 下列选项中正确的是(　　).

A. 垂直于平面内一条直线的直线垂直于平面　　B. 垂直于平面内两条直线的直线垂直于平面

C. 垂直于平面内无数条直线的直线垂直于平面　　D. 垂直于平面内所有直线的直线垂直于平面

5. 若直线 $a \perp \alpha$,且直线 $a \perp$ 直线 b,则直线 b 与平面 α 的位置关系是________.

6. 已知四边形 $ABCD$ 为正方形，P 是四边形 $ABCD$ 所在平面外一点，且 $PA\perp AB$，$PA\perp BC$，有以下几对平面：

A. 平面 PAB 和平面 PBC　　B. 平面 PBC 和平面 $ABCD$

C. 平面 PAB 和平面 PAD　　D. 平面 PBC 和平面 PAD

E. 平面 PBC 和平面 PDC　　F. 平面 PAD 和平面 PDC

其中互相垂直的是________.

7. 如图 9—129 所示，已知 D 是等腰 Rt$\triangle ABC$ 斜边 BC 的中点，P 是平面 ABC 外一点，$PC\perp$平面 ABC，$DE\perp BP$ 于 E，

求证：(1) $AD\perp$平面 PBC；

(2) $PB\perp$平面 ADE.

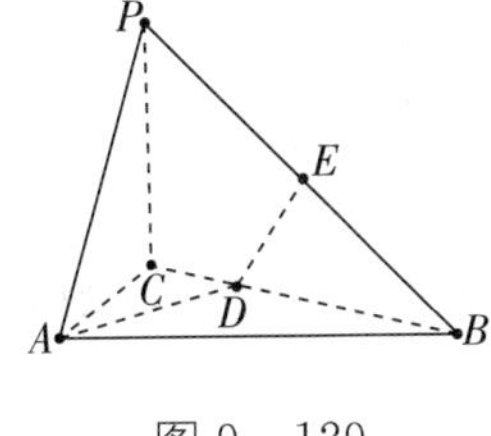

图 9—129

8. 如图 9—130 所示，圆 O 的直径是 AB，PA 垂直于圆 O 所在的平面，C 为圆上不同于 A、B 的任一点，若平面 PBC 与平面圆 O 所成的角为 45°，M 为 PC 中点，

求证：(1) $AM\perp PC$；

(2) 平面 $AMB\perp$平面 PBC.

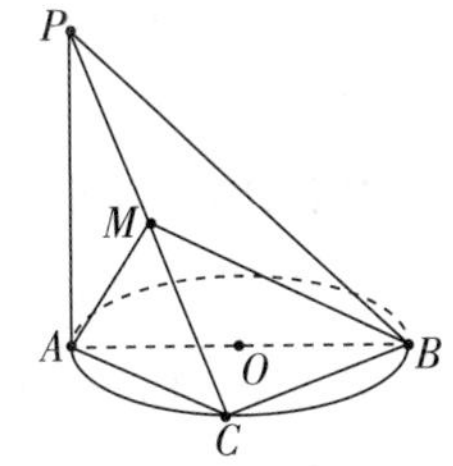

图 9—130

9. 如图 9—131 所示，$\triangle ABC$ 是直角三角形，$\angle ABC=90^\circ$，$AB=1$，$BC=\sqrt{2}$，$SA\perp$平面 ABC，SB 与平面 ABC 所成的角为 45°，DE 垂直平分 SC，且分别与 AC、SC 交于点 D、E，求证：$SC\perp$平面 EDB.

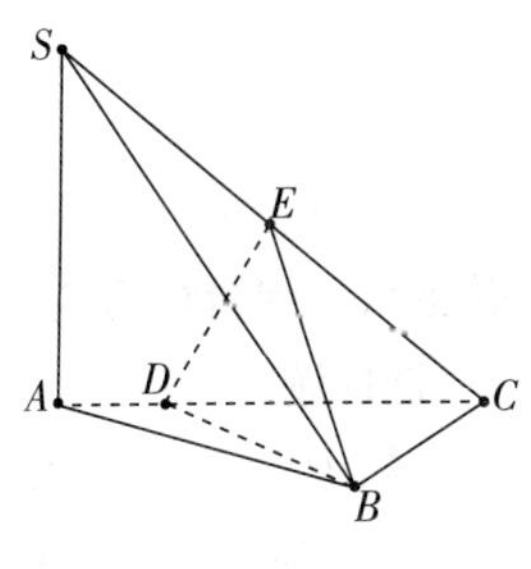

图 9—131

题型四　求角的问题

1. 在棱长为 1 的正方体 $ABCD-A_1B_1C_1D_1$ 中，A_1B 与 B_1C 所成角为________.

2. 在$\triangle ABC$中，$AB=AC=5$ cm，$BC=6$ cm，$PA\perp$平面 ABC，$PA=4\sqrt{3}$ cm，则点 P 到 BC 的距离是________，平面 PBC 与平面 ABC 所成的角的度数是________.

3. 二面角 $\alpha-l-\beta$ 为 $45°$，其内有一点 P 满足 $PA\perp\alpha$ 于 A，$PB\perp\beta$ 于 B，则$\angle APB$ 的大小为________.

4. 已知斜线段长是它在平面上的射影长的 2 倍，则斜线和平面所成的角为________.

5. 在正方体 $ABCD-A_1B_1C_1D_1$ 中，平面 A_1B_1CD 与平面 $ABCD$ 所成的二面角的度数为（　　）.

A. $30°$　　B. $45°$　　C. $60°$　　D. $90°$

6. 在正方体 $ABCD-A_1B_1C_1D_1$ 中，E 是 DD_1 的中点，异面直线 A_1C_1 与 EB 所成的角是（　　）.

A. $10°$　　B. $45°$　　C. $60°$　　D. $90°$

7. 在正方体 $ABCD-A_1B_1C_1D_1$ 中，直线 AD_1 与平面 $ABCD$ 所成的二面角的度数为（　　）.

A. $10°$　　B. $45°$　　C. $60°$　　D. $90°$

8. 在空间四边形 $ABCD$ 中，$AB=AD=BD=AC$，$BC=CD$，$\angle BCD=90°$，则二面角 $A-BD-C$ 的度数为（　　）.

A. $30°$　　B. $45°$　　C. $60°$　　D. $90°$

题型五　求距离问题

1. 在一个 $45°$的二面角的一个平面内有一点，它到另一个平面的距离是 10，则它到棱的距离是（　　）.

A. $10\sqrt{2}$　　B. $5\sqrt{2}$　　C. 5　　D. 20

2. 已知平面 α∥平面 β，直线 l 被两平面截得的线段长为 $6\sqrt{3}$ cm，直线 l 与平面所成的角是 $60°$，则两平行平面间的距离为________.

3. 从平面 α 外一点 P 引平面 α 的斜线 PA、PB，斜足分别为 A、B，已知 PA、PB 的长分别是 8 和 5，线段 PA、PB 在平面 α 内的射影的比是 $4:\sqrt{3}$，则 P 到平面 α 的距离为________.

4. 从 $60°$的二面角内一点，到二面角的两个面的垂线长都是 10 cm，则两垂足间的距离是________.

5. 如图 9－132 所示，已知正方形 $ABCD$ 的边长为 $2\sqrt{2}$，$GC\perp$平面 $ABCD$ 且 $GC=3$，求点 C 到平面 GBD 的距离.

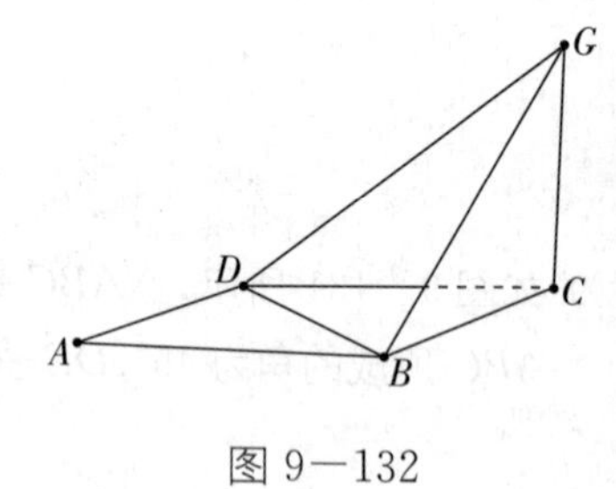

图 9－132

题型六　综合性问题

一、选择题

1. 已知 P 是平面 ABC 外一点，PA、PB、PC 与平面 ABC 所成的角相等，则点 P 在平面 ABC 内的射影 O 是$\triangle ABC$ 的（　　）.

A. 重心　　B. 内心　　C. 外心　　D. 垂心

2. 在正方体 $ABCD-A_1B_1C_1D_1$ 中，与 AC_1 成异面直线的棱共有(　　).

A. 4 条　　B. 6 条　　C. 8 条　　D. 12 条

二、填空题

1. 已知平面 α//平面 β，直线 a 与平面 α 所成角是 30°，a 被平面 α、β 所截的线段长是 12 cm，则平面 α 与 β 间的距离是________.

2. 已知线段 $AB=3\sqrt{2}$，AB 与平面 α 所成的角为 $\theta=\frac{\pi}{4}$，则线段 AB 在平面内的射影长为________.

3. 二面角的棱与这个二面角的平面角所在的平面的关系是________.

4. 直二面角 $\alpha-l-\beta$ 内一点 P 到 α、β 的距离分别是 4 cm 和 3 cm，则 P 到棱的距离是________.

三、解答题

1. 如图 9－133 所示，已知线段 PD 垂直于正方形 $ABCD$ 所在平面，D 为垂足，$|PD|=5$ cm，$|AB|=8$ cm，连接 PB、PC，

(1)求证：平面 $PBC\perp$ 平面 PDC；

(2)求 PB 与平面 $ABCD$ 所成角的正切值；

(3)求点 P 到 AB 和 AC 的距离.

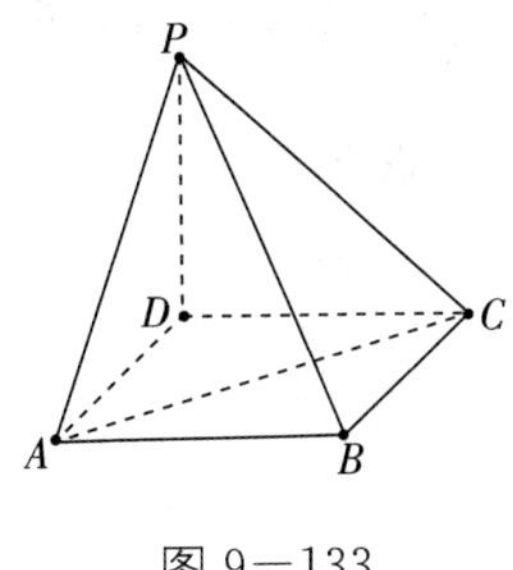

图 9－133

2. 如图 9－134 所示，已知 $PA\perp$ 矩形 $ABCD$ 所在的平面，M、N 分别是 AB、PC 的中点.

(1)求证：MN//平面 PAD；

(2)若平面 PDC 与平面 $ABCD$ 成 45°的角，求证：$MN\perp$ 平面 PDC.

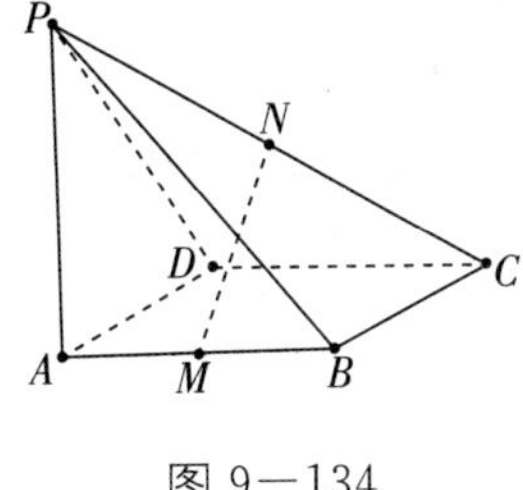

图 9－134

3. 如图 9－135 所示，二面角 $\alpha-l-\beta$ 为 60°，点 A、B 分别为平面 α 和平面 β 上的点，点 A 到 l 的距离为 $|AC|=4$，点 B 到 l 的距离为 $|BD|=3$，$|CD|=6$，求：

(1)点 A、B 之间的距离 $|AB|$；

(2)异面直线 AB、CD 所成角的正切值.

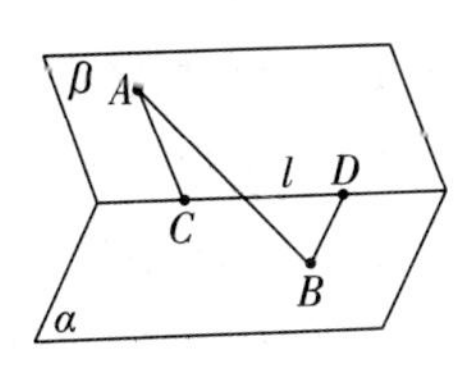

图 9－135

4. 如图 9－136 所示，平面 α 内有 $\angle xOy=60^\circ$，OA 是平面 α 的斜线，OA 与 $\angle xOy$ 的两边所成的角都是 45°，$OA=1$，求点 A 到平面 α 的距离.

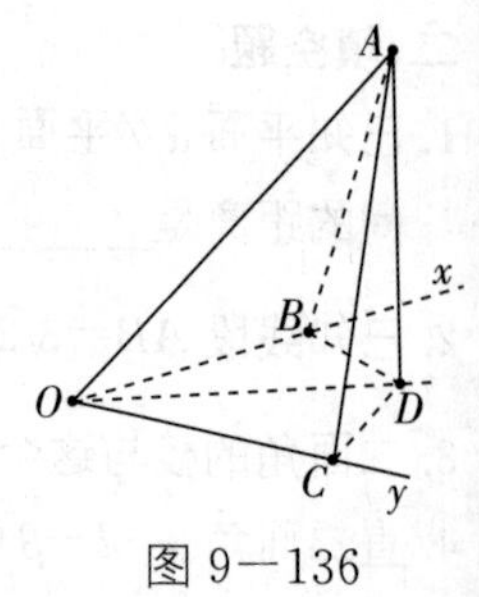

图 9－136

总结案之硕果累累

一、选择题

1. 下列条件中，可以确定一个平面的是(　　).

   A. 两条直线　　B. 相交于一点的两条直线

   C. 相交于同一点的三条直线　　D. 首尾相连的四条线段

2. 下列命题中错误的是(　　).

   A. 若线段 AB 在平面 α 内，则直线 AB 在平面 α 内

   B. 若点 A 在平面 α 内，点 A 又在直线 b 上，则直线 AB 在平面 α 内

   C. 若平面 α 与平面 β 相交于直线 m，点 A 在平面 α 内，点 A 在平面 β 内，则点 A 一定在直线 m 上

   D. 经过两两相交且不共点的三条直线，只能确定一个平面

3. 没有公共点的两条直线的位置关系是(　　).

   A. 平行　　B. 异面　　C. 异面或平行　　D. 相交或异面

4. 在正方体 $ABCD-A_1B_1C_1D_1$ 中，AD_1 与 A_1C_1 所成的角的度数是(　　).

   A. 30°　　B. 45°　　C. 60°　　D. 90°

5. 线段 AB 的长等于它在平面 α 上摄影的 $\sqrt{2}$ 倍，则 AB 所在的直线和平面 α 所成的角为(　　).

   A. 30°　　B. 45°　　C. 60°　　D. 0°

6. 点 P 是 $\triangle ABC$ 所在平面外一点，已知 P 到 $\triangle ABC$ 三边的距离相等，且 P 在平面 ABC 内的摄影 O 落在 $\triangle ABC$ 的外部，则 O 是 $\triangle ABC$ 的(　　).

   A. 外心　　B. 内心　　C. 垂心　　D. 重心

7. 下列命题中正确的是(　　).

   A. 两组对边分别相等的四边形一定是平行四边形

   B. 两组对边分别平行的四边形一定是平行四边形

   C. 不重合的两点确定一条直线，不重合的三点确定一个平面

   D. 可以无限延展的面就是平面

8. 在空间四边形 $ABCD$ 中，$AC\perp BD$，E、F、G、H 分别是 AB、BC、CD、DA 的中点，则四边形 $EFGH$ 为(　　).

   A. 平行四边形　　B. 矩形　　C. 正方形　　D. 菱形

9. 在正方体 $ABCD-A_1B_1C_1D_1$ 中，E、F 分别是线段 C_1D、BC 的中点，则直线 A_1B 与直线 EF 的位置关系是(　　).

A. 平行　　B. 异面　　C. 相交　　D. 垂直

10. 在长方体 $ABCD-A_1B_1C_1D_1$ 中，O 是 B_1D_1 的中点，直线 A_1C 交平面 AB_1D_1 于点 M，则下列结论中正确的是(　　).

A. A、M、O 三点共线　　B. A、M、O、A_1 不共面

C. A、M、O、C 不共面　　D. B、M、O、B_1 共面

11. 设 P 表示一个点，a、b 表示两条直线，α、β 表示两个平面，给出下列四个命题，其中正确的是(　　).

(1)$P\in a, P\in\alpha\Rightarrow a\subseteq\alpha$；　　(2)$a\cap b=P, b\subseteq\beta\Rightarrow a\subseteq\beta$；

(3)$a/\!/b, a\subseteq\alpha, P\in b\Rightarrow b\subseteq\alpha$；　　(4)$\alpha\cap\beta=b, P\in\alpha, P\in\beta\Rightarrow P\in b$.

A. (1)(2)　　B. (2)(3)　　C. (1)(4)　　D. (3)(4)

12. 给出下列命题：

(1)如果不同的直线 m、n 都平行于平面 β，则 m、n 一定不相交；

(2)如果不同的直线 m、n 都垂直于平面 β，则 m、n 一定平行；

(3)如果平面 α、β 互相平行，若直线 $m/\!/\alpha$，直线 $n/\!/\beta$，则 $n/\!/m$；

(4)如果平面 α、β 互相垂直，且直线 m、n 也互相垂直，若 $m\perp\alpha$，则 $n\perp\beta$.

其中，正确的有(　　)个.

A. 3　　B. 2　　C. 1　　D. 0

13. 经过直线 L 外一点向直线 L 上三个点分别作三条直线，则这三条直线(　　).

A. 必定在同一平面　　B. 必定不在同一平面

C. 可能在同一平面也可能不在同一平面　　D. 无法确定

14. 如果四条不共点的直线两两相交，那么这四条直线(　　).

A. 必定在同一平面　　B. 必定不在同一平面

C. 可能在同一平面也可能不在同一平面　　D. 无法确定

15. 已知 $PA\perp$ 正方形 $ABCD$ 所在的平面，则异面直线 BD 与 PC 所成角的大小为(　　).

A. 30°　　B. 45°　　C. 60°　　D. 90°

二、填空题

1. 已知 α、β 是两个不同平面，m、n 是平面 α 及平面 β 之外的两条不同直线，(1)$m\perp n$，(2)$\alpha\perp\beta$，(3)$m\perp\alpha$，(4)$\alpha\cap\beta=n$，(5)$m\subseteq\beta$，以其中四个论断作为条件，余下一个作为结论，写出你认为正确的一个命题：________________________.

2. 在正方体 $ABCD-A_1B_1C_1D_1$ 中，P、Q、R、S 分别是 C_1D_1、C_1C、A_1B_1、B_1B 的中点，则 PQ 与 RS 的关系是________.

3. 在空间四边形 $ABCD$ 中，M、N 分别是 AB 和 CD 的中点，$AD=BC=6$，$MN=3\sqrt{3}$，则 AD 与 BC 所成的角是________.

4. 设 a、b、c 是空间的三条直线，下面给出五个命题：

(1)若 $a/\!/b, b/\!/c$，则 $a/\!/c$；　　(2)若 $a\perp b, b\perp c$，则 $a/\!/c$；

(3)若 a 与 b 相交，c 与 b 相交，则 a 与 c 相交；　　(4)若 $a\subseteq\alpha, b\subseteq\beta$，则 a 与 b 一定异面；

(5)若 a、b 与 c 成角相等，则 $a/\!/b$.

上述命题中正确的命题是________(只填序号).

5. 在正方体 $ABCD-A_1B_1C_1D_1$ 中,异面直线 A_1C_1 与 B_1C 所成的角是________.

6. 垂直于同一平面的两条直线的位置关系是________.

7. 若平面 α 与平面 β 垂直,直线 $l\perp$平面 α,则直线 l 与平面 β 的位置关系为________.

8. 在棱长为 1 的正方体 $ABCD-A_1B_1C_1D$ 中,直线 A_1B 与平面 $ABCD$ 所成的角是________.

9. 点 P 为二面角 $\alpha-l-\beta$ 内的一点,过 P 作 $PA\perp\alpha$, $PB\perp\beta$,垂足分别是 A、B,若$\angle APB=80°$,则二面角 $\alpha-l-\beta$的度数为________.

10. 从 60°的二面角内一点,到二面角的两个面的垂线长都是 8 cm,则两垂足间的距离是________cm.

11. 在正方体 $ABCD-A_1B_1C_1D_1$ 中, 平面 A_1BCD_1 与平面 $A_1B_1C_1D_1$ 所成的二面角的大小是________.

12. 点 A 在锐二面角 $\alpha-MN-\beta$ 的棱 MN 上,在面 α 内引射线 AP,使 AP 与 MN 所成的$\angle PAM=45°$,与面 β 所成的角为 30°,则二面角 $\alpha-MN-\beta$ 的大小为________.

13. 已知棱形 $ABCD$ 的边长为 10,$\angle ABC=120°$,将这个菱形沿对角线 BD 折成 120°的二面角,则 A、C 两点的距离为________.

14. 在一个 45°的二面角的一个面内,有一条直线与二面角的棱成 45°,则此直线与二面角的另一个面所成的角为________.

15. 正方体 $ABCD-A_1B_1C_1D_1$ 的底面中心是 O,E 是 DD_1 的中点,则 AE 与 A_1O 所成的角是________.

三、解答题

1. 如图 9—137 所示,已知 E、F、G、H 分别是空间四边形的边 AB、BC、CD、DA 的中点,求证:四边形 $EFGH$ 是平行四边形.

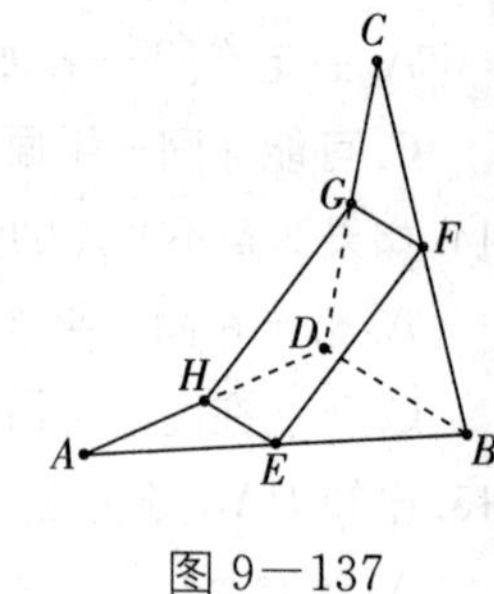

图 9—137

2. 如图 9—138 所示,在四棱锥 $P-ABCD$ 中,四边形 $ABCD$ 是平行四边形,点 M、N 分别是棱 AD、PC 的中点,求证:DN∥平面 PMB.

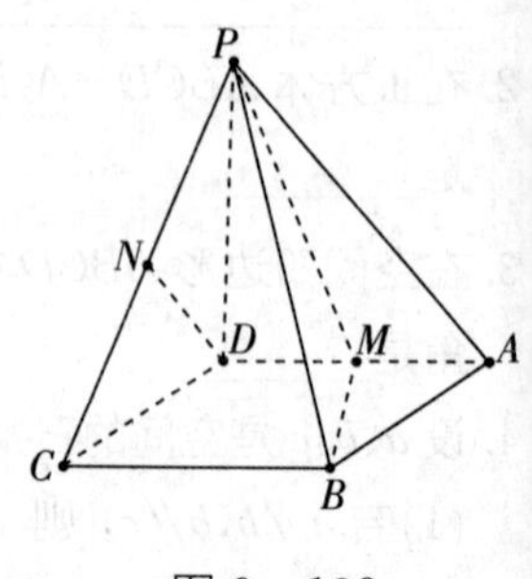

图 9—138

3. 如图 9—139 所示，$\triangle DBC$ 是边长为 2 的等边三角形，且 $AD\perp$ 平面 BCD，E 是 BC 的中点，

(1)求证：$BC\perp$ 平面 ADE；

(2)若平面 ABC 与平面 BCD 所成的角为 $60°$，求点 D 到平面 ABC 的距离.

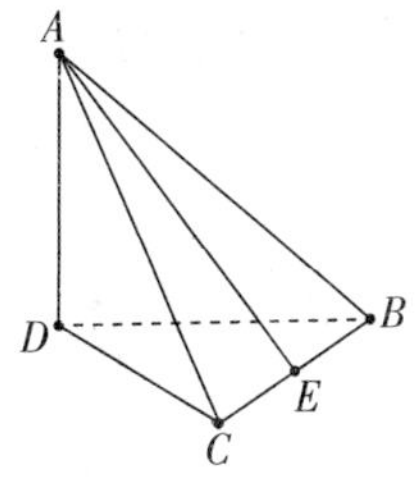

图 9—139

4. 如图 9—140 所示，已知长方体 $ABCD-A_1B_1C_1D_1$，底面是边长为 1 的正方形，高为 2，求：

(1)点 A 到直线 B_1C 的距离；

(2)二面角 $A-B_1C-B$ 的正切值.

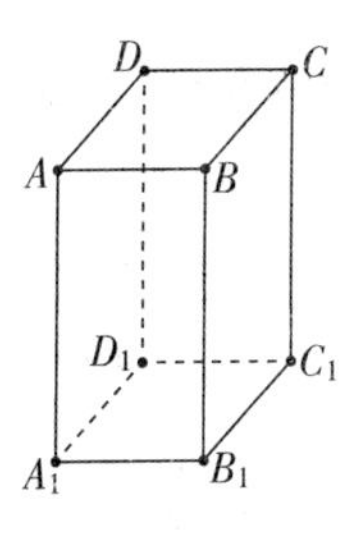

图 9—140

5. 如图 9—141 所示，$PA=PC$，$\angle APC=\angle ACB=90°$，$\angle BAC=30°$，平面 $PAC\perp$ 平面 PBC，

(1)求证：平面 $PAB\perp$ 平面 PBC；

(2)求二面角 $P-BC-A$ 的正切值.

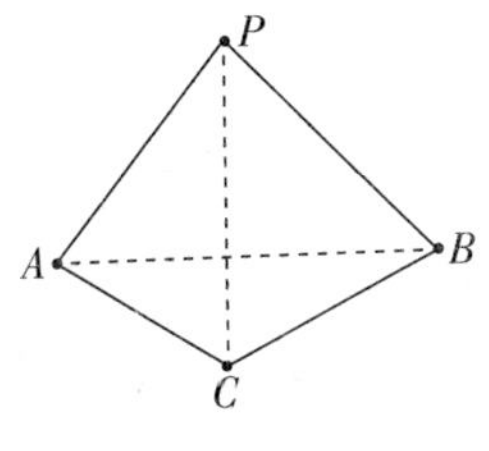

图 9—141

6. 如图 9－142 所示，已知四边形 $ABCD$ 是矩形，沿对角线 BD 将$\triangle BDC$ 折起，使点 C 在底面 DAB 内的射影 H 恰好落在 AB 边上.（即 $CH\perp$ 平面 ABD）

（1）求证：平面 $ABC\perp$ 平面 ACD；

（2）如果 $AD:AB=1:\sqrt{3}$，求二面角 $C-AD-B$ 的正弦值.

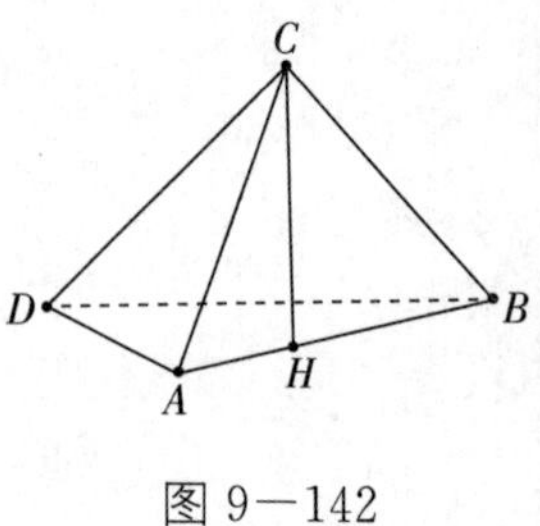

图 9－142

7. 如图 9－143 所示，已知正方形 $ABCD$ 所在的平面垂直于以 AB 为直径的半圆所在的平面，E 是半圆上一点，

（1）求证：平面 $ACE\perp$ 平面 BCE；

（2）若 $AE=BE$，求直线 BE 与平面 ACE 所成的角的正弦值.

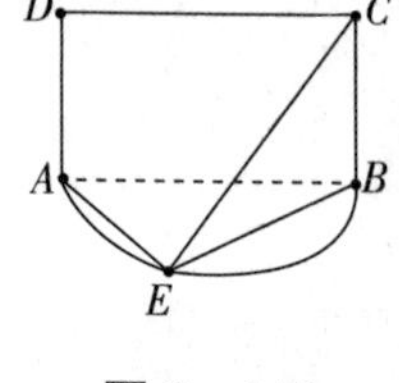

图 9－143

第 10 章　排列与组合、二项式定理、概率与统计

10.1　计数原理

预习案之一草一木

微预习

1. 理解分类计数原理和分步计数原理.
2. 会利用分类计数原理和分步计数原理解决一些简单的应用问题.

微作业

小调查:

从石家庄到北京的公共交通方式有哪些? 乘坐这些交通工具,同一天从石家庄到北京,分别有多少种方式?

探究案之一花独放

微探究

问题 1　由石家庄去上海可以乘火车,也可以乘汽车,还可以乘飞机. 如果一天之内火车有 10 个班次,汽车有 11 个班次,飞机有 6 个班次,那么每天由石家庄去上海有多少种不同的方法?

1. 分类计数原理.

(1)内容:

一般地,完成一件事,有 n 类方式,第 1 类方式有 k_1 种方法,第 2 类方式有 k_2 种方法,…,第 n 类方式有 k_n 种方法,那么完成这件事的方法共有________________________. 这种计数原理叫作分类计数原理.

(2)特点:

分类计数原理中,各类办法间相互独立,各类办法中的每种办法都能独立完成这件事.

问题 2　从唐华、张凤、薛贵 3 个候选人中,选出 2 个人分别担任班长和团支部书记,会有多少种选举结果呢?

2.分步计数原理.

(1)内容:

一般地,如果完成一件事,需要分成 n 个步骤,完成第1个步骤有 k_1 种方法,完成第2个步骤有 k_2 种方法,…,完成第 n 个步骤有 k_n 种方法,并且只有这 n 个步骤都完成后,这件事才能完成,那么完成这件事的方法共有____________________________.这种计数原理叫作分步计数原理.

(2)特点:

分步计数原理中,每一步都不能完成这件事,只有依次完成各步才能完成这件事.

微思考

1.使用分类计数原理的条件是什么?利用分类计数原理计数用什么运算?

2.使用分步计数原理的条件是什么?利用分步计数原理计数用什么运算?

3.分类计数原理、分步计数原理有什么区别和联系?

微实践

题型一　分类计数原理和分步计数原理的模型确定及求解

1.三个袋子里分别装有9个红色球,8个蓝色球和10个白色球.

(1)任取一个球,共有多少种取法?

(2)取出一个红色球和一个白色球,共有多少种取法?

2.邮政大厅有4个邮筒,现将3封信逐一投入邮筒,共有多少种投法?

题型二　分类计数原理与分步计数原理的综合应用

书架上层放有3种不同的小说,中层放有4种不同的科普书,下层放有2种不同的参考书.

(1)某人从书架上任取一本书,共有多少种不同的取法?

(2)某人从小说、科普、参考书中各取一本,共有多少种不同的取法?

(3)某人从三类书中,任取两类书各一本,共有多少种不同的取法?

练习案之一叶知秋

微练习

1. 一件工作可以用两种方法完成，有 5 人只会用第一种方法完成，另有 4 人只会用第二种方法完成，从中选出一人来完成这项工作，选法种数是________.

2. 某商城销售某种型号的洗衣机，其中本地产品有 4 种，外地产品有 7 种，要买 1 台这种型号的洗衣机，有________种选法.

3. 一项任务需分三道工序完成，现有 5 人做第一道工序，2 人做第二道工序，4 人做第三道工序，现从每道工序中各选 1 人来完成这项任务，共有________种选法.

4. 5 名男生和 10 名女生组成乒乓球混合双打代表队，可组成________个不同的队.

5. 有 3 个班的同学分别从 5 个风景点中选择一处游览，选法种数是________.

自测案之一树花开

微自测

一、选择题

1. 书架上下层分别放有 5 本不同的科技书和 4 本不同的文学书，从中选一本科技书和一本文学书，不同的选法有(　　)种.

A. 9　　B. 15　　C. 16　　D. 20

2. 从 A 地到 B 地要经过 C 地和 D 地，从 A 地到 C 地有 3 条路，从 C 地到 D 地有 2 条路，从 D 地到 B 地有 4 条路，则从 A 地到 B 地有(　　)种走法.

A. 9　　B. 1　　C. 24　　D. 3

3. 有 3 封信，任意投到 5 个信箱中，则不同的投法有(　　)种.

A. 729　　B. 125　　C. 15　　D. 27

4. 从 5 个学生中选出 2 人，其中一人担任班长，另一人担任团支书，则不同的选法有(　　)种.

A. 20　　B. 10　　C. 25　　D. 都不对

5. 从 1 到 9 这九个自然数中，取奇数做分母，偶数做分子，可以得到(　　)个不同的分数.

A. 9　　B. 8　　C. 20　　D. 24

二、填空题

1. 某学校财经 1 班有 8 名教师，10 位男同学，30 名女同学，从中任选教师代表和学生代表各一名，共有________种选法.

2. 要从甲、乙、丙 3 名工人中选出 2 名分别上日班和晚班，有________种选法.

3. 某商场有 6 个门，如果某人从其中的任意一个门进入商场，并且要求从其他的门出去，共有________种进出商场的方式.

4. 某行李箱拨号锁有 4 个拨号盘，每个拨号盘上有从 0 到 9 共 10 个数字，这 4 个拨号盘可以组成________个四位数号码.

5. 乘积 $(a_1+a_2+\cdots+a_m)(b_1+b_2+\cdots+b_n)$ 展开后，共有________项.

三、解答题

1. 如图 10—1 所示,从甲地到乙地有 2 条路,从乙地到丙地有 3 条路,从甲地到丁地有 4 条路,从丁地到丙地有 2 条路. 从甲地到丙地共有多少种走法?

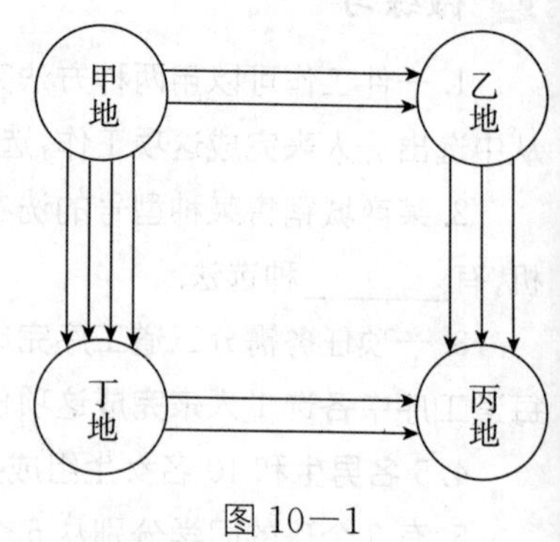

图 10—1

2. 现有高一学生 7 人,高二学生 10 人,高三学生 5 人,自发组织参加社会实践活动.

(1)选其中一人为总负责人,有多少种选法?

(2)每年级选一名组长,有多少种选法?

(3)从中推选两名来自不同年级的学生做一次活动的负责人,有多少种选法?

10.2 排列与组合

§10.2.1 排列及排列数的计算

预习案之一草一木

微预习

1. 了解排列、排列数的概念.
2. 理解排列数公式.
3. 能运用这些知识解决一些简单的排列问题.

微作业

小红、小丽、小云、小琴四位好朋友站成一排照相,请你为她们设计排队方式,你能设计出多少种方法?

探究案之一花独放

微探究

问题　在北京、重庆、上海 3 个民航站之间的直达航线，需要准备多少种不同的机票？

1. 排列的概念.

一般地，从 n 个不同元素中取出 $m(m\leqslant n)$ 个元素，按照一定的________排成一列，叫作从 n 个不同元素中取出 m 个元素的一个________. $m\leqslant n$ 时，叫作________排列，$m=n$ 时，叫作________排列.

例　写出从 4 个元素 a、b、c、d 中任取 2 个元素的所有排列.

说明：两个排列相同，不仅要求这两个排列的________完全相同，而且排列的________也要完全相同.

2. 排列数的概念.

从 n 个不同元素中，取出 $m(m\leqslant n)$ 个元素的所有排列的个数，叫作从 n 个不同元素中取出 m 个元素的________，用符号________表示.

思考：排列和排列数是不是同一个概念？

3. 排列数公式.

从 n 个不同元素中取出 $m(m\leqslant n)$ 个元素的排列数 P_n^m，可以这样考虑：

假定有顺序排列的 m 个空位(见图 10—2)：

第 1 位	第 2 位	第 3 位	…	第 m 位

图 10—2

第一步，从 n 个元素中任选 1 个元素，填在第 1 个空位，有________种方法；

第二步，从剩余的________个元素中任选 1 个元素，填在第 2 个空位，有________种方法；

第三步，从剩余的________个元素中任选 1 个元素，填在第 3 个空位，有________种方法；

…

第 m 步，从剩余的________个元素中任选 1 个元素，填在第 m 个空位，有________种方法.

根据________原理，填满空位的方法总数为________________________________.

由此得到，

(1) $\mathrm{P}_n^m=$________________________，其中 $n,m\in\mathbf{N}^*$，且 $m\leqslant n$.

(2) 当 $m=n$ 时，$\mathrm{P}_n^n=$________________________.

即 n 个不同元素全部取出的排列数，等于由 1 到 n 的正整数的连乘积，叫作 n 的______，记作______. 因此，$\mathrm{P}_n^n=$________________________.

规定：$0!=$________.

(3) 用阶乘表示排列数，公式为：$\mathrm{P}_n^m=$________________________.

微思考

排列问题具有什么特征？如何识别排列问题？

微实践

题型一　排列数的计算

利用排列数公式，计算下列各式的值：

(1) P_7^3；　　(2) P_4^4；　　(3) $P_5^3-2P_5^2$.

题型二　排列模型的确定及求解

1. 填空：

(1)在甲、乙、丙、丁 4 个候选人中，选出班长团支书各一人，共有________种选法.

(2)从 40 名学生中，选出 2 名学生，分别担任语文、数学课代表，共有________种选法.

(3)小华准备从 7 本世界名著中任选 3 本，分别送给甲、乙、丙 3 位同学，每人 1 本，共有________种选法.

2. 某信号塔用红、黄、蓝 3 种灯从上到下表示信号，每次可以任意显示 1 盏、2 盏或 3 盏，并且不同的顺序表示不同的信号，一共可以表示多少种不同的信号？

题型三　有限制条件的排列问题

1. 用 0 到 9 这 10 个数字，可以组成多少个没有重复数字的三位数？

2. 用 0 到 9 这 10 个数字，可以组成多少个没有重复数字的三位偶数？

练习案之一叶知秋

微练习

1. 计算：

(1) P_{10}^3；　　(2) P_6^4；　　(3) $P_4^1+P_4^2+P_4^3+P_4^4$.

2. 从 4 种蔬菜品种中选出 3 种，分别种植在不同土质的 3 块土地上进行试验，不同的种植方法有多少种？

3. 某年全国足球中超联赛共有 15 个队参加，每队都要与其他各队在主客场分别比赛一次，共进行多少场比赛？

4. 甲、乙、丙、丁 4 名同学站成一排照相,共有多少种排法?

5. 由 0、1、2、3 可组成多少个没有重复数字的四位数?

自测案之一树花开

微自测

一、选择题

1. $18\times17\times16\times\cdots\times9\times8=$(　　).

A. P_{18}^{8}　　B. P_{18}^{9}　　C. P_{18}^{10}　　D. P_{18}^{11}

2. 某段铁路有 5 个站,共需准备普通客票(　　)种.

A. 20　　B. 15　　C. 12　　D. 10

3. 甲、乙、丙、丁 4 名同学站成一排照相,甲只能站在两端的站法共有________种.

A. P_{4}^{4}　　B. P_{4}^{3}　　C. $2P_{4}^{3}$　　D. $2P_{3}^{3}$

4. 某火车站并排的 5 条轨道上停着 5 列火车,若动车 A 不能停在第一条轨道上,货车 B 不能停在第三条轨道上,则 5 列火车的停车方法有(　　)种.

A. 78　　B. 72　　C. 120　　D. 96

二、填空题

1. 若 $P_{n}^{2}=132$,则 $n=$________.

2. 元旦前夕,5 位好友中,每两位之间都互送 1 张贺卡,共送出________张贺卡.

3. 从 1、2、3、4、5 中任取两个不同的数相减,可得到________种不同的结果.

4. 由 1、2、3、4、5 可以组成________个没有重复数字并且能被 5 整除的四位数.

三、简答题

1. 7 位同学站成一排照相.

(1)甲必须站在中间,共有多少种不同的排法?

(2)甲、乙只能站在两端,共有多少种不同的排法?

(3)甲不站在排头、乙不站在排尾,共有多少种不同的排法?

2. 用数字 0、1、2、3、4 可组成多少个没有重复数字的五位偶数?

§ 10.2.2　组合及组合数的计算

预习案之一草一木

微预习

1. 了解组合、组合数的概念.
2. 理解组合数公式.
3. 正确认识排列与组合的区别与联系.
4. 能运用这些知识解决一些简单的组合问题.
5. 了解组合数的性质.

微作业

小红的父母安排周六、周日周边游，现有比较理想的 3 个旅游风景区：驼梁、五岳寨、天桂山. 父母让小红选择两个风景区去旅游，请你帮小红设计旅游方案.

(1)如果只选两个风景区，有多少种选法?

(2)如果周六安排一个风景区，周日安排一个风景区，有多少种方案?

探究案之一花独放

微探究

问题　在北京、重庆、上海 3 个民航站之间的直达航线，有多少种飞机票价?

1. 组合的概念

一般地，从 n 个不同元素中，任取 $m(m\leqslant n)$ 个不同元素，组成________，叫作从 n 个不同元素中取出 m 个不同元素的一个________.

2. 组合与排列的区别

辨析　判断下面的问题是排列问题还是组合问题:

(1)从 4 个风景点中选出 2 个景点游览，有多少种不同的方法?　(　　)

(2)从 4 个风景点中选出 2 个，安排上午一个景点、下午一个景点进行游览，有多少种不同的方法?　(　　)

(3)从 1、3、5、9 中任取两个数相加，可以得到多少个不同的和?　(　　)

(4)从 1、3、5、9 中任取两个数相减，可以得到多少个不同的差?　(　　)

(5)10 位同学毕业后互相通了一次信，一共写了多少封信?　(　　)

(6)10 位同学毕业聚会，互相握了一次手，共握了多少次手?　(　　)

总结　从 n 个不同元素中取 $m(m\leqslant n)$ 个元素一个组合，与 m 个元素的排列顺序________，而从 n 个不同元素中取 $m(m\leqslant n)$ 个元素组成一个排列，与 m 个元素的排列顺序________.

3. 组合数的概念.

一般地，从 n 个不同元素中取 $m(m\leqslant n)$ 个不同元素的所有组合的个数，叫作从 n 个不同元素中取出 m 个不同元素的________，用符号________表示.

思考：组合与组合数是不是同一个概念?

4.组合数公式.

(1)探究 C_4^3 与 P_4^3 之间的关系.

从 4 个不同元素中取出 3 个不同元素的一个排列,可以按如下方式进行:

组合		排列
abc	→	abc,bac,cab,acb,bca,cba
abd	→	abd,bad,dab,adb,bda,dba
acd	→	acd,cad,dac,adc,cda,dca
bcd	→	bcd,cbd,dbc,bdc,cdb,dcb

由此可知,从 4 个不同元素中取出 3 个不同元素的一个排列,可以分两步完成:

第一步,从 4 个不同元素中取 3 个元素组成一组,有________种取法;

第二步,对每一组中的 3 个不同元素进行全排列,有________种排法.

根据分步计数原理,得 $P_4^3=$________,所以 $C_4^3=$________.

(2)推导组合数公式.

求从 n 个不同元素中取出 m 个元素的排列数,可以分两步完成:

第一步,先求从 n 个不同元素中取出 m 个元素的组合数________;

第二步,求每一个组合中 m 个元素的全排列数________.

根据分布计数原理,得:$P_n^m=$________,从而 $C_n^m=$________.

(3)组合数公式的各种形式.

$C_n^m=$________$=$________$=$________,其中 $n,m\in\mathbf{N}^*$,且 $m\leqslant n$.

特别地,$C_n^n=$________,$C_n^0=$________.

5.组合数的性质.

探究　思考下面两个问题,并计算方法数:

(1)从 5 名学生中任选 2 名学生参加某项活动,共有多少种选法?

(2)从 5 名学生中任选 3 名学生参加某项活动,共有多少种选法?

思考:这两个问题求得的方法数有什么关系?由此你能得出什么结论?

性质 1:________________________________.

探究　某班有 40 名学生.

(1)任选 5 名学生参加某项活动,共有多少种选法?

(2)选 5 名学生参加某项活动,甲必须参加,共有多少种选法?

(3)选 5 名学生参加某项活动,甲不能参加,共有多少种选法?

思考:(1)与(2)、(3)的方法数有什么关系?由此你能得出什么结论?

性质 2:________________________________.

微思考

请举出生活中的实例,验证组合数的两个性质.

微实践

题型一　组合数的计算

计算 C_7^4、C_4^4 和 C_5^0.

题型二　组合模型的确定及求解

1. 圆周上有10个点,以任意3点为顶点画圆内接三角形,一共可以画多少个?
2. 从3、5、7、11四个质数中任取两个数相乘,可以得到多少个不相等的积?
3. 有4本不同的书,一个人去借,有多少种借法?

题型三　组合数性质的应用

计算:(1) C_{200}^{198};　　(2) $C_{99}^{96}+C_{99}^{97}$.

练习案之一叶知秋

微练习

1. 计算:

(1)C_5^2;　(2)C_{10}^3;　(3)C_6^4;　(4)C_7^7;　(5)C_{10}^0.

2. 平面内有10个点,以其中每2点为端点作线段,一共可以作多少条?

3. 6位朋友聚会,每两人握手一次,这次聚会他们一共握手多少次?

4. 学校开设了6门选修课,要求每位学生从中任选3门选修,求每位学生的选法数.

5. 某校5位教师同时被邀请参加一项活动,必须有教师去,去几位自行决定,共有多少种去法?

6. 计算：

(1) C_{100}^{97}；

(2) $C_{100}^{89}-C_{99}^{89}$.

自测案之一树花开

微自测

一、选择题

1. 已知 $C_n^2=10$，则 n 的值为(　　).

A. 10　　B. 5　　C. 3　　D. 2

2. 方程 $C_{12}^{x-2}=C_{12}^{2x-4}$ 的解集为(　　).

A. $\{2\}$　　B. $\{6\}$　　C. $\{2,6\}$　　D. $\varnothing$

3. 从 5 位同学中选出 4 位参加某项活动，不同的选派方法有(　　)种.

A. P_5^4　　B. C_5^4　　C. 36　　D. 12

4. 10 个人分成两队进行篮球比赛，每队 5 个人，不同分法有(　　)种.

A. $\frac{1}{2}C_{10}^5$　　B. C_{10}^5　　C. $2C_{10}^5$　　D. P_{10}^5

二、填空题

1. $C_{49}^{47}+C_{49}^{48}-C_{50}^{2}=$________.

2. 某铁路线上有 5 个车站，需制定________种票价.

3. 某小组有 6 名同学，假期互通电话一次，共需打________次电话.

4. 从 1、2、3、…、50 这 50 个数中，选出 2 个数相加，和为偶数的选法有________种.

三、简答题

1. 从 12 人中选出 5 人参加某项活动.

(1)甲、乙、丙 3 人必须参加，有多少种选法?

(2)甲必须参加，乙、丙不能参加，有多少种选法?

2. 一个口袋内装有大小相同的 7 个白球和 1 个黑球.

(1)从口袋内任取 3 个球，共有多少种取法?

(2)从口袋内取出 3 个球，包含黑球的取法有多少种?

(3)从口袋内取出 3 个球，不含黑球的取法有多少种?

§10.2.3　排列与组合的应用举例

预习案之一草一木

微预习

1. 能熟练判断排列问题和组合问题.
2. 深化理解分类计数原理和分步计数原理的实质.
3. 能综合应用两个原理和排列组合知识解决一些较复杂的应用问题.

微作业

小红的三胞胎弟弟满一周岁了，爸爸妈妈想拍一张全家福照片，小红和爸爸妈妈各抱一个弟弟照相，小红站在爸爸、妈妈中间，请你为小红家设计一张照相的排列方式，并思考一共可设计出多少种排法.

探究案之一花独放

微探究

1. 计数的原理和方法有________、________、________和________.

2. 分类计数原理和分步计数原理的共同点是________________________________；不同点是________________________________.

3. 排列与组合的共同点是________________；不同点是________________.

4. $P_n^m=$ ____________ $=$ ____________；

$C_n^m=$ ____________ $=$ ____________________ $=$ ____________.

微思考

1. 举实例说明分类计数原理和分步计数原理的区别与联系.

2. 举实例说明排列和组合的区别与联系.

3. 求解完成一件事的方法数的总体思路是什么?

微实践

题型一　排列、组合问题的确定与求解

从 5 名学生中，选出 2 名学生.

(1)去参加一个调查会，有多少种选法?

(2)担任两项不同的工作，有多少种选法?

题型二　“恰有一件”、“至少有一件”与“至多有一件”的组合问题

100 件产品中有 2 件次品，从中任意抽取 3 件产品进行检查. 问：

(1)一共有多少种抽取方法？

(2)抽取的 3 件产品中，恰有一件是次品的不同抽取方法有多少种？

(3)抽取的 3 件产品中，至少有一件是次品的不同抽取方法有多少种？

(4)抽取的 3 件产品中，至多有一件是次品的不同抽取方法有多少种？

题型三　“相邻”与“不相邻”的排列问题

有 7 名学生，4 名女生，3 名男生，站成一排照集体相，在下列情况下各有多少种排法？

(1)甲、乙必须相邻；

(2)男生与男生站在一起，女生与女生站在一起；

(3)甲、乙互不相邻；

(4)男女相间排列.

题型四　先组合后分配问题

从 6 名男生和 5 名女生中选出 3 名男生和 2 名女生分别到 5 个公司去实习，有多少种分配方法？

题型五　“重复”与“不重复”问题

某城市的电话号码是从 0、1、2、3、4、5、6、7、8、9 中取 8 个数字组成(允许数字重复)，但 0 和 1 不能作为电话号码的首位数. 问：该城市最多可以装多少部电话？

练习案之一叶知秋

微练习

1. 平面内有 8 个点.

(1)以其中每两个点为端点的线段共有多少条？

(2)以其中每两个点为端点的有向线段共有多少条？

2. 袋中共有 10 个不同颜色的球，其中白色球有 8 个，红色球有 2 个. 从中任意取出 3 个球.

(1) 取出的 3 个球全部是白球的方法共有多少种?

(2) 取出的 3 个球中恰好有 1 个是红球的方法共有多少种?

(3) 取出的 3 个球中至少有 1 个是红球的方法共有多少种?

(4) 取出的 3 个球中至多有 1 个是红球的方法共有多少种?

3. 4 名学生和 3 名教师站成一排照相，在下列情况下各有多少种排法?

(1) 任何两名教师都不相邻;

(2) 师生相间排列;

(3) 甲、乙学生必须站在一起.

4. 从 8 本不同的文艺书，2 本不同的科技书中，任选 5 本，送给 5 位同学，共有多少种选法?

5. 一种密码锁的密码由 0、1、2、…、9 这 10 个数字中的 4 个数字组成(允许重复)，可以组成多少个密码?

自测案之一树花开

微自测

一、选择题

1. 有 6 本不同的杂志，某同学要借 2 本，共有(　　)种借法.

A. 12　　B. 15　　C. 20　　D. 32

2. 3 名女生和 2 名男生排成一排，男女相间的排法共有(　　)种.

A. 120　　B. 60　　C. 24　　D. 12

3. 由 1、2、3、4、5 可以组成(　　)个没有重复数字的三位数.

A. 20　　B. 36　　C. 48　　D. 60

4. 100 件产品中有 3 件是次品，从中任意抽取 5 件，至少有一件次品的抽法有(　　).

A. $C_3^1C_{97}^4$ 种

B. $C_3^2C_{97}^3$ 种

C. $(C_{100}^5-C_{97}^5)$ 种

D. $(C_{100}^5-C_3^1C_{97}^4)$ 种

二、填空题

1. 从 10 名学生中选出 2 名分别参加会计实务和会计信息化技能大赛，有________种选派方法.

2. 用 0、1、2、3、4、5 可组成________个三位数.

3. 从 1、3、5、7、9 中任取 3 个数字，从 2、4、6、8 中任取 2 个数字，一共可组成________个没有重复数字的五位数.

4. 3 名医生和 6 名护士被分配到 3 个村进行义诊，每个村分配 1 名医生和 2 名护士，不同的分配方法共有________种.

三、解答题

1. 有 5 名男生和 4 名女生，从中选出 4 人参加知识竞赛，求下列情况的选法数：

(1)男生、女生各两人；

(2)男生甲和女生乙必须参加；

(3)4 人中至少有一名女生；

(4)4 人中至多有一名女生.

2. 要排一个包含 5 个独唱和 3 个舞蹈的节目单.

(1)独唱节目 A 必须排第一个，舞蹈节目 B 必须排最后一个，有多少种排法?

(2)3 个舞蹈互不相邻的排法有多少种?

(3)独唱节目 A 与独唱节目 C 必须相邻，且 3 个舞蹈互不相邻的排法有多少种?

10.3 二项式定理

预习案之一草一木

微预习

1. 能从特殊到一般理解二项式定理.
2. 能正确区分“项”“项的系数”“项的二项式系数”等概念.
3. 掌握二项式定理的公式特征并能简单应用.

微作业

根据“杨辉三角”完成表 10—1 的填空:

表 10—1

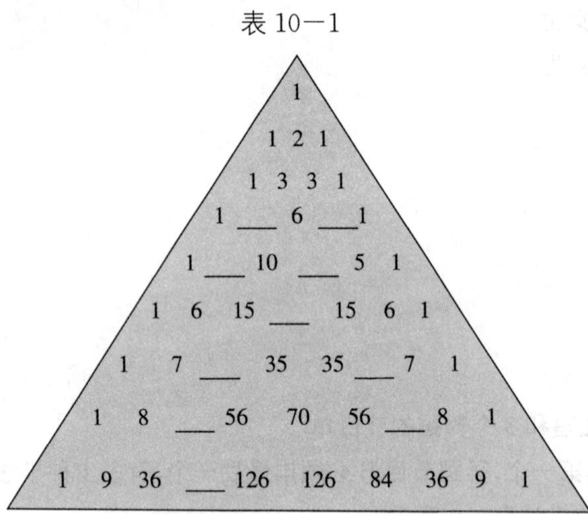

探究案之一花独放

微探究

问题　我们知道$(a+b)^2=a^2+2ab+b^2$,那么$(a+b)^3$、$(a+b)^4$、$(a+b)^n$ 的展开式分别是什么呢?

探究一:观察$(a+b)^3$ 的展开式,思考下列问题:

(1)展开式有几项?

(2)展开式的每一项是怎样构成的?

(3)展开式的系数与组合数有什么关系?

提示:把$(a+b)^3$ 写成$(a+b)(a+b)(a+b)$,展开式的每一项可按如下形成:

(1)$(a+b)^3$ 的展开式第一项 a^3 即 $a\times a\times a$,这三个 a 分别来自$(a+b)(a+b)(a+b)$中的三个括号,有________种选法.

(2)展开式第二项 $3a^2b$ 中的 b 可以从$(a+b)(a+b)(a+b)$三个括号中的任何一个括号选择,有______

种选法;$3a^2b$ 中 b 确定后,a 只能从剩余两个括号中选择.

(3)展开式第三项 $3a^2b$ 中的 b 可以从 $(a+b)(a+b)(a+b)$ 三个括号中的两个括号选择,有______种选法; $3ab^2$ 中 b 确定后,a 只能从剩下的一个括号选择.

(4)展开式最后一项 b^3 即 $b\times b\times b$,这三个 b 分别来自 $(a+b)(a+b)(a+b)$ 中的三个括号,有______种选法.

所以,$(a+b)^3=$______________(系数用组合数表示).

探究二:仿照以上方法从组合数角度写出 $(a+b)^4$ 的展开式及 $(a+b)^5$ 的展开式.

$(a+b)^4=$__________;$(a+b)^5=$__________.

猜想:$(a+b)^n=$______________________________.

1. 二项式定理.

设 a、b 是任意实数,n 是任意给定的正整数,则

$(a+b)^n=$______________________.

该公式右边的多项式叫 $(a+b)^n$ 的二项展开式,共有________项,其中每一项的系数________叫作该项的二项式系数,第 $m+1$ 项________叫作二项展开式的通项,记作________,即 $T_{m+1}=$________.

思考:(1)每一项中,字母 a、b 的指数有什么共同特点?

(2)每一项中,字母 a、b 的指数有什么变化趋势?

(3)如何确定各项的系数?

2. 二项式系数的性质.

由二项式定理,各二项式系数如表 10—1 所示:

$(a+b)^1$					1		1				
$(a+b)^2$				1		2		1			
$(a+b)^3$			1		3		3		1		
$(a+b)^4$		1		4		6		4		1	
$(a+b)^5$	1		5		10		10		5		1

“杨辉三角”是我国宋朝时期数学家杨辉于 1261 年所著《详解九张算法》中列出的表.

可以看出二项式系数具有下列性质:

(1)每一行的两端都是________,其余每个数都是它“肩上”两个数的________;

(2)每一行中与首末两端“等距离”的两个数________;

(3)如果二项式 $(a+b)^n$ 的幂指数 n 是偶数,那么它的展开式中________的二项式系数最大;如果 n 是奇数,那么二项展开式________的二项式系数最大并且________.

微思考

二项展开式中,某项的二项式系数与这一项的系数有什么区别和联系?举例说明.

微实践

题型一　求二项展开式

1. 写出$(a+b)^6$ 的展开式.

2. 写出$\left(2+\frac{1}{x}\right)^4$ 的展开式.

题型二　求特定项的系数或二项式系数

求$(x-2)^9$ 的二项展开式中 x^6 的系数及该项的二项式系数.

题型三　求特定项

求$\left(\sqrt{x}+\frac{1}{\sqrt{x}}\right)^{10}$ 的二项展开式的常数项和第 3 项.

练习案之一叶知秋

微练习

1. 求下列各式的展开式:

(1)$(1+x)^8$;　　(2)$\left(x-\frac{1}{x}\right)^6$;　　(3)$(2a+b)^5$;　　(4)$\left(\frac{\sqrt{x}}{2}-\frac{2}{\sqrt{x}}\right)^4$.

2. 求$(a+3b)^7$ 的展开式的第 4 项及含有 a^2b^5 的项.

3. 求$(x-2y)^{10}$的展开式中二项式系数最大的项,并指出这项的二项式系数.

自测案之一树花开

微自测

一、选择题

1. $(x-1)^{10}$的展开式的第6项的系数是(　　).

A. C_{10}^{6}　　B. $-C_{10}^{6}$　　C. C_{10}^{5}　　D. $-C_{10}^{5}$

2. 在$(x-\sqrt{3})^{10}$的展开式中,x^6的系数为(　　).

A. $-27C_{10}^{6}$　　B. $27C_{10}^{6}$　　C. $-9C_{10}^{6}$　　D. $9C_{10}^{4}$

3. $(2+x)^8$的展开式中二项式系数最大的项是(　　).

A. 第5项　　B. 第5、6项　　C. 第6、7项　　D. 第7、8项

4. 在$\left(x-\dfrac{2}{\sqrt{x}}\right)^n$的展开式中第9项为常数项,则$n$的值为(　　).

A. 12　　B. 11　　C. 10　　D. 13

5. $(x+1)^9$的展开式中系数最大的项是(　　).

A. $126x^4$　　B. $126x^5$

C. $126x^4$和$126x^5$　　D. $126x^5$和$126x^6$

二、填空题

1. $\left(2x-\dfrac{1}{x}\right)^9$的展开式中第3项为________.

2. $\left(x^2-\dfrac{1}{2x}\right)^9$的展开式中$x^9$的系数是________.

3. $\left(x-\dfrac{1}{\sqrt[3]{x}}\right)^{12}$的展开式中常数项为________.

4. $(x+a)^5$的展开式中第5项为$125x$,则$a=$________.

5. 已知$(1-2x)^9=a_0+a_1x+a_2x^2+\cdots+a_9x^9$,则$a_0+a_1+a_2+\cdots+a_9=$________.

三、简答题

1. 在$\left(x-\dfrac{\sqrt{2}}{x}\right)^9$的展开式中,求:

(1)二项式系数最大的项;

(2)该项的二项式系数和该项的系数.

2. 求$\left(2\sqrt{x}-\frac{1}{\sqrt{x}}\right)^{6}$的展开式中含$x^{-2}$的项.

10.4 随机事件及其概率

预习案之一草一木

微预习

1. 了解随机事件、必然事件、不可能事件的概念.
2. 了解基本事件、复合事件的概念.
3. 通过抛硬币试验了解随机事件的发生在大量重复试验下,呈现规律性,进一步理解频率的稳定性.
4. 理解概率的含义,知道概率与频率的区别与联系.
5. 会利用事件发生的频率估计事件发生的概率.

微作业

《重要的艺术》一书的作者是意大利医生兼数学家卡当,据说他曾进行赌博,并研究不输的方法,这也是概率论的萌芽.卡当曾参加这样一种赌法:掷两颗骰子,以每个骰子朝上一面的点数之和作为赌注.已知骰子每个面的点数为1到6点,问:卡当把赌注下在多少点最有利?

探究案之一花独放

微探究

问题1　观察下列现象,它们的结果有什么特征?

(1)掷一颗骰子,出现的点数是6.

(2)两个人买彩票,他们都中奖了.

(3)在一天中的某一时刻,测试某个人的体温为36.8℃.

(4)定点投篮球,第一次就投中篮筐.

(5)在标准大气压下,将水加热到100℃时,水沸腾.

(6)煮熟的鸭子,跑了.

1. 随机现象、确定性现象和随机试验.

在相同的条件下,具有________可能的结果,而事先________确定会出现哪种结果的现象叫作随机现象(偶然现象).在一定条件下,必然________或者必然________的现象叫作确定性现象.

我们通常使用试验和观察的方法来研究随机现象，这类试验和观察，叫作________.

2. 随机事件、必然事件和不可能事件.

试验的结果叫作________，简称________，常用英文大写字母 A、B、C 等表示. 在描述一个事件的时候，采用加________的方式.

在一定条件下，必然发生的事件叫作________，用________表示.

在一定条件下，不可能发生的事件叫作________，用________表示.

问题 2　任意抛掷一颗骰子，观察掷出的点数. 事件 $A=$｛点数是 1｝，$B=$｛点数是 2｝，$C=$｛点数不超过 2｝，事件 A、B、C 之间存在着什么联系呢？

3. 基本事件和复合事件.

在试验和观察中不能再分的最简单的随机事件，叫作________事件. 可以用基本事件来描绘的随机事件叫作________事件.

试验　反复抛掷一枚硬币，观察并记录抛掷的次数与硬币出现正面向上的次数.

4. 事件的频数、频率和概率.

设在 n 次重复试验中，事件 A 发生了 m 次$(0\leqslant m\leqslant n)$，________叫作事件 A 发生的频数. 事件 A 的频数在试验的总次数中所占的比例________，叫作事件 A 发生的频率.

一般地，当试验次数充分大时，如果事件 A 发生的频率$\dfrac{m}{n}$总稳定在某个________附近摆动，那么把这个________叫作事件 A 发生的概率，记作________.

5. 事件概率的性质.

(1) 对于必然事件 Ω，$P(\Omega)=$________；

(2) 对于不可能事件 $\varnothing$，$P(\varnothing)=$________；

(3) ________$\leqslant P(A)\leqslant$________.

微思考

事件的频率和概率有什么区别和联系？举例说明.

微实践

题型一　随机事件、必然事件和不可能事件的判断

设在 100 件商品中有 3 件次品. $A=$｛随机抽取 1 件是次品｝；$B=$｛随机抽取 4 件都是次品｝；$C=$｛随机抽取 10 件有正品｝. 指出其中的必然事件及不可能事件.

题型二　基本事件、复合事件的判断

掷一颗骰子，观察掷出的点数，指出下列事件中的基本事件和复合事件：

(1) $A=$｛点数是 1｝；　　(2) $B=$｛点数是 3｝；

(3) $C=$｛点数是 5｝；　　(4) $D=$｛点数是奇数｝.

题型三　求事件的频率和概率

连续抽检了某车间一周内的产品，结果如表 10－2 所示(精确到 0.001)：

求：(1)星期五该厂生产的产品是次品的频率为多少?

(2) 本周内，该厂生产的产品是次品的概率为多少?

表 10－2

星期	星期一	星期二	星期三	星期四	星期五	星期六	星期日
生产产品总数(n)	60	150	600	900	1 200	1 800	2 400
次品数(m)	7	19	52	100	109	169	248
频率$\left(\frac{m}{n}\right)$	0.117	0.127	0.087	0.111		0.094	0.103

练习案之一叶知秋

微练习

1. 指出下列事件中的必然事件与不可能事件：

(1)设在 100 件商品中有 3 件次品，随机取 4 件都是次品；

(2)在标准大气压下，水加热到 100℃沸腾；

(3)从分别标有 1、2、3、4、5、6 的六张号签中任取 1 张，得到 4 号签；

(4)掷一枚骰子得到的点数为 7；

(5)木柴燃烧，产生能量；

(6)掷一枚硬币，出现正面.

2. 从 0、1、2 三个数中，任选 2 个数组成集合，写出所有基本事件.

3. 宋晓峰在同一条件下进行投篮练习，结果如表 10－3 所示.

表 10－3

投篮次数(n)	10	12	15	20	30	40	50
进球次数(m)	8	9	12	17	25	32	39
进球频率$\left(\frac{m}{n}\right)$							

(1)计算表 10—3 中进球的频率(精确到 0.01);

(2)宋晓峰投篮一次,进球的概率约是多少?

(3)若宋晓峰进球的概率是 0.9,那么他投 10 次篮一定能投中 9 次吗?

自测案之一树花开

微自测

一、选择题

1. 某家庭有两个孩子,所有可能的基本事件为(　　).

A. (男,男)(女,女)

B. (男,男)(女,女)(男,女)

C. (男,女)(女,男)

D. (男,男)(女,女)(男,女) (女,男)

2. 下列叙述中,事件的概率是 0.5 的是(　　).

A. 某地在 10 天内下雨 5 天,某地每天下雨的概率

B. 抛掷一枚骰子 8 次,其中数字 5 朝上出现了 4 次,抛掷一枚骰子数字 5 朝上的概率

C. 某人买了 2 张彩票,其中一张中一等奖,那么购买一张彩票中一等奖的概率

D. 进行 10 000 次抛掷硬币试验,出现 5 001 次正面向上,那么抛掷一枚硬币正面向上的概率

3. 下列说法中正确的是(　　).

A. 任一事件的概率总在(0,1)内

B. 不可能事件的概率不一定为 0

C. 必然事件的概率一定为 1

D. 以上均不对

4. 总数为 10 万张的彩票,中奖率是$\frac{1}{1\ 000}$,下列说法中正确的是(　　).

A. 买 1 张一定不中奖

B. 买 1 000 张一定中奖

C. 买 2 000 张一定中奖

D. 买 2 000 张不一定中奖

二、填空题

1. "将一枚硬币向上抛掷 10 次,其中正面向上恰有 5 次"是________事件.

2. 一个口袋中装有 2 个红球,8 个黄球,共 10 个球. "从中取 3 个球,全是红球"是________事件;"从中取 3 个球,全是黄球"是________事件;"从中取 3 个球,至少有一个是黄球"是________事件.

三、简答题

1. 某市工商局要了解经营人员对工商执法人员的满意程度,进行了 5 次问卷调查,结果如表 10—4 所示.

表 10—4

被调查人数(n)	500	502	504	496	505
满意人数(m)	375	376	378	372	404
满意频率$\left(\frac{m}{n}\right)$					

(1)计算表中的各个频率;

(2)经营人员对工商局执法人员满意的概率 $P(A)$ 约是多少?

2. 某网站对新上线的杀毒软件进行 5 次网络调查,结果如表 10—5 所示.

表 10—5

被调查人数(n)	1 000	1 000	1 000	1 000	1 000
下载人数(m)	90	82	89	92	91
下载频率$\left(\frac{m}{n}\right)$					

(1)计算表 10—5 中的各下载频率;

(2)请你根据网络调查估计该杀毒软件的下载概率是多少.

10.5 古典概型

预习案之一草一木

微预习

1. 理解古典概型及其概率计算公式.
2. 理解互斥事件的概念及概率加法公式.
3. 理解对立事件的概念及利用对立事件求概率的方法.

微作业

某公司有 300 名员工,2018 年公司年会上举行砸金蛋活动,100%有奖.其中,一等奖 20 名,奖品为手机一部;二等奖 50 名,奖品为全自动洗衣机一台;三等奖 80 名,奖品为电饭煲一台;其余均为纪念奖,奖品为电热水壶一个.小王有幸砸中手机一部,问:小王砸中手机的概率是多少?

探究案之一花独放

微探究

试验1　裁好10个同样大小的正方形纸片，分别写上数字0、1、2、3、4、5、6、7、8、9. 并将它们团成小纸团. 放在容器中，充分搅拌. 然后取出一个纸团，观察所得的数字.

试验2　抛掷一枚质地均匀的骰子，分别记录“1点”、“2点”、“3点”、“4点”、“5点”和“6点”的次数.

思考：上述两个试验分别包含多少个基本事件？两个试验中，每个基本事件发生的概率有什么共同特点？

1. 古典概型及概率计算公式.

如果一个随机试验的基本事件只有________个，并且各个基本事件发生的可能性________，那么这个随机试验属于古典概型. 其特点可概括为：“结果有限，机会均等.”

问题1　(1)试验1中，事件“抽到的数字不超过5”的概率是多少？

(2)试验2中，事件“出现偶数点”的概率是多少？

总结　设试验共有n个基本事件，并且每一个基本事件发生的可能性都相同，事件A包含m个基本事件，那么事件A发生的概率为$P(A)=$________.

2. 互斥事件及概率加法公式.

问题2　抛掷一颗骰子，观察掷出的点数. 设$A=\{$出现偶数点$\}$，$B=\{$点数为3$\}$，事件A与事件B能同时发生吗？若$C=\{$出现3点或偶数点$\}$，则事件C的发生与事件A、B的发生有什么关系？

定义：________________________的两个事件叫作互斥(或互不相容)事件.

事件C发生，就意味着事件A与事件B中________发生，这时把事件C叫作事件A与事件B的和事件，记作$C=A\cup B$.

一般地，对于互斥事件A和B，有$P(A\cup B)=$________________________. 这叫作互斥事件的概率加法公式.

说明：(1)概率加法公式只适用于互斥事件.

(2)概率加法公式可以推广到多个两两互斥事件. 例如，对于两两互斥的事件A、B、C，有$P(A\cup B\cup C)=P(A)+P(B)+P(C)$. 其中事件$A\cup B\cup C$意味着事件$A$、$B$、$C$中至少有一个发生.

3. 对立事件.

问题3　抛掷一枚硬币，观察出现正面还是反面. 设$A=\{$正面$\}$，$B=\{$反面$\}$，则事件A、B之间有什么关系？设事件$C=A\cup B$，请描述事件C，并说出事件C的属性(随机事件、必然事件还是不可能事件).

定义：若A与B________，并且$A\cup B$为________事件，此时称事件A与事件B互为对立事件. A的对立事件一般记作________，$P(A)=1-$________.

微思考

对立事件是互斥事件吗？对立事件与互斥事件有什么区别与联系？

微实践

题型一　古典概型的确定及其概率的求法

从1、2、3三个数中任意抽取两个数，求两个数都是奇数的概率.

题型二　求互斥事件的和事件的概率

1. 抛掷一颗骰子,观察掷出的点数. 求 $C=\{$点数为奇数或 2$\}$的概率.

2. 冰箱里放了形状相同的 3 罐可乐、2 罐橙汁和 4 罐冰茶,小明从中任意取出 1 罐饮用. 设事件 $C=\{$取出可乐或橙汁$\}$,求 $P(C)$.

题型三　求较复杂互斥事件的和事件的概率(可利用对立事件求概率)

袋中有 6 个红色球、3 个黄色球、4 个黑色球、5 个绿色球,现从袋中任取一个球. 求取到的球不是绿色球的概率.

练习案之一叶知秋

微练习

1. 抛掷一枚均匀的骰子,观察掷出的点数. 求下列事件的概率:

(1)出现 6 点;

(2)出现奇数点;

(3)出现 0 点;

(4)点数大于 2.

2. 从 1、2、3、4、5、6、7、8、9 这九个自然数中任选一个,求选中的数是 3 的倍数的概率.

3. 10 件产品中有 2 件次品,从中任意抽取 3 件产品进行检查. 求抽到的 3 件产品中,至少有一件是次品的事件的概率.

自测案之一树花开

微自测

一、选择题

1. 下列试验中是古典概型的是(　　).

A. 在适宜的条件下,种下一粒种子,观察它是否发芽

B. 口袋里有 3 个红球和 2 个白球,它们除颜色外完全相同,从中任取一球

C. 某同学投篮 10 次,投中 6 次

D. 射击运动员进行打靶射击,观察击中的环数

2. 抛掷一枚骰子,点数不小于 4 的概率是(　　).

A. $\frac{1}{2}$　　B. $\frac{1}{3}$　　C. $\frac{1}{4}$　　D. $\frac{1}{6}$

3. 抛掷两枚骰子所得点数之和是 9 的概率为(　　).

A. $\frac{1}{4}$　　B. $\frac{1}{6}$　　C. $\frac{1}{9}$　　D. $\frac{1}{12}$

4. 在掷一颗骰子的试验中,事件 M 和事件 N 是互斥事件的选项是(　　).

A. $M=\{1\}, N=\{1,3,5\}$　　B. $M=\{1\}, N=\{2,4,6\}$

C. $M=\{1,3\}, N=\{1,3,5\}$　　D. $M=\{1,3\}, N=\{2,3,4,5\}$

二、填空题

1. 袋中有 2 个白球,n 个红球,从中任取一个球,若取到红球的概率为 $\frac{2}{3}$,则 $n=$________.

2. 在 10 件产品中,有 2 件次品,从中任取 2 件,恰好都取到正品的概率是________.

3. 某抽奖箱中有 50 个形状大小相同的乒乓球,上面分别标有 1、2、3、…、50 这五十个号码,若抽到 10 的整数倍的号码为中奖,则中奖的概率为________,不中奖的概率为________.

三、简答题

1. 一副扑克牌,连同“大王”和“小王”共 54 张牌,从中任意抽取一张,试求以下各个事件的概率:

(1)抽到一张 Q;

(2)抽到一张“梅花”;

(3)抽到一张红桃 K.

2. 从 1、2、3、4、5 五个数字中任取两数,求两数都是奇数的概率.

3. 某射手射中 10 环的概率为 0.27，射中 9 环的概率为 0.25，射中 8 环的概率为 0.20. 求下列事件的概率：

(1)这个射手射中 10 环或 9 环的概率；

(2)一次射中不低于 8 环的概率.

10.6 离散型随机变量的概率分布

预习案之一草一木

微预习

1. 了解随机变量的含义，能在具体情境中求随机变量的取值.
2. 理解离散型随机变量的概念.
3. 理解离散型随机变量分布列的概念及其性质.
4. 会求某些简单的离散型随机变量的分布列.

微作业

一个袋子中有形状、大小均相同的 2 个红球，3 个白球. 从中任取 3 个球，考查取到的红球数目，并求出对应事件的概率.

探究案之一花独放

微探究

问题 1　写出下列试验中所有可能的结果：

(1)抛掷一枚骰子，观察掷得的点数；

(2)运动员射击一次，观察击中的环数；

(3)在一块地上种 10 棵树苗，考查成活的棵数；

(4)抛掷一枚硬币，记“正面向上”为 1，“反面向上”为 0.

1. 随机变量、离散型随机变量和连续型随机变量.

如果随机试验的结果可以用一个变量的取值来表示，这个变量取值带有________性，并且取这些值的概率是________，那么这个变量叫作随机变量，通常用________字母 ξ、η 等表示(或用________字母 X, Y, Z 等表示).

随机变量按照取值状态的不同，可以分为________类. 一类是，随机变量的所有可能取的值，可以——

列出，这种随机变量叫作________随机变量. 还有一类随机变量，其所取值不能一一列出，而是连续地充满某个区间，这种随机变量叫作________随机变量.

你能分别举出离散型随机变量和连续型随机变量的例子吗?

问题 2　设有 5 件产品，其中含 2 件次品，从中任意抽取 3 件进行检验. 记"抽得的产品中所含的次品数"为随机变量 ξ，求 ξ 的取值及相应的概率.

2. 离散型随机变量的概率分布(或分布列).

离散型随机变量 ξ 的所有可能取值 $x_1, x_2, x_3, \cdots$，与其对应的概率

$$P(\xi=x_i)=p_i(i=1,2,3,\cdots)$$

所组成的表

ξ	x_1	x_2	$\cdots$	x_i	$\cdots$
P	p_1	p_2	$\cdots$	p_i	$\cdots$

叫作离散型随机变量 ξ 的概率分布(或分布列).

由概率的性质知道，离散型随机变量的概率分布具有下列性质:

(1) $p_i \geqslant$________$(i=1,2,3,\cdots)$;

(2) $p_1+p_2+p_3+\cdots=$________.

微思考

1. 离散型随机变量的概率分布有哪些要素?

2. 求离散型随机变量的概率分布主要有哪些步骤?

微实践

题型一　随机变量的确定

用随机变量表示如下随机试验的结果，并说明其取值范围:

(1)抛掷一枚骰子，观察掷得的点数;

(2)在 100 件产品中，含有 3 件次品，从中任取 2 件，取出的次品数;

(3)某市规定，同一站台每两辆公共汽车间隔最长不超过 20 min，某人等车时间;

(4)一杯开水置于空气中自然冷却到 25℃，冷却过程中某时刻它的温度 X.

题型二　离散型随机变量的确定

下列所述的变量:

(1)某十字路口一天中经过的车辆数 ξ;

(2)某无线电寻呼台一天内收到的寻呼次数 ξ;

(3)某市一天内的温度 ξ;

(4)某运动员进行射击，击中的环数 ξ.

其中 ξ 是离散型随机变量的是(　　).

A. (1)(2)(3)　　B. (1)(2)(4)　　C. (1)(3)(4)　　D. (2)(3)(4)

题型三　求离散型随机变量的取值

从标有数字 0,1,2,…,9 的十张卡片中任取 3 张,若取到奇数的个数为 ξ,则随机变量 ξ 的可能取值为________________________.

题型四　求离散型随机变量的概率分布

1. 将一枚均匀的硬币投掷一次,求出现正面次数 ξ 的概率分布.

2. 某小组有 6 名男生和 4 名女生,任选 3 个人去参观某展览,求所选 3 个人中男生数目 ξ 的概率分布.

练习案之一叶知秋

微练习

1. 写出下列各离散型随机变量可能取的值:

(1)同时抛掷 3 枚硬币,得到硬币正面向上的个数;

(2)盒中装有 5 支白粉笔和 4 支红粉笔,从中任取 3 支,取到白粉笔的支数;

(3)抛掷两颗骰子,所得点数之和.

2. 写出下列随机试验中,随机变量 ξ 的概率分布:

(1)从含有 2 件次品的 10 件产品中选取 3 件,取得正品的个数为 ξ;

(2)从含有 2 件次品的 10 件产品中选取 3 件,取得次品的个数为 ξ.

3. 已知离散型随机变量 ξ 的概率分布为:

ξ	0	1	2	3	4	5
P	0.21	0.10	0.20	0.06		0.15

求:(1)$P(\xi=4)$;

(2)$P(\xi\geqslant4)$.

自测案之一树花开

微自测

一、选择题

1. 下列变量中，不是离散型随机变量的是(　　).

A. 某同学投篮10次，投中的次数 X

B. 某林场树木最高达30 m，此林场树木的高度 X

C. 某超市一天中来购物的顾客数 X

D. 小马登录QQ找小胡聊天，设 $X=\begin{cases}1,\text{小胡在线},\\0,\text{小胡不在线}\end{cases}$

2. 袋中有大小相同的6个红球，4个白球，从袋中每次任意取出一个球，直到取出的球是白球为止，所需要的取球次数为随机变量 X，则 X 的可能取值为(　　).

A. $1,2,\cdots,6$　　B. $1,2,\cdots,7$　　C. $1,2,\cdots,10$　　D. $1,2,3,\cdots$

3. 下列表格中能成为离散型随机变量 ξ 的概率分布的是(　　).

A.

ξ	-1	0	1
P	0.3	0.4	0.4

B.

ξ	-1	0	1
P	0.5	0.3	0.2

C.

ξ	0	1	2	3
P	0.3	0.4	-0.1	0.4

D.

ξ	0	1	2	3
P	0.2	0.4	0.1	0.4

4. 盒中有5个乒乓球，其中2个黄色的，3个白色的，从袋中任意摸取2个乒乓球，摸到黄色乒乓球的数目用随机变量 ξ 表示，则 $P(\xi=1)=$(　　).

A. $\frac{12}{25}$　　B. $\frac{7}{15}$　　C. $\frac{2}{5}$　　D. $\frac{3}{5}$

二、填空题

1. 随机变量分为________随机变量和________随机变量.

2. 现有10元、5元、2元的人民币各一张，一元人民币3张. 某人随机抽取几张，用 ξ 表示这几张人民币金额之和，则 $\xi=8$ 表示____.

3. 从标有数字0、1、2、…、9的十张卡片中任取3张，若取到奇数的个数为 ξ，则 $P(\xi=1)=$________.

4. 篮球运动员在比赛中每次罚球命中得1分，罚球没有命中得0分. 已知某运动员罚球命中的概率为0.7，则该运动员罚球一次得分的概率分布为________.

三、简答题

1. 一个袋中有3个红球和2个白球，它们除颜色外没有其他差别，从中摸取2个球，摸到红球的数目用 ξ 表示.

(1)求离散型随机变量 ξ 的概率分布；

(2)求 $P(\xi\geqslant1)$.

2. 某小组有 6 名男生与 4 名女生，任选 4 个人去参加比赛，设所选 4 个人中女生的数目为 ξ.

(1) 求离散型随机变量 ξ 的概率分布；

(2) 求 $P(\xi \leqslant 1)$.

10.7 二项分布

预习案之一草一木

微预习

1. 了解 n 次独立重复试验.
2. 理解 n 次伯努利试验，能利用伯努利公式解决一些简单的实际问题.
3. 了解二项分布，能进行一些与二项分布有关的概率的计算.

微作业

某射手每次射击击中目标的概率是 0.8. 请你求出这名射手在 10 次射击中，恰好 8 次击中目标的概率.

探究案之一花独放

微探究

试验　袋中有 5 个乒乓球，其中 3 个黄球，2 个白球，连续抽取 5 次，每次抽取出一个球观察后将球放回，再重新抽取.

1. n 次独立重复试验.

一般地，在________的条件下，________进行________次试验，如果每次试验的结果与其他各次试验的结果________，那么这 n 次重复试验叫作 n 次独立重复试验.

问题 1　分析下面的试验，它们有什么共同特点?

(1) 投掷一枚骰子，投掷 5 次；

(2) 某射手每次射击击中目标的概率是 0.8，他射击 10 次；

(3) 袋中装有 5 个乒乓球(3 个黄球和 2 个白球)，有放回地连续抽取 5 次，每次抽取一个球.

2. n 次伯努利试验.

一般地，在 n 次独立试验中，如果每次试验的可能结果只有________个，且它们相互________，即只考虑两个事件 A 和________，并且在每次试验中，事件 A 发生的概率都________，这样的 n 次独立试验叫作 n 次伯努利试验.

3. 伯努利公式.

如果在每次试验中事件 A 发生的概率为 $P(A)=p$,则事件 A 不发生的概率 $P(\overline{A})=$________,那么在 n 次伯努利试验中,事件 A 恰好发生 k 次的概率为 $P_n(k)=$________.

问题2　设100件产品中有3件不合格品,每次从中抽取一件,有放回地抽取三次,抽到不合格品的次数用 ξ 表示,求离散型随机变量 ξ 的概率分布.

4. 二项分布.

一般地,如果在一次试验中某事件 A 发生的概率是 p,随机变量 ξ 为 n 次独立试验中事件 A 发生的次数,那么随机变量 ξ 的概率分布为:

ξ	0	1	$\cdots$	k	$\cdots$	n
P	$C_n^0p^0(1-p)^n$	$C_n^1p^1(1-p)^{n-1}$	$\cdots$	$C_n^kp^k(1-p)^{n-k}$		$C_n^np^n(1-p)^0$

其中 $0<p<1, k=0,1,2,\cdots,n$.

我们将这种形式的离散型随机变量 ξ 的概率分布叫作二项分布,并称随机变量 ξ 服从参数为 n、p 的二项分布,记为________.

微思考

1. n 次伯努利试验中,事件 A 恰好发生 k 次的概率公式与二项式 $[(1-p)+p]^n$ 展开式中哪一项相同?

2. 二项分布有哪些特征?

微实践

题型一　n 次伯努利试验的确定及事件概率的求法

1. 某气象站天气预报的准确率为80%.计算(结果保留两位有效数字):

(1)5次预报中恰好4次准确的概率;

(2)5次预报中至少有4次准确的概率.

2. 口袋里装有4个黑球与1个白球,每次任取一个球,观察后放回再重新抽取.求3次抽取中恰好有2个黑球的概率.

题型二　求二项分布的确定及求法

1. 在人寿保险中，设一个投保人活到 65 岁的概率为 0.6，求 3 个投保人中活到 65 岁的人数 ξ 的概率分布.

2. 某厂生产电子元件，其产品的次品率为 5%. 现从一批产品中任意抽取出 2 件，求抽到的次品数的概率分布.

练习案之一叶知秋

微练习

1. 生产某种零件，出现次品的概率是 0.04，现要生产 4 件这种零件，求：

(1)其中恰有 1 件次品的概率；

(2)至多有 1 件次品的概率.

2. 口袋里装有 4 个红球与 2 个白球，每次任取一个球，有放回地取 4 次，求恰好有 3 次取到红球的概率.

3. 某炮兵向同一个目标开了 3 炮，每次击中目标的概率均为 0.5，求击中目标的次数 ξ 的概率分布.

4. 将一枚均匀的硬币投掷 6 次，求出现正面的次数 ξ 的概率分布.

自测案之一树花开

微自测

一、选择题

1. 一头猪服用某种药物后被治愈的概率是 0.9,5 头猪服用了这种药物,恰有 3 头被治愈的概率为(　　).

A. 0.9^3　　B. $1-(1-0.9)^3$　　C. $C_5^3\times0.9^3\times0.1^2$　　D. $C_5^3\times0.1^3\times0.9^2$

2. 某人射击一次击中目标的概率为 0.6,他射击 3 次,至少有两次击中目标的概率为(　　).

A. $\frac{81}{125}$　　B. $\frac{54}{125}$　　C. $\frac{36}{125}$　　D. $\frac{27}{125}$

3. 将一颗骰子连续投掷 6 次,恰好 3 次出现 1 点的概率是(　　).

A. $C_6^5\left(\frac{1}{6}\right)^2\times\left(\frac{5}{6}\right)^4$　　B. $C_6^3\left(\frac{1}{6}\right)^3\times\left(\frac{5}{6}\right)^3$　　C. $C_6^3\left(\frac{1}{6}\right)^3\times\left(\frac{5}{6}\right)^0$　　D. $C_6^5\left(\frac{1}{6}\right)^5$

二、填空题

1. 某种树苗成活率为 0.9,现在种植 5 棵这种树苗,则全部成活的概率为________;全部死亡的概率为________;至少成活 4 棵的概率为________.

2. 某篮球运动员每次投篮的命中率为 0.6,如果他在一次决赛中投 10 个球,那么他投中的球数不少于 9 个的概率为________.

三、简答题

1. 一大批产品中,次品率为 0.1,从这批产品中任意抽取 3 件来检查,抽到的次品数用 ξ 表示.求:

(1)离散型随机变量 ξ 的概率分布;

(2) $P(\xi\geqslant2)$.

2. 某连锁总店每天向 10 家商店供应货物,每家商店订货与否相互独立,且每家商店订货的概率都是 0.4,求 10 家商店中订货商店家数 ξ 的概率分布.

单元总结案

总结案之看图说话

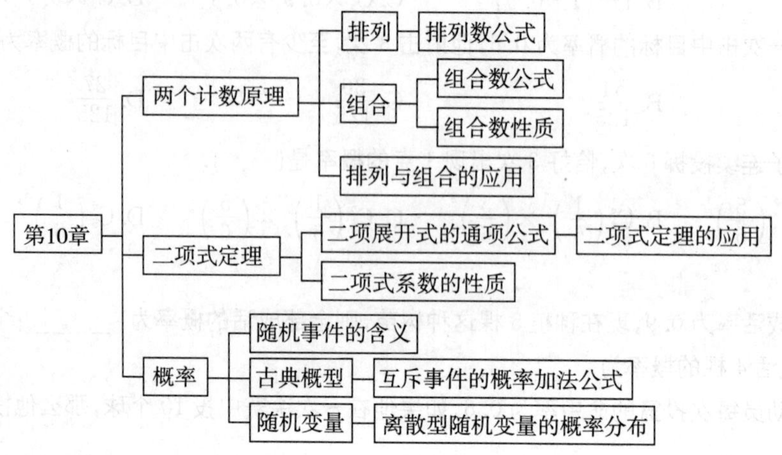

总结案之群英荟萃

题型一　分类计数原理

1. 从甲地到乙地，一天内有 2 班火车，5 班汽车开出，则在一天中有多少种乘车方法？

2. 某职业学校计算机一班的同学分为三个小组，甲组有 10 人，乙组有 11 人，丙组有 9 人，现在派出一人参加学校的技能活动，则有多少种选派方法？

3. 书架上有 10 本不同的语文参考书，和 5 本不同的数学参考书，某人从中选出一本，共有多少种选择方法？

4. 200 件产品中有 3 件次品，现从中任意抽取 5 件，其中至少有一件次品的抽法有多少种？

5. 用 1,2,3,4 这四个数能组成多少个没有重复数字的整数?

题型二　分步计数原理

1. 可重排列.

(1)将 4 个不同的小球放入 3 个不同的盒子,不同的方法有多少种?

(2)5 名同学报名参加两个课外活动小组,每位同学限报其中的一个小组,共有多少种报法?

(3)现有 3 名学生和 4 个兴趣小组,若每名学生只能参加一个兴趣小组,有多少种报法?

2. 不重排列.

(1)从 5 名学生中选出 2 名学生担任语文、数学课代表,有多少种选法?

(2)现有 3 名学生和 4 个兴趣小组,若每名学生都只能参加一个兴趣小组,且每个小组最多有一名同学参加,有多少种方法?

(3)从 4 种蔬菜品种中选出 3 种,分别种植在不同土质的 3 块土地上进行试验,有多少种种植方法?

题型三　组合问题

1. 从 5 名学生中选出 2 名学生去参加一个会议,有多少种选法?

2. 3 名医生和 6 名护士被分配到 3 所学校为学生检查身体,每个学校分配 1 名医生和 2 名护士,共有多少种分配方法?

3. 有 4 本不同的书,平均分给 2 个人,则有多少种分法?

4. 200 件产品中有 3 件次品,现从中任意抽取 5 件,其中至少有一件次品的抽法有多少种?

5. 10 个人相互握手,总共要握多少次手?

6. 从 5 名男生和 4 名女生中选出 4 人参加知识竞赛,

(1)若男生、女生各两人,则有多少种选法?

(2)若男生甲和女生乙必须参加,则有多少种选法?

(3)若 4 人中至少一名女生,则有多少种选法?

题型四　有限制条件的排列问题

1. 号码为 1,2,3,4 的四个小球,放入编号为一、二、三、四的四个盒,每盒放一球,并且 1 号球不能放入编号为一的盒子,则有多少种方法?

2. 5 名学生,3 男 2 女,站成一排照相.

(1)若 2 名女生站在两端;

(2)若站成两排,前排 2 人,后排 3 人;

(3)若 2 名女生站前排,3 名男生站后排.

其分别有多少种排法?

3. 给定数字 0,1,2,3,4,可以组成多少个无重复数字的四位数?

4. 从 1,2,3,4,5 中任取两个数字组成无重复数字的两位奇数的个数为多少个?

5. 由 1,2,3,4,5 可以组成多少个没有重复数字并且能被 5 整除的四位数?

6. 用 0,1,2,3,4,5 可以组成多少个没有重复数字的三位数?

题型五　插空法(不相邻)

1. 5 名学生,3 男 2 女,站成一排照相,

(1)若 2 名女生不相邻;

(2)若男女相间排列.

其分别有多少种站法?

2. 4 名学生和 3 名教师站成一排照相,任何两名教师都不相邻的站法共多少种?

3. 数字 1,2,3,4,5 组成无重复数字且数字 1 与 2 不相邻的五位数有多少个?

题型六　捆绑法(相邻)

1. 5 名学生,3 男 2 女,站成一排照相,若两名女生必须相邻,有多少种站法?

2. 5 人站成一排照相,甲、乙必须相邻的排法有多少种?

题型七　先组后排

1. 为支援四川地区抗震救灾,某医院从 8 名医生(包括甲、乙、丙三位医生)中选派 4 名医生去 4 个受灾地区工作,每地区一人,试回答下列问题:

(1)若甲和乙必须去,但丙不去,有多少种选派方案?

(2)若甲必须去,但乙和丙都不去,有多少种选派方案?

(3)若甲、乙、丙都不去,有多少种选派方案?

2. 某班共有 25 名团员,其中 10 名男团员,15 名女团员,要选出 5 名团员组成支委会,其中 2 名男团员,3 名女团员分别担任不同的工作,有多少种选法?

3. 从 5 名男生,4 名女生中选出 3 名男生和 2 名女生,分别担任 5 项不同的工作,则选派的方法种数是多少?

题型八　排列与组合公式的性质

1. 已知从 n 个不同元素中任取出 2 个元素的排列数等于从 $n-4$ 个不同元素中任意取出 2 个元素的排列数的 7 倍,则 $n=$________.

2. 已知 $C_7^n+C_7^{n-1}=C_8^3$,则 $n=$________.

3. 若 $C_n^4=C_n^7$,则 $n=$________.

4. 已知 $P_n^2=56$,则 $n=$________.

5. 已知 $C_{12}^{x-2}=C_{12}^{2x-4}$,则 $x=$________.

题型九　古典概型

1. 在 20 件产品中有 5 件次品,其余都是合格品,从中任取 2 件,2 件都是合格品的概率为多少?

2. 将 4 个不同的球随机地放入 3 个盒子,则每个盒子中至少有一个球的概率等于多少?

3. 从甲、乙、丙、丁 4 个同学中选出 2 人代表班集体参加运动会，求甲没有被选中的概率.

4. 将 5 个不同的球随机地放入 4 个不同的盒子，求每个盒子不空的概率.

5. 设有 5 件产品，其中含有 2 件次品，从中任取 3 件进行检查，求抽得的产品中所含的次品数的概率分布.

6. 一袋中装有 3 个白球和 2 个黑球，无放回地从袋子中任意抽取 3 个球，求取到的黑球数目的概率分布.

7. 一个口袋中装有 8 只黄球和 2 只红球，现在由甲、乙顺次不放回地各摸一球，求：

(1)甲摸中红球的概率；

(2)甲、乙都摸中红球的概率；

(3)乙摸中红球的概率.

8. 从 0～9 这十个数字中，任取 2 个，组成无重复数字的两位数，求组成奇数的概率.

9. 在 10 张奖券中，有一等奖 1 张，二等奖 2 张，从中抽取 1 张，求中奖的概率.

10. 从甲、乙、丙三人中任选 2 人参加社会实践活动，求甲被选中的概率是多少？

11. 抛掷一枚骰子,观察掷出的点数,则点数是奇数的概率为多少?

12. 5 人站成一排照相,其中甲站中间的概率为多少? 甲站两边的概率为多少? 甲总站在乙的左边的概率为多少? 甲、乙相邻的概率为多少?

13. 一口袋装有 6 个白球和 4 个红球,现在从中任取两球,求下列事件的概率:

(1)两球都是红球;

(2)恰有一个红球;

(3)至少一个红球.

题型十　离散型随机变量分布

1. 口袋中装有 3 个黑球,2 个白球. 除颜色外,它们没有任何区别,

(1)求从中任取 1 球为白球的概率;

(2)每次取 1 球,有放回地取 3 次,求取到白球数 ξ 的概率分布.

2. 6 件产品中有 2 件次品,从中有放回地抽取 3 件,求抽得的次品数 ξ 的概率分布.

3. 在 10 件产品中,有 4 件次品,从 10 件产品中随机取出 3 件来检查,求下列事件的概率:

(1)取出的 3 件中,恰有一件是次品;

(2)取出的 3 件中,次品数不超过 2 件;

(3)写出取出次品数 ξ 的概率分布.

4. 为迎接五四青年节，某中学从高中三个年级选派 4 名教师和 20 名学生去当志愿者，学生的名额分配如下：

高一年级	高二年级	高三年级
10 人	6 人	4 人

(1)若从 20 名学生中选出 3 人参加文明交通宣传，求他们中恰好有一人是高一年级学生的概率；

(2)若将 4 名教师安排到三个年级，要求每个年级至少有一名教师，记安排到高一年级的教师人数为 ξ，求随机变量 ξ 的分布列.

5. 从 4 名男生和 2 名女生中任选 3 人参加演讲比赛，设随机变量 ξ 表示所选 3 人中女生人数，求 ξ 的概率分布.

6. 将一枚均匀的硬币抛掷一次，求出现反面次数 ξ 的概率分布.

7. 某小组有 2 名女生与 3 名男生，任选 3 个人去参加某项活动，求所选 3 个人中男生数目 ξ 的概率分布.

题型十一　互斥事件的概率

1. 某人进行投篮练习，连续投 2 次，则随机事件“至少有 1 次投中”的互斥事件是________.
2. 小明射击一次击中 10 环的概率为 0.3、中 9 环的概率为 0.3、中 8 环的概率为 0.1，求不少于 8 环的概率.

3. 某地区年降水量在 50～100 mm 的概率为 0.21，在 100～150 mm 的概率为 0.22，求年降水量在 50～150 mm的概率.

4. 抛掷一枚骰子,求事件$C=\{$点数为偶数或3$\}$的概率.

题型十二　综合问题

1. 将4个不同的小球放入3个不同的盒子,不同的放法有多少种?

2. 号码为1、2、3、4的四个小球,放入编号为一、二、三、四的四个盒子,每个盒子放一球,并且1号球不能放入编号为一的盒子,则不同的放法有多少种?

3. 将5个不同的小球放入A、B、C、D这四个不同的盒子,每个盒子至少有一个球,若甲球必须放入A盒,则有多少种放法?

4. 把4名学生分到3个不同的小组里去,每个小组至少一人,共有多少种分法?

5. 将4个不同的球随机放入3个盒子,则每个盒子中至少有一球的概率为多少?

6. 将5个不同的球随机地放入4个不同的盒子,则每个盒子不空的概率为多少?

题型十三　二项式定理

(一)由通项公式求项

1. $\left(2x-\frac{1}{x}\right)^9$的展开式中的第3项为________.

2. 二项式$\left(x^2-\frac{2}{x}\right)^7$的展开式中的第4项为________.

3. $(x+3)^5$的展开式中第5项为$125x$,则$a=$________.

4. $\left(x-\frac{1}{x}\right)^8$的展开式中第4项等于7,则$x=$________.

5. $\left(y-\frac{1}{y}\right)^n$ 的展开式中第 4 项为含 y^3 的项，则 n 的值为________.

6. $(2a-b)^7$ 的展开式中第 6 项为________，第 6 项的二项式系数为________.

7. $\left(2\sqrt{x}-\frac{1}{\sqrt{x}}\right)^6$ 的展开式中含 x^{-2} 的项为________.

(二)由通项公式求常数项

1. 二项式 $\left(x-\frac{1}{\sqrt{x}}\right)^{12}$ 的展开式中的常数项为________.

2. $\left(2\sqrt{x}-\frac{1}{\sqrt{x}}\right)^6$ 的展开式中的常数项是________.

3. 设 $\left(\sqrt[5]{x}-\frac{1}{\sqrt{x}}\right)^{18}$ 的展开式中的第 n 项为常数项，则 n 的值为________.

4. $(2x-3)^5$ 的展开式中的常数项为________.

5. $\left(\sqrt[3]{x}-\frac{1}{\sqrt{x}}\right)^{10}$ 的展开式中的第________项为常数项.

6. 求 $\left(x+\frac{1}{\sqrt[3]{x}}\right)^8$ 的展开式中的常数项.

题型十四　二项式系数的性质

(一)项的系数与二项式的系数

1. 在二项式 $(2x-1)^5$ 的展开式中，含 x^3 的项的系数是________.

2. 在 $(x-2)^5$ 的展开式中，含 x^4 项的系数为________.

3. $(1-x)^{10}$ 的展开式中的第 6 项的系数为________.

4. 如果 $(1+x)^n$ 的展开式中 x^3 的系数等于 x 的系数的 3 倍，则 n 的值为________.

5. $(x-2)^9$ 的展开式中，第 4 项的二项式系数为________，第 4 项的系数为________.(系数与二项式系数的区别)

6. 已知 $(1-2x)^9=a_0+a_1x+a_2x^2+a_3x^3+\cdots+a_9x^9$，则 $a_0+a_1+a_2+a_3+\cdots+a_9=$________.

7. $(x-3)^5$ 的展开式中 x^3 的项的系数为________，二项式的系数为________.

8. $(2x+3y)^5$ 的展开式中二项式系数的和为________.

9. $(5x-3y)^7$ 的展开式中各项系数的和为________.

10. 已知 $\left(\sqrt[3]{x}-\frac{1}{\sqrt{x}}\right)^n$ 的展开式中，第 4 项的二项式系数等于倒数第 2 项的二项式系数的 7 倍，则 $n=$________.

(二)二项式系数最大的项的求法

1. $(1+2x)^7$ 的展开式中二项式系数最大的项是________.

2. $(1+x)^9$ 的展开式中二项式系数最大的项是________.

3. $\left(x-\frac{2}{x}\right)^8$ 的展开式中二项式系数最大的项是________.

4. $(x-y)^9$ 的展开式中系数最小的项是________.
5. $(x-1)^9$ 的展开式中二项式系数最大的项是________.
6. $(2x-1)^9$ 的展开式中二项式系数最大的项是________.
7. $(a+b)^n$ 的展开式中,第10项和第11项的二项式系数最大,则 n 的值为________.
8. $(2x+3y)^8$ 的展开式中,共有________项;其中二项式系数最大的项为第________项.

(三)综合问题

求 $\left(x-\frac{\sqrt{2}}{x}\right)^9$ 的展开式中二项式系数最大的项,该项的二项式系数,该项的系数和常数项.

总结案之硕果累累

一、选择题

1. 一个小组有10个成员,从中任选3人,分别参加车工、钳工和计算机大赛,不同的选法有(　　)种.

A. 480　　B. 560　　C. 720　　D. 640

2. 任选一个不大于20的正整数,它恰好是3的整数倍的概率是(　　).

A. $\frac{3}{20}$　　B. $\frac{3}{10}$　　C. $\frac{1}{4}$　　D. $\frac{1}{5}$

3. 5名学生,2女,3男,排成一排,男女相间排列的排法有(　　)种.

A. 12　　B. 24　　C. 60　　D. 120

4. 从1、2、3、4、5中任取2个数组成无重复数字的两位奇数,共有(　　)个.

A. 20　　B. 12　　C. 8　　D. 10

5. 设在甲、乙、丙三个宿舍中,每个宿舍住3个人,现从这9人中选出3人,其中甲宿舍至少选1人,则不同选法共有(　　)种.

A. $C_3^1C_6^2$　　B. $C_3^2C_8^2$　　C. $C_3^1C_6^2+C_3^2C_6^1$　　D. $C_3^1C_6^2+C_3^2C_6^1+C_3^3$

6. 把6张不同的彩票平均分给3位同学,不同的分法有(　　)种.

A. 64　　B. 90　　C. 12　　D. 6

7. 某乒乓球队有9名队员,其中2名是种子选手,现要挑选5名队员参加比赛,种子选手必须在内,那么不同的选法有(　　)种.

A. 21　　B. 84　　C. 35　　D. 126

8. 若 $a\in\{-1,0\}$,$b\in\{1,2,3,4\}$,则坐标 (a,b) 表达(　　)个点数.

A. 4　　B. 6　　C. 8　　D. 12

9. 两平行线上,分别有3个点、5个点,每两点确定一条直线,可以确定(　　)条直线.

A. 12　　B. 14　　C. 15　　D. 17

10. 现从5名男生、4名女生中选出3名男生和2名女生,分别担任5项不同的工作,选派的方法有(　　)种.

A. $C_5^3C_4^2$　　B. $C_5^3C_4^2P_5^5$　　C. $P_5^3P_4^2$　　D. $(C_5^3+C_4^2)P_5^5$

11. 平面内有 10 个点,其中 4 个点在一直线上,其余无 3 点共线,最多可以确定(　　)条直线.

A. P_{10}^2　　B. C_{10}^2　　C. $C_{10}^2-C_4^2$　　D. $C_{10}^2-C_4^2+1$

12. 4 名学生和 3 名教师站成一排照相,要求 4 名学生站在一起,则有(　　)种站法.

A. 7!　　B. 4! 4!　　C. 5! 3!　　D. 5! C_4^3

13. 8 名选手在有 8 条跑道的运动场进行百米赛跑,其中 2 名是中国选手,按随机抽签的方式决定选手的跑道,2 名中国选手在相邻跑道的概率为(　　).

A. $\frac{1}{2}$　　B. $\frac{1}{4}$　　C. $\frac{1}{8}$　　D. $\frac{1}{10}$

14. 从 1、2、3、5、7 中任取 2 个数分别作为某对数的底数和真数,则有(　　)个对数.

A. P_4^2　　B. P_4^2+1　　C. P_4^2+4　　D. P_5^2-4

15. 某段道路上有 12 盏路灯,为节省用电而又不影响正常的照明,可以熄灭其中 3 盏灯,但两端的灯不能熄灭,也不能熄灭相邻的两盏灯,那么熄灯的方法共有(　　)种.

A. C_8^3　　B. P_8^3　　C. C_9^3　　D. C_{11}^3

二、填空题

1. 将 3 个不同的球随机放入 3 个盒子,则恰好有一个盒子空着的概率是________.

2. 5 人站成一排,其中甲恰好站在左数第二位的概率是________.

3. 某班级要从 4 名男生和 2 名女生中选派 4 人参加某次社区服务,要求至少有 1 名女生的派法有________.

4. 从 3 件正品 2 件次品中任意抽取 3 件进行检查,则 2 件次品都被抽出的概率是________.

5. 若 4 位同学每人手中各拿一封信投向校内的 3 个邮筒,则有________种投法.

6. 5 个人站成一排,如果甲必须站在排头或排尾,那么不同的站法有________种. 若同时乙必须站在中间,那么不同的站法有________种.

7. 关于 x 的一元二次方程 $ax^2+bx+c=0$ 中的 a、b、c 是从 0、1、2、3 这 4 个数字中任意选取的,但不能选重数字. 组成不同的一元二次方程的个数为________.

8. 有 5 只甲型和 4 只乙型手机,现从中任意取出 3 只参加展示,要求至少要有甲型和乙型手机各 1 台,则不同的取法有________种.

9. 在 $(x-\sqrt{3})^{10}$ 的展开式中,x^6 项的系数是________.

10. 用 1、2、3、4、5、6 组成没有重复的六位数,要求任何相邻两个数字的奇偶性不同,这样的六位数有________个.

11. 从 0、1、2、3、4 中抽出 3 个数,组成没有重复数字的三位数,其中偶数有________个.

12. 100 件产品中有 5 件次品,现从中任意抽出 3 件,至少有一件是次品的抽法为________.

13. 设 $\left(\sqrt[3]{x}-\frac{1}{x}\right)^{18}$ 的展开式中的第 n 项为常数项,则 $n=$________.

14. 若 $a\in\{2,3,5,7\}$,$b\in\{2,3,5,7\}$,则方程 $y=\frac{b}{a}x$ 表示不同的直线的条数为________.

三、解答题

1. 从 6 名志愿者中选出 4 人分别从事翻译、导游、导购、保洁四项不同工作,

(1)不同的选派方案有多少种?

(2)若甲、乙两名志愿者都不能从事翻译工作,则选派方案有多少种?

2. 从 3 名教师和 6 名学生中选 6 人去参加志愿者活动,

(1)若必须有一名教师带队,则有多少种选法?

(2)若至少有一名教师,则有多少种选法?

(3)若教师不能全去,也不能不去,则有多少种选法?

3. 从 5 名男教师和 4 名女教师(包括甲、乙、丙三位教师)中选出 3 名教师,派到 3 个班担任班主任(每班一名班主任).

(1)若甲必担任,乙、丙因故不能担任,则有多少种选派方案?

(2)若要求这 3 位班主任中男女教师都有,则有多少种选派方案?

4. 从 4 名男生和 2 名女生中任选 3 人参加演讲比赛,设随机变量 ξ 表示所选 3 人中女生人数,求 ξ 的概率分布.

5. 求 $\left(\sqrt{x}-\frac{1}{\sqrt{x}}\right)^{10}$ 的二项展开式中含 x^3 的项及二项式系数最大的项.

6. 求 $\left(x-\frac{1}{\sqrt[5]{x}}\right)^{12}$ 的展开式中的常数项,并确定它是展开式中的第几项.

7. 从装有 3 个红球、2 个黑球的盒子中任取 2 球,求取到的 2 球中红球数目 ξ 的概率分布.

中等职业教育课程改革国家规划新教材配套教学用书

生态课堂之微导学

数学微导学
（上册）

主　编　赵淑梅

北京理工大学出版社
BEIJING INSTITUTE OF TECHNOLOGY PRESS

图书在版编目（CIP）数据

数学微导学：全2册／赵淑梅主编．—北京：北京理工大学出版社，2018.10

ISBN 978-7-5682-6281-1

Ⅰ.①数… Ⅱ.①赵… Ⅲ.①数学课－中等专业学校－教材 Ⅳ.①G634.601

中国版本图书馆CIP数据核字（2018）第207159号

出版发行／北京理工大学出版社有限责任公司
社　　址／北京市海淀区中关村南大街5号
邮　　编／100081
电　　话／（010）68914775（总编室）
　　　　　（010）82562903（教材售后服务热线）
　　　　　（010）68948351（其他图书服务热线）
网　　址／http：//www.bitpress.com.cn
经　　销／全国各地新华书店
印　　刷／定州启航印刷有限公司
开　　本／787毫米×1092毫米　1/16
印　　张／24.5
字　　数／582千字
版　　次／2018年10月第1版　2018年10月第1次印刷
定　　价／55.00元

责任编辑／杜春英
文案编辑／孟祥雪
责任校对／周瑞红
责任印制／边心超

编 委 会

本书编写组

主　编　赵淑梅

副主编　刘　鸣　梁　静　张丽英

赵雅丽　崔素芳

编 者 的 话

俗话说:“最淡的墨水也强于最强的记忆”,读得快、忘得快,看得快、忘得快,当学生动笔写字时,大脑就会跟着思考,知识停留在记忆中的时间就会拉长.在大数据、云计算时代,学生可以借助 MOOC、网上数字资源等平台,理解、掌握数学知识.如何使学生更深刻地理解、记忆数学知识呢?我们编写了《数学微导学(上册)》.本书是与中等职业教育课程改革国家规划新教材《数学》相对应内容配套的学生用书,具有以下特点:

1.促进教学模式的改革.《数学微导学(上册)》由一草一木、一花独放、一叶知秋、一树花开四部分组成.微预习、微作业是课前环节,微探究、微思考、微实践、微练习是课中环节,微自测是课后环节,每一个环节的标题设计富有创意,融入成语与书法,图文并茂,活泼、有趣.

2.突出实践能力的提升.微预习、微作业针对某一个知识点设计了精致微小的实践案例,具有“活”“新”“趣”“奇”等特点,是一个开放的“零存整取”的学习平台.学生自觉挖掘解决问题的方法,提升实践的能力,自然引入课题.

3.体现时代特征.微探究、微思考培养学生组合学习片段的能力,使教师的角色由原来的“教”成为现在的“导”,指导学生具有“绝招”“绝活”.在完成导学案的过程中,培养学生的勤勉、刻苦意志.总结案之看图说话、群英荟萃、硕果累累,树立了独树一帜、不仰望别人、自己就是风景的教学理念.

4.符合中职学生的心理特点.它使教师节约了课上讲授时间,以便把更多的时间放在解决问题和实际应用上,避免了以往的“囫囵吞枣”“似是而非”“过目就忘”的现象.微实践中的题型分类总结了某一节、某一章的知识点与题目类型,条理清晰,更易于学生自主学习.微练习、微自测把书、笔记本、改错本融为一体,根据知识点的不同,可以课上课下、线上线下同步进行,使混合式教学模式在数学课堂中得以实施.

《数学微导学(上册)》一书的编选,严格按新大纲的要求,体现中等职业学校学生的特点,将其与网络信息相结合,利用网络信息丰富、交互式强等特点,通过合作探究发现问题、解决问题，激发学生的探索求知欲望，提高学生的认知程度，扩大知识面，促进教学模式的改革.

在本书编写过程中，石家庄市职业财会学校校长梁建国、副校长漆振刚等有关领导给予了悉心指导与策划，在此一并表示感谢！

本书由赵淑梅老师担任主编. 主要作者有刘鸣、张瑞、范树芳、梁静、刘学艳、张英丽、李霞、赵雅丽、崔素芳.

由于编者水平所限，不妥之处在所难免，敬请使用本书的广大读者批评指正，提出宝贵的意见和建议.

编者

目录 Contents

第 1 章　集　　合

1.1　集合的概念

预习案之一草一木

微预习

1. 理解集合、元素的概念及其关系.
2. 掌握常用数集的字母表示.
3. 掌握集合的两种表示法:列举法和描述法.

微作业

每个班都是一个集体,大家有着共同的追求、共同的精神支柱,同学之间互相友爱,那么我们这个集体有什么特征呢? 每个人作为集体中的成员,和集体是什么关系呢?

集合论的诞生

集合论是德国著名数学家康托尔于 19 世纪末创立的. 17 世纪数学中出现了一门新的分支:微积分. 在之后的 120 年中这一崭新学科获得了飞速发展并有了丰硕成果. 其推进速度之快使人来不及检查和巩固它的理论基础. 19 世纪初,许多迫切问题得到解决后,出现了一场重建数学基础的运动. 正是在这场运动中,康托尔开始探讨前人从未碰过的实数点集,这是集合论研究的开端. 1874 年,康托尔开始提出"集合"的概念. 他对集合所下的定义是:把若干确定的有区别的(不论是具体的或抽象的)事物合并起来,看作一个整体,就称为一个集合,其中各事物称为该集合的元素. 人们把康托尔于 1873 年 12 月 7 日给戴德金的信中最早提出集合论思想的那一天定为集合论诞生日.

探究案之一花独放

微探究

根据下面的例子,向同学们介绍你原来就读的初中学校、你的兴趣爱好、你现在的班级情况.

(1)我初中毕业于石家庄市第十二中学;

(2)我喜欢打羽毛球和旅游;

(3)我现在的班级是商贸部一年级 3 班,全班共 40 人,其中男生 23 人,女生 17 人.

结论:

1. 集合的概念:____________叫作集合,____________叫作元素.

(1)集合的表示:一般用大写英文字母表示________,用小写英文字母表示________.

(2)集合与元素的关系:如果 a 是集合 A 的元素,就说 a 属于 A, 记作________;如果 a 不是集 A 的元素,就说 a 不属于 A, 记作________.

2. 数集:自然数集记作________,正整数集记作________,整数集记作________,有理数集记作________,实数集记作________.

3. 空集:不含任何元素的集合叫作________,记作________.

4. 集合的分类:________、________.

5. 集合的表示法:

(1)列举法:将元素________列出,用________分隔,用________括为一个整体.

(2)描述法:在花括号内写出________,然后画一条________,竖线的右边写出元素所具有的________.

微思考

想一想:集合中的元素具有什么特点?

提示:(1)同一个元素在一个集合中写几次合适?

(2)$\{1,2,3\}$和$\{3,1,2\}$表示同一个集合吗?

(3)不能确定的对象不能组成集合,那么怎样的表达才能确定一个集合呢?

结论:集合具有________、________、________的属性.

微实践

题型一　集合的定义及有关概念

1. 判断下列元素能否组成集合:

(1)某班个子高的同学;　　(2)某班身高超过 1.8 m 的同学;

(3)方程 $x^2-2=0$ 的解;　　(4)方程 $x^2+2=0$ 的解.

2. 用符号"$\in$"或"$\notin$"填空.　0________$\varnothing$.

3. 方程 $x^2+1=0$ 的解集是________.

题型二　集合的表示方法

1. 大于 -4 且小于 12 的所有偶数组成的集合.

2. 写出所有奇数组成的集合.

练习案之一叶知秋

微练习

1. 用符号“$\in$”或“$\notin$”填空:

(1) -3 ________ $\mathbf{N}$，　0.5 ________ $\mathbf{N}$，　3 ________ $\mathbf{N}$；

(2) 1.5 ________ $\mathbf{Z}$，　-5 ________ $\mathbf{Z}$，　3 ________ $\mathbf{Z}$；

(3) -0.2 ________ $\mathbf{Q}$，　π ________ $\mathbf{Q}$，　7.21 ________ $\mathbf{Q}$；

(4) 1.5 ________ $\mathbf{R}$，　-1.2 ________ $\mathbf{R}$，　π ________ $\mathbf{R}$.

自测案之一树花开

微自测

1. 选用适当的方法表示下列集合:

(1)由数 1,4,9,16,25 组成的集合；

(2)大于 3 的实数组成的集合；

(3)大于 5 的所有偶数组成的集合.

2. 写出下列方程的解集:

(1)方程 $x^2-3x-4=0$ 的解集；

(2)方程 $4x+3=0$ 的解集；

(3)方程 $x^2-4=0$ 的解集；

(4)方程 $x^2+4=3$ 的解集.

3. 写出下列不等式、不等式组的解集:

(1)不等式 $2x-5>3$ 的解集；

(2)不等式组 $\begin{cases}3x+3>0,\\x-6\leqslant 0\end{cases}$ 的解集.

4. 写出平面直角坐标系中第二象限所有的点组成的集合.

1.2 集合之间的关系

预习案之一草一木

微预习

1. 理解集合的子集、真子集的概念.
2. 掌握集合相等的概念.

微作业

自然数集 $\mathbf{N}$ 和正整数集 $\mathbf{Z}^+$ 都认为自己所含的元素最多、队伍更大，它俩谁也不让谁，你怎么认为呢？

探究案之一花独放

微探究

1. 两个数可以比较大小，两个集合可以比较大小吗？

自然数集包含 $0,1,2,3,\cdots$；正整数集包含 $1,2,3,\cdots$. 自然数集比正整数集多一个元素________.

2. 数 a 小于 b，记作________，两个集合 A、B 之间的关系如何表达呢？

记作 $B \subseteq A$（或______），读作 B 包含于 A（或 A 包含 B）.

微思考

对比知新：我们知道数（或式）之间有“$\geqslant$”关系，这种关系包含“大于”和“等于”两种情况；两个集合之间有“$\subseteq$”关系，它也包含两种情况：“真包含”和“相等”.

1. 请你阅读课本，区分集合之间的三种关系，并找出“真包含”和“相等”分别用什么符号表示.

包含 $\begin{cases}\text{真包含}\\\text{相等}\end{cases}$

2. 空集 $\varnothing$ 与其他非空集合的关系是如何规定的？

微实践

题型一　区分集合与集合的关系和集合与元素的关系

用符号“$\subseteq$”“$\supseteq$”“$\in$”“$\notin$”填空：

(1) $\{2,3\}$________ $\{2\}$；　　(2) 3 ________ $\{1,2,3\}$；

(3) 0 ________ $\varnothing$；　　(4) $\{0\}$________ $\varnothing$.

题型二　找出某个集合的所有子集

写出集合 $A=\{x \mid 3<x<6$，且 $x \in \mathbf{N}\}$ 的所有子集，并指出其中的真子集.

题型三　判断两集合的关系

判断集合 $A=\{x\mid 2\leqslant x\leqslant 6\}$ 与集合 $B=\{2,3,4,5,6\}$ 的关系.

练习案之一叶知秋

微练习

1. 常用数集之间具有什么关系?

$\mathbf{N}^*$ ________ $\mathbf{Z}$ ________ $\mathbf{Q}$ ________ $\mathbf{R}$.

2. 用符号“ $\subsetneqq$ ”或“ $\supsetneqq$ ”填空:

(1) $\{2,3\}$ ________ $\{2\}$;　(2) $\{0\}$ ________ $\varnothing$;

(3) $\{x\mid 1<x\leqslant 2\}$ ________ $\{x\mid -1<x<4\}$.

3. 集合 $A=\{a,b,c\}$, 请写出集合 A 的所有非空真子集.

4. 写出集合 $A=\{x\mid 2\leqslant x\leqslant 6\}$ 与集合 $B=\{x\mid 2<x<6\}$ 的关系.

自测案之一树花开

微自测

1. 用适当的符号填空:

(1) $\{1,3,5\}$ ____ $\{1,2,3,4,5,6\}$;

(2) $\{x\mid x^2=9\}$ ____ $\{3,-3\}$;

(3) $\{2\}$ ____ $\{x\mid |x|=2\}$;

(4) 2 ____ $\mathbf{N}$;

(5) a ____ $\{a\}$;

(6) $\{0\}$ ____ $\boldsymbol{Q}$;

(7) $\{-1,1\}$ ____ $\{x\mid x^2+1=0\}$;

(8) $\{x\mid |x|=2\}$ ____ $\{x\mid x^2-4=0\}$;

(9) -2.5 ____ $\mathbf{Z}$;

(10) 1 ____ $\{x\mid x^2=1\}$.

1.3 集合的运算

预习案之一草一木

微预习

1. 理解集合的交集、并集、补集的概念.
2. 能够用描述法求集合的交、并、补.

微作业

1. 如图 1—1 所示,学校食堂第一天买了菠菜、尖椒、菜花、西红柿,第二天买了甘蓝、西红柿、冬瓜、白菜. 两天都买的同一种类的蔬菜有哪些? 两天买的所有蔬菜有哪些?

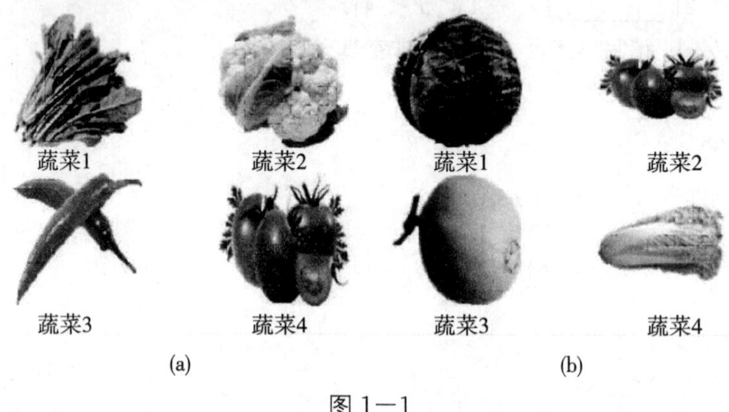

图 1—1

2. 每周三、周六是学校澡堂开放日,那么一周内不能去澡堂洗澡的是哪几天?

探究案之一花独放

微探究

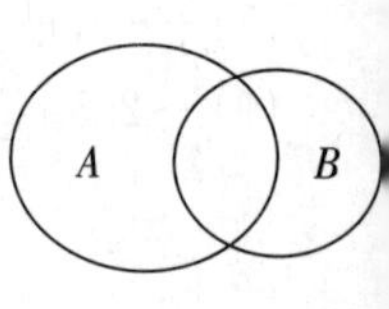

图 1—2

1. 交集:一般地,对于两个给定的集合 A 与 B,由既________又________的所有元素组成的集合叫作 A 与 B 的________,记作________,读作______________,用数学符号表示为________,在图1—2中将 $A\cap B$ 涂色.

2. 并集:一般地,对于两个给定的集合 A 与 B,由集合 A 与 B 的________组成的集合叫作 A 与 B 的________,记作________,读作______________,用数学符号表示为________,在图 1—3~图 1—5 中将 $A\cup B$ 涂色.

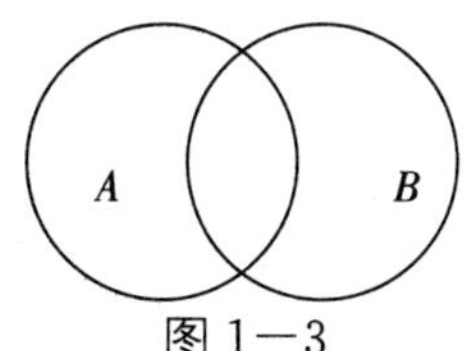

图 1—3

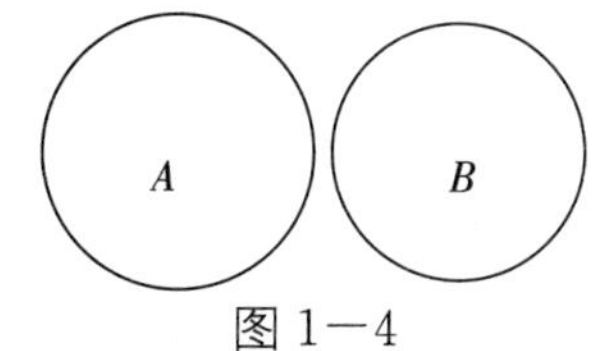

图 1—4

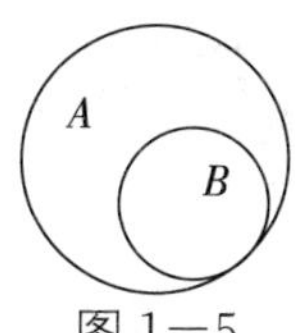

图 1—5

3. 全集:在研究某些集合时,这些集合常常是一个给定集合的子集,这个给定的集合叫作__________,一般用________来表示. 在研究数集时,经常把________作为全集,如图 1—6 所示.

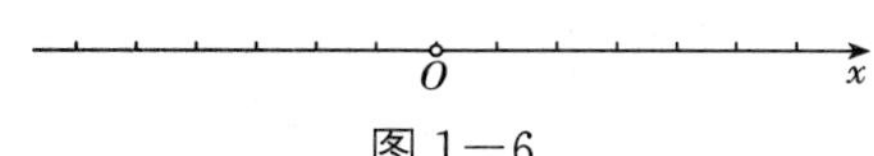

图 1—6

4. 补集:如果集合 A 是集合 U 的子集,那么由 U 中不属于 A 的所有元素组成的集合叫作 A 在集合 U 中的补集,记作________,读作________,用数学符号表示为________,在图 1—7 中将 $\complement A$ 涂色.

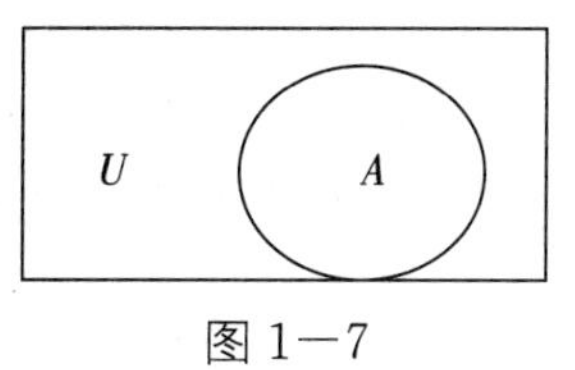

图 1—7

微思考

已知集合 $A=\{x \mid 0<x\leqslant 2\}$,$B=\{x \mid 1<x\leqslant 3\}$,将集合 A、B 在数轴上表示出来(见图 1—8),并研究 $A\cap B$、$A\cup B$、$\complement A$、$\complement B$.

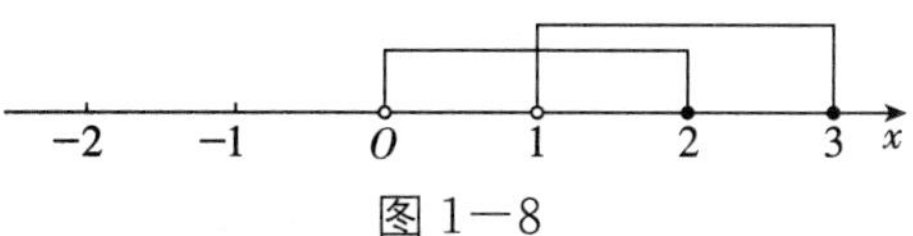

图 1—8

微实践

题型一　用列举法求交集、并集

设 $A=\{-1,0,1,2\}$, $B=\{0,2,4,6\}$, 求 $A\cup B$, $A\cap B$.

题型二　用描述法求交集、并集

设 $A=\{x \mid -2<x\leqslant 2\}$, $B=\{x \mid 0\leqslant x\leqslant 4\}$, 求 $A\cap B$, $A\cup B$.

题型三　求补集

设 $U=\mathbf{R}$, $A=\{x \mid -1<x\leqslant 2\}$, 求补集 $\complement A$.

练习案之一叶知秋

微练习

1. 设集合 $A=\{1,3,5\}$, $B=\{1,2,3,4,5,6\}$, 求 $A\cap B$, $A\cup B$.

2. 设集合 $A=\{x\mid 1<x\leqslant 2\}$, 求 $\complement A$.

3. 设集合 $U=\{$小于 10 的自然数$\}$, $A=\{1,3,5,7\}$, 请写出集合 A 的补集.

4. 设集合 $A=\{x\mid 2\leqslant x\leqslant 6\}$, 集合 $B=\{x\mid 2<x<6\}$, 求 $A\cap B$, $A\cup B$.

自测案之一树花开

微自测

1. 用正确的符号填空("$\in$""$\notin$""$\subseteq$""$\supseteq$""$=$"):

(1) $\{3,5\}$ ____ $\{1,2,3,4,5\}$;　(2) 0 ____ $\{0\}$;

(3) $\{6,7,9\}$ ____ $\{7,9,6\}$;　(4) $\{0\}$ ____ $\varnothing$;

(5) 0 ____ $\varnothing$;　(6) $\varnothing$ ____ $\{x\mid x=1\}$;

(7) $\{a,b,c\}$ ____ $\{b,c\}$;　(8) -2 ____ $\{x\mid x=4\}$;

(9) d ____ $\{a,b,c\}$;　(10) -5 ____ $\mathbf{N}$;

(11) 8.7 ____ $\mathbf{Z}$;　(12) $\{0,2\}$ ____ $\{0,2,4,6,8\}$.

2. 已知集合 A、B, 求 $A\cap B$, $A\cup B$.

(1) $A=\{1,2\}$, $B=\{2,3\}$;

(2) $A=\{a,b\}$, $B=\{c,d,e,f\}$;

(3) $A=\{1,3,5\}$, $B=\varnothing$;

(4) $A=\{2,4\}$, $B=\{1,2,3,4\}$.

3. $A=\{x \mid -1<x\leqslant 5\}$, $B=\{x \mid x>0\}$，求 $A\cap B$, $A\cup B$.

4. $A=\{x|x\leqslant 2\}$, $B=\{x|x>-4\}$，求 $A\cap B$, $A\cup B$.

1.4 充要条件

预习案之一草一木

微预习

1. 了解"充分条件"、"必要条件"及"充要条件".
2. 通过对条件与结论的研究与判断，培养思维能力.

微作业

观察图 1—9：请感悟语言的魅力.

(1)如果我是石家庄人，那么我是河北人.

(2)如果我是河北人，那么我是保定人.

(3)如果我不是石家庄人，那么我不是河北人.

(4)如果我不是石家庄人，那么我不是保定人.

其中正确的是________.(填序号)

你能辨析前后两个半句(即条件与结论)的关系吗?

图 1—9

探究案之一花独放

微探究

1. 条件 p：喝水. 结论 q：解渴.

问题：由条件 p 能得出结论 q 吗？为什么？反之呢？

解析：喝水一定能解渴，喝水是解渴的最好办法，而解渴不一定非得喝水，喝饮料、喝粥、吃冰糕都可以解渴.

结论：$p \Rightarrow q$，p 是 q 的充分条件.

2. 条件 p：我是河北人. 结论 q：我是石家庄人.

问题：由条件 p 能得出结论 q 吗？为什么？反之呢？

解析：我是河北人，但河北省包含石家庄等多个地市，所以，我虽然是河北人，但不一定是石家庄人. 反之，我是石家庄人，石家庄隶属于河北省，那我一定是河北人.

结论：$p \Leftarrow q$，p 是 q 的必要条件；

3. 条件 p：王明是李霞的丈夫. 结论 q：李霞是王明的妻子.

问题：由条件 p 能得出结论 q 吗？为什么？反之呢？

解析：中国是一夫一妻制，因为王明是李霞的丈夫，所以李霞必然是王明的妻子；反之，李霞是王明的妻子，那么王明一定是李霞的丈夫. 这是互相成立的，毋庸置疑.

结论：$p \Leftrightarrow q$，p 是 q 的充要条件.

4. 条件 p：下雨了. 结论 q：地湿了.

问题：由条件 p 能得出结论 q 吗？为什么？反之呢？

解析：下雨了，露天的地湿了，但室内的地不会湿. 而地湿了，有可能不是因为下雨，而是因为洒水了.

结论：p 是 q 的既不充分也不必要条件.

微思考

结合物理电路知识回答下面的问题：

下面四幅电路图中(见图1—10～图1—13)，开关 A 闭合是灯泡亮的什么条件？

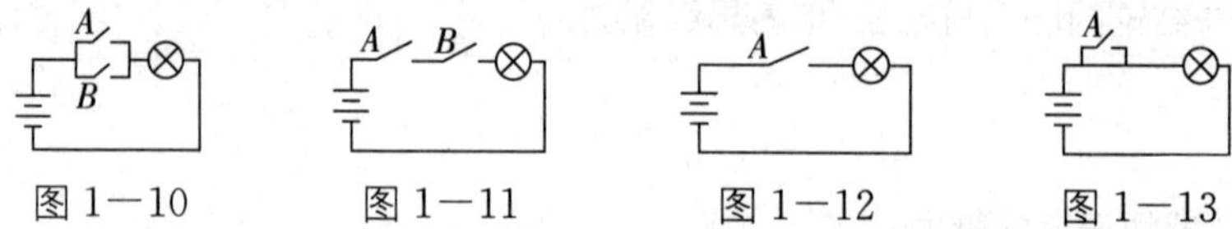

图1—10　图1—11　图1—12　图1—13

微实践

题型一　选用"充分条件"、"必要条件"或"充要条件"填入空格

"条件 p：$x=1$"是"结论 q：$x^2-1=0$"的________.

题型二　指出 p 与 q 的关系

"条件 p：$(x-3)(x-1)=0$"与"结论 q：$x=1$".

题型三　用符号"$\Rightarrow$"、"$\Leftarrow$"或"$\Leftrightarrow$"填空

"条件 p：$x<2$"________"结论 q：$2x-4<0$".

题型四　探讨生活中名言名句的充要关系

(1)水滴石穿；　(2)骄兵必败；

(3)有志者事竟成；　(4)名师出高徒.

练习案之一叶知秋

微练习

1. $a=0$ 是 $ab=0$ 的(　　).

A. 充分条件　　B. 必要条件

C. 既不充分也不必要条件　　D. 充要条件

2. $x \in A$ 是 $x \in A \cap B$ 的(　　).

A. 充分条件　　B. 必要条件

C. 既不充分也不必要条件　　D. 充要条件

3. "x 是 6 的倍数"是"x 是 3 的倍数"的(　　).

A. 充分条件　　B. 必要条件

C. 既不充分也不必要条件　　D. 充要条件

4. "$\triangle ABC$ 是等腰三角形"是"$\triangle ABC$ 是等腰直角三角形"的(　　).

A. 充分条件　　B. 必要条件

C. 既不充分也不必要条件　　D. 充要条件

自测案之一树花开

微自测

1. 选用"充分条件"、"必要条件"或"充要条件"填入空格:

(1) $x \in \mathbf{Z}$ 是 $x \in \mathbf{Q}$ 的________;

(2) $(x+1)(x-3)=0$ 是 $x=3$ 的________;

(3) $\triangle ABC$ 有两个内角相等是 $\triangle ABC$ 为等腰三角形的________;

2. 指出下列各组结论中 p 与 q 的关系:

(1) $p: x>3$, $q: x>5$;

(2) $p: x-2=0$, $q: (x-2)(x+5)=0$;

(3) $p: -6x>3$, $q: x<-\frac{1}{2}$.

3. 用符号"$\Rightarrow$"、"$\Leftarrow$"或"$\Leftrightarrow$"填空:

(1) "$x>2, y>3$"____"$x+y>5$";

(2) "a 是菱形"____"a 是正方形";

(3) "$x^2=9$"____"$x=3$";

(4) "$A=\{x \mid 2<x<5\}$"____"$B=\{x \mid 0<x<6\}$".

单元总结案

总结案之看图说话

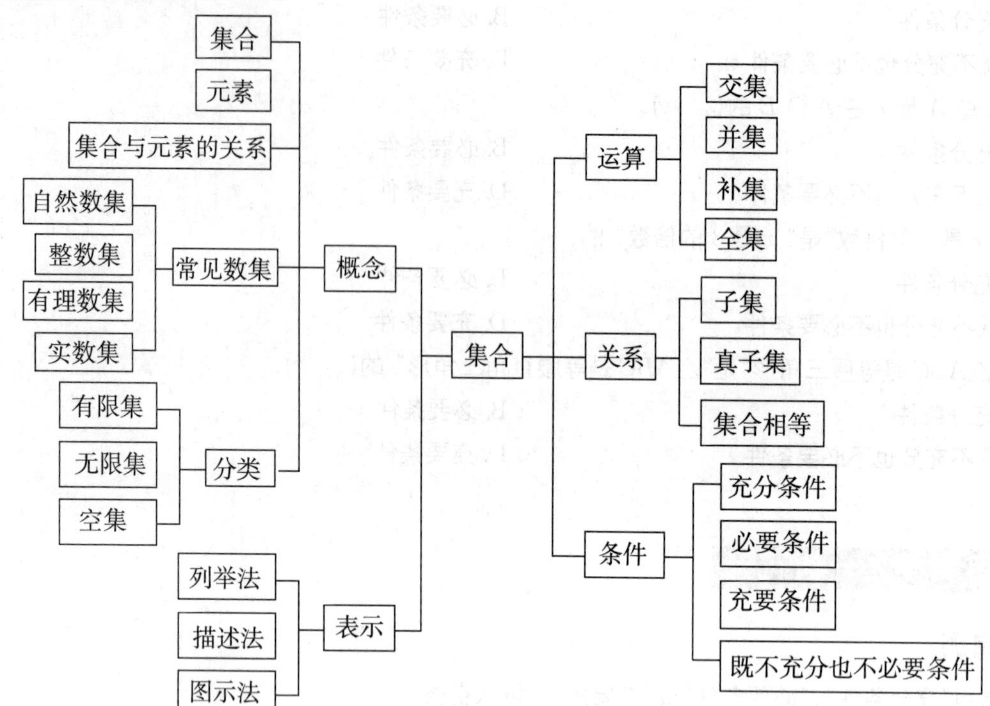

总结案之群英荟萃

题型一　元素的特性

下列说法中正确的是(　　).

A. $\{2,3,4,2\}$是由 4 个元素组成的集合

B. 集合$\{0\}$表示仅有一个元素“0”组成的集合

C. 集合$\{1,2,3\}$与集合$\{3,2,1\}$是两个不同的集合

D. 集合{小于 1 的正有理数}是一个有限集

题型二　元素与集合之间的关系

1. 设 $M=\{x \mid x \leqslant 4, x \in \mathbf{R}\}, a=\sqrt{15}$, 那么下列关系中正确的是(　　).

A. $a \subseteq M$　　B. $a \notin M$　　C. $\{a\} \in M$　　D. $\{a\} \subseteq M$

2. 设集合 $M=\{x \mid x \leqslant 0\}$, 则下列关系中正确的是(　　).

A. $0 \subseteq M$　　B. $\{0\} \in M$　　C. $\{0\} \subsetneqq M$　　D. $M=\varnothing$

题型三　子集与真子集

1. 已知集合 $\{a,b\} \cup A=\{a,b,c\}$, 则符合条件的集合 A 有(　　).

A. 1 个　　B. 2 个　　C. 3 个　　D. 4 个

2. 设集合 $M=\{1,2,3,4\}$, 则集合 M 中包含元素 2 的子集有________个.

3. 集合$\{0,1,2,3\}$有________个子集.

4. 集合 A 有非空真子集 30 个,则集合 A 有________个元素.

5. 已知集合U是全集，集合M、N都是它的子集，且集合M是集合N的真子集，则下列集合中必是空集的是(　　).

A. $\complement M\cap N$　　B. $M\cap N$　　C. $M\cap\complement N$　　D. $\complement M\cap\complement N$

题型四　集合的运算

1. 设集合$M=\{x\mid x<-2\}$，$N=\{x\mid-3<x<0\}$，则：

$M\cap N=$________，$M\cup N=$________，$\complement M\cap N=$________.

2. 已知$U=\{x\mid x<10,x\in\mathbf{N}^{+}\}$，$A=\{1,2,3\}$，$B=\{3,4\}$，求$\complement A\cap\complement B$.

3. 设$A=\{(x,y)\mid x-y+2=0\}$，$B=\{(x,y)\mid y=x^2\}$，求$A\cap B$.

题型五　充分必要条件

1. $x+1>2$是$x>1$的(　　).

A. 充分必要条件　　B. 充分不必要条件

C. 必要不充分条件　　D. 既不充分也不必要条件

2. $|x|=1$是$x=1$的________条件.

3. 是$x>0$是$x>1$的________条件.

4. $x=1$是$x^2-2x+1=0$的________条件.

5. $\angle A=30^\circ$是$\sin A=\dfrac{1}{2}$的________条件.

6. $a=0$是$ab=0$的________条件.

7. “两三角形面积相等”是“这两个三角形全等”的________条件.

8. “$(x+1)^2+|y-1|=0$”是“$x=-1$且$y=1$”的________条件.

题型六　综合应用

1. 已知集合且$M=\{x\mid-3\leqslant x\leqslant 4\}$，$N=\{x\mid a<x<b\}$，且$M\supseteq N$，求实数$a$、$b$的取值范围.

2. 已知集合$A=\{x\mid-1\leqslant x\leqslant 5\}$，$B=\{x\mid x>a\}$，若$A\cap B=\varnothing$，求实数$a$的取值范围.

3. 已知集合$A=\{x\mid 2x^2-px+q=0\}$，$B=\{x\mid 6x^2+(p+2)x+5+q=0\}$，且$A\cap B=\left\{\dfrac{1}{2}\right\}$，求$A\cup B$.

4. 已知集合 $A=\{x \mid ax^2-3x+2=0, a \in \mathbf{R}\}$,

(1)若 A 是空集,求 a 的取值范围;

(2)若 A 中只有一个元素,求 a 的值,并把这个元素表示出来;

(3)若 A 中至多只有一个元素,求 a 的取值范围.

总结案之硕果累累

一、选择题

1. 下列各组对象能形成集合的是(　　).

A. 高个子的男生　B. 年轻人　C. 小于 0 的数　D. 非常小的数

2. 下列各项不能组成集合的是(　　).

A. 全体自然数　B. 小于 4 的全体实数

C. 与 0 接近的有理数　D. 平方等于 -4 的实数

3. 下列各组对象能形成集合的是(　　).

A. 平方等于 -1 的数　B. 与 -1 接近的数

C. 无限大的数　D. 绝对值特别小的数

4. 下列集合中为无限集的是(　　).

A. $\{x \mid 0<x<1\}$　B. $\{x \mid x^2-3x+2=0\}$

C. $\{x \mid 0<x<1$ 且 $x \in \mathbf{Z}\}$　D. $\{a, b\}$

5. 设 $M=\{a\}$,则下列写法中正确的是(　　).

A. $a=M$　B. $\varnothing \in M$　C. $a \subseteq M$　D. $a \in M$

6. 下列说法中正确的是(　　).

A. 空集是任何集合的真子集　B. 任何一个集合都有真子集

C. 任何集合必是它自身的子集　D. 任何集合至少有两个子集

7. 绝对值等于 3 的所有整数组成的集合是(　　).

A. 3　B. $\{3\}$　C. $\{3,-3\}$　D. $3,-3$

8. 用列举法表示集合 $\{x \mid x^2-5x+6=0\}$,结果是(　　).

A. 3　B. 2　C. $\{3,2\}$　D. $3, 2$

9. 设集合 $A=\{x \mid -4<x<1\}$, $B=\{x \mid x<2\}$,则 $A \cup B$ 等于(　　).

A. $\{x \mid -4<x<2\}$　B. $\{x \mid -4<x<1\}$

C. $\{x \mid x<1\}$　D. $\{x \mid x<2\}$

10. 已知 $A=\{x\mid x<-2$ 或 $x>2\}$, $B=\{x\mid x<3\}$, 则下列关系式中正确的是(　　).

A. $A\cup B=\{x\mid x<-2$ 或 $x>3\}$　　B. $A\cap B=\{x\mid -2<x<3\}$

C. $A\cap B=\{x\mid x<-2\}$　　D. $A\cup B=\mathbf{R}$

11. 设全集 $U=\{a,b,c,d,e\}$, 集合 $A=\{a,c,d\}$, $B=\{b,d,e\}$, 则 $\complement(A\cap B)$ 是(　　).

A. $\varnothing$　　B. $\{a,b,c,e\}$　　C. $\{a,c\}$　　D. $\{d,e\}$

12. 已知集合 $A=\{(x,y)\mid 4x+y=6\}$, $B=\{(x,y)\mid 3x+2y=7\}$, 则集合$A\cap B$=(　　).

A. $\{(1,2)\}$　　B. $\{1,2\}$　　C. $\{(2,1)\}$　　D. $\{(-1,-2)\}$

13. $x^2+3x+2=0$ 是 $x=-1$ 的(　　).

A. 充分条件　　B. 必要条件

C. 既不充分也不必要条件　　D. 充要条件

14. 两个三角形两角对应相等是两个三角形全等的(　　).

A. 充分条件　　B. 必要条件

C. 既不充分也不必要条件　　D. 充要条件

15. 下列命题中正确的是(　　).

A. $a=0$ 是 $ab=0$ 的必要条件

B. 两个三角形面积相等是两个三角形全等的充要条件

C. $(x+1)^2+|y-1|=0$ 是 $x=-1$ 且 $y=1$ 的充要条件

D. $A=60^\circ$ 是 $\cos A=\dfrac{1}{2}$ 的必要条件

二、填空题

1. 用列举法表示集合 $\{x\mid 0<x<5, x\in\mathbf{N}\}$ 为________.
2. 设 $A=\{1,3,5,7,9\}$, $B=\{2,4,6,8,10\}$, 则 $\complement A\cap\complement B=$ ________.
3. 设 $A=\{1,3,5\}$, $B=\{2,4,6\}$, $C=\{0,2,3,6\}$, 则 $(A\cap C)\cup B=$ ________.
4. 已知集合 $M=\{x\mid x>3\}$, $N=\{x\mid x>-1\}$, 则:

$M\cap N=$ ________, $M\cup N=$ ________, $\complement M=$ ________, $\complement N=$ ________.

5. 设 $U=\mathbf{R}$, 已知集合 $A=\{x\mid 0<x<4\}$, $B=\{x\mid -2<x<3\}$, 则:

$A\cap B=$ ________, $A\cup B=$ ________, $\complement A=$ ________.

6. $U=\mathbf{R}$, 已知集合 $A=\{x\mid 2<2\leqslant 6\}$, $B=\{x\mid x\geqslant 4\}$, 那么 $\complement A\cup B=$ ________, $A\cap\complement B=$ ________.
7. 设 $U=\{1,2,3,4\}$, $\complement A=\{2\}$, 则集合 A 的真子集共有________个.
8. 用正确的符号填空 (“$\Rightarrow$”“$\Leftarrow$”“$\Leftrightarrow$”)

(1) $x<-1$ ______ $x<1$;　(2) $a\in\mathbf{R}$ ______ $a\in\mathbf{Q}$;　(3) $x>0$ ______ $x^2>0$.

9. 设 $U=\{x\mid x\geqslant 0\}$, $A=\{x\mid x>5\}$, 则 $\complement A=$ ________, $\complement A\cap A=$ ________.
10. 用符号“$\in$”“$\notin$”“$\subseteq$”“$\supseteq$”“$=$”填空:

(1) $\{x\mid 3<x<6\}$ ______ $\{4,5\}$;　　(2) $\mathbf{R}$ ______ $\mathbf{Q}$;

(3) 4 ______ $\{x\mid x<5\}$;　　(4) $\{0\}$ ______ $\varnothing$;

(5) $\{2\}$ ______ $\{x\mid |x|=2\}$;　　(6) -2.5 ______ $\mathbf{Z}$;

(7) $\{1,3,5,\cdots\}$ ______ $\{x\mid x=2k+1, k\in\mathbf{N}\}$;

(8) $\{x\mid x^2<0\}$ ______ $\{x\mid x^2=-1\}$.

11. $A=\{x\mid -1<x<3\}$, $B=\{x\mid x>2\}$, $A\cap B=$ ________.
12. 设集合 $M=\{0\}$, $N=\{0,1\}$, $P=\{0,1,2\}$, 则 $(M\cup N)\cap P=$ ________.
13. “四边形是正方形”是“两条对角线互相平分”的________条件.

14. 方程组$\begin{cases}2x-3y+1=0,\\3x-2y-1=0\end{cases}$的解集为________.

15. $A\cap B=A$是$A\subseteq B$的________条件.

三、解答题

1. 写出集合$A=\{2,4,6\}$的所有子集和真子集.

2. 用适当的方法表示下列集合:

(1)由第三象限所有的点组成的集合;

(2)由大于-1小于6的实数组成的集合;

(3)由"clock"中的字母构成的集合.

3. 设集合$A=\{x\mid x\leqslant 4\}$,$B=\{x\mid 2\leqslant x<8\}$,画出简易数轴,并求$A\cap B$.

4. 已知集合$M=\{(x,y)\mid 2x+y=4\}$,$N=\{(x,y)\mid x-y=-1\}$,求$M\cap N$.

5. 已知集合$M=\{x\mid |x|=2\}$,$N=\{x\mid x^2-2x=0\}$,求$M\cap N$.

6. 设二次方程$x^2-px+21=0$的解集为A,方程$x^2-8x+q=0$的解集为B,若$A\cap B=\{3\}$,求p、q的值,并用列举法写出集合A与B.

7. 设全集$U=\{3,5,7\}$,$A=\{3,|a-3|\}$,$\complement A=\{7\}$,求a的值.

第 2 章　不等式

2.1　不等式的基本性质

§2.1.1　比较实数大小的方法

预习案之一草一木

微预习

掌握比较实数大小的方法.

微作业

月初,3 名同学分别回家带了一定的生活费后,来到学校开始学习生活. 1 个月后,3 人发现他们的生活消费金额恰好都是 500 元,其中,张明的生活费还有剩余,李欣恰好花光,而陈彦已经欠了舍友的钱. 以表格的形式分析家长最初交给三名同学的生活费与 500 元的关系.

微探究

1. 根据家长给 3 名同学的生活费及同学们实际生活消费情况,可绘制以下表格(见表 2—1).

表 2—1

姓名	带的生活费/元	实际生活消费金额/元	生活费余额/元
张明	>500	500	>0
李欣	$=500$	500	0
陈彦	<500	500	<0

比较实数大小的方法:

对于两个任意的实数 a 和 b,有:

$a-b>0\Leftrightarrow a$ ____ b;$a-b=0\Leftrightarrow a$ ____ b;$a-b<0\Leftrightarrow a$ ____ b.

比较两个实数的大小,只需要考查它们的________即可,这种比较实数大小的方法叫作________法.

2. 比较下列各对实数的大小:

(1) $\frac{4}{7}$ 与 $\frac{5}{9}$;　　(2) $1\frac{3}{5}$ 与 1.63.

微思考

1. 比较两个实数的大小还有其他的方法吗?

比较数轴上 a 与 0, b 与 1, a 与 b 的大小关系(见图 2—1).

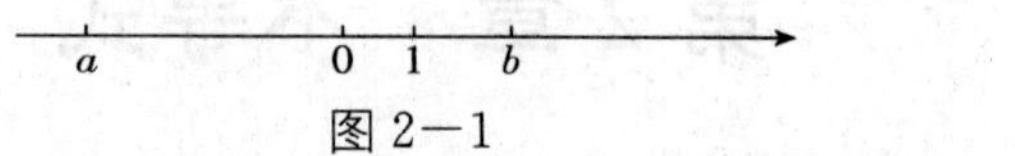

图 2—1

由数轴的概念,可知数轴上的点和实数是______对应的,并且数轴上的数从______向________依次增大,因此可以得到: a ____0, b ____1, a ____ b. 这种比较实数大小的方法叫作________法.

2. 代数式 a^2+5 和 $4a+1$ 能够比较大小吗? 用什么方法更合适? 两个代数式可以比较大小吗?

微实践

题型一　比较两个实数大小

比较 $\frac{5}{6}$ 与 $\frac{7}{9}$ 的大小.

题型二　比较代数式的大小

当 $a>b>0$ 时,比较 a^2b 与 ab^2 的大小.

练习案之一叶知秋

微练习

1. 填空: $2\frac{2}{5}$ ____ 2.4, $-\frac{1}{2}$ ____ $-\frac{1}{3}$.

2. 比较大小: $\frac{\pi}{2}$ 与 $\frac{\pi}{3}$.

3. 比较下列代数式 $(x+5)(x+7)$ 与 $(x+6)^2$ 的大小.

自测案之一树花开

微自测

1. 比较大小: $\frac{4}{5}$ 与 $\frac{5}{6}$, $-\frac{4}{5}$ 与 $-\frac{5}{6}$.

2. 填空: $1\frac{3}{4}$ ____ 1.6, $-1\frac{3}{4}$ ____ -1.6.

3. 设 $a\in\mathbf{R}$, 比较 a^2-3 与 $4a-15$ 的大小.

§2.1.2 不等式的基本性质

预习案之一草一木

微预习

1. 理解不等式的三种性质.
2. 利用不等式的性质会解一元一次不等式.

微作业

1. 谁更重?

红红、涛涛、阳阳三个小朋友想要一起玩跷跷板，但三个小朋友的体重相差悬殊，使得游戏无法进行，请你根据图 2—2 判断涛涛、阳阳和红红谁重.

图 2—2

2. 谁更大?

小头爸爸和大头儿子 5 年后年龄的比较：今年小头爸爸 32 岁，大头儿子 5 岁，5 年后，他们谁的岁数大呢?

探究案之一花独放

微探究

问题 1　阳阳、涛涛、红红谁重一些呢?

阳阳的体重>涛涛的体重，涛涛的体重>红红的体重.

不等式性质 1——传递性：

如果 $a>b,b>c$，那么 a ______ c.

问题 2　小头爸爸和大头儿子 5 年后年龄大小如何变化呢?

因为 32 ______ 5，所以 32+5 ______ 5+5.

不等式性质 2——加法性质：

如果 $a>b,c\in\mathbf{R}$，那么 $a+c$ ______ $b+c$.

用“>”“<”“=”填空：

(1)6×1 ______ 5×1，6×2 ______ 5×2，6×3 ______ 5×3；

(2)$6\times(-1)$ ______ $5\times(-1)$，$6\times(-2)$ ______ $5\times(-2)$，$6\times(-3)$ ______ $5\times(-3)$；

(3)6×0 ______ 5×0.

由以上式子你得到什么规律?

微思考

1. 如果 $a>b,c\in\mathbf{R}$，是否可得 $ac>bc$？

性质 3——乘法性质：

如果 $a>b,c>0$，那么 $ac>bc$；如果 $a>b,c<0$，那么________.

2. 解不等式 $x+7>2$.

第一步：$x>$________

第二步：$x>$________.

结论 1　移项法则：如果________，那么 $a>c-b$.

3. 某学校组织才艺大赛，海选之后王曼和刘莹两名同学争夺冠亚军，冠亚军争夺赛由专家评委打分和大众评委打分两个环节组成，专家评委和大众评委打分满分分别为 60 分和 40 分，比赛过后，主持人宣布打分结果(见表 2-2)：

表 2-2

姓名	专家评委	大众评委	总分
王曼	58 分	39 分	?
刘莹	56 分	34 分	?

请快速判断两名同学谁获得冠军?

结论 2　同向不等式可加性：如果 $a>b,c>d$，那么________.

4. 判断"如果 $a>b,c>d$，那么 $ac>bd$"这一结论是否正确?（举例说明）

结论 3　同向不等式正向可乘性：如果 $a>b>0$，$c>d>0$，那么________.

微实践

题型一　解不等式

解下列不等式：

(1) $x+5>3$；　(2) $2x-3<x+1$；　(3) $\frac{1-x}{2}<3x+4$.

题型二　解不等式组

解下列不等式组：

(1) $\begin{cases}x>1,\\x>3;\end{cases}$　(2) $\begin{cases}x<1,\\x<3;\end{cases}$　(3) $\begin{cases}x>1,\\x<3;\end{cases}$　(4) $\begin{cases}x<1,\\x>3.\end{cases}$

练习案之一叶知秋

微练习

1. 填空：

(1) 设 $a>b$，则 $a+2$ ________ $b+2$，$a-1$ ________ $b-1$，$a+1$ ________ $b-1$；

(2)设 $a<b$，则 $2a$ ________ $2b$，$-2a$ ________ $-2b$，$3a-1$ ________ $3b-1$.

2. 解下列不等式：

(1) $\frac{2x-3}{7}\geqslant\frac{3x+2}{4}$；　　(2) $2-4x>3(3x-1)$.

3. 解不等式组：

(1) $\begin{cases}x+1\leqslant 0,\\2x+3<5;\end{cases}$　　(2) $\begin{cases}x+1\leqslant 0,\\2x+3>5.\end{cases}$

自测案之一树花开

微自测

1. 求不等式 $-3x+2\geqslant-5$ 的解.

2. 在数轴上从左至右的 3 个数为 a、$1+a$、$-a$，则 a 的取值范围是(　　).

A. $a<\frac{1}{2}$　　B. $a<0$　　C. $a>0$　　D. $a<-\frac{1}{2}$

3. 求同时满足不等式 $6x-2\geqslant 3x-4$ 与 $\frac{2x+1}{3}-\frac{1-2x}{2}<1$ 的整数 x 的值.

2.2　区间

预习案之一草一木

微预习

1. 掌握区间的定义.
2. 掌握用区间表示相关集合的方法，并能在数轴上表示出来.

微作业

了解高速限速相关规定.

探究案之一花独放

微探究

1. 该限速标志(见图 2—3)表示：小型车在该路段行驶时，车速不能高于每小时 100 km，不能低于每小时60 km.

图 2—3

用集合表示为：$\{x|60\leqslant x\leqslant 100\}$.

在数轴上用实心点表示(见图 2—4)：

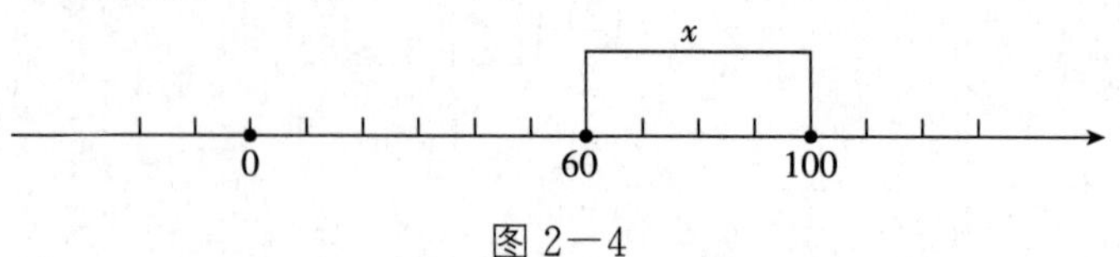

图 2—4

除了用集合和数轴表示这些范围外，还有没有更简练的表示方法呢?

2. 区间的定义：由数轴上两点间的一切______所组成的集合叫作区间，其中，这两个点叫作______端点.

(1)开区间：集合 $\{x \mid 2<x<4\}$，区间表示是________.

(2)闭区间：集合 $\{x \mid 2\leqslant x\leqslant 4\}$，区间表示是________.

3. 集合 $\{x \mid x>2\}$ 如何用区间表示?

(1)认识 $-\infty$ 和 $+\infty$ 的含义；

(2)集合 $\{x \mid x<2\}$ 表示的区间为开区间，用符号________表示.

微思考

1. 只含左端点的区间叫作右半开区间，如集合 $\{x \mid 2\leqslant x<4\}$，用记号 $[2,4)$ 表示；只含右端点的区间叫作________，如集合 $\{x \mid 2<x\leqslant 4\}$，用记号________表示.

2. 集合 $\{x \mid x\geqslant 2\}$ 表示的区间为右半开区间，用记号________表示；集合 $\{x \mid x\leqslant 2\}$ 表示的区间为________，用记号________表示；实数集 **R** 可以表示为开区间，用记号________表示.

微实践

题型一　用区间表示集合

2015 年对酒驾醉驾标准新规定：每 100 ml 血液中酒精含量达 20 mg 但不足80 mg，属于饮酒驾驶；每 100 ml 血液酒精含量达到或超过 80 mg，属于醉酒驾驶. 用m 表示血液酒精含量(mg/100 ml)，请填写表2—3.

表 2—3

项目	酒驾血液酒精含量	醉驾血液酒精含量
集合表示	$\{m \mid 20\leqslant m<80\}$	________
区间表示	________	________

题型二　用区间进行集合的运算

已知集合 $A=(-\infty,2)$，集合 $B=(-\infty,4]$，求 $A\cup B$，$A\cap B$，$\complement A$、$\complement B$.

练习案之一叶知秋

微练习

1. 机动车下高速驶入匝道限速 40 km/h,请用集合、数轴、区间三种方式表示.

2. 已知集合 $A=(2,7)$, 集合 $B=(-3,9)$, 求 $A\cup B, A\cap B$.

3. 已知集合 $A=[-3,2]$, 集合 $B=[0,7]$, 求 $A\cup B, A\cap B$.

4. 已知集合 $A=[-2,1)$, 集合 $B=(0,3]$, 求 $A\cup B, A\cap B$.

探究案之一花独放

微自测

1. 用区间表示下列集合:

(1) $\{x\mid -2<x\leqslant 3\}=$ ________; (2) $\{x\mid 0<x<1\}=$ ________;

(3) $\{x\mid -4\leqslant x\leqslant -1\}=$ ________; (4) $\{x\mid x\leqslant 3\}=$ ________;

(5) $\{x\mid x>-2\}=$ ________.

2. 已知集合 $A=(0,+\infty)$, 集合 $B=[2,+\infty)$, 求 $A\cup B, A\cap B$.

3. 设全集 $U=\mathbf{R}$, $M=\{x\mid -2x\leqslant 3\}$, 求 $\complement M$.

2.3　一元二次不等式

预习案之一草一木

微预习

1. 了解方程、不等式、函数的图像之间的联系.
2. 掌握一元二次不等式的图像解法.

微作业

园林工人计划使用可以做出 20 m 栅栏的材料，在靠墙的位置围出一块矩形的花圃，要使花圃的面积不小于 42 m^2，你能确定与墙平行的栅栏的长度范围吗?

探究案之一花独放

微探究

1. 栅栏问题中，设与墙平行的栅栏长为 x(m)，则另外两边的长度就是________(m)，如图 2—5 所示，则根据题意得:

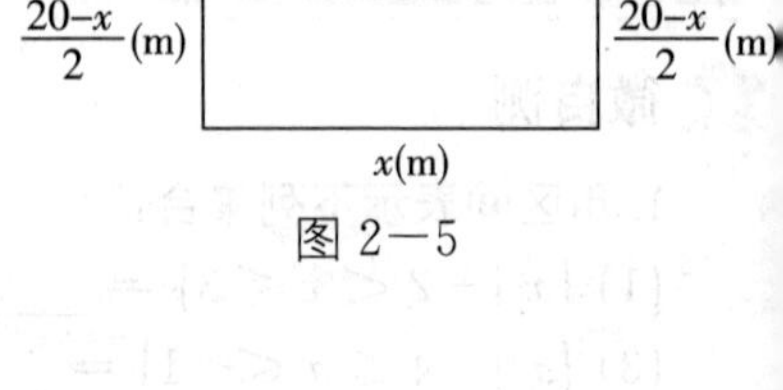

图 2—5

$$x \cdot \frac{20-x}{2} \geqslant 42.$$

去分母得: $x(20-x) \geqslant$________，

$20x-x^2 \geqslant 84$，

$x^2-20x+84 \leqslant 0$.

含有一个未知数，并且未知数的最高次数为二次的不等式，叫作一元二次不等式. 其一般形式是: $ax^2+bx+c>(\geqslant)0(a \neq 0)$ 或 $ax^2+bx+c<(\leqslant)0(a \neq 0)$.

2. 二次函数的图像、一元二次方程与一元二次不等式之间存在着哪些联系?

解一元二次不等式 $x^2-4x+3>0$.

(1)怎样画这个二次函数的草图?

解方程 $x^2-4x+3=0$，得 $x_1=$________，$x_2=$________.

在图 2—6 中，画出二次函数 $y=x^2-4x+3$ 的草图:

(2)根据二次函数的图像，能求出抛物线 $y=x^2-4x+3$ 与 x 轴的交点:(____，____)与(____，____)，其交点将 x 轴分成______段.

(3)观察抛物线，找出纵坐标 $y=0$，$y>0$，$y<0$ 的点.

(4)图像上纵坐标 $y=0$ 的点所对应的横坐标 x 为______和______;

图像上纵坐标 $y>0$ 的点所对应的横坐标为 $x<$________，$x>$________;

图像上纵坐标 $y<0$ 的点所对应的横坐标为________$<x<$________.

由以上可以知道: $x^2-4x+3>0$ 的解集为________________.

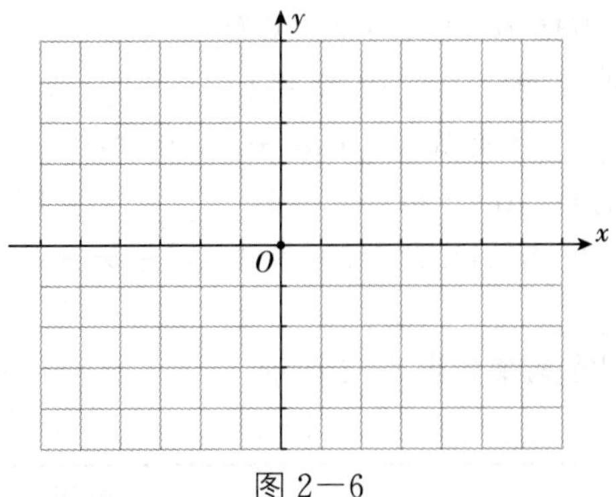

图 2—6

微思考

1. 用图像法解一元二次不等式：$ax^2+bx+c>0$（或 $\geqslant 0$，$\leqslant 0$，<0）（$a>0$，$\Delta>0$）.

解题步骤：

第一步：解方程，

解方程 $ax^2+bx+c=0$，得到两根 x_1，x_2.

第二步：画函数的草图（见图 2—7）.

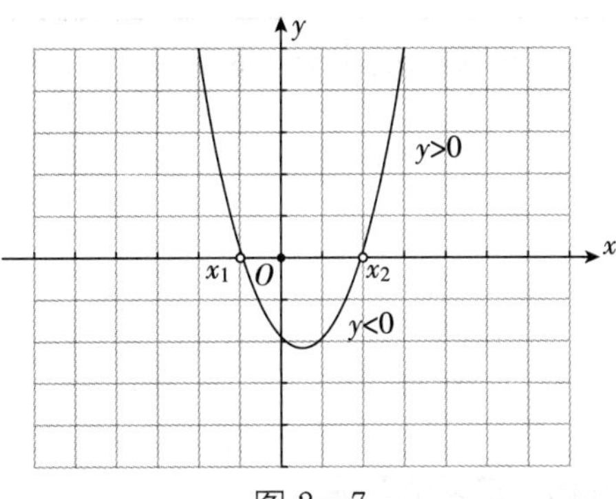

图 2—7

第三步：写不等式的解集.

根据不等式的不等号的方向写出 x 的范围，大于 0 取________，小于 0 取________，最后用区间表示不等式的解集.

2. 利用一元二次函数 $y=ax^2+bx+c(a>0)$ 的图像可以解不等式 $ax^2+bx+c>0$ 或 $ax^2+bx+c<0$.

(1) 当 $\Delta=b^2-4ac>0$ 时，方程 $ax^2+bx+c=0$ 有________个________的实数解 x_1 和 $x_2(x_1<x_2)$，一元二次函数 $y=ax^2+bx+c$ 的图像与 x 轴有________个交点（____，____）和（____，____）（见图 2—8(a)）.此时，不等式 $ax^2+bx+c<0$ 的解集是________，不等式 $ax^2+bx+c>0$ 的解集是____________.

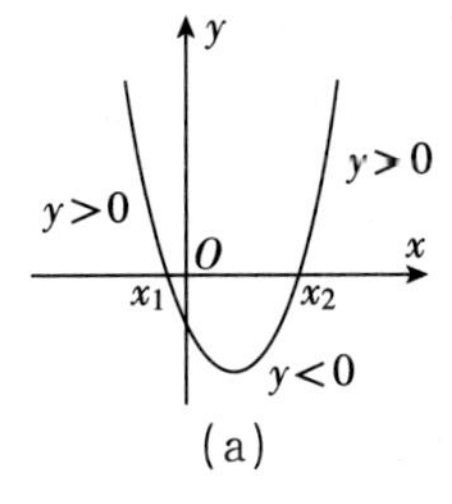

(a)

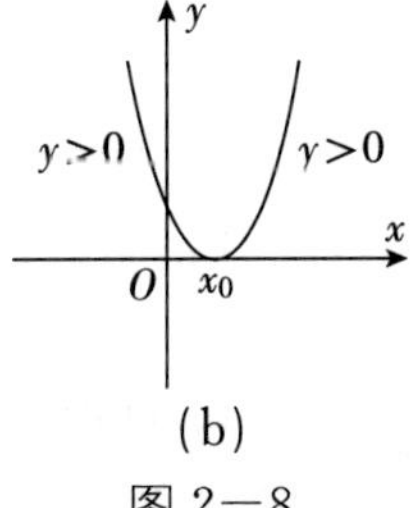

(b)

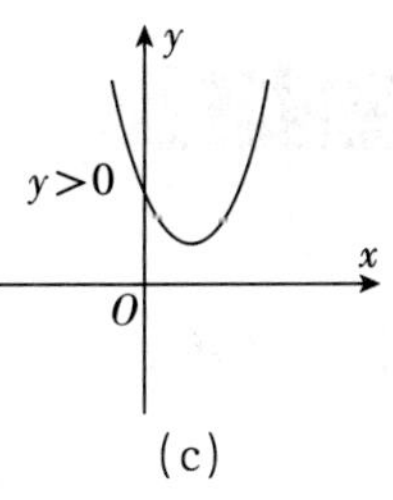

(c)

图 2—8

(2)当 $\Delta=b^2-4ac=0$ 时,方程 $ax^2+bx+c=0$ 有______个________的实数解 x_0,一元二次函数 $y=ax^2+bx+c$ 的图像与 x 轴只有_______个交点(____,____)(见图 2－8(b)). 此时,不等式 $ax^2+bx+c<0$ 的解集是________;不等式 $ax^2+bx+c>0$ 的解集是________.

(3)当 $\Delta=b^2-4ac<0$ 时,方程 $ax^2+bx+c=0$ ________实数解,一元二次函数 $y=ax^2+bx+c$ 的图像与 x 轴______交点(见图 2－8(c)). 此时,不等式 $ax^2+bx+c<0$ 的解集是________;不等式 $ax^2+bx+c>0$ 的解集是________.

当 $a>0$ 时,一元二次不等式的解集如表 2－4 所示.

表 2－4

方程或不等式	解集		
	$\Delta>0$	$\Delta=0$	$\Delta<0$
$ax^2+bx+c=0$	$\{x_1,x_2\}$	$\{x_0\}$	
$ax^2+bx+c>0$			
$ax^2+bx+c\geqslant 0$			
$ax^2+bx+c<0$			
$ax^2+bx+c\leqslant 0$			

一元二次不等式记忆口诀是"大于 0 取两边,小于 0 取中间."

微实践

题型一　解一元二次不等式

解 $x^2+x-12\leqslant 0$.

题型二　求满足代数式有意义的 x 的取值范围

x 是什么实数时, $\sqrt{3x^2-x-2}$ 有意义?

题型三　已知解集求系数

关于 x 的不等式 $kx^2-kx+1>0$ 对任意实数都成立,求 k 的取值范围.

练习案之一叶知秋

微练习

1. 解下列一元二次不等式:

(1) $2x^2+x-6>0$;　　(2) $x(x-3)>0$.

2. x ________时，$\sqrt{3+2x+x^2}$ 有意义.

3. 函数 $y=\sqrt{kx^2-6x+k+8}$ 的定义域为一切实数,则 k 的取值范围是(　　).

A. $k\geqslant1$ 或 $k\leqslant9$　　B. $k\geqslant1$

C. $-9\leqslant k\leqslant1$　　D. $0\leqslant k\leqslant1$

自测案之一树花开

微自测

1. 解不等式:

(1) $-4x(x+5)<0$;

(2) $x^2-6x+8\geqslant0$.

2. x 是什么实数时，$\sqrt{-2x^2+5x-2}$ 有意义?

3. 若不等式 $x^2-ax-b<0$ 的解集为(2,3),解不等式 $bx^2-ax-1>0$.

2.4　含绝对值的不等式

预习案之一草一木

微预习

掌握含绝对值不等式的解法.

微作业

瑞士机械表允许的误差范围为±30 s/D,设瑞士机械表的误差为 x s/D,请用含绝对值的不等式表示瑞士机械表的误差范围.

探究案之一花独放

微探究

1. 瑞士机械表的误差范围用含绝对值的不等式可以表示为：$|x|\leqslant 30$.

用数轴表示如图 2—9 所示.

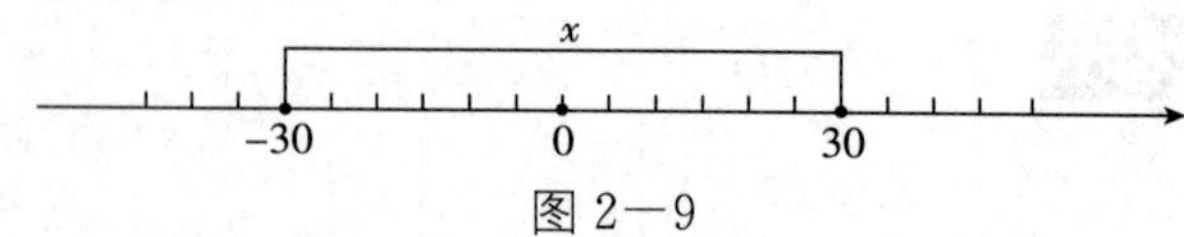

图 2—9

也就是 $|x|\leqslant 30 \Leftrightarrow -30\leqslant x\leqslant 30$，所以它的解集是________.

2. 绝对值不等式的解集应该如何表示?

$|x|\geqslant 30 \Leftrightarrow x\leqslant$________或 $x\geqslant$________，因此解集为________$\cup$________.

3. 如何求 $|2x+1|<3$ 的解集?

设 $m=2x+1$，则 $|2x+1|<3$ 化为 $|$____$|<3$，即 $-3<$____<3，即 $|2x+1|<3$ 的解集为________.

这种解决问题的方法叫变量替换法.

微思考

1. 如图 2—10 所示，当 $a>0$ 时，不等式 $|x|<a \Leftrightarrow$________$<x<$________.

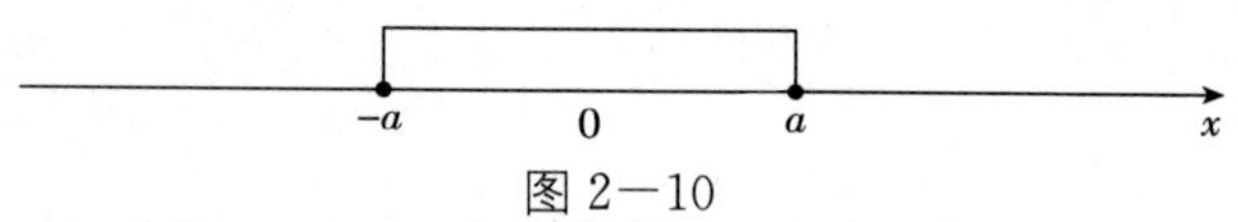

图 2—10

2. 如图 2—11 所示，当 $a>0$ 时，不等式 $|x|>a \Leftrightarrow x<$______或 $x>$______.

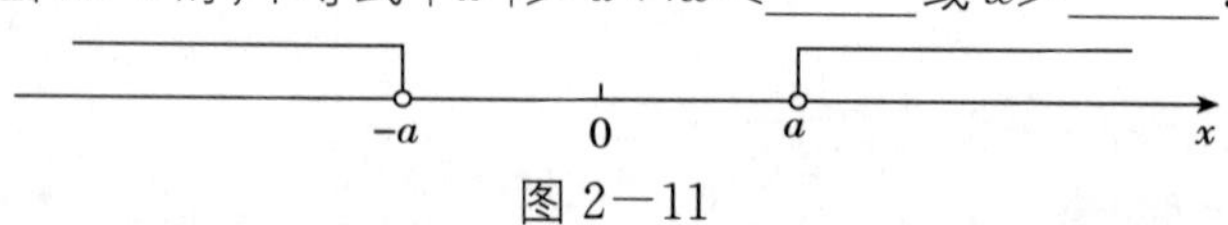

图 2—11

含绝对值的不等式的记忆口诀：小于取中间，大于取两边.

3. 不等式 $|ax+b|<c$ 或 $|ax+b|>c\ (c>0)$ 可以通过________的方法求解. 实际运算中，可以省略变量替换的书写过程.

即 $|ax+b|<c \Leftrightarrow$________，$|ax+b|>c \Leftrightarrow$________或________.

微实践

题型一　求形如 $|x|<a$ 或 $|x|>a$ 的不等式的解集

解不等式 $2|x|<18$ 与 $2|x|>18$.

题型二　求形如 $|ax+b|<c$ 或 $|ax+b|>c$ 的不等式的解集

解不等式 $|-2x+5|<4$ 与 $|-2x+5|>4$.

练习案之一叶知秋

微练习

1. 求下列不等式的解集：

(1) $|x|<1.5$；

(2) $3|x|>1.5$；

(3) $|3x-4|<5$.

2. 不等式 $|3x-5|+1\geqslant 2$ 的集解为________.

3. 不等式 $|-x+5|\geqslant -2$ 的集解为________.

自测案之一树花开

微自测

解下列不等式：

(1) $|x|-5\leqslant 2$；

(2) $2|3x|+1>5$；

(3) $\left|\frac{1}{2}x-3\right|\leqslant 3$.

单元总结案

总结案之看图说话

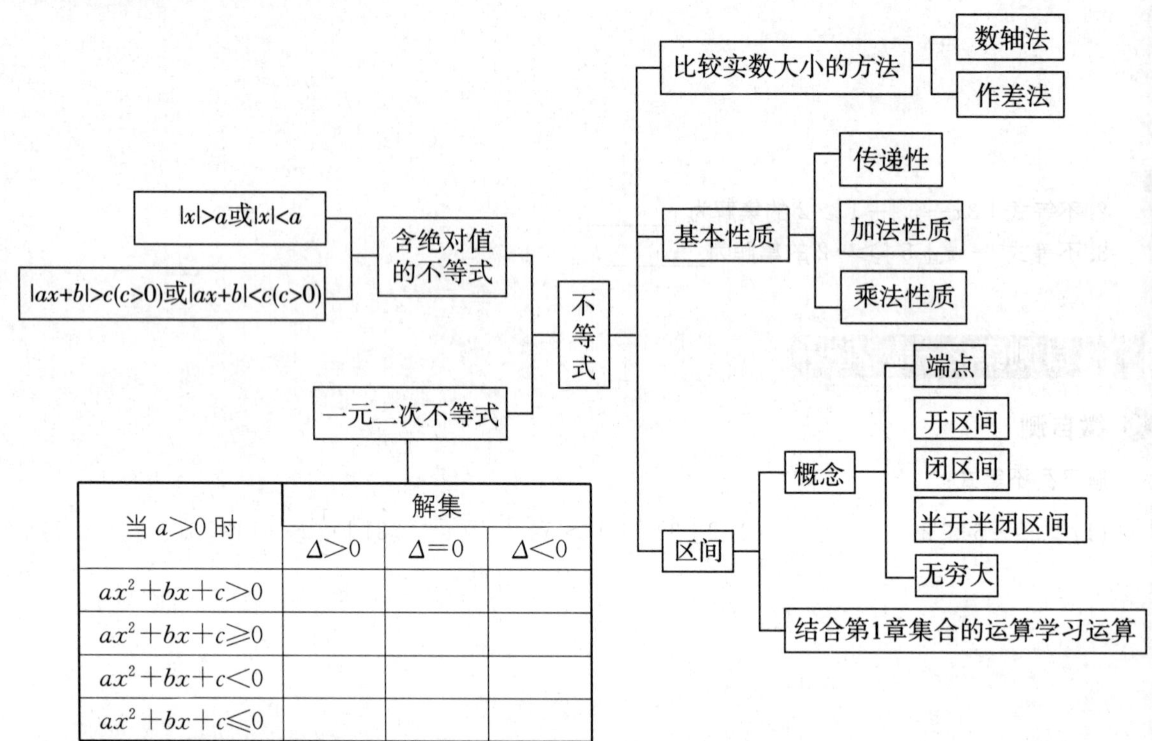

当 $a>0$ 时	解集		
	$\Delta>0$	$\Delta=0$	$\Delta<0$
$ax^2+bx+c>0$			
$ax^2+bx+c\geqslant 0$			
$ax^2+bx+c<0$			
$ax^2+bx+c\leqslant 0$			

总结案之群英荟萃

题型一　解一元一次不等式

1. 设全集 $U=\mathbf{R}, M=\{x \mid -2x>1\}$，则 $\complement M$ ________.

2. 解关于 x 的不等式 $3-kx<-5(k\neq 0)$.

题型二　解一元一次不等式组

(1) $\begin{cases} x>-1, \\ x>2; \end{cases}$　(2) $\begin{cases} x>-1, \\ x<2; \end{cases}$　(3) $\begin{cases} x<-1, \\ x<2; \end{cases}$　(4) $\begin{cases} x<-1, \\ x>2. \end{cases}$

题型三　一元二次不等式

(1) $x^2+2x-15\geqslant 0$;　(2) $3x^2-8x+5\geqslant 0$;　(3) $(x-2)(3-x)>0$;

4) $-x^2+5x+6\geqslant 0$;　　(5) $4x^2-4x+1\geqslant 0$.

题型四　含绝对值的不等式

1) $|3x+2|-5\leqslant 0$;　　(2) $|5-3x|>4$;　　(3) $1<|x-3|\leqslant 3$.

题型五　复杂不等式

. 根式: $\sqrt{x-2}<2$.

. 二次函数与含绝对值不等式结合: $x^2-5|x|+6\leqslant 0$.

. 分式不等式:

(1) $\dfrac{x+2}{x-1}>0$;　　(2) $\dfrac{x+2}{x-1}\leqslant 0$;　　(3) $\dfrac{x^2+x-12}{x^2+1}\leqslant 0$.

. 特殊解集:

(1) $|x+1|\leqslant -2$;　　(2) $|x+3|\leqslant 0$;　　(3) $(x-1)^2<0$;

(4) $(x-1)^2\geqslant 0$;　　(5) $(x-1)^2>0$;

(6) $x^2+x+2\leqslant 0$;　　(7) $x^2+x+2\geqslant 0$.

题型六　不等式应用

. 已知集合 $A=\{x\mid x^2-x-6>0\}$, $B=\{x\mid 0<x+a<4\}$, 若 $A\cap B=\varnothing$, 求实数 a 的取值范围.

2. 关于 x 的方程 $k^2x+2=3k-x$ 的根为非负实数,则 k 的取值范围为________.

3. m 取何值时,关于 x 的方程 $x^2-2(m+2)x+m^2-1=0$,

(1)有实数根? (2)有两个正实数根? (3)有两个负实数根? (4)有一正一负两根?

4. 已知集合 $A=\{x \mid mx^2-3x+2=0, m\in \mathbf{R}\}$,若 A 中元素至少有一个,求 m 的取值范围.

5. 已知 a,b 为实数,且满足 $\sqrt{a-3}+|2b-4|=0$,并且关于 x 的方程 $(m+1)x^2+ax+b=0$ 有两个实数根,试求 m 的取值范围.

6. 国家收购某种农副产品的价格是120元/担,其中征税标准是每100元征税8元(叫作税率是8个百分点,即8%),计划收购 m 万担. 为了减轻农民负担,决定税率降低 x 个百分点,预计收购量可增加 $2x$ 个百分点,要使此项税收在税率降低后不低于原计划的78%,试确定 x 的取值范围.

题型七　不等式性质

1. 下列命题中正确的是(　　).

A. 若 $a>b, c>d$,则 $ac>bd$　　B. 若 $ac>bc$,则 $a>b$

C. 若 $a>b$,则 $\frac{1}{a}<\frac{1}{b}$　　D. 若 $a>b, c>d$,则 $a+c>b+d$

2. 下列命题中正确的是(　　).

A. 若 $a^2>b^2$,则 $a>b$　　B. 若 $a>b$,则 $\frac{1}{a}<\frac{1}{b}$

C. 若 $\frac{1}{a}<1$,则 $a>1$　　D. 若 $a<b$,则 $a(a-b)>b(a-b)$

3. 判断题:

(1)若 $ac^2>bc^2$,则 $a>b$. (

(2)若 $a>b>0, c<d<0$,则 $ac<bd$. (

(3)若 $a>b, c<d$,则 $a-c>b-d$. (

4. 如果 a,b,c 满足 $c<b<a$ 且 $ac<0$,那么下列选项中不正确的是(　　).

A. $ab>ac$　　B. $c(b-a)>0$　　C. $cb^2>ab^2$　　D. $ac(a-c)<0$

题型八　已知解集求系数

1. 已知一元二次不等式 $ax^2+bx+1>0$ 的解集为 $(-2,1)$,求 a,b 的值.

2. 已知不等式 $ax^2+bx+2>0$ 的解集为 $\left(-\frac{1}{2},\frac{1}{3}\right)$，求不等式 $2x^2+bx+a<0$ 的解集.

3. 已知集合 $M=\{a,0\}$，$N=\{x\mid 2x^2-5x<0,x\in\mathbf{Z}\}$，若 $M\cap N\neq\varnothing$，则 $a=$(　　).

A. 1　　B. 2　　C. 1 或 2.5　　D. 1 或 2

4. 关于 x 的不等式 $kx^2+2kx+3>0$ 对任意实数都成立，求 k 的取值范围.

总结案之硕果累累

一、选择题

1. 若 $a>b$，则下列不等式中成立的是(　　).

A. $a-1>b-1$　　B. $\frac{1}{3}a<\frac{1}{3}b$　　C. $-3a>-3b$　　D. $-\frac{a}{5}>-\frac{b}{5}$

2. 如果 $a>b,c\in\mathbf{R}$，则下面四个命题中正确的是(　　).

A. 如果 $a>b,c>b$，则 $a>c$　　B. 若 $a>-b$，则 $c-a<c+b$

C. 如果 $a>b$，则 $ac^2<bc^2$　　D. 若 $a>b,c>d$，则 $ac>bd$

3. 如果 $a<b<0$，则下列不等式中不能成立的是(　　).

A. $a^2>b^2$　　B. $|a|>|b|$　　C. $2a<2b$　　D. $a-2>b-2$

4. 如果 $a>|b|$，且 $b<0$，则下列各式中成立的是(　　).

A. $a+b>0$　　B. $a+b<0$　　C. $|a|<|b|$　　D. $b-a<0$

5. 设 $A=(-\infty,-1)$，$B=(0,+\infty)$，则 $A\cap B=$(　　).

A. $\mathbf{R}$　　B. $(0,1)$　　C. $(-\infty,0)$　　D. $\varnothing$

6. 设 $A=(0,+\infty)$，$B=(-2,3]$，则 $A\cup B=$(　　).

A. $(-2,+\infty)$　　B. $(0,3]$　　C. $(-2,0)$　　D. $[3,+\infty)$

7. 不等式 $(x-1)(3x+2)<0$ 的解集为(　　).

A. $\left(-\infty,-\frac{2}{3}\right)\cup(1,+\infty)$　　B. $\left(-\frac{2}{3},1\right)$

C. $\left[-\frac{2}{3},1\right]$　　D. $\left(-1,\frac{2}{3}\right)$

8. 不等式 $x^2-2x<0$ 的解集为(　　).

A. $(-\infty,0)\cup(1,+\infty)$　　B. $(0,2)$

C. $[0,2]$　　D. $\mathbf{R}$

9. 不等式 $x^2<2$ 的解集(　　).

A. $[\sqrt{2},+\infty)$　　B. $(-\infty,-\sqrt{2})$

C. $(-\sqrt{2},\sqrt{2})$　　D. $(-\infty,-\sqrt{2}]\cup[\sqrt{2},+\infty)$

10. 不等式 $|x|<1$ 的解集是(　　).

A. $(-1,1)$　　B. $(-\infty,1)$

C. $(-1,+\infty)$　　D. $(-\infty,-1)\cup(1,+\infty)$

11. 集合 $A=\{x \mid x^2<16\}$, 集合 $B=\{x \mid x^2-x-6\geqslant 0\}$, 则 $A\cap B=$(　　).

A. $[3,4)$　　B. $(-4,-2]$

C. $(-4,-2]\cup[3,4)$　　D. $[-2,3)$

12. 不等式 $ax^2+bx-2>0$ 的解集为 $\left(-2,-\frac{1}{4}\right)$, 则 a,b 的值分别为(　　).

A. $a=-8,b=-10$　　B. $a=-1,b=9$

C. $a=-4,b=-9$　　D. $a=-1,b=2$

13. 不等式 $x^2+ax+4<0$ 的解集是空集,则 a 的取值范围是(　　).

A. $(-\infty,-4]\cup[4,+\infty)$　　B. $(-4,4)$

C. $[-4,4]$　　D. $(-\infty,-4)\cup(4,+\infty)$

14. 不等式 $|3x-2|<1$ 的解集为(　　).

A. $\left(-\infty,-\frac{1}{3}\right)\cup(1,+\infty)$　　B. $\left(-\frac{1}{3},1\right)$

C. $\left(\frac{1}{3},1\right)$　　D. $\left(-\infty,\frac{1}{3}\right)\cup(1,+\infty)$

15. 不等式 $|5x-3|>1$ 的解集为(　　).

A. $\left(-\infty,\frac{2}{5}\right)\cup\left(\frac{4}{5},+\infty\right)$　　B. $\left(\frac{2}{5},\frac{4}{5}\right)$

C. $\left(-\frac{2}{5},\frac{4}{5}\right)$　　D. $\left(-\infty,-\frac{4}{5}\right)\cup\left(-\frac{2}{5},+\infty\right)$

二、填空题

1. 比较大小: $\frac{7}{9}$ ____ $\frac{7}{11}$, $\frac{5}{8}$ ____ $\frac{8}{11}$, b^2 ____ 0.

2. 若 $a<b$,则 $-5a$ ____ $-5b$.

3. 集合 $\{x \mid -2<x\leqslant 3\}$ 用区间表示为________.

4. 集合 $\{x \mid x\geqslant -3\}$ 用区间表示为________.

5. 设 $U=[0,+\infty)$, $A=[5,+\infty)$, 则 $\complement A=$ ________, $A\cap\complement A=$ ________.

6. 如果 $x-3<5$, 则 $x<$ ________; 如果 $-2x>6$, 则 $x<$ ________.

7. $4x-3>5$ 的解集为____________.

8. 不等式组 $\begin{cases} x>-1, \\ x-4\leqslant 2 \end{cases}$ 的解集为________.

9. 不等式 $(x-2)(x-3)>0$ 的解集为________.

10. 不等式 $|2x|<3$ 的解集为________.

11. 不等式 $x^2+6x+9\geqslant 0$ 的解集为________.

12. 不等式 $|x-a|<b$ 的解集为 $\{x \mid -2<x<8\}$, 则 $a+b=$ ________, $a-b=$ ________.

13. 不等式 $|x-2|>0$ 的解集为________.

14. 不等式 $|7x-8|<0$ 的解集为________.

15. 不等式 $(x^2+2)(x^2-2x-15)<0$ 的解集为________.

三、解答题

1. 解下列不等式：

(1) $x^2+x-6\leqslant 0$；

(2) $2x-1>1-\frac{x-1}{2}$；

(3) $4x^2-4x+1<0$；

(4) $|x-1|>9$.

2. 求不等式 $4|x|+2<9$ 的解集.

3. 已知集合 $A=\{x\mid x^2+x-6\leqslant 0\}$，$B=\{x\mid x+a<2\}$，且 $A\cap B=\varnothing$，求实数 a 的取值范围.

4. 求 $\sqrt{-x^2-3x+10}$ 中的 x 的取值范围.

5. m 是什么实数时，方程 $x^2-(m+2)x+4=0$ 有实数根.

6. 设 $A=\{x\mid x^2-x-20<0\}$，$B=\{x\mid |2x+3|>1\}$，求(1) $A\cap B$；(2) $A\cup B$.

7. 当 $a<0$ 时，求不等式 $x^2-3ax+2a^2<0$ 的解集.

第3章 函 数

3.1 函数的概念及表示法

§3.1.1 函数的概念

预习案之一草一木

微预习

1. 理解函数的定义.
2. 了解函数的三要素.
3. 掌握求函数定义域、函数值的方法.
4. 掌握判断两个函数是否是同一个函数的方法.

微作业

实践调研:五月春暖花开,学校召开运动会,欲购买便民超市的橙汁饮料供给参赛学生饮用,已知橙汁每瓶3元,请帮老师计算下运动员人数与购买饮料钱数之间的关系式.

探究案之一花独放

微探究

1. 便民超市出售橙汁饮料,每瓶3元,用x表示这种橙汁饮料的销售量(瓶),用y表示它的销售额(元),那么这种橙汁饮料的销售额y与销售量x之间存在什么依赖关系?

(1)在这个问题中,用销售量x表示销售额y的表达式为____________.

(2)具体地说,如果已知销售量x的值,则可以求出相应的销售额y的值,请填写表3—1:

表3—1

x/瓶	1	2	3	4	5	…
y/元						…

(3)在这个问题中,涉及的量有哪些?其中,哪些量的值是保持不变的,哪些量是可以取不同的数值的?

(4)在这个问题中，x 的取值范围是什么? y 的取值范围呢?

查阅、复习初中讲的内容，并阅读课本，完成下列问题:

2. 初中阶段函数的定义是:在某一个变化的过程中，有两个变量______和______，如果____________________，y 都有________________，那么我们就说 x 是________，y 是 x 的________.

初中学习过一次函数、二次函数和反比例函数，请各举一个实例.

____.

3. 高中阶段函数的定义是:在某一个变化的过程中有两个变量________和________，设________为数集 D，如果对于________，按照某个________，y 都有________，那么把 x 叫作________，把 y 叫作________，记作________，数集 D 叫作函数的________.

4. 请用红笔标出两个定义不同的地方.

5. 函数值的概念:当 $x=x_0$ 时，函数 $y=f(x)$ 对应的值________叫作函数在点 x_0 处的函数值，记作________.

例如，在函数 $y=3x-1$ 中，$f(x)=3x-1$，故在 $x=-2$ 处的函数值为________.

6. 函数的值域:________的集合叫作值域. 这个集合用描述法表示为________.

7. 函数的三要素:____________、____________、____________. 请用红笔圈出其中的两个基本要素.

8. 判断函数是否为同一函数的两点依据是________________和________________.

微思考

确定函数定义域的方法:

(1)分式的分母________;(2)偶次方根的被开方数________;(3)如果函数是由一些基本函数通过四则运算结合而成的，那么它的定义域是使________的 x 的值组成的集合;(4)实际问题中的函数的定义域还要保证________;(5)____________________;(6)____________________;(7)____________________.

微实践

题型一　求函数的定义域

1. 求函数 $f(x)=\dfrac{1}{x+2}$ 的定义域.

2. 求函数 $f(x)=\sqrt{1-2x}$ 的定义域.

3. 求函数 $f(x)=\sqrt{2-x}+\dfrac{1}{x-1}$ 的定义域.

4. 圆面积公式 $S=\pi r^2$ 中，x 可以在哪个范围取值?

题型二　求函数值

1. 设函数 $f(x)=\frac{2x-1}{3}$，我们还可以将这个函数写为________.

当 $x=0$ 时，$y=$______；当 $x=2$ 时，$y=$______；当 $x=-5$ 时，$y=$______；当 $x=b$ 时，$y=$______.
你会求 $f(0)$ 吗？会求 $f(2)$、$f(-5)$、$f(b)$ 吗？

2. 设 $f(x)=\frac{2x-1}{3}$，求 $f(0)$，$f(-5)$，$f(b)$ 的值.

题型三　判断给定函数是否为同一函数

下列哪个函数与 $y=x$ 是同一个函数？(　　)

A. $y=\frac{x^2}{x}$　　B. $y=|x|$　　C. $m=n$　　D. $y=\sqrt{x}$

练习案之一叶知秋

微练习

1. $f(x)=3x-2$，则 $f(0)=$________，$f(1)=$________，$f(a)=$________.

2. 求函数 $f(x)=\frac{3}{x-2}$ 的定义域.

3. 求函数 $f(x)=\sqrt{4-9x}$ 的定义域.

4. 求函数 $f(x)=\sqrt{2x+1}+\frac{2}{x-3}$ 的定义域.

5. 圆周长公式 $C=2\pi r$ 中，r 可以在哪个范围取值？

6. 请判断函数 $y=\sqrt{x^2}$ 与函数 $y=|x|$ 是否是相同函数.

7. 指出下列各函数中，哪个与函数 $y=x$ 是同一个函数：

(1) $y=\frac{x^2}{x}$；　　(2) $y=\sqrt{x^2}$；　　(3) $s=t$.

自测案之一树花开

微自测

1. 函数 $f(x)=\frac{1}{x+4}$ 的定义域为(　　).

A. $(-4,+\infty)$　　B. $(-\infty,-4)$

C. $(-\infty,-4)\cup(-4,+\infty)$　　D. $\{-4\}$

2. 函数 $f(x)=\frac{-2}{8x-4}$ 的定义域为(　　).

A. $\left(\frac{1}{2},+\infty\right)$　　B. $\left(-\infty,\frac{1}{2}\right)$

C. $\left(-\infty,\frac{1}{2}\right)\cup\left(\frac{1}{2},+\infty\right)$　　D. $\left\{\frac{1}{2}\right\}$

3. 函数 $f(x)=\sqrt{x-3}$ 的定义域为(　　).

A. $(3,+\infty)$　　B. $[3,+\infty)$

C. $(-\infty,3)\cup(3,+\infty)$　　D. $(-\infty,3]$

4. 函数 $f(x)=\sqrt{2x-1}$ 的定义域为(　　).

A. $\left(-\infty,\frac{1}{2}\right]$　　B. $\left(\frac{1}{2},+\infty\right)$

C. $\left[\frac{1}{2},+\infty\right)$　　D. $\left(-\infty,\frac{1}{2}\right)\cup\left(\frac{1}{2},+\infty\right)$

5. 函数 $f(x)=\sqrt{x^2-6x+5}$ 的定义域为(　　).

A. $(1,5)$　　B. $(-\infty,1]\cup[5,+\infty)$

C. $[1,5]$　　D. $(-\infty,1)\cup(5,+\infty)$

6. 函数 $f(x)=\sqrt{x^2-x+6}$ 的定义域为(　　).

A. $(-2,3)$　　B. $[-2,3]$

C. $(-\infty,-2)\cup(3,+\infty)$　　D. $(-\infty,-2]\cup[3,+\infty)$

7. 已知 $f(x)=x^2-2$, 则 $f(0)=$______, $f(-1)=$______, $f(t)=$______.

8. 下列各组函数中,表示同一函数的是(　　).

A. $f(x)=\frac{x^3}{x}$ 与 $g(x)=x^2$　　B. $f(x)=|x|$ 与 $g(x)=\sqrt{x^2}$

C. $f(x)=\sqrt{x^2}$ 与 $g(x)=x$　　D. $f(x)=\frac{x^2-1}{x-1}$ 与 $g(x)=x+1$

9. 已知函数 $f(x-1)=-2x+1$, 则 $f(x)$ 的解析式是________.

10. 设函数 $f(x+1)=x^2+4x-5$, 求 $f(x)$, $f(2)$ 的值.

§ 3.1.2　函数的表示法

预习案之一草一木

微预习

1. 掌握函数的三种表示方法.
2. 在解决问题中能够选择恰当的方法来表示函数.
3. 掌握利用描点法作函数图像的方法.

微作业

1. 请上网百度搜索 2018 年石家庄市区某月气温走势图,并试着分析、概括图像特点.
2. 市场小调研:请去附近菜市场调研土豆价格,并尝试写出购买数量与所花钱数之间的关系式.
3. 班级调研:请通过访谈,去统计本班同学经常购买的饮料,试确定排行榜的前 3 位分别是什么饮料,并请估算本班同学 1 周时间分别购买这 3 种饮料的总消费额. 你可以把这个调研结果分享给超市老板哦.

探究案之一花独放

微探究

1. 某工厂进货原材料,材料每箱价格 30 元,设进货箱数为 x (箱),应付款为 y (元),则计算应付款的式子为______________________.

2. 把两个变量的函数关系,用一个________表示,这个________叫作函数的解析表达式,简称解析式.

3. 1 题中进货箱数 x 与应付款 y 之间的对应关系也可以列成表格,请填完整表 3—2.

表 3—2

x /箱	1	2	3	4	5	6	7	8	…
y /元									…

4. 用________来表示函数的方法叫列表法.

5. 观察图 3—1,该图横坐标表示的是______,纵坐标表示的是______,4 月的最低气温是______日的________(温度),最高气温是________日的________(温度).

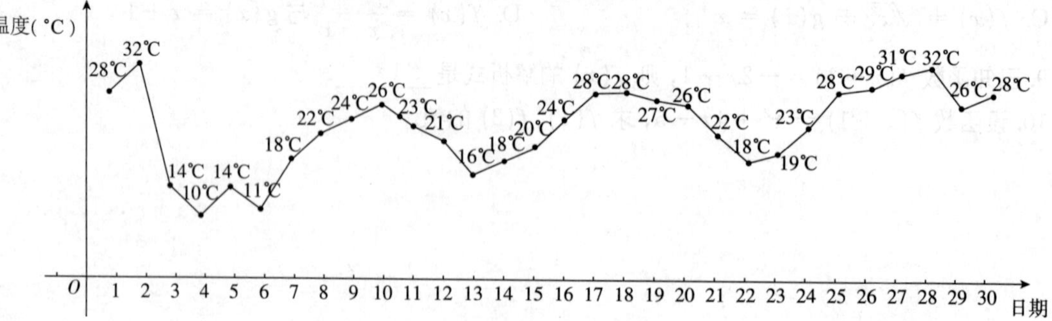

图 3—1

6. 利用________表示函数的方法叫图像法.

微思考

1. 用解析式表示函数关系的优点是:____

____.

2. 用列表法表示函数关系的优点是:____

____.

3. 用图像法表示函数关系的优点是:____

____.

微实践

题型一　用恰当的方法表示函数

文具店内出售某种笔,每支售价为 1.5 元,应付款额是购买支数的函数,当购买 6 支以内(含 6 支)的铅笔时,请用 3 种方法表示这个函数.

题型二　用描点法画给定函数的图像

利用描点法作出函数 $y=\sqrt{x}$ 的图像,并判断点 (16,4) 是否为图像上的点 (求对应函数值时,精确到 0.01) .

练习案之一叶知秋

微练习

1. 判定点 $M_1(2,-3)$,$M_2(3,7)$ 是否在函数 $f(x)=3x-2$ 的图像上.

2. 超市苹果的价格是 7 元/kg ,应付款额 y 是购买苹果数量 x 的函数,请分别用解析法和图像法表示这个函数.

3. 作出下列函数的图像:

(1) $f(x)=2x-3,x\in\{-1,0,1,2,3,4\}$;　　　　(2) $f(x)=\dfrac{2}{x}$.

自测案之一树花开

微自测

1. 超市某种笔记本每个5元，应付款y是购买本数x的函数，当购买5本(含5本)时，试写出该函数的解析式，并画出这个函数的图像.

2. 采购某材料，需要支付固定的手续费10元，这种材料的价格为5元/kg，请写出采购费用y(元)与采购数量x(kg)之间的函数解析式.

3. 石家庄市某路公交车共设15站，乘车的收费标准：乘坐7站以内(含7站)，收费1元；乘坐7站以上，收费2元，试用列表法表示这个函数.

4. 作出下列各函数的图像：

(1) $f(x)=3-2x,x\in[-1,3]$；

(2) $f(x)=-\dfrac{3}{x}$；

(3) $f(x)=3-2x,x\in[-1,3]$；

(4) $f(x)=|x|$；

(5) $f(x)=|x-2|$；

(6) $f(x)=2x^2$.

3.2 函数的性质

§3.2.1 函数的单调性

预习案之一草一木

微预习

1. 理解函数单调性的概念.
2. 能够借助函数图像讨论函数的单调性.
3. 能够应用函数单调性的定义讨论给定函数的单调性.

微作业

1. 如图 3－2 所示，观察以下“某地气温日变化曲线图”，试分析气温随时间上升或下降的情况.

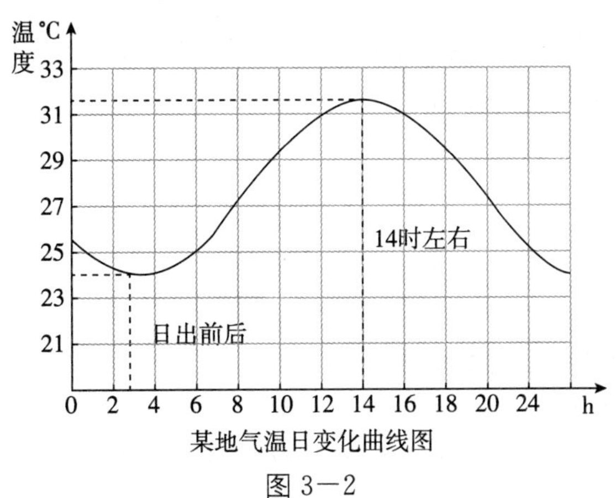

图 3－2

2. 请上网搜索股票“中国中车(601766)”月 k 线图，试分析图像变化情况.
3. 请上网搜索基金“中银互联网＋股票(001663)”近 1 个月的净值走势图，试分析图像变化情况.

探究案之一花独放

微探究

1. 从图 3－2 中可知，在 24 h 内，最低气温出现在约_____点，最低气温约_____℃，最高气温出现在约_____点，最低气温约_____℃，试描述气温变化情况：随着时间的不断增加，在时间段_____内，气温不断下降；在时间段_____内，气温不断上升.

2. 类似地，函数值随着自变量的增大而_____的性质就是函数的单调性.

3. 设函数 $y=f(x)$ 在区间 (a,b) 内有意义.

(1)如图 3－3 所示，在区间 (a,b) 内，随着自变量的增加，函数值不断_____，图像呈_____趋势. 即对于任意的 $x_1,x_2 \in (a,b)$，当 $x_1 < x_2$ 时，都有________成立，这时把函数 $f(x)$ 叫作区间 (a,b) 内的________，区间 (a,b) 叫作函数 $f(x)$ 的________.

(2)如图 3—4 所示，在区间 (a,b) 内，随着自变量的增加，函数值不断________，图像呈________趋势. 即对于任意的 $x_1,x_2 \in (a,b)$，当 $x_1 < x_2$ 时，都有________成立，这时函数 $f(x)$ 叫作区间 (a,b) 内的________，区间 (a,b) 叫作函数 $f(x)$ 的________.

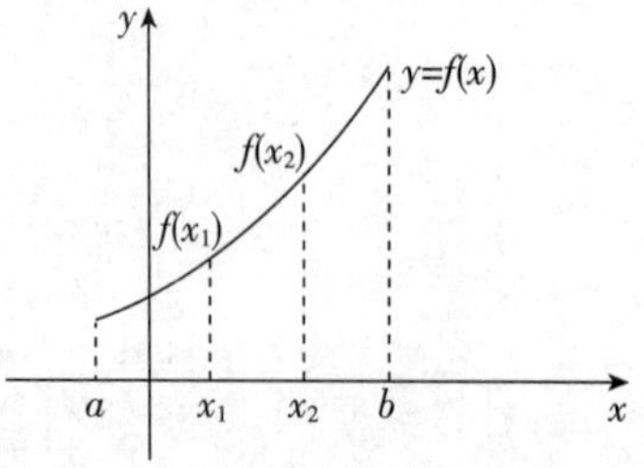

图 3—3 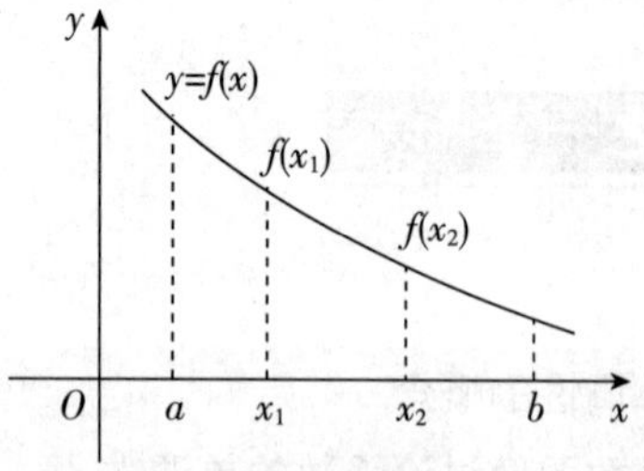　　　　图 3—4

4. 如果函数 $f(x)$ 在区间 (a,b) 内是________，就称函数 $f(x)$ 在区间 (a,b) 内具有________，区间 (a,b) 叫作函数 $f(x)$ 的________.

微思考

1. 函数单调性的几何特征：在自变量取值区间上，顺着 x 轴的正方向，若函数的图像上升，则函数为________；若图像下降，则函数为________.

2. 函数的单调性的判定方法：

(1)借助于函数的图像：____.

(2)根据单调性的定义：____.

微实践

题型一　给定函数图像，确定函数的单调性

已知函数图像，如图 3—5 所示.

(1)根据图像说出函数的单调区间以及函数在各单调区间内的单调性.

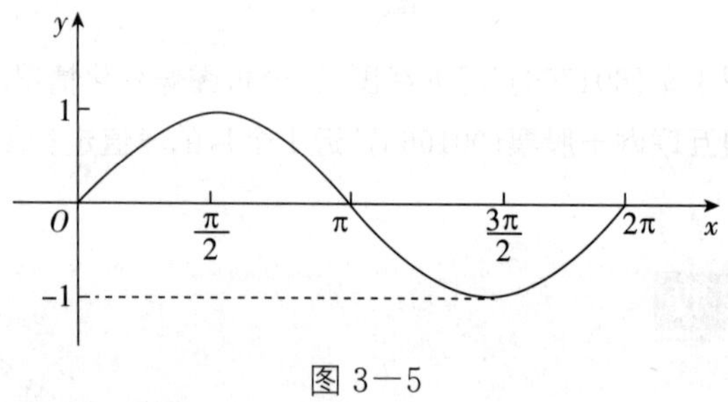

图 3—5

(2)写出该函数的定义域和值域.

题型二　给定函数解析式，确定函数的单调性

判断函数 $f(x) = 3x - 4$ 的单调性.(请用图像和定义两种方法解答)

练习案之一叶知秋

微练习

1. 图 3—6 所示为股市中某股票在半天内的行情,请根据图像说出函数的单调区间以及函数在各单调区间内的单调性.

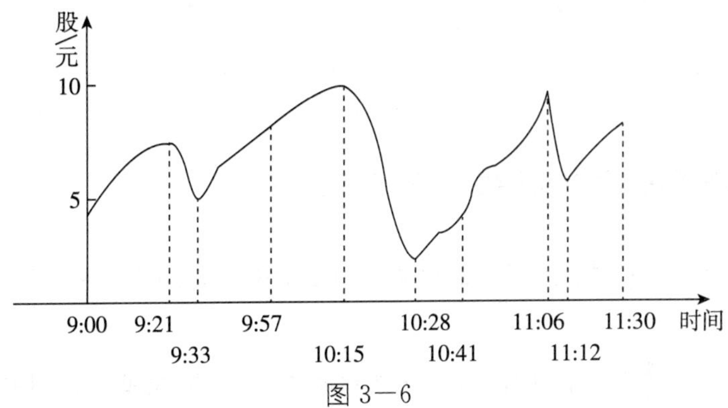

图 3—6

2. 判断函数 $f(x)=-4x-2$ 的单调性.(请用图像和定义两种方法解答)

3. 判断函数 $f(x)=3x^2$ 在区间 $(0,+\infty)$ 内的单调性.

自测案之一树花开

微自测

1. 已知函数图像,如图 3—7 所示.

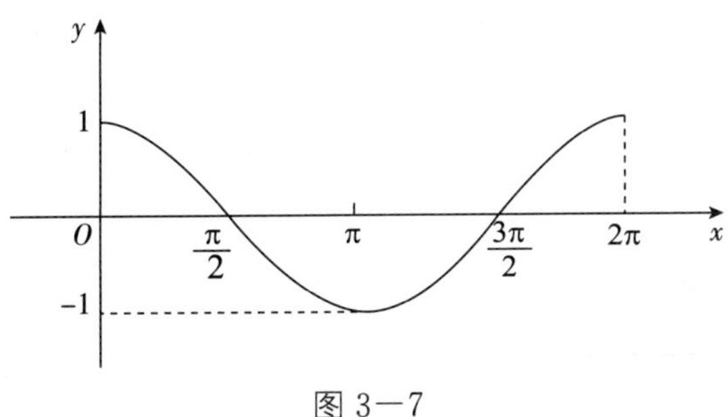

图 3—7

(1)根据图像说出函数的单调区间,以及在各单调区间内函数的单调性.

(2)写出该函数的定义域和值域.

2. 已知函数图像，如图 3－8 所示，

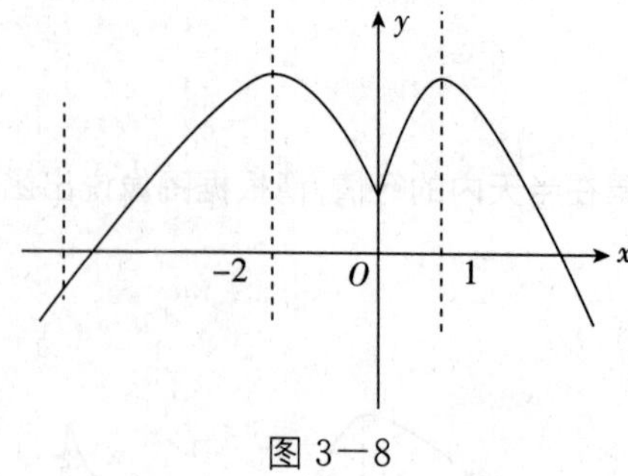

图 3－8

(1)请说出该函数的单调区间以及函数在单调区间内的单调性.

(2)请说出在 $(-\infty, +\infty)$ 内这个函数的单调性. 由此，你可以得出什么结论？

3. 判断函数 $f(x)=-\dfrac{4}{x}$ 在区间 $(0, +\infty)$ 内的单调性.(请用图像和定义两种方法解答)

4. 请确定函数 $f(x)=|x|$ 的减区间.

5. 判断函数 $f(x)=x^2+1$ 在区间 $(-\infty, 0)$ 内的单调性.

6. 请总结所学基础函数的单调性并填表 3－3.

表 3－3

函数		函数图像	函数单调区间及单调性
一次函数 $y=kx+b(k\neq 0)$	$k>0$		
	$k<0$		
二次函数 $y=ax^2+bx+c$ $(a\neq 0)$	$a>0$		
	$a<0$		

续表

函数		函数图像	函数单调区间及单调性
反比例函数 $y=\frac{k}{x}(k\neq 0)$	$k>0$		
	$k<0$		

7. 二次函数 $y=2x^2-mx+3$ 在 $[2,+\infty)$ 内是增函数，在 $(-\infty,2]$ 上是减函数，则 m 的值为(　　).

A. -2　　B. 2　　C. -8　　D. 8

8. 如果函数 $f(x)=x^2+2(a-1)x+2$ 在区间 $(-\infty,4]$ 上是减函数，则实数 a 的取值范围是(　　).

A. $[-3,+\infty)$　　B. $(-\infty,-3]$　　C. $(-\infty,5]$　　D. $[5,+\infty)$

§3.2.2　函数的奇偶性

预习案之一草一木

微预习

1. 理解函数奇偶性的概念.
2. 理解函数的几何意义.
3. 会判断简单函数的奇偶性.
4. 能利用函数的奇偶性作出函数图像.

微作业

数学源于生活，生活中有很多对称实例，以下图片分别为：剪纸，脸谱，天坛祈年殿，赵州桥，它们都具有对称特性，体现着对称的美感.

请复习初中阶段学习的关于轴对称图形和中心对称图形的知识.

探究案之一花独放

微探究

1. 复习对称点的坐标特征.

初中阶段,我们曾经学习了关于轴对称图形和中心对称图形的知识. 如图 3-9 所示,点 $P(4,2)$ 关于 x 轴的对称点是沿着________轴对折得到与点 P 相重合的点 P_1,其坐标为________;$P(4,2)$ 关于 y 轴的对称点是沿着________轴对折得到与点 P 相重合的点 P_2,其坐标为________;$P(4,2)$ 关于坐标原点 O 的对称点是线段 OP 绕着坐标原点 O 旋转________得到与点 P 重合的点 P_3,其坐标为________.

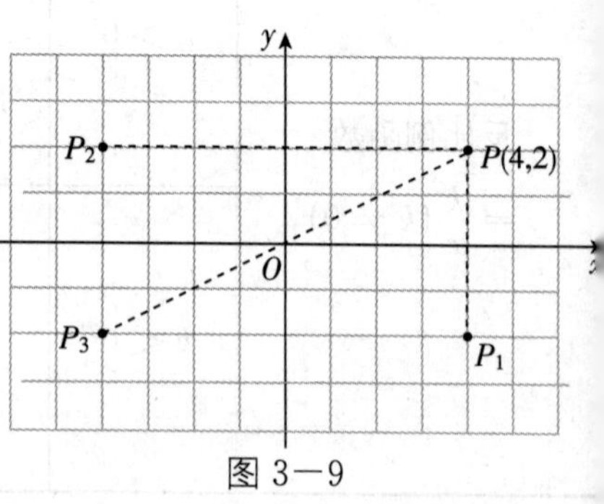

图 3-9

点对称概念:

一般地,设点 $P(a,b)$ 为平面上的任意一点.

(1)点 $P(a,b)$ 关于 x 轴对称的点的坐标为__________,其坐标特征为:横坐标________,纵坐标变为________;

(2)点 $P(a,b)$ 关于 y 轴对称的点的坐标为__________,其坐标特征为:纵坐标________,横坐标变为________;

(3)点 $P(a,b)$ 关于坐标原点 O 对称点的坐标为__________,其坐标特征为:横坐标变为________,纵坐标也变为________.

2. 观察函数 $f(x)=x^2$ 图像(见图 3-10).

(1)如果图像沿着 y 轴对折,那么对折后 y 轴两侧的图像________. 即函数图像上任意一点 M 关于 y 轴的对称点 M_1 仍然在函数图像上,这时称函数图像关于________轴对称; y 轴叫作这个函数图像的________.

(2)请计算 $f(-2)$ 及 $f(2)$ 的值,其结果有什么关系?

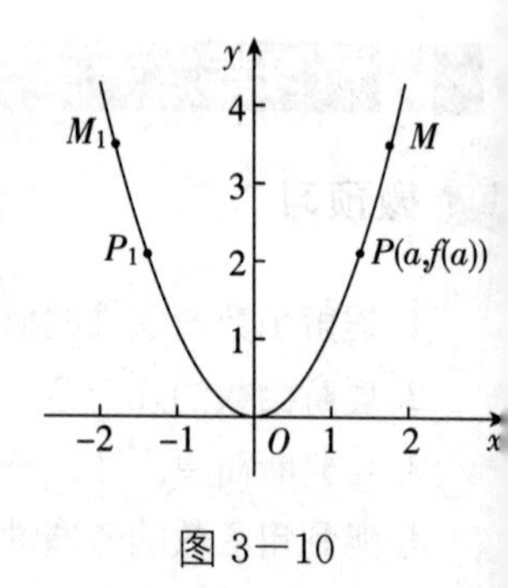

图 3-10

(3)任取 $a\in\mathbf{R}$,则 $f(-a)$ 与 $f(a)$ 有什么关系?

(4)在图像上任取一点 $P(a,f(a))$,它关于 y 轴的对称点 P_1 的坐标是什么? 点 P_1 在函数 $f(x)=x^2$ 的图像上吗?

3. 观察函数 $f(x)=x^3$ 图像(见图 3-11).

(1)将图像沿着坐标原点旋转 180°,旋转前后的图像________. 即函数图像上任意一点 M 关于坐标原点 O 的对称点 M_1 仍然在函数的图像上,这时称函数图像关于________对称;坐标原点 O 叫作这个函数图像的________.

(2)请计算 $f(-2)$ 及 $f(2)$ 的值,结果有什么关系?

(3)任取 $a\in\mathbf{R}$, 则 $f(-a)$ 与 $f(a)$ 有什么关系?

(4)在图像上任取一点 $P(a,f(a))$, 它关于坐标原点的对称点 P_1 的坐标是什么? 点 P_1 在函数 $f(x)=x^3$ 的图像上吗?

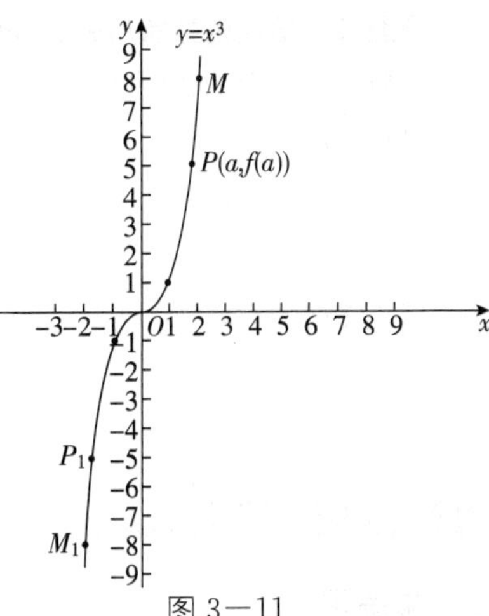

图 3—11

函数图像的对称性:

(1)如果函数图像上的任意一个点 P 关于 y 轴的对称点 P' 仍然在函数图像上,那么称函数图像关于________轴对称. y 轴叫作这个函数图像的________轴.

(2)如果函数图像上的任意一个点 P 关于坐标原点的对称点 P' 仍然在函数图像上,那么称函数图像关于________中心对称. 坐标原点 O 叫作这个函数图像的________.

4. 函数的奇偶性.

(1)设函数 $y=f(x)$ 的定义域为数集 D, 对任意的 $x\in D$, 都有 $-x\in D$(即定义域关于坐标原点对称),且________,那么函数 $y=f(x)$ 为偶函数;

(2)设函数 $y=f(x)$ 的定义域为数集 D, 对任意的 $x\in D$, 都有 $-x\in D$(即定义域关于坐标原点对称),且________,那么函数 $y=f(x)$ 为奇函数.

5. 如果一个函数是奇函数或偶函数,就说这个函数具有________. 不具有奇偶性的函数叫作________.

微思考

1. 函数 $y=f(x)$ 的图像关于________轴对称 $\Leftrightarrow$ 函数 $y=f(x)$ 是________函数(奇偶性);

函数 $y=f(x)$ 的图像关于________中心对称 $\Leftrightarrow$ 函数 $y=f(x)$ 是________函数(奇偶性).

2. 判断一个函数是否具有奇偶性的基本步骤是:

(1)求出函数的定义域,如果对于任意的 $x\in D$ 都有 $-x\in D$(即关于________对称),则分别计算出 $f(x)$ 与 $f(-x)$, 然后根据定义判断函数的奇偶性.

(2)如果存在某个 $x_0\in D$, 但是 $x_0\notin D$, 则函数肯定是________.

微实践

题型一　给定函数图像,判断函数奇偶性

根据下列函数的图像判断函数的奇偶性(见图 3—12).

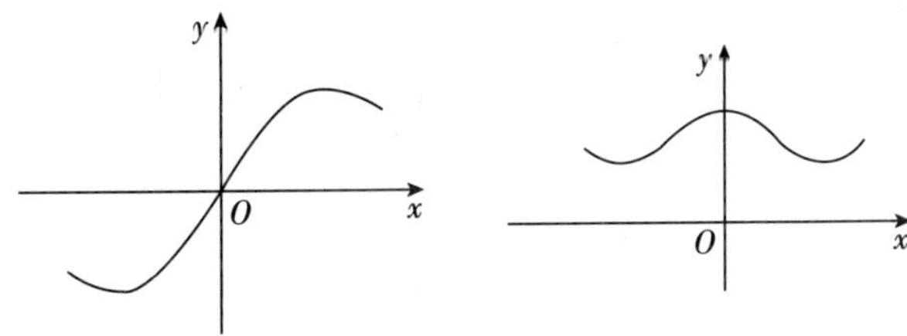

图 3—12

题型二　给定函数解析式，判断函数奇偶性

判断下列函数的奇偶性：

(1) $f(x)=2x^3$；　　　　(2) $f(x)=2x^2+3$；

(3) $f(x)=\sqrt{x}$；　　　　(4) $f(x)=-x+1$.

练习案之一叶知秋

微练习

1. 求满足下列条件的点的坐标：

(1)与点 $(3,-2)$ 关于 x 轴对称；

(2)与点 $(-2,2)$ 关于 y 轴对称；

(3)与点 $(-3,-4)$ 关于坐标原点对称；

(4)与点 $(4,0)$ 关于 y 轴对称.

2. 根据下列函数的图像判断函数的奇偶性(见图 3－13)：

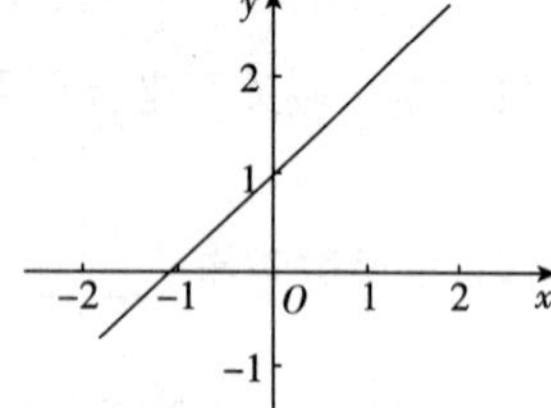

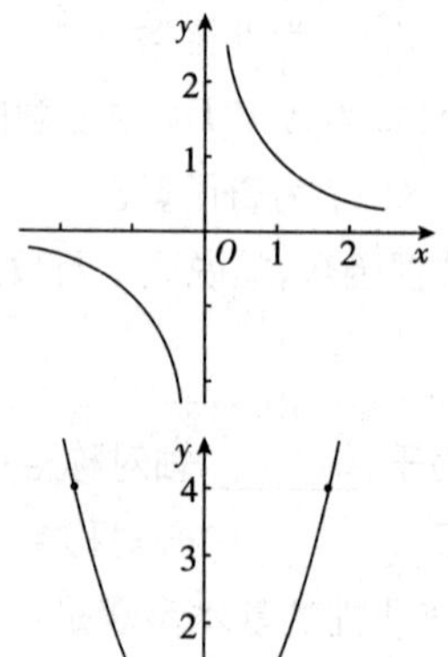

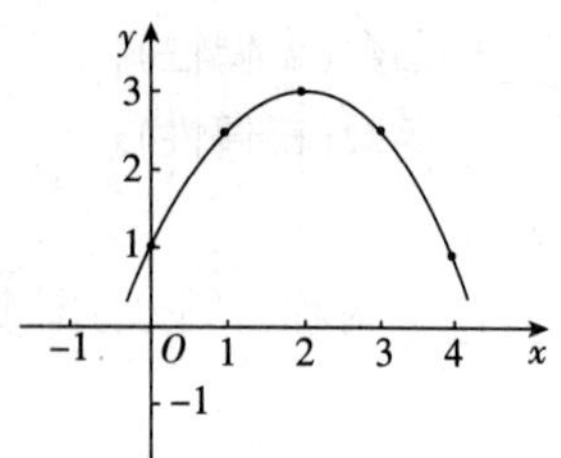

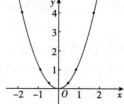

图 3－13

3. 判断函数 $f(x)=x^2, x\in[-2,2]$ 是否为偶函数.

4. 判断下列函数的奇偶性：

(1) $f(x)=x^3+x$；　　　　(2) $f(x)=x+\dfrac{1}{x}$；

(3) $f(x)=-\dfrac{3}{x^2}$；　　　　(4) $f(x)=x^5$.

自测案之一树花开

微自测

1. 根据下列函数的图像判断函数的奇偶性(见图 3—14):

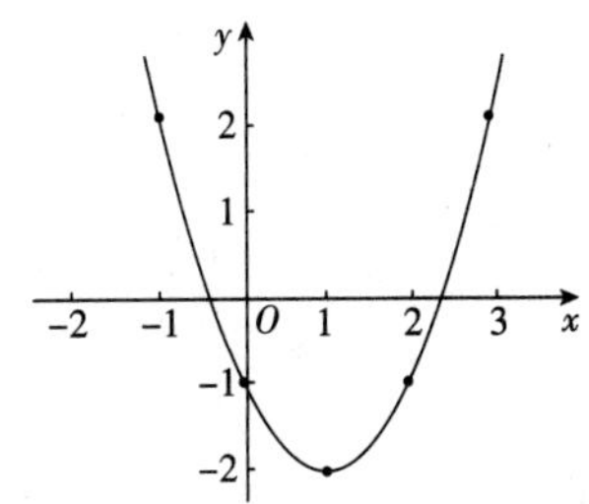

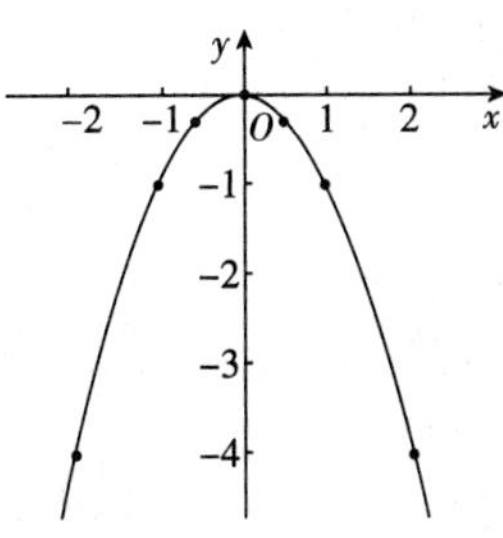

图 3—14

2. 判断函数 $f(x)=2x^2+4, x\in[-3,2]$ 是否为偶函数.

3. 判断下列函数的奇偶性:

(1) $f(x)=x^4$;

(2) $f(x)=x|x|$;

(3) $f(x)=x^2+x-1$;

(4) $f(x)=2$.

4. 下列函数中,既是奇函数又是增函数的是(　　).

A. $y=2x$　　B. $y=\dfrac{1}{x}$　　C. $y=x^2$　　D. $y=-\dfrac{1}{2}x$

5. 若 $f(x)=ax^2+bx+c(a\neq0)$ 为偶函数,则 $g(x)=ax^3+bx^2+cx$ 是(　　).

A. 奇函数　　B. 偶函数

C. 非奇非偶函数　　D. 既是奇函数又是偶函数

6. 所学基础函数的奇偶性:

一次函数 $y=kx+b(k\neq0)$ 为奇函数 $\Leftrightarrow$ ________;

二次函数 $y=ax^2+bx+c(a\neq0)$ 为偶函数 $\Leftrightarrow$ ________;

反比例函数 $y=\dfrac{k}{x}(k\neq0)$ 是________函数(奇偶性).

3.3　函数的实际应用举例

预习案之一草一木

微预习

1. 理解分段函数的概念.
2. 理解分段函数的图像.
3. 能够应用分段函数解决一些简单的实际问题.
4. 掌握二次函数最值的求法及简单应用.

微作业

1. 2012 年 7 月 1 日起，石家庄实行居民阶梯电价，具体收费方式如下：年用电量在2 160度以内(含2 160度)，电价每度 0.52 元，为第一档电价；年用电量 2 161～3 360 度(含 3 360 度)，在第一档电价基础上每度提高 0.05 元；年用电量超过 3 360 度，在第一档电价基础上每度提高 0.30 元. 请你在家长的帮助下，搜集你家本年度各月用电量，并核算下每月电费钱数.

2. 某人想利用一面墙，再用竹篱笆围成一个矩形鸡场. 他家已备足可以围 20 m 长的竹篱笆. 请你帮他设计出鸡场简图，并探究怎样建造鸡场的面积最大.

探究案之一花独放

微探究

1. 试写出“微作业”第一题中每户年用电量 x (度)与应交电费 y (元)之间的函数解析式.

2. 1 题中的函数，与前面所见到的函数不同，在自变量的不同取值范围内，有不同的对应法则，需要用不同的解析式来表示.

分段函数：在自变量的不同取值范围内，需要用________来表示的函数，叫作分段函数.

3. 分段函数的定义域是________的各个不同取值范围的________.

4. 一元二次函数 $y=ax^2+bx+c$ 具有如下性质(见表 3—4)：

表 3—4

$y=ax^2+bx+c$ ($a\neq 0$)	$a>0$	$a<0$
图像	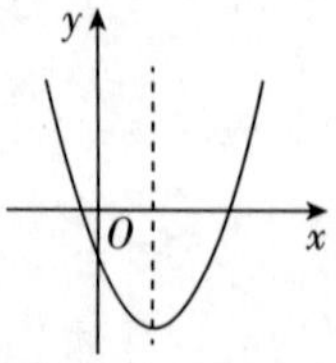	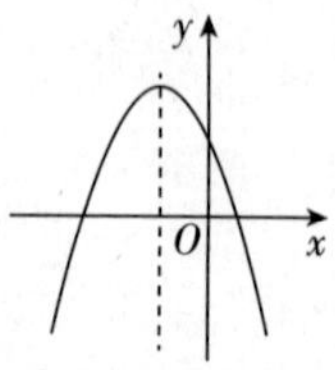

续表

$y=ax^2+bx+c$ ($a\neq 0$)	$a>0$	$a<0$
对称轴	$x=-\dfrac{b}{2a}$	
顶点坐标	$\left(-\dfrac{b}{2a},\dfrac{4ac-b^2}{4a}\right)$	
最值	当 $x=$ ________时， $y_{最小}=$ ________	当 $x=$ ________时， $y_{最大}=$ ________
单调性	在区间________上是减函数； 在区间________上是增函数	在区间________上是增函数； 在区间________上是减函数
开口方向	向上	向下

微思考

1. 分段函数求函数值：求分段函数的函数值 $f(x_0)$ 时，应该首先判断 x_0 所属的取值范围，然后把 x_0 代入相应的________进行计算.

2. 分段函数的图像：作分段函数的图像时，要在________坐标系中，分别在自变量的各个不同取值范围内，根据相应的________作出相应部分的图像.

微实践

题型一　分段函数相关题目

1. 设函数 $y=f(x)=\begin{cases}3x-2, & x\leqslant 0,\\ x^2, & x>0.\end{cases}$

(1)求函数的定义域；

(2)求 $f(3)$，$f(0)$，$f(-1)$ 的值；

(3)作出函数的图像.

2. 石家庄出租汽车收费标准为：当行程不超过 3 km 时，收费 8 元；行程超过 3 km 但不超过 6 km 时，在收费 8 元的基础上，超过 3 km 的部分每公里收费 1.6 元；超过6 km时，超过部分除每公里收费 1.6 元外，再加收 50%的回程空驶费. 试求车费 y (元)与 x(千米) 之间的函数解析式，并作出函数图像.

题型二　二次函数求最值

计划在空地上用 49 m 长的篱笆围成一块矩形花池，怎样选择矩形的长和宽才能使所围成的花池面积最大？

练习案之一叶知秋

微练习

1. 设函数 $y=\begin{cases}-2x+1, & -3<x\leqslant 0,\\ x^2-1, & 0<x<3.\end{cases}$

求：(1) 函数的定义域；

(2) $f(-2)$，$f(0)$，$f(2)$ 的值.

2. 某景区门票有两种：散客票和团体票. 散客票票价为每人 40 元；团体票的收费标准：团体人数不超过 20 人，按散客对待；超过 20 人时，票价为每人 25 元. 试求购票人数 x（人）与门票收入 y（元）之间的函数解析式.

3. 求出下列二次函数的图像的对称轴和顶点坐标，并确定函数的最值.

(1) $y=x^2-2x-1$；　　(2) $f(x)=-\dfrac{1}{2}x^2+2x+1$.

4. 用长 12 m 的铝材，做一个日字形窗框（如图），试问：窗框的高和宽各为多少米时，窗户的透光面积最大？最大面积是多少？

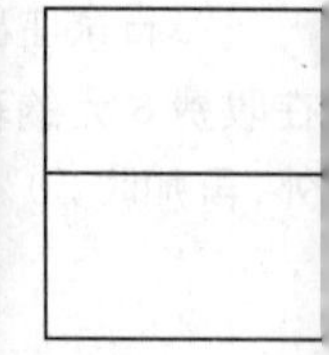

自测案之一树花开

微自测

1. 已知函数 $f(x)=\begin{cases}-2x, & x<-1, \\ 2, & -1\leqslant x\leqslant 1, \\ x, & x>1.\end{cases}$

求:(1)函数的定义域;

(2) $f(-2)$,$f(0)$,$f(1)$,$f(4)$ 的值.

2. 求出下列二次函数的图像的对称轴和顶点坐标,并确定函数的最值.

(1) $y=-x^2+3x$;　　(2) $y=-2x^2-6x+5$.

3. 用 12 m 长的一根铁丝,围成一个矩形小框.试计算当矩形的长和宽各为多少米时,围成的矩形面积最大?这个最大面积是多少?

4. 某工厂生产一种产品的总利润 L(元)是产量 x (件)的二次函数:$L=-x^2+2\ 000x-10\ 000$,$0<x<1\ 900$. 请计算:

(1)产量是多少时总利润最大?最大利润是多少?

(2)产量 x 在什么范围内时,利润随产量的增大而增大?产量 x 在什么范围内时,利润随产量的增大而减少?

5. 某工厂生产一种产品的总利润 L(元)是销售价格 P(元/件)的二次函数：$L=-4P^2+1\,200P-10\,000$，$80<P<200$. 试问:价格定为多少时总利润最大？最大是多少？

6. 心理学发现，学生对概念的接受能力 y 与提出概念所用时间 x（单位:分）之间满足二次函数关系：$y=-0.1x^2+2.6x+43(0\leqslant x\leqslant 30)$. 其中，$y$ 值越大，表示接受能力越强. 第几分钟时，学生的接受能力最强？最强的接受能力是多少？

单元总结案

总结案之看图说话

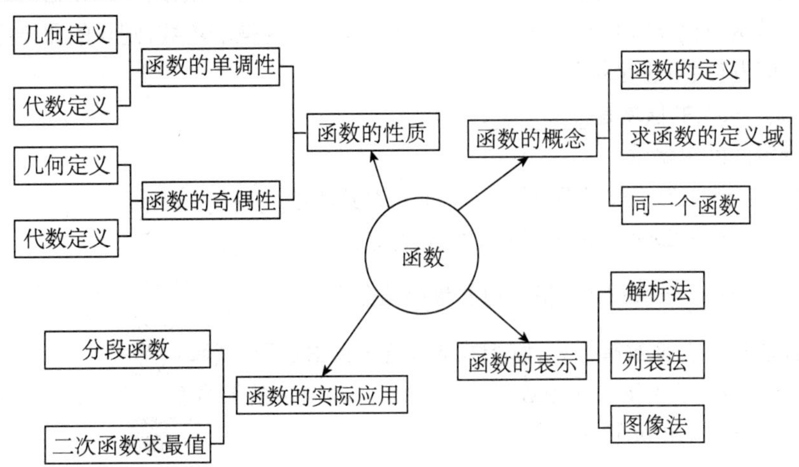

总结案之群英荟萃

题型一　同一函数

1. 下列四组函数中有相同图像的一组是(　　).

A. $f(x)=x,g(x)=\sqrt{x^2}$　　B. $f(x)=x,g(x)=\sqrt[3]{x^3}$

C. $f(x)=\sin x,g(x)=\sin(\pi+x)$　　D. $f(x)=x,g(x)=e^{\ln x}$

2. 下列四组函数中表示同一函数的是(　　).

A. $f(x)=1,g(x)=x^0$　　B. $f(x)=1,g(x)=\dfrac{|x|}{x}$

C. $f(x)=x,g(x)=\sqrt{x^2}$　　D. $f(x)=|x|,g(x)=\begin{cases}x, & x\geqslant 0,\\ -x, & x<0\end{cases}$

题型二　分段函数求函数值

1. 填空：$f(x)=\dfrac{|x|}{x}=\begin{cases}(\quad\quad), & x\in[0,+\infty),\\ (\quad\quad), & x\in(-\infty,0).\end{cases}$

2. $f(x)=\begin{cases}x^2+1, & x\in[0,+\infty),\\ 3-x, & x\in(-\infty,0).\end{cases}$ 则 $f[f(-2)]=$________.

题型三　求定义域

1. 函数 $f(x)=\begin{cases}2x+1, & -3<x\leqslant 0,\\ 1-x^2, & 0\leqslant x\leqslant 3\end{cases}$ 的定义域为________.

2. 函数 $f(x)=\dfrac{\sqrt{9-x^2}}{x}$ 的定义域为________.

3. 求函数定义域题型总结：

(1) $f(x)=\dfrac{k'}{kx+b}(k',k\neq 0)$，$f(x)=\dfrac{k}{ax^2+bx+c}(a,k\neq 0)$，分式的分母________；

(2) $f(x)=\sqrt{kx+b}(k\neq 0)$，$f(x)=\sqrt{ax^2+bx+c}(a\neq 0)$，偶次方根的被开方数________.

题型四　二次函数

(一)对称轴的问题

1. 轴不动:若函数 $f(x)=3x^2+2(a-1)x+6$ 在 $(-\infty,1)$ 内是减函数,在 $(1,+\infty)$ 内是增函数,则 $a=$ ________.

2. 轴变动:若函数 $f(x)=3x^2+2(a-1)x+6$ 在 $(-\infty,1)$ 内是减函数,则 a 的取值范围是________.

3. 轴不动,区间动:若函数例 $f(x)=x^2-2x-3$ 在 $(a,+\infty)$ 内是增函数,则 a 的取值范围是________.

(二)二次函数最值问题(顶点纵坐标)

函数 $f(x)=2+2x-x^2$ 的值域是________.

(三)二次函数在给定区间求最值

1. 二次函数 $f(x)=-x^2-2x+3$ 在区间 $[-5,0]$ 上的值域是________.

2. 二次函数 $f(x)=-x^2-2x+3$ 在区间 $[0,2]$ 上的值域是________.

3. 函数 $f(x)=\frac{3}{2}+2\cos x-\cos 2x$ 的最大值和最小值分别是________.

(四)利用待定系数法求二次函数解析式,解析式会考查一般式、顶点式和截距式

1. 已知一次函数 $f(x)=x+1$ 及二次函数 $f(x)=2x^2-mx+n$ 的图像有一个交点在 y 轴上,且二次函数的顶点在直线 $y=x$ 上,求 m 和 n 的值.

2. 已知二次函数 $f(x)=x^2+bx+c$ 的图像经过点 $P(3,0)$,且对任意实数 x 都有 $f(1+x)=f(1-x)$,则该函数的图像的对称轴是______,解析式是____________.

3. 设二次函数满足顶点坐标为 $(2,-1)$,且其图像过点 $(0,3)$,求函数解析式.

(五)二次函数的实际应用

1. 用一块宽 50 cm 的长方形铝板折成截口是矩形的水槽(上口敞开),问:水槽的深和宽各取多少时,才能使水槽的流量最大?

2. 某旅行社在某地组织旅游团到北京参观,共需 6 天,每人往返机票、食宿费、参观门票费等费用共计 3 200元,如果把每人收费标准定为 4 600 元,则只有 20 人参加,高于4 600元时,没有人参加. 如果每人收费标准从4 600 元每降低 100 元,参加旅游团的人数就增加 10 人,试问:每人收费标准定为多少时,该旅游团获得利润最大? 此时参加旅游团的人数是多少?

3. 将进货单价为 8 元的商品按 10 元一个销售时，每天可以卖出 100 个，若这种商品的销售价每个上涨 1 元，则日销售量就减少 10 个，为了争取最大利润，此商品的售价应定为多少元?

4. 在抛物线 $y^2 = x$ 上有一动点 Q，当动点 Q 与定点 $A(1,0)$ 的距离 $|QA|$ 取得最小值时，求 Q 点的坐标及 $|QA|$ 的最小值.

5. 在抛物线 $y = 4x^2$ 上求一点，使该点到直线 $y = 4x - 5$ 的距离最短，并求出这个最短距离.

题型五　函数的单调性

(一)利用定义

证明函数 $y = -\dfrac{1}{x}$ 在 $(-\infty, 0)$ 内是增函数.

(二)利用图像

函数 $f(x) = |x| + 1$ 的单调增区间是(　　).

A. $(0, +\infty)$　　B. $(-\infty, 0)$　　C. $(-\infty, +\infty)$　　D. $(2, +\infty)$

题型六　函数的奇偶性

(一)利用定义

1. 函数 $f(x) = |x+1| - |x-1|$ 是________函数(奇、偶).

2. 若 $f(x)$ 是偶函数，$g(x)$ 是奇函数，且 $f(x) + g(x) = \dfrac{1}{x-1}$，则 $f(x) =$ ________.

3. 已知函数 $f(x) = ax^3 - bx + 3$ 满足 $f(1) = 5$，则 $f(-1) =$ ________.

(二)利用图像

1. 判断下列函数的奇偶性:

(1) $f(x) = x + 1$　　(2) $f(x) = -\dfrac{1}{x}$　　(3) $f(x) = x^2$　　(4) $f(x) = x^3$

2. 判断下列函数的奇偶性:

(1) $f(x) = \left(\dfrac{1}{2}\right)^x$　　(2) $f(x) = 2^{\log_2 x}$　　(3) $f(x) = 2^x$　　(4) $f(x) = \log_2 2^{-x}$

(三)复合函数的奇偶性(利用解析式的特征)

1. 已知定义域相同的两个函数 $f(x)$ 和 $g(x)$，若 $f(x)$ 是奇函数，$g(x)$ 为偶函数，则 $f(x)+g(x)$，$f(x) \cdot g(x)$ 的奇偶性分别为________、________.

2. 已知函数 $f(x)=ax^2+bx+c(a\neq 0)$ 是偶函数,那么 $g(x)=ax^3+bx^2-cx(a\neq 0)$ 是________函数.

3. 已知一次函数 $y=kx+b$ 的图像关于坐标原点对称,则二次函数 $f(x)=ax^2+bx+c(a\neq 0)$ 的图像关于________对称.

4. 若函数 $f(x)=(p-2)x^2+2px-5$ 是偶函数,则此函数的单调增区间为________.

题型七　奇偶性与单调性结合

(一)对称区间的单调性

1. 已知奇函数 $y=f(x)$ 在区间 $(3,9)$ 内是增函数,则函数 $y=f(x)$ 在区间 $(-9,-3)$ 内的单调性为________.

2. 已知函数 $y=f(x)$ 是在定义域 $\mathbf{R}$ 内的偶函数,且它在 $(-\infty,0)$ 内是增函数,对任意实数 a,试判断 $f(a^2-a+1)$ 与 $f\left(-\frac{3}{4}\right)$ 的大小.

3. 已知偶函数 $y=f(x)$ 在 $[-3,-2]$ 上是增函数,那么在 $[2,3]$ 上是________函数(增、减).

(二)先奇偶,再单调

1. 下列函数中,在其定义域内,既是减函数又是奇函数的是(　　).

A. $y=-2x$　　B. $y=2x^2$　　C. $y=2x$　　D. $y=-2x^2$

2. 下列函数中既是奇函数又在定义域上为增函数的是(　　).

A. $f(x)=x+1$　　B. $f(x)=-\frac{1}{x}$　　C. $f(x)=x^2$　　D. $f(x)=x^3$

总结案之硕果累累

一、选择题

1. 函数 $f(x)=\frac{\sqrt{3x+6}}{x}$ 的定义域是(　　).

A. $[-\infty,0)\cup(0,2)$　　B. $(-\infty,2)$

C. $[-2,0)\cup(0,+\infty)$　　D. $[2,+\infty)$

2. 函数 $y=\frac{1}{4x-1}+(3-x)^{-\frac{1}{2}}$ 的定义域是(　　).

A. $(-\infty,\frac{1}{4}]\cup(3,+\infty)$　　B. $(\frac{1}{4},3)$

C. $(-\infty,\frac{1}{4})\cup(\frac{1}{4},3)$　　D. $[\frac{1}{4},3)$

3. 下列四组函数中表示同一函数的是(　　).

A. $f(x)=x,g(x)=\frac{x^3}{x^2}$

B. $f(x)=x,g(x)=(\sqrt{x})^2$

C. $f(x)=3x-2(x\in\mathbf{R}),g(x)=3x-2(x\in\mathbf{Z})$

D. $f(x)=|x|,g(x)=\begin{cases}x, & x\geqslant 0,\\ -x, & x<0\end{cases}$

4. 已知二次函数 $f(x)=-x^2-6x+m$ 的最大值是1,则 m 的值是(　　).

A. 4　　B. 5　　C. -8　　D. -9

5. 若函数 $f(x)=\begin{cases}x^2+1, x\geqslant 4,\\ 3-x,\ x<4,\end{cases}$ 则 $f[f(-2)]=$ (　　).

A. -2　　B. 2　　C. 26　　D. 17

6. 已知一次函数 $f(x)=kx+b$ 的图像关于坐标原点对称,则二次函数 $f(x)=ax^2+bx+c$ 的图像关于(　　)对称.

A. x 轴　　B. y 轴

C. 直线 $y=x$　　D. 直线 $y=-x$

7. 下列函数中,在区间 $(0,1)$ 内是增函数的是(　　).

A. $f(x)=-4x+3$　　B. $f(x)=-2x$

C. $f(x)=x^{\frac{1}{2}}$　　D. $f(x)=-2x^2$

8. 下列函数中,既是偶函数又在区间 $(0,+\infty)$ 内是减函数的是(　　).

A. $y=x^{-2}$　　B. $y=x^{-1}$　　C. $y=x^2$　　D. $y=x^3$

9. 下列函数中,既是奇函数又是增函数的是(　　).

A. $y=-\dfrac{1}{x}$　　B. $y=\dfrac{1}{x}$　　C. $y=3x$　　D. $y=2x^2-1$

10. 函数 $f(x)=2x^2-mx+3$, 当 $x\in(2,+\infty)$ 时是增函数,当 $x\in(-\infty,2)$ 时是减函数,则 $f(-1)=$ (　　).

A. -3　　B. 7　　C. 13　　D. 不确定

11. 函数 $f(x)=1-x^2$ 在 $[-1,3]$ 上的最大值和最小值分别是(　　).

A. $2,-8$　　B. $1,0$　　C. $0,-8$　　D. $1,-8$

12. 若 $f(x)=3x-5$, $g(x)=2x+m$, 且 $f[g(x)]=g[f(x)]$, 则 m 的取值是(　　).

A. $\dfrac{5}{2}$　　B. $\dfrac{3}{2}$　　C. $-\dfrac{5}{2}$　　D. $-\dfrac{3}{2}$

13. 函数 $f(x)$ 为偶函数,且在 $[0,4]$ 上是增函数,若 $a=f(-4)$, $b=f(3)$, 则 a 与 b 的大小关系为(　　).

A. $a=b$　　B. $a<b$

C. $a>b$　　D. a 与 b 的大小关系无法确定

14. 函数 $f(x)=x^2-ax+3$ 在 $(1,+\infty)$ 内是增函数,则实数 a 的取值范围是(　　).

A. $a=0$　　B. $a=2$　　C. $a\geqslant 2$　　D. $a\leqslant 2$

15. 若函数 $f(x)=x^2+bx$ 对任意的实数 t, 都有 $f(3+t)=f(3-t)$, 那么下列式子中成立的是(　　).

A. $f(2)<f(3)<f(5)$　　B. $f(3)<f(2)<f(5)$

C. $f(3)<f(5)<f(2)$　　D. $f(5)<f(3)<f(2)$

二、填空题

1. 函数 $f(x)=-x^2-2x+2$ 的顶点坐标是________.

2. 函数 $y=\begin{cases}2x^2+1, & x\in(-1,1],\\ \dfrac{1}{x}, & x\in(1,5),\\ 3-x, & x\in[5,+\infty)\end{cases}$ 的定义域是________.

3. 函数 $f(x)=\sqrt{2-|x|}$ 的定义域为________.

4. 已知函数 $f(x)=x^2-6x+3, x\in[-1,5]$, 则该函数的值域是________.

5. 已知 $f(x)=\begin{cases}-2x^2+4x-1, & x\leqslant 0,\\ 2x, & x>0,\end{cases}$ 则 $f(1)=$ ________, $f(-1)=$ ________.

6. 已知函数 $f(x)=\begin{cases}\frac{2}{x}, & x<-1,\\ -3, & -1\leqslant x<0,\\ 2x-4, & x\geqslant 0,\end{cases}$ 则 $f[f(0)]=$ ________.

7. 设函数 $f(x)=\begin{cases}0, & x<0,\\ \pi, & x=0,\\ x^2-3, & x>0,\end{cases}$ 则 $f\{f[f(-2)]\}=$ ________.

8. 二次函数 $y=x^2+2x-3$ 的递增区间为________.

9. 二次函数 $f(x)=x^2+2x-3m$ 的最小值为 2，则 $m=$ ________.

10. 若二次函数 $f(x)=kx^2+2x+4k$ 有最大值 -3，则 $k=$ ________.

11. 若 $y=f(x)$ 为奇函数，且 $f(0)$ 存在，则 $f(0)=$ ________.

12. 若 $y=f(x)$ 为奇函数，且 $f(2)=3$，则 $f(-2)=$ ________.

13. 函数 $f(x)=(x+2)(x+m)$ 为偶函数，则 $m=$ ________.

14. 偶函数 $y=f(x)$ 在区间 $[0,5]$ 上是增函数，试比较 $f(\pi)$ 与 $f(2)$ 的大小：________.

15. 若函数 $f(x)=x^2-mx+3$ 在 $(-\infty,3)$ 内是减函数，则 m 的取值范围是________.

三、解答题

1. 求函数 $f(x)=\sqrt{x+1}+\frac{3}{2-x}$ 的定义域.

2. 已知函数 $f(x)=\frac{x^2+1}{ax+b}(a,b\in\mathbf{R})$ 是奇函数，且 $f(1)=2$，求 a,b 的值.

3. 已知一次函数 $f(x)=x+1$ 与二次函数 $f(x)=2x^2-mx+n$ 的图像有一个交点在 y 轴上，且二次函数顶点在直线 $y=x$ 上，求 m 和 n 的值.

4. 已知二次函数的顶点坐标为 $(2,-1)$，且其图像过点 $(0,3)$，试求该二次函数的解析式，并求该函数在区间 $[-1,3]$ 上的最大值和最小值.

5. 请利用函数单调性定义证明函数 $f(x)=-\frac{3}{x}$ 在区间 $(-\infty,0)$ 内是增函数.

6. 某人计划使用可以做成 20 m 栅栏的材料，在靠墙的位置围出一块矩形的菜地，问：

(1)要使菜园的面积不小于 42 m^2，试确定与墙平行的栅栏的长度范围.

(2) 当与墙平行的栅栏的长为多少时，围成的菜园面积最大？最大面积为多少？

7. 通过研究学生的学习行为，专家发现，学生的注意力随着老师讲课时间的变化而变化，设 $f(t)$ 表示学生的注意力随时间 t (min)的变化规律，且 $f(t)$ 越大，表示学生的注意力越集中，通过实验分析得知：

$$f(t)=\begin{cases}-t^2+24t+100, & 0<x\leqslant 10,\\ 240, & 10<x<20,\\ -7t+380, & 20\leqslant x\leqslant 45.\end{cases}$$

(1)讲课开始后 5 min 与 25 min 比较，何时学生的注意力更集中？

(2)讲课开始后多少分钟，学生的注意力最集中？能持续多少分钟？

第 4 章　指数函数与对数函数

4.1　实数指数幂

§4.1.1　平方根及立方根

预习案之一草一木

微预习

1. 什么是平方根？什么是算术平方根？
2. 什么是立方根？
3. 什么是二次根式？二次根式常用的两个公式是什么？

微作业

两名同学在打羽毛球，一不小心落在离地面高为 6 m 的树上，其中一名同学赶快搬来一架长为 7 m 的梯子，架在树干上，梯子底端离树干 2 m 远，另一名同学爬上梯子去拿羽毛球，问：这位同学能拿到球吗？

探究案之一花独放

微探究

结论：$\sqrt{49-4}$ ________ 6，这位同学________拿到球.

如果 $x^2=9$，则 $x=$________，x 叫作 9 的________；

如果 $x^2=3$，则 $x=$________，x 叫作 3 的________；

如果 $x^3=8$，则 $x=$________，x 叫作 8 的________；

如果 $x^3=-8$，则 $x=$________，x 叫作-8 的________.

如果 $x^2=a$，那么________叫作 a 的平方根(二次方根)，其中________叫作 a 的算术平方根；如果 $x^3=a$，那么________叫作 a 的立方根(三次方根).

微思考

1. 正数 a 有几个平方根？0 和负数有平方根吗？
2. 正数的立方根有几个？0 和负数有几个立方根？
3. a 的算术平方根 $\sqrt{a}$ 在什么情况下有意义？
4. $(\sqrt{a})^2=$________；$\sqrt{a^2}=$________.

微实践

题型一　求出下列各数的平方根

(1)49；　　(2)0.36；　　(3) $\frac{49}{81}$.

题型二　计算下列各式的值

(1) $(\sqrt{5})^2$；　　(2) $\sqrt{25}$；　　(3) $\sqrt{(-4)^2}$.

练习案之一叶知秋

微练习

1. 填空：

36 的平方根是______；　　0.04 的平方根是______；　　$\frac{25}{49}$ 的平方根是______；

0.16 的平方根是______；　　0.16 的平方根是______；　　9 的算术平方根是______.

2. 填空：

8 的立方根是________；　　−8 的立方根是________；　　0 的立方根是________.

3. 根据二次根式的两个常用等式填空：

$(\sqrt{3})^2=$________；$\sqrt{16}=$________；$\sqrt{(-2)^2}=$________；$\sqrt{16\times0.04}=$________；

$-\sqrt{1.44}=$________；$\sqrt{(-5)^2}=$________.

自测案之一树花开

微自测

读出下列各根式,并计算出结果：

(1) $\sqrt[3]{27}$；　　(2) $\sqrt{25}$；　　(3) $\sqrt[3]{-8}$.

§4.1.2　n 次根式

预习案之一草一木

微预习

1. 什么是 n 次方根？什么是 n 次算术根？
2. 什么样的式子是 n 次根式？
3. 根指数、被开方数指的是什么？

微作业

交通警察通常根据刹车后车轮滑过的距离估计车辆行驶的速度,所用的经验公式是 $v=16\sqrt{df}$,其中,v 表示车速(单位:km/h),d 表示刹车后车轮滑过的距离(单位:m),f 表示摩擦系数,在某次交通事故调查中测得 $d=24$ m,$f=1.3$,则肇事汽车的车速大约是________ km/h.

探究案之一花独放

微探究

如果 $x^4=16$,则 $x=$________,x 叫作16的________;

如果 $x^5=32$,则 $x=$________,x 叫作32的________;

如果 $x^5=-32$,则 $x=$________,x 叫作-32的________;

如果 $x^6=64$,则 $x=$________,x 叫作64的________.

概念一:如果 $x^n=a$ ($n\in\mathbf{N}^+$ 且 $n>1$),那么________叫作________的 n 次方根.

(1)当 n 为偶数时.正数 a 的 n 次方根有两个,分别表示为________和________,其中________叫作 a 的 n 次算数根;零的 n 次方根为________;负数的 n 次方根________.

(2)当 n 为奇数时.实数 a 的 n 次方根________,记作________.

概念二:形如________________的式子叫作 a 的 n 次根式,其中________叫作根指数,________叫作被开方数.

微思考

$\sqrt[n]{a^n}=a$ 一定成立吗?

微实践

题型一 读出下列各根式,并计算出结果

(1) $\sqrt[4]{16}$;　　(2) $\sqrt[5]{32}$;　　(3) $\sqrt[5]{-243}$.

题型二 求出 n 次方根

25的4次方根可以表示为________,其中根指数为________,被开方数为________.

题型三 化简

$\sqrt[3]{(-8)^3}=$________,$\sqrt{(-10)^2}=$________,$\sqrt[4]{(3-\pi)^4}=$________.

练习案之一叶知秋

微练习

1. 下列根式中无意义的是(　　).

A. $\sqrt[3]{2}$　　B. $\sqrt{0}$　　C. $\sqrt[4]{-1}$　　D. $\sqrt[3]{-5}$

2. 填空：-32 的 5 次方根是________；16 的 4 次方根是________；

a^6 的 3 次方根是________；0 的 7 次方根是________.

自测案之一树花开

微自测

1. 以下说法中正确的是(　　).

A. 正数的 n 次方根是正数

B. 负数的 n 次方根是负数

C. 0 的 n 次方根是 0

D. a 的 n 次方根是 $\sqrt[n]{a}$

2. 读出下列各根式，并计算出结果：

(1) $\sqrt[4]{81}$；　　(2) $\sqrt[5]{-32}$；　　(3) $\sqrt[10]{1\,024}$.

3. 填空：

(1)36 的 4 次方根可以表示为______，其中根指数为______，被开方数为______；

(2)12 的 4 次算术根可以表示为______，其中根指数为______，被开方数为______；

(3)-7 的 5 次方根可以表示为______，其中根指数为______，被开方数为______.

§4.1.3　整数指数幂

预习案之一草一木

微预习

1. 正整数指数幂、零指数幂、负整数指数幂是如何规定的?
2. 整数指数幂的运算法则有哪些?
3. 会利用整数指数幂的运算法则进行计算.

微作业

数学中的幂是什么?

一般地，在数学上我们把 n 个相同的因数 a 相乘的积记作 a^n. 这种求几个相同因数的积的运算叫作乘方，乘方的结果叫作幂. 在 a^n 中，a 叫作底数，n 叫作指数. a^n 读作"a 的 n 次方"或"a 的 n 次幂".

那么，世界上最先发明幂指数的人是谁呢? 上网查阅一下这名数学家的资料，上课时给大家介绍一下.

探究案之一花独放

微探究

计算：

$(-2)^4=$________；　　$-2^4=$________；　　$\left(-\frac{2}{3}\right)^3=$________.

$\left(1\dfrac{1}{2}\right)^{-3}=$________;　$(-3)^3=$________;　$3^{-2}=$________.

$0^{2\,008}=$________;　$\left(-1\dfrac{1}{2}\right)^2=$________;　$2^3=$________.

$3^{-2}=$________;　$(\sqrt{2})^0=$________;　$\left(\dfrac{2}{3}\right)^4=$________.

$\left(\dfrac{1}{5}\right)^{-2}=$________.

微思考

1. 正整数指数幂:当 n 为正整数时,n 个相同因数 a 的乘积,记作 a^n.

即 $a^n=$________(n 个).

2. 零指数幂:任何不等于 0 的数的 0 次幂都等于 1,即 $a^0=$________($a\neq 0$).

3. 负整数指数幂:a^{-n} 是 a^n 的倒数,即 $a^{-n}=$________($a\neq 0$).

4. 整数指数幂运算满足下面的法则:

$a^m\cdot a^n=$________;

$(a^m)^n=$________;

$(a\cdot b)^n=$________.

微实践

题型一　化简

$a^{-2}b^2\cdot(ab^{-1})$.

题型二　计算

$\left(-\dfrac{\sqrt{3}}{2}\right)^{-2}-(\pi-\sqrt{3})^0+\left(-\dfrac{\sqrt{2}}{2}\right)^2\cdot\left(\dfrac{\sqrt{2}}{2}\right)^{-2}$.

练习案之一叶知秋

微练习

1. 填空:$2\times(-4)^2=$________;$(-0.25)^{10}\times 4^{10}=$________.

2. 计算:(1) $\left(-\dfrac{5}{8}\right)\times(-4^2)-0.25\times(-5)\times(-4)^3$;

(2) $(-10)^2-5\times(-3)^2\times 2^2+2^3\times 10$;　(3) $2^0-2^{-2}+\left(-\dfrac{1}{2}\right)^2$.

自测案之一树花开

微自测

1. 填空：$(a^{-3}b^{2})^{3}=$________；$(a^{-2}b^{3})^{-2}=$________.

2. 计算：(1) $5x^{2}y^{-2}\cdot 3x^{-3}y^{2}$；

(2) $6xy^{-2}z\div(-3x^{-3}y^{-3}z^{-1})$.

§4.1.4 分数指数幂

预习案之一草一木

微预习

1. 将根式化为分数指数幂，将分数指数幂化为根式.

2. 会利用幂的运算法则进行幂运算.

微作业

巩固几个重要的结论：

1. 整数指数幂，当 $n\in\mathbf{N}^{*}$ 时，$a^{n}=$________.

2. 当 $a\neq 0$ 时，$a^{0}=$________；$a^{-n}=$________.

3. 将整数指数幂的概念进行推广：$4^{\frac{1}{2}}=$________.

探究案之一花独放

微探究

1. 将下列各分数指数幂写成根式的形式：

(1) $a^{\frac{4}{7}}$；　　(2) $a^{\frac{3}{5}}$；　　(3) $a^{-\frac{3}{2}}$.

2. 将下列各根式写成分数指数幂的形式：

(1) $\sqrt[3]{x^{2}}$；　　(2) $\sqrt[3]{a^{4}}$；　　(3) $\frac{1}{\sqrt[5]{a^{3}}}$.

3. 求值：

(1) $125^{\frac{4}{3}}$；　　(2) $81^{-\frac{3}{4}}$；　　(3) $0.01^{-\frac{1}{2}}$；　　(4) $2^{-\frac{1}{2}}\times 64^{\frac{1}{2}}$.

微思考

1. $a^{\frac{m}{n}}=\sqrt[n]{a^m}$，其中 m、$n\in\mathbf{N}^+$ 且 $n>1$.

当 n 为奇数时，a 的取值范围是________；

当 n 为偶数时，a 的取值范围是________.

2. $a^{-\frac{m}{n}}=\dfrac{1}{\sqrt[n]{a^m}}$，其中 $a^{\frac{m}{n}}$ 有意义，m、$n\in\mathbf{N}^+$ 且 $n>1$，a 的取值范围是________.

这样就将整数指数幂推广到有理数指数幂.

将根式写成分数指数幂的形式或将分数指数幂写成根式的形式时，要注意规定中的 m、n 的对应位置关系，分数指数的分母为根式中根的指数，分子为根式中被开方数的指数.

微实践

题型一　计算

(1) $\sqrt{3}\times\sqrt[3]{9}\times\sqrt[4]{27}$；　　(2) $\dfrac{\sqrt{3}\times\sqrt[3]{6}}{\sqrt[3]{9}\times\sqrt[3]{2}}$.

题型二　化简

(1) $\dfrac{(2a^4b^3)^4}{(3a^3b)^2}$；　　(2) $(2^{\frac{2}{3}}4^{\frac{1}{2}})^3\cdot(2^{-\frac{1}{2}}4^{\frac{5}{8}})^4$；　　(3) $(a^{\frac{1}{2}}+b^{\frac{1}{2}})(a^{\frac{1}{2}}-b^{\frac{1}{2}})$.

练习案之一叶知秋

微练习

1. 将下列各根式写成分数指数幂的形式：

(1) $\sqrt[3]{9}$；　　(2) $\sqrt{\dfrac{3}{4}}$；　　(3) $\dfrac{1}{\sqrt[7]{a^4}}$；　　(4) $\sqrt[4]{4.3^5}$.

2. 将下列各分数指数幂写成根式的形式：

(1) $4^{-\frac{3}{5}}$；　　(2) $3^{\frac{3}{2}}$；　　(3) $(-8)^{-\frac{2}{5}}$；　　(4) $1.2^{\frac{3}{4}}$.

自测案之一树花开

微自测

1. 计算：

(1) $\left(\frac{4}{9}\right)^{\frac{1}{2}}+(\sqrt{3}+\sqrt{2})^{0}+0.125^{-\frac{1}{3}}$；

(2) $(a^{\frac{2}{3}}b^{\frac{1}{2}})^{3}\cdot(2a^{-\frac{1}{2}}b^{\frac{5}{8}})^{4}$.

2. 化简下列各式：

(1) $a^{\frac{1}{3}}\cdot a^{-\frac{2}{3}}\cdot a^{2}\cdot a^{0}$；

(2) $(a^{3}b)^{-1}\cdot(ab^{2})^{\frac{3}{2}}\div(ab)^{-\frac{1}{2}}$.

§4.1.5 幂函数

预习案之一草一木

微预习

1. 会求幂函数的定义域.
2. 了解幂函数的图像及奇偶性和单调性.

微作业

幂的概念的形成是相当曲折和缓慢的.

我国古代,幂字至少有10种不同的写法,最简单的是“冖”.“幂”作名词用是用来覆盖食物的巾,作动词用就是用巾来覆盖.《说文解字》解释说:“冖,覆也,从一下垂也.”

用一块方形的布盖东西,四角垂下来,就成“冖”的形状.将这意义加以引申,凡是方形的东西也可叫作幂.再进一步推广,矩形面积或两数的积(特别是一个数自乘的结果)也叫作幂.这种推广是从刘徽开始的.

上网查阅关于幂函数的相关资料.

探究案之一花独放

微探究

1. 观察函数 $y=x$、$y=x^{2}$、$y=\frac{1}{x}$，回忆三个函数的图像和相关性质.

将这三个函数都写成 $y=x^{\alpha}$（$\alpha\in\mathbf{R}$）的形式.

一般地,形如 $y=x^{\alpha}$（$\alpha\in\mathbf{R}$）的函数叫作幂函数.其中指数 α 为常数,底 x 为自变量.

2. 在同一个坐标系中作出幂函数 $y=x^2$ 、$y=x^3$ 、$y=x^4$ 、$y=x^5$ 的图像,并完成表 4—1.

表 4—1

函数	$y=x^2$	$y=x^3$	$y=x^4$	$y=x^5$
定义域				
单调性				
奇偶性				
必过点				

3. 在同一个坐标系中作出幂函数 $y=x^{-2}$ 、$y=x^{-3}$ 、$y=x^{-4}$ 、$y=x^{-5}$ 的图像,并完成表 4—2.

表 4—2

函数	$y=x^{-2}$	$y=x^{-3}$	$y=x^{-4}$	$y=x^{-5}$
定义域				
单调性				
奇偶性				
必过点				

微思考

结论:幂函数的特征.

一般地,幂函数 $y=x^\alpha$ 具有如下特征:

(1) 随着指数 α 取不同值,函数 $y=x^\alpha$ 的定义域、单调性和奇偶性会发生变化;

(2) 当 $\alpha>0$ 时,函数图像经过点________与点________;

当 $\alpha<0$ 时,函数图像不经过点________,但经过点________.

微实践

1. 在同一个坐标系中作出幂函数 $y=x^{\frac{1}{2}}$ 、$y=x^{\frac{1}{3}}$ 、$y=x^{\frac{1}{4}}$ 、$y=x^{\frac{1}{5}}$ 的图像,并完成表 4—3.

表 4—3

函数	$y=x^{\frac{1}{2}}$	$y=x^{\frac{1}{3}}$	$y=x^{\frac{1}{4}}$	$y=x^{\frac{1}{5}}$
定义域				
单调性				
奇偶性				
必过点				

2. 在同一个坐标系中作出幂函数 $y=x^{-\frac{1}{2}}$ 、$y=x^{-\frac{1}{3}}$ 、$y=x^{-\frac{1}{4}}$ 、$y=x^{-\frac{1}{5}}$ 的图像,并完成表 4—4.

表 4—4

函数	$y=x^{-\frac{1}{2}}$	$y=x^{-\frac{1}{3}}$	$y=x^{-\frac{1}{4}}$	$y=x^{-\frac{1}{5}}$
定义域				
单调性				
奇偶性				
必过点				

练习案之一叶知秋

微练习

1. 下列各函数中，不是幂函数的是(　　).

A. $y=x^2-x+1$　　B. $y=\frac{1}{x}$　　C. $y=x$　　D. $y=x^{-3}$

2. 幂函数在第一象限的图像都经过点________.

3. 函数 $y=x^{-2}$ 的定义域是________，该函数为________函数(填奇偶性).

自测案之一树花开

微自测

1. 函数 $y=x^{\frac{1}{3}}$ 与 $y=x^{-\frac{1}{3}}$ 的图像都经过点________.

2. 函数 $y=x^{\frac{1}{4}}$ 的定义域是________，且在定义域内是________函数(填单调性).

3. 函数 $y=x^3$ 的图像关于________对称.

4. 函数 $y=x^{-\frac{1}{5}}$ 的定义域是________.

5. 已知幂函数的图像经过点 $\left(4,\frac{1}{16}\right)$，求 $f(9)$ 的值.

4.2　指数函数

§4.2.1　指数函数的概念及图像

预习案之一草一木

微预习

1. 什么样的函数是指数函数?
2. 指数函数的底 a 需要满足什么条件?
3. 指数函数中 x、y 的取值范围分别是什么?

微作业

$(1+0.1)^1$、$(1+0.1)^2$、$(1+0.1)^3$、…、$(1+0.1)^{365}=1\ 377.4$、$(1-0.1)^1$、$(1-0.1)^2$、$(1-0.1)^3$、…、$(1-0.1)^{365}=0.000\ 6$，只要每天努力一点点，以今天的我超越昨天的我，每天都会有全新的风景. 请你阅读:《每天努力一点点》，学会聚沙成塔地积累成功.

探究案之一花独放

微探究

一般地,形如________的函数叫作指数函数,其中底 a (______________)为常量. 指数函数的定义域为________,值域为________.

用描点法作指数函数 $y=2^x$ 和 $y=\left(\frac{1}{2}\right)^x$ 的图像,补充表 4—5.

表 4—5

x	…	-3	-2	-1	0	1	2	3	…
$y=2^x$	…								…
$y=\left(\frac{1}{2}\right)^x$	…								…

观察函数图像发现:

1. 函数 $y=2^x$ 和 $y=\left(\frac{1}{2}\right)^x$ 的图像都在 x 轴的________,向上无限伸展,向下无限接近于 x 轴.

2. 函数图像都经过点________.

3. 函数 $y=2^x$ 的图像自左至右呈________趋势;函数 $y=\left(\frac{1}{2}\right)^x$ 的图像自左至右呈________趋势.

微思考

利用软件分别作出以下函数的图像,并观察它们的相同点和不同点.

微实践

题型一　指数函数的解析式

已知指数函数图像过点 $\left(2,\frac{9}{4}\right)$,求指数函数的解析式.

题型二　求函数值

已知指数函数 $f(x)=a^x$ 满足条件 $f(-3)=\frac{8}{27}$,求 $f(2)$ 的值.

练习案之一叶知秋

微练习

1. 已知指数函数的图像经过点 $\left(\frac{3}{2},27\right)$,求该函数的解析式.

2. 已知指数函数 $y=\left(\frac{1}{3}\right)^x$,求 $f(-2)$ 的值.

3. 已知指数函数 $f(x)=a^x$ 满足条件 $f(-2)=\frac{16}{25}$，求 $f(-1)$ 的值.

自测案之一树花开

微自测

1. 下列各函数中，为指数函数的是(　　).

A. $y=x$　　B. $y=x^{-2}$　　C. $y=\pi^x$　　D. $y=(-3)^x$

2. 函数 $y=0.5^x$ 的图像经过点(　　).

A. $(0,1)$　　B. $(1,0)$　　C. $(1,1)$　　D $(0.25,1)$

3. 已知函数 $y=\left(\frac{3}{2}\right)^x$，当 $x\in(0,+\infty)$ 时，y 的取值范围是什么?

4. 已知指数函数图像过点(2,9)，求 $f(4)$ 的值.

§4.2.2　指数函数的性质

预习案之一草一木

微预习

1. 掌握指数函数的图像特点和性质.
2. 会用图像与性质解决实际问题.

微作业

制胜未来的指数型组织

欢迎来到指数时代，这是一个前所未有的激动人心的世界. 在当今的商业世界，一种被称为指数型组织的新型机构已迅速蔓延开来，如果你没能理解它、应对它，并最终变成它的话，那么你就会被颠覆.

小米、海尔、阿里巴巴、谷歌、亚马逊这些知名的公司，都有一个让人称羡的共同点，那就是——它们都是非常成功的指数型组织. 未来，首席指数官将取代首席执行官而成为最重要的管理岗位，我们的工作和生活也将因指数型组织而发生彻底改变.

那么，什么是指数型组织呢?《指数型组织：打造独角兽公司的 11 个最强属性》这本书会为你揭开谜底. 这是一本指数级时代企业行动手册，也是当今经济管理类学生和刚入职员工的必读书. 未来的工作是"随需随聘"的，未来的商业模式是"人人参与"的，未来的创新是"实验+快速迭代"的，年轻的一代只有做好充分准备，才能在未来的竞争中立于不败之地.

探究案之一花独放

微探究

1. 在图 4－1 的坐标系中画出指数函数的图像：

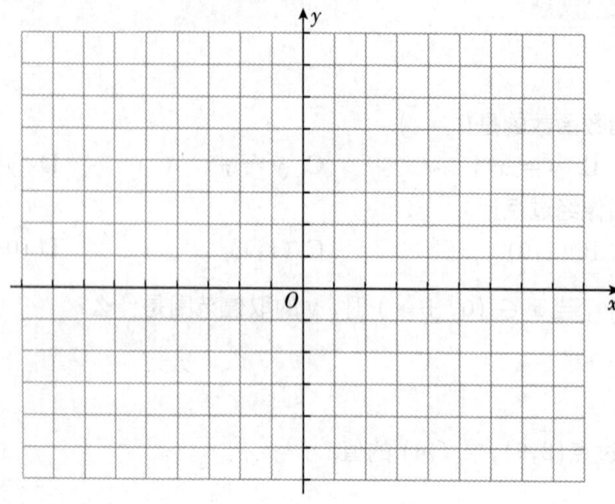

图 4－1

2. 一般地，指数函数 $y=a^x$ ($a>0$ 且 $a\neq 1$)具有下列性质：

(1)函数的定义域是________，值域为________；

(2)函数图像经过点________，即当 $x=0$ 时，函数值 $y=1$；

(3) 当 $a>1$ 时，函数在 $(-\infty,+\infty)$ 内是________函数；

当 $0<a<1$ 时，函数在 $(-\infty,+\infty)$ 内是________函数.

微思考

1. 不计算，试比较 0.9^2 与 0.9^6 的大小.

2. 如何判断下列函数的单调性：

(1) $y=5^x$；　(2) $y=0.9^x$；　(3) $y=\left(\frac{1}{10}\right)^x$；　(4) $y=\left(\frac{3}{2}\right)^x$.

结论：________________

3. 求函数 $y=\frac{1}{3^x-9}$ 的定义域的步骤是________.

微实践

题型一　判断函数的单调性

判断下列函数在 $(-\infty,+\infty)$ 内的单调性：

(1) $y=3^{-x}$；　(2) $y=2^{\frac{x}{3}}$　(3) $y=\left(\frac{\pi}{2}\right)^{-x}$.

题型二　求函数的定义域

求下列函数的定义域:

(1) $y=\frac{3}{2^x-1}$;　　(2) $y=\sqrt{3^x-81}$.

题型三　比较大小

比较 1.5^3 与 1.5^6 的大小.

练习案之一叶知秋

微练习

1. 判断下列函数在 $(-\infty,+\infty)$ 内的单调性:

(1) $y=1.2^x$;　　(2) $y=8^{-x}$;　　(3) $y=3^{\frac{x}{2}}$.

2. 下列函数中,在 $(-\infty,+\infty)$ 内为减函数的是(　　).

A. $y=6^x$　　B. $y=3^{-x}$　　C. $y=10^x$　　D. $y=(\sqrt{2})^x$

3. 比较 $\left(\frac{3}{4}\right)^{-2}$ 与 $\left(\frac{3}{4}\right)^2$ 的大小.

自测案之一树花开

微自测

1. 已知指数函数 $y=a^x$ 是减函数,则 a 的取值范围是________.

2. 已知指数函数 $f(x)=a^x$, $f(-4)=16$, 判断该函数的单调性.

3. 用"$>$"或"$<$"填空:

(1) 0.6^3 ____ 0.6^4;　　(2) $\left(\frac{5}{3}\right)^{-2}$ ____ $\left(\frac{5}{3}\right)^{-3}$;　　(3) $1.7^{0.3}$ ____ $1.7^{0.4}$.

4.3 对数

§4.3.1 对数式与指数式的联系

预习案之一草一木

微预习

1. 能将指数运算与对数运算进行互化.
2. 认识几个恒等式.

微作业

珠穆朗玛峰(珠峰)是喜马拉雅山脉的主峰,是世界海拔最高的山峰,位于中国与尼泊尔边境线上 2005 年中国国家测绘局测量的岩面高(裸高即地质高度)为 8 844.43 m. 如果有一张足够大的纸,你知道折叠多少次就可以登上珠穆朗玛峰吗?

探究案之一花独放

微探究

1. 2 的多少次幂等于 8? 2 的多少次幂等于 9?
2. 将指数式 $2^4=16$ 写成对数式为________.
3. 将对数式 $\log_2 32=5$ 写成指数式为________.
4. 已知底和幂,如何求出指数? 如何用底和幂表示出指数的问题?

结论:如果 $a^b=N\ (a>0, a\neq 1)$,那么 b 叫作以 a 为底 N 的对数,记作 $b=\log_a N$, 其中 a 叫作对数的底, N 叫作真数.

形如 $a^b=N$ 的式子叫作指数式,形如 $\log_a N=b$ 的式子叫作对数式.

当 $a>0$, $a\neq 1$, $N>0$ 时

$$a^b=N \Leftrightarrow \log_a N=b$$

5. 将下列指数式写成对数式:

(1) $27^{\frac{1}{3}}=3$;　　(2) $4^{-3}=\dfrac{1}{64}$;　　(3) $10^x=y$.

6. 将下列对数式写成指数式:

(1) $\log_2\dfrac{1}{8}=-3$;　　(2) $\log_3\dfrac{1}{81}=-4$;　　(3) $\log_{10}1\ 000=3$.

微思考

1. 想一想 $\log_2 1$，$\log_{\frac{1}{3}} 1$，$\log_{0.5} 1$，$\log_3 3$，$\log_{1.2} 1.2$ 的值分别是几？

2. 尝试总结对数的性质：

(1) $\log_a 1 =$________；

(2) $\log_a a =$________；

(3) $N>0$，即________没有对数.

3. 对数 $\lg 2$，$\ln 2$ 的底分别是几？

微实践

题型一　求下列对数的值

(1) $\log_3 3$；　(2) $\log_7 1$；　(3) $\log_{0.5} 0.5$；　(4) $\lg 1$；　(5) $\ln e$.

题型二　计算

计算 $\log_{30} 1 - 2\log_3 3 + \lg 1\ 000$ 的值.

练习案之一叶知秋

微练习

1. 指数式与对数式的互化：

$0.2^x = 0.008$ 的对数式为________；　$343^{-\frac{1}{3}} = \frac{1}{7}$ 的对数式为________；

$\log_5 625 = 4$ 的指数式为________；　$\log_{0.01} 10 = -\frac{1}{2}$ 的指数式为________.

2. 写出所给对数的值：

$\log_7 7 =$________，$\log_{0.5} 0.5 =$________，$\log_{\frac{1}{3}} 1 =$________，$\log_2 1 =$________.

自测案之一树花开

微自测

1. 将下列各指数式写成对数式：

(1) $5^3 = 125$；　(2) $0.9^2 = 0.81$；　(3) $10^3 = 1\ 000$.

2. 把下列对数式写成指数式：

(1) $\log_{\frac{1}{2}}4=-2$；　(2) $\log_3 27=3$；　(3) $\lg 100=2$.

3. 求下列对数的值：

(1) $\log_7 7$；　(2) $\log_{0.5}0.5$；　(3) $\ln 1$；　(4) $\lg 10\ 000$.

§4.3.2　对数的运算法则

预习案之一草一木

微预习

1. 了解并掌握对数的运算性质.
2. 巩固几个恒等式，会用对数运算法则进行运算及求值.

微作业

借助计算器试一试哪个是正确的：

(1) $\lg 2+\lg 5=\lg 7$ 和 $\lg 2+\lg 5=\lg 10$；

(2) $\log_2 12-\log_2 4=\log_2 8$ 和 $\log_2 12-\log_2 4=\log_2 3$；

(3) $3\log_3 2=\log_3 6$ 和 $3\log_3 2=\log_3 8$.

探究案之一花独放

微探究

1. 对数的运算法则：

法则 1：$\lg MN=$________($M>0,N>0$)；

法则 2：$\lg\dfrac{M}{N}=$________($M>0,N>0$)；

法则 3：$\lg M^n=$________(n 为整数，$M>0$).

2. 利用对数的运算法则计算：$\log_3 27-\log_3 3=$________.

3. 计算：$\lg 2+\lg 5=$________.

4. 计算：$\log_2 50-2\log_2 5=$________.

微思考

1. 已知 $\lg 2=a$，$\lg 3=b$，用 a，b 表示 $\log_2 3$.

结论：换底公式：$\log_a N=\dfrac{\log_b N}{\log_b a}$.

特别地，$\log_a N=\dfrac{\lg N}{\lg a}$，$\log_a N=\dfrac{\ln N}{\ln a}$.

换底公式的本质：把不同底问题转化为同底问题，为使用运算法则创造条件，更方便化简求值.

2. 几个重要的结论：

(1) $\log_a b\cdot\log_b a=$ ________.

(2) $\log_{a^m}b^n=$ ________ $\log_a b$.

这两个结论可以作为换底公式的推论直接应用，特别地 $\log_{a^n}b^n=\log_a b$.

微实践

题型一　等量替换

1. 用 $\lg x$, $\lg y$, $\lg z$ 表示下列各式：

(1) $\lg\dfrac{x}{yz}$;　　　　(2) $\lg\dfrac{x^2\sqrt{y}}{z^3}$.

2. 设 $\log_8 3=a$, $\log_3 5=b$, 试用 a, b 表示 $\log_2 5$.

题型二　利用运算法则计算

(1) $2\lg3+\lg7+\lg\dfrac{25}{7}-\lg\dfrac{9}{4}+\lg1$;

(2) $(\lg5)^2+\lg2\cdot\lg25+(\lg2)^2$;

(3) $\log_8 9\cdot\log_{27}32$.

练习案之一叶知秋

微练习

1. 设 $x>0$, $y>0$, 下列各式中正确的是(　　).

A. $\lg(x+y)=\lg x+\lg y$　　B. $\lg(xy)=\lg x+\lg y$

C. $\lg(xy)=\lg x\cdot\lg y$　　D. $\lg\dfrac{x}{y}=\dfrac{\lg x}{\lg y}$

2. 设 $\lg2=a$, $\lg3=b$, 则 $\log_5 12=$(　　).

A. $\dfrac{2a+b}{1+a}$　　B. $\dfrac{a+2b}{1+a}$　　C. $\dfrac{2a+b}{1-a}$　　D. $\dfrac{a+2b}{1-a}$

3. 计算：$\ln e^2=$________，$\ln\frac{1}{e}=$________，$\lg 10\ 000=$________，$\lg\frac{1}{100}=$________，$\log_5 4\cdot\log_8 5=$________，$\log_4 36\cdot\log_6\frac{1}{8}=$________.

4. 用 $\lg x$，$\lg y$，$\lg z$ 表示下列各式：

(1) $\lg\sqrt{x}$；　　(2) $\lg\frac{xy}{z}$；　　(3) $\lg(\frac{y}{x})^2$.

5. 设 $\log_5 3=a$，$\log_5 4=b$，试用 a，b 表示 $\log_{25}12$.

6. 求证：$\log_x y\cdot\log_y z\cdot\log_z x=1$.

自测案之一树花开

微自测

1. 计算：$\lg 4+\lg 25=$________；$\lg 8+\lg 125=$________.

2. 若 $\lg a=2.431\ 0$，$\lg b=1.431\ 0$，则 $\frac{a}{b}=$(　　).

A. $\frac{1}{100}$　　B. $\frac{1}{10}$　　C. 10　　D. 100

3. 计算：$\frac{\lg 3+2\lg 2-1}{\lg 1.2}$.

4. 求 $\log_2 9\cdot\log_3 4$ 的值.

5. 求 $\log_2 3\cdot\log_3 7\cdot\log_7 8$ 的值.

6. 已知 $\log_{18}9=a$，$\log_{18}5=b$，试用 a，b 表示 $\log_{36}45$.

7. 已知 $\log_a x=2$，$\log_b x=3$，$\log_c x=6$，求 $\log_{abc}x$ 的值.

4.4 对数函数

§4.4.1 对数函数的概念及图像

预习案之一草一木

微预习

1. 了解并掌握对数函数的定义.
2. 掌握对数函数的图像与性质.

微作业

某种物质的细胞分裂，由1个分裂成2个，2个分裂成4个，……，如果知道分裂得到的细胞个数，如何求得分裂次数呢？

在一个长100 cm的木棍上，自左向右50 cm处染一个红点，然后沿红点把木棍锯开，在50 cm的木棍上自左向右25 cm染一个红点，然后沿红点把木棍锯开，问：需要一根6.25 cm的木棍应锯几次？

探究案之一花独放

微探究

1. 一般地，形如________的函数叫作对数函数，其中底为________，并且________.

2. 对数函数的定义域为________，值域为________.

利用描点法作函数 $y=\log_2 x$ 和 $y=\log_{\frac{1}{2}} x$ 的图像.

函数的定义域为 $(0,+\infty)$，取 x 的一些值，补充表4—6.

表4—6

x	…	$\frac{1}{4}$	$\frac{1}{2}$	1	2	4	…
$y=\log_2 x$	…						…
$y=\log_{\frac{1}{2}} x$	…						…

观察函数图像：

1. 函数 $y=\log_2 x$ 和 $y=\log_{\frac{1}{2}} x$ 的图像都在 y 轴的________.

2. 图像都经过点________.

3. 函数 $y=\log_2 x$ 的图像自左至右呈________趋势；函数 $y=\log_{\frac{1}{2}} x$ 的图像自左至右呈________趋势.

微思考

结论：

对数函数 $y=\log_a x$ ($a>0$ 且 $a\neq 1$)具有下列性质：

(1)函数的定义域为________,值域为________;

(2)当 $x=1$ 时,函数值 $y=0$;

(3)当 $a>1$ 时,函数在 $(0,+\infty)$ 内是________函数;当 $0<a<1$ 时,函数在 $(0,+\infty)$ 内是________函数.

(4)当 $a>1$ 时,若 $x>1$,则 y ________0;若 $0<x<1$,则 y ________0.

当 $0<a<1$ 时,若 $x>1$,则 y ________0;若 $0<x<1$,则 y ________0.

微实践

题型一　利用性质确定范围

1. 若 $\log_{\frac{1}{3}}x>0$, 则 x 的取值范围是________;

若 $\log_3 x>0$, 则 x 的取值范围是________.

2. 若函数 $\log_2 a<1$, 则实数 a 的取值范围是(　　).

A. $(1,2)$　　B. $(0,1)\cup(2,+\infty)$

C. $(0,1)\cup(1,2)$　　D. $\left(0,\frac{1}{2}\right)$

题型二　求函数的定义域

1. 函数 $y=\sqrt{\ln x}$ 的定义域是什么?

2. 求下列函数的定义域：

(1) $y=\log_2(x+4)$;　　(2) $y=\ln(x^2-x)$.

题型三　求函数的值域

函数 $y=\log_2 x$ 在 $[1,2]$ 上的值域是(　　).

A. $\mathbf{R}$　　B. $(0,+\infty)$　　C. $(-\infty,1]$　　D. $[0,1]$

题型四　比较下列各组数的大小

(1) $\log_2 3.5$ 与 $\log_2 8.5$;　　(2) $\log_{0.3}1.8$ 与 $\log_{0.3}2.7$;

(3) $\log_a 5.1$ 与 $\log_a 5.9$ ($a>0$ 且 $a\neq 1$).

练习案之一叶知秋

微练习

1. 对数函数 $y=\log_a x$ 必过点(　　).

A. $(0,1)$　　B. $(1,0)$　　C. $(0,-1)$　　D. $(-1,0)$

2. 若函数 $y=\log_a x$ 的图像经过点$(2,-1)$,则底 $a=$(　　).

A. 2　　B. -2　　C. $\frac{1}{2}$　　D. $-\frac{1}{2}$

3. 下列对数函数在区间$(0,+\infty)$内为减函数的是(　　).

A. $y=\lg x$　　B. $y=\log_{\frac{1}{2}} x$　　C. $y=\ln x$　　D. $y=\log_2 x$

4. 设函数 $f(x)=\lg x+1$, 则 $f(10)$ 的值为________.

5. 比较大小:

$\log_{0.5}6$ ________ $\log_{0.5}4$;　　$\log_{1.5}1.6$ ________ $\log_{1.5}1.4$;　　$\log_5 7$ ________ 1;

$\log_{\frac{1}{5}}7$ ________ 1;　　$\log_2 5$ ________ 0;　　$\log_{\frac{1}{2}}5$ ________ 0.

自测案之一树花开

微自测

1. 比较下列各组数的大小:

(1) $\log_2 5.3$,　$\log_2 4.7$;　　(2) $\log_{0.2}7$,　$\log_{0.2}9$;

(3) $\log_3 \pi$,　$\log_3 e$;　　(4) $\log_a 3$,　$\log_a 2$ ($a>0$ 且 $a\neq 1$).

2. 求下列函数的定义域:

(1) $y=\log_5(4-x)$;　　(2) $y=\log_3 \frac{1}{2x-1}$.

3. 下列函数中,不是对数函数的是(　　).

A. $y=\log_{\sqrt{3}} x$　　B. $y=\log_{0.5} x$　　C. $y=\log_{-2} x$　　D. $y=\log_7 x$

4. 已知函数 $f(x)=\log_2 x+3$, 求 $f(1)$, $f(2)$, $f(8)$ 的值.

5. 已知函数 $y=\log_a x$ 的图像过点$(27,3)$,求 $f(9)$ 的值.

§ 4.4.2 指数方程与对数方程

预习案之一草一木

微预习

1. 理解指数方程、对数方程的概念.
2. 会解简单的指数、对数方程.

微作业

上网查阅:

1. 指数方程和对数方程的定义.
2. 总结指数方程与对数方程的解法.

探究案之一花独放

微探究

1. 解方程: $2^x=6\Rightarrow x=\log_2 6$;

   $\log_2 x=6\Rightarrow x=2^6$. (定义法)

2. 解方程: $4^x=64\Rightarrow 2^{2x}=2^8$, 则 $x=$________. (化同底)

   $\lg(2-x)+\lg(3-x)=\lg 12$, 注意: $\begin{cases}2-x>0,\\3-x>0.\end{cases}$

   第一步: 化同底 ____________;

   第二步: 真数相等 ____________;

   第三步: 验根 ____________.

微思考

解方程 $9^x-5\cdot 3^x+6=0$. (换元法)

第一步: (化同底) $(3^2)^x-5\cdot 3^x+6=0\Leftrightarrow(3^x)^2-5\cdot 3^x+6=0$.

第二步: (换元) $(t)^2-5\cdot t+6=0\Leftrightarrow$____________.

第三步: 求 t ________________________.

第四步: 求 x ________________________.

结论: 解指数、对数方程的基本思想为化同底或换元.

微实践

题型一 化同底

解方程 $2^{3+6x}\cdot 4^{3x+6}=8^{x^2}$.

题型二　换元法

已知 $\lg[\lg(\lg x)]=0$，则 $x^{-\frac{1}{5}}=$________.

练习案之一叶知秋

微练习

1. 方程 $2^x-2\cdot 2^x-8=0$ 的解是 $x=$________.

2. 方程 $\lg(x^2-2x-3)=\lg(6+x-x^2)$ 的解是________.

3. 解方程 $9^x-2\cdot 3^{x+1}-27=0$.

4. 解方程 $\lg(x^2-5)-\lg(x+1)=0$.

自测案之一树花开

微自测

1. 方程 $(3^x-27)(\log_x 2-1)=0$ 的解集是________.

2. 已知 $9^x+9=10\cdot 3^x$，则 $x^2+2=$________.

3. 方程 $4^{2x-1}=\left(\frac{1}{2}\right)^x$ 的解是________.

4. 解方程 $\lg(x^2-2x-3)-\lg(x+1)=1$.

5. 解方程 $3\log_{125}x-2\log_x 125=1$.

§4.4.3 指数函数和对数函数的应用

预习案之一草一木

微预习

了解指数函数与对数函数的应用.

微作业

请上网查阅资料，进一步了解半衰期的相关知识.

1. 大气中的碳－14 能跟氧原子结合成二氧化碳，生物存活期间，不断从大气中获取这种放射性碳，死后就停止吸收，存留体内的放射性碳不断减少，并且每年的衰变速度不变，大约经过 5 730 年，它的含量可衰变一半，因此，物理学家将 5 730 年称为碳－14 的"半衰期".

只要用仪器测出文物中现有的碳－14 含量，再与它原始的碳－14 水平相比，就能进行文物的年代鉴定.

2. 某市 2008 年国内生产总值为 20 亿元，计划在未来 10 年内，平均每年按 8%的增长率增长，请分别预测该市 2013 年与 2018 年的国内生产总值(精确到 0.01 亿元).

3. 某市 2005 年国民生产总值为 20 亿元，计划在今后的 10 年内，平均每年增长 8%，试问：到 2015 年时，该市的国民生产总值将达到________亿元(用代数式表示).

探究案之一花独放

微探究

设磷－32 经过一天的衰变，其残留量为原来的 95.27%. 现有 10 g 磷－32，设每天的衰变速度不变，经过 14 天衰变还剩下多少克(精确到 0.01 g)?

分析：残留量为原来的 95.27%的意思是，如果原来的磷－32 为 a (g)，经过一天的衰变后，残留量为 $a\times 95.27\%$(g).

结论：函数解析式可以写成 $y=ca^x$ 的形式，其中 $c>0$ 为常数，底 $a>0$ 且 $a\neq 1$. 函数模型 $y=ca^x$ 叫作指数模型.

当 $a>1$ 时，叫作________模型；当 $0<a<1$ 时，叫作________模型.

微思考

十八大报告中提出，到 2020 年实现全面建成小康社会的目标，为确保这一目标的实现，明确提出"实现国内生产总值和城乡居民人均收入比 2010 年翻一番."

"翻一番"是指到 2020 年国内生产总值和城乡居民人均收入都达到 2010 年的几倍?

微实践

题型一　函数的实际应用

1. 服用某种感冒药，每次服用的药物含量为 a，随着时间 t 的变化，体内的药物含量为 $f(t)=0.57^t a$（其中 t 以小时为单位）. 问：服药 4 h 后，体内药物的含量为多少？8 h后，体内药物的含量为多少？

分析：该问题为指数衰减模型. 分别求 $t=4$ 与 $t=8$ 的函数值.

2. 现有一种放射性物质经过衰变，1 年后残留量为原来的 84%，设每年的衰变速度不变，问：该物质经过多少年后，残留量为原来的 50%（结果保留整数）？

3. 某百货公司年销售收益为 b 万元，如果每年销售收益的增长率均为 5%，那么大约经过多少年，销售收益翻一番（保留 2 位有效数字）？

练习案之一叶知秋

微练习

1. 下列各函数模型中，为指数增长模型的是（　　）.

A. $y=0.7\times1.09^x$　　B. $y=100\times0.95^x$

C. $y=0.5\times0.35^x$　　D. $y=2\times\left(\frac{2}{3}\right)^x$

2. 某地为了抑制一种有害昆虫的繁殖，引入了一种以该昆虫为食物的特殊动物，已知该动物的繁殖数量 y（只）与引入时间 x（年）的关系为 $y=a\log_2(x+1)$，若该动物在引入 1 年后的数量为 100 只，则第 7 年它们发展到（　　）.

A. 300 只　　B. 400 只　　C. 600 只　　D. 700 只

3. 一辆价值 30 万元的汽车，按每年 20% 的折旧率折旧，设 x 年后汽车价值 y 万元，则 y 与 x 的函数解析式为__________.

4. 某城市现有人口 100 万人，根据最近 20 年的统计资料，这个城市的人口的年自然增长率为 0.8%，按这个增长率计算，______年后这个城市的人口预计有 150 万人（用代数式表示）.

5. 某省 2008 年粮食总产量为 150 亿 kg. 现按每年平均 10.2% 的速度增长. 求该省 10 年后的年粮食总产量（精确到 0.01 亿 kg）.

6. 某钢铁公司的年产量为 a 万吨，计划每年比上一年增产 10%，问：经过多少年，产量翻一番（保留 2 位有效数字）？

自测案之一树花开

微自测

1. 某种储蓄按复利计算,本金是 a 元,每期利率为 r, 设存期是 x, 本利和(本金加上利息)为 y 元,写出本利和 y 随存期 x 变化的函数关系式__________;如果存入本金1 000元,每期利率为 2.25%,那么 5 期后的本利和为__________($1.0225^5 = 1.1176$).

2. 某工厂购买了一套价值 200 万元的新设备,按每年 10%的折旧率折旧,经过______年后价值为原来的 50%(用代数式表示).

3. 一台价值 100 万元的新机床,按每年 8%的折旧率折旧,问:20 年后这台机床还值几万元(精确到 0.01万元)?

4. 已知放射性物质镭经过 100 年,残留量为原来质量的 95.76%,计算它的半衰期(保留 4 位有效数字).

5. 某市计划在今后每年国民生产总值平均增长 8%,试问:照此速度,经过多少年该市的国民生产总值能够翻一番(结果精确到整数)?

6. 2000 年世界人口为 60 亿人,目前世界人口增长率为 1.84%,如果这种趋势保持不变,问:哪一年世界人口将达到 120 亿人?

单元总结案

总结案之看图说话

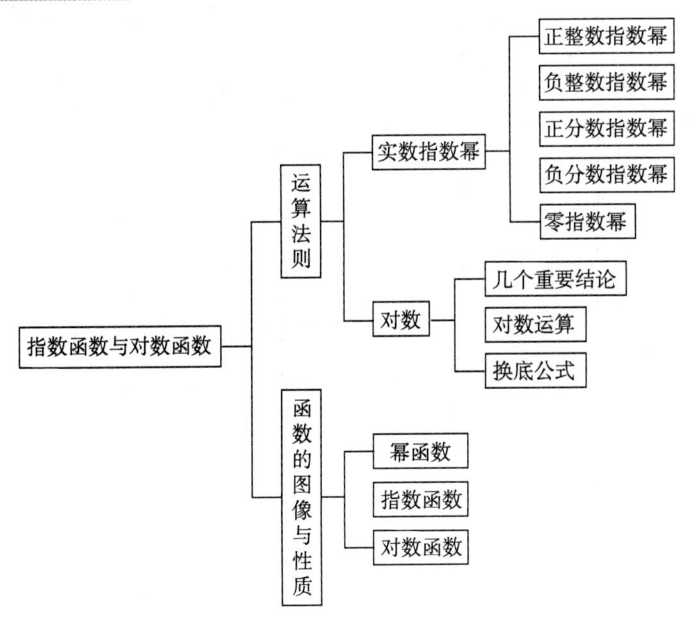

. 幂函数

函数	图像	定义域	奇偶性	单调性
$y=x$				
$y=x^2$				
$y=x^3$				

续表

函数	图像	定义域	奇偶性	单调性
$y=x^{\frac{1}{2}}$				
$y=x^{\frac{1}{3}}$				
$y=x^{-1}$				
$y=x^{-2}$				
$y=x^{-\frac{1}{3}}$				

2. **指数函数** ($a>0, a\neq 1$)

指数函数 $y=a^x$ 的性质	
$a>1$	$0<a<1$

续表

指数函数 $y=a^x$ 的性质	

. 对数的概念和性质 $(a>0,a\neq 1)$

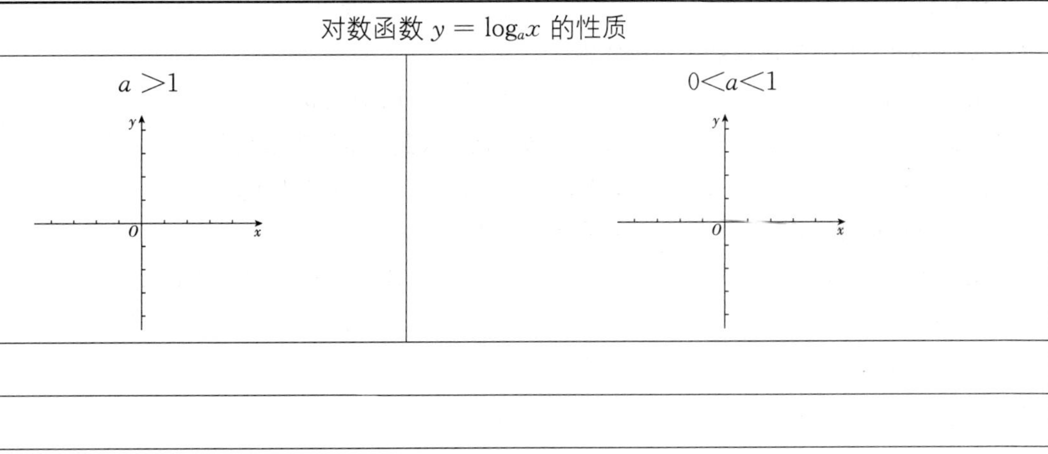

对数函数 $y=\log_a x$ 的性质	
$a>1$	$0<a<1$

总结案之群英荟萃

题型一　应用法则计算、化简、求值

. 计算：

(1) $\log_5 25+\left(\frac{1}{32}\right)^{\frac{1}{5}}+9^{\log_3\sqrt{2}}\ 25=$________；

(2) $\log_{0.4}1+(0.25)^{-0.5}+\left(\frac{1}{27}\right)^{-\frac{1}{3}}-625^{0.25}=$________；

(3) $\log_2(128\times 4^5)=$________；

(4) $\lg 14-2\lg\frac{7}{3}+\lg 7-\lg 18=$________；

(5) $\lg\sqrt[5]{100}+\log_3\sqrt{27}+\lg 25+\lg 4+7^{-\log_7 2}=$________；

(6) $\log_3\sqrt{27}+\lg 25+\lg 4+7^{-\log_7 2}=$________；

(7) $\frac{\lg\sqrt{27}+\lg 8-3\lg\sqrt{10}}{\lg 1.2}=$________.

. 化简：

(1) $a>0$，$\frac{\sqrt{a}\cdot\sqrt[4]{a^3}}{\sqrt[3]{a}\ \sqrt[6]{a^5}\ \sqrt[12]{a}}=$________；　　(2) $2\sqrt{2}\sqrt[4]{2}\sqrt[8]{4}=$________.

3. 求值：

(1)若 $\log_2 x=4$，则 $x^{\frac{1}{2}}=$ ________.

(2)若 $\log_x 2\sqrt{2}=\frac{3}{4}$，则 $x=$ ________.

题型二　对数函数与指数函数的图像与性质的应用

1. 比较大小.

(1)下列格式中正确的是(　　).

A. $\log_{0.3}5<\log_{0.3}7$　　B. $\log_3 2>\log_9 4$

C. $\left(\frac{4}{5}\right)^{0.8}<\left(\frac{4}{5}\right)^{-0.7}$　　D. $\log_2 3<\frac{3}{2}$

(2)若 $0<a<1$，则下列不等式中正确的是(　　).

A. $a^{0.7}>a^{0.6}$　　B. $a^{0.7}<a^{0.6}$　　C. $a^2<a^3$　　D. $a^0>1$

(3)设 $a=0.5^3$、$b=\log_3 0.5$、$c=3^{0.5}$，则 a,b,c 按从大到小的顺序排列为________.

(4)设 $a=0.5^3$、$b=\log_{0.5}3$、$c=3^{0.5}$，则 a,b,c 按从大到小的顺序排列为________.

(5)三个数 0.6^2，$2^{0.6}$，$\log_2 0.6$ 的大小关系为(　　).

A. $0.6^2<\log_2 0.6<2^{0.6}$　　B. $2^{0.6}<0.6^2<\log_2 0.6$

C. $\log_2 0.6<0.6^2<2^{0.6}$　　D. $\log_2 0.6<2^{0.6}<0.6^2$

2. 求不等式的解集.

(1)如果 $a^{2x}>a^{x-9}(a>0,a\neq 1)$，则 a 的取值范围是________.

(2)函数 $y=\sqrt{\log_{0.2}(x-2)}$ 的定义域是________.

(3)若 $\log_{0.2}x>1$，则 x 的取值范围是________.

(4)解不等式 $\log_a\frac{2}{3}<1(a>0,a\neq 1)$，则 a 的取值范围是________.

(5)函数 $y=\sqrt{\log_{(1-x)}2}$，则 x 的取值范围是________.

(6)函数 $y=\frac{1}{\log_3(1-x)}$ 的定义域是________.

3. 写出单调性区间.

(1)在区间 $(0,+\infty)$ 内为增函数的是(　　).

A. $y=2^x$　　B. $y=\log_{0.3}x$　　C. $y=-x^2+2$　　D. $y=-x$

(2)指数函数 $y=a^x(a>1)$ 在区间 $[1,2]$ 上最大值比最小值大 $\frac{a}{2}$，求 a.

(3)若函数 $y=\log_{(2a-1)}x$ 在 $(0,+\infty)$ 内为减函数，且函数 $y=(3a)^x$ 为增函数，则 a 的取值范围是(　　)

A. $\left(0,\frac{1}{3}\right)$　　B. $(0,1)$　　C. $(1,+\infty)$　　D. $\left(\frac{1}{2},1\right)$

题型三　解指数方程与对数方程

1. 指数方程.

(1) $9^x-2\times 3^{x+1}-27=0$；　　(2) $4^x-2\times 2^x-8=0$；　　(3) $2^{3+6x}\cdot 4^{3x+6}=8^{x^2}$.

2. 对数方程.

(1) $\lg(x^2-2x-3)-\lg(x+1)=1$;

(2) $\lg(x^2-5)-\lg(x+1)=0$;

(3) $\lg[\lg(\lg x)]=0$;

(4) $(3^x-27)(\log_x 2-1)=0$;

(5) $3\log_{125}x-2\log_x 125=1$.

题型四　图像变换

1. 图像平移.

(1)函数 $y=\log_a(x+5)(0<a<1)$ 的图像不过第________象限.

(2)若函数 $y=a^x+m(a>0,a\neq 1)$ 的图像经过第一、第三和第四象限,则(　　).

A. $a>1$ 且 $m<0$　　B. $a>1$ 且 $m<-1$

C. $a>1$ 且 $m>1$　　D. $0<a<1$ 且 $m<0$

(3)函数 $y=\log_a(x-1)(a>0,a\neq 1)$ 的图像恒过点(　　).

A. $(2,0)$　　B. $(1,0)$　　C. $(0,0)$　　D. $(0,2)$

(4)函数 $y=2+3^x$ 的值域是(　　).

A. $(0,+\infty)$　　B. $(2,+\infty)$　　C. $(3,+\infty)$　　D. $(-\infty,+\infty)$

(5)函数 $y=5+a^x(a>0,a\neq 1)$ 的图像总过点________.

2. 对称变换(画出下列函数的图像).

(1)已知 $a>0,a\neq 1$, 画出函数 $y=a^x$ 与函数 $y=-\log_a x$ 的图像;

(2)已知 $a>0,a\neq 1$, 画出函数 $y=a^{-x}$ 与函数 $y=\log_{a^{-1}}x$ 的图像;

(3)已知 $a>0,a\neq 1$, 画出函数 $y=a^{-x}$ 与函数 $y=a^x$ 的图像;

(4)已知 $a>0,a\neq 1$, 画出函数 $y=-\log_a x$ 与函数 $y=\log_a x$ 的图像.

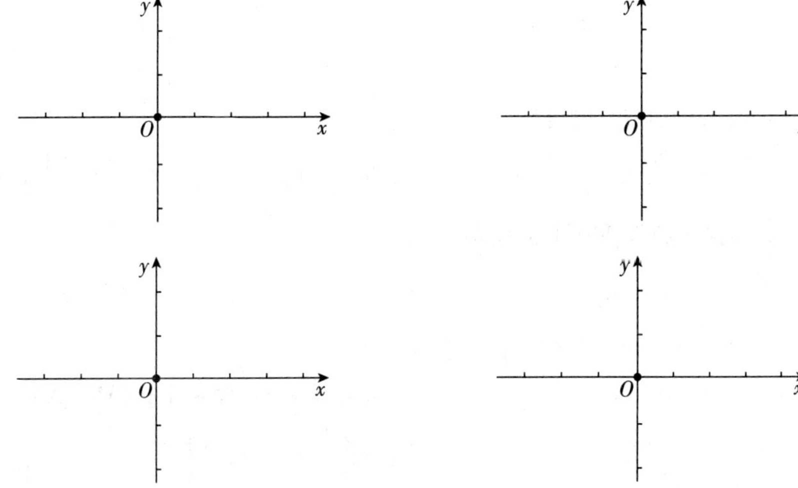

3. 翻折变换.

函数 $y=\log_{\frac{1}{3}}|x|(x\in\mathbf{R},x\neq 0)$ 满足(　　).

A. 为奇函数,且在 $(-\infty,0)$ 内是减函数

B. 为奇函数,且在 $(0,+\infty)$ 内是减函数

C. 为偶函数,且在 $(-\infty,0)$ 内是增函数

D. 为偶函数,且在 $(0,+\infty)$ 内是增函数

总结案之硕果累累

一、选择题

1. 下列各组函数中,表示同一函数的是(　　).

A. $y=x$ 与 $y=\dfrac{x^2}{x}$

B. $y=x$ 与 $y=\sqrt{x^2}$

C. $y=x$ 与 $y=\log_3 3^x$

D. $y=x$ 与 $y=3^{\log_3 x}$

2. 函数 $y=k(x+1)$ 与函数 $y=\dfrac{k}{x}$ 在同一坐标系内的图像只能是(　　).

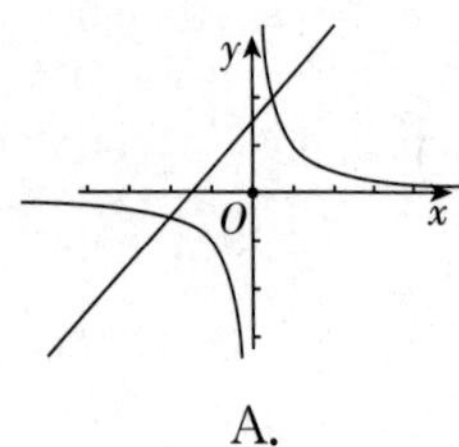

A.

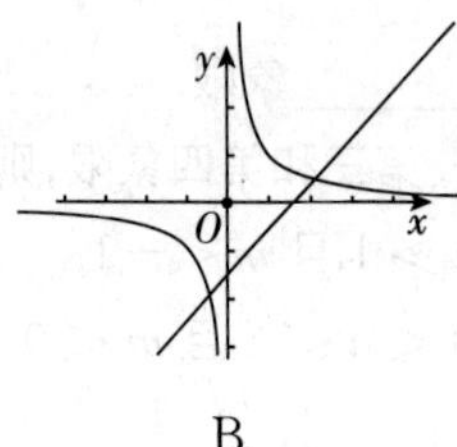

B.

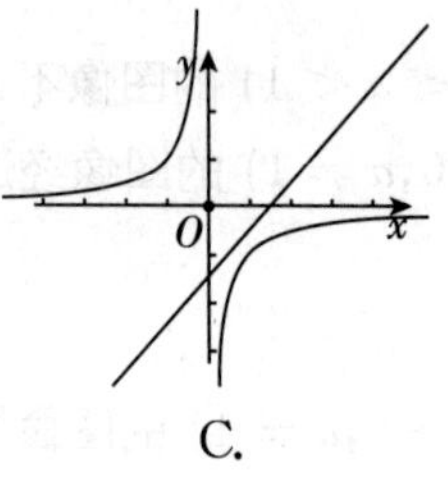

C.

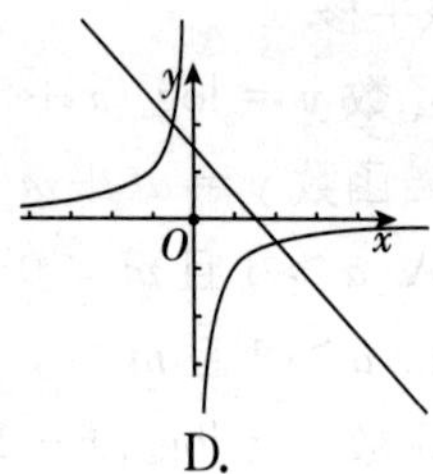

D.

3. 函数 $y=\sqrt{\lg(1-x)}$ 的定义域是(　　).

A. $(-\infty,0]$　　B. $(-\infty,0)$　　C. $(0,1)$　　D. $[0,1)$

4. 0.7^3、$\log_3 0.7$、$3^{0.7}$三个数之间的大小关系是(　　).

A. $0.7^3<3^{0.7}<\log_3 0.7$

B. $0.7^3<\log_3 0.7<3^{0.7}$

C. $\log_3 0.7<0.7^3<3^{0.7}$

D. $\log_3 0.7<3^{0.7}<0.7^3$

5. 当 $a>1$ 时,函数 $y=a^{-x}$ 和 $y=\log_a x$ 在同一直角坐标系中的图像只能是(　　).

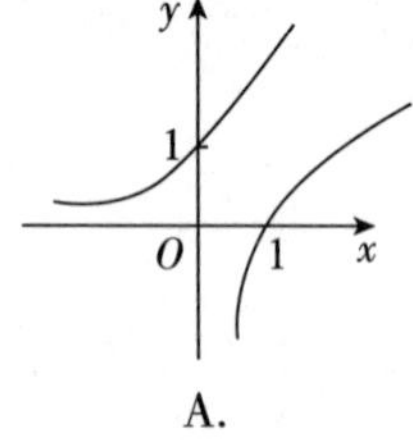

A.

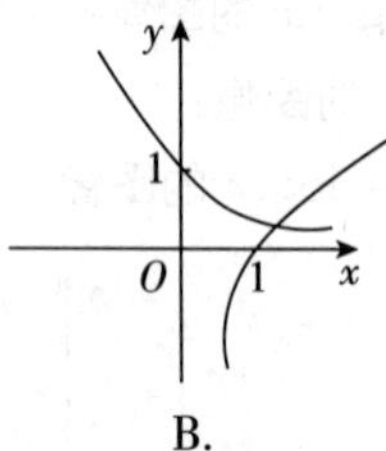

B.

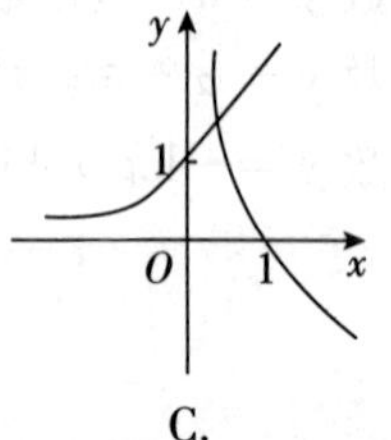

C.

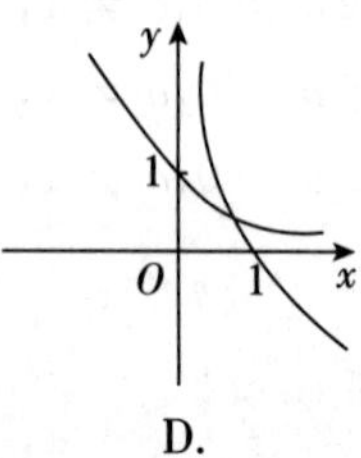

D.

6. 如果 $a>b$,则下列不等式中恒成立的是(　　).

A. $a^2>b^2$　　B. $\dfrac{b}{a}<1$　　C. $\lg a>\lg b$　　D. $\left(\dfrac{1}{2}\right)^a<\left(\dfrac{1}{2}\right)^b$

7. 下列函数中,既是奇函数又是单调减函数的是(　　).

A. $y=\left(\dfrac{1}{2}\right)^x$　　B. $y=\log_{\frac{1}{2}}x$　　C. $y=-x^{-1}$　　D. $y=-x^3$

8. 如果 $a>0$,且 $a\neq 1$,$M,N>0$,那么下列各式中正确的是(　　).

A. $\log_a M\cdot\log_a N=\log_a(M\cdot N)$

B. $\log_a M+\log_a N=\log_a(M+N)$

C. $\log_a^2 M=2\log_a M$

D. $\dfrac{\log_a M}{2}=\log_a\sqrt{M}$

9. 如果 $a^{\frac{1}{3}}=b(a>0$,且 $a\neq 1)$,那么下列式子中正确的是(   ).

A. $\log_a \frac{1}{3}=b$

B. $3\log_a b=1$

C. $\log_{\frac{1}{3}} a=b$

D. $\log_{\frac{1}{3}} b=a$

10. 若 $0<a<1$,则下列不等式中正确的是(   ).

A. $a^{0.7}>a^{0.6}$

B. $a^{0.7}<a^{0.6}$

C. $a^2<a^3$

D. $a^0>1$

11. 下列各式中正确的是(   ).

A. $\log_{0.3}5<\log_{0.3}7$

B. $\log_3 2>\log_9 4$

C. $\left(\frac{4}{5}\right)^{0.8}<\left(\frac{4}{5}\right)^{-0.7}$

D. $\log_2 3<\frac{3}{2}$

12. 如果 $\left(\frac{1}{4}\right)^x<1$,那么下列选项中正确的是(   ).

A. $x>0$　　B. $x<0$　　C. $x=0$　　D. 以上都不对

13. 函数 $y=\left(\frac{1}{2}\right)^{-x}$ 在 $(0,+\infty)$ 内(   ).

A. 是增函数且 $y>1$

B. 是增函数且 $y<1$

C. 是减函数且 $y>1$

D. 是减函数且 $y<1$

14. 下列函数中,在其定义域上,既是增函数又是奇函数的是(   ).

A. $y=x^{-1}$　　B. $y=\log_2 x$　　C. $y=\log_2 3^x$　　D. $y=2^x$

15. $\log_x 0.2>0$,则的取值范围是(   ).

A. $(-\infty,0)$　　B. $(0,1)$　　C. $(1,+\infty)$　　D. $(-\infty,1)$

二、填空题

1. $\sqrt[3]{\frac{8}{27}}=$________;　　$\log_{\frac{1}{3}}27=$________.

2. 函数 $y=\frac{\log_5(6+5x-x^2)}{x-5}$ 的定义域为________.

3. 函数 $y=\sqrt{\log_{0.1}(2-x)}$ 的定义域为______,函数 $y=\sqrt{1-\left(\frac{1}{2}\right)^x}$ 的定义域为______.

4. 函数 $y=\sqrt{3-\log_3 x}$ 的定义域为________.

5. $\log_6[\log_4(\log_3 x)]=0$,则 $x=$________.

6. $\log_3(\log_2 x)>0$,则 x 的取值范围为________.

7. 函数 $y=\left(\frac{1}{2}\right)^{1-2x}$,当 x ________时,$y\geqslant 1$.

8. 若函数 $y=\log_a x$(a 为常数)的图像过点$(16,2)$,则 $a=$________.

9. 如果 $x^{-\frac{1}{2}}\leqslant x^{-1}$,那么 x 的范围是________.

10. 若 $\log_{0.1}x>\log_{0.1}2$,则 x 的取值范围是________.

11. $(2\,006)^0+10^{\lg 3}-\left(\frac{1}{27}\right)^{-\frac{1}{3}}-\tan\frac{5}{4}\pi=$________.

12. $3^{|\log_3 0.5|}=$________.

13. 若 $4^x=2^{x+1}$，则 $x=$________.

三、解答题

1. 计算：

(1) $\log_5 0.25+2\log_5 10+(-5)^0-\left(\frac{1}{8}\right)^{-3}+2^{\frac{2}{3}}\cdot\left(\frac{1}{4}\right)^{-\frac{1}{6}}$；

(2) $27^{\frac{2}{3}}+32^{-\frac{2}{5}}+5^0+2\log_5 25+\lg 5+\lg 25+\frac{2}{3}\lg 8+\lg 2$；

(3) $\frac{1}{4}\left[(0.027)^{\frac{2}{3}}+15\times(0.0016)^{\frac{3}{4}}+\left(\frac{2}{3}\right)^0\right]$.

2. 化简：$(3a^2b)(-2a^{-3}b^{-1})(-5a^4b^{-2})^3$.

3. 若 $3^{2x+1}+8\cdot 3^x-3=0$，求 x 的值.

4. 求函数 $y=\frac{1}{\log_{\frac{1}{3}}(4-x)}+\sqrt{-x^2+3x+10}$ 的定义域.

5. 若 $\lg x+\lg(x-3)=1$，求 x 的值.

6. 已知 a、b、c 是$\triangle ABC$ 的三边长，且关于 x 的一元二次方程 $x^2-2x+\lg(c^2-b^2)-2\lg a+1=0$ 有两个相等的实数根，试判断三角形的形状.

7. 已知 $\lg a(a>0)$、$\lg b(b>0)$ 是方程 $x^2-2x-4=0$ 的两个不相等的实根，求 $a\cdot b$.

第5章　三角函数

5.1　角的概念

5.1.1　任意角的概念

预习案之一草一木

微预习

1. 知道角的定义、界限角的含义、角所在的象限是如何定义的.
2. 能判断出$(0^\circ,360^\circ)$及$(-360^\circ,0^\circ)$的角所在的象限.

微作业

收集生活中的角：

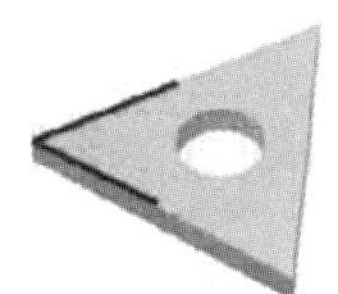

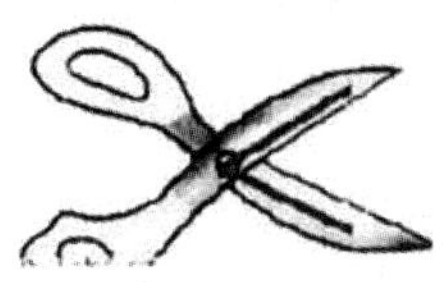

它们有一个共同的特征是____.

探究案之一花独放

微探究

1. 角的概念：一条射线由位置OA，绕着它的端点O，按逆时针(或顺时针)方向旋转到另一个位置OB形成的图形叫作角. ________________________叫作角的始边，________________________叫作角的终边，____________________叫作角的顶点.

2. 角的分类：__________________叫作正角，__________________叫作负角，__________________叫作零角.

3. 界限角的概念：________________________的角叫作界限角.

4. 象限角的定义：在平面上建立一个直角坐标系xOy，把所有角的顶点都放在________的位置，让所有角的始边(除顶点外)都与__________________重合.这时一个角的终边在第几象限,就说这个角是第几象限的角.

微思考

1.界限角属于哪个象限?

2.一个角属于第几象限由始边决定还是终边决定?

微实践

1.试一试:请大家在直角坐标系中画出一正一负两个角,并判断角所在的象限.

2.画出以下界限角:0°,90°,180°,270°,360°,−90°,−180°,−270°,−360°.

3.请大家画一个正角和一个负角,始边和终边分别标注为OA、OB,然后用不同的方法表示此角.

练习案之一叶知秋

微练习

1.关于角的概念,下列说法中正确的是(　　).

A.第一象限的角一定是锐角　　B.锐角一定是第一象限的角

C.小于90°的角一定是锐角　　D.第一象限的角一定是正角

2.判断角所在的象限.

130°,45°,60°,120°,135°,150°,210°,225°,240°,300°,315°,330°,390°,

−30°,−45°,−60°,−120°,−135°,−150°,−210°,−225°,−240°,−300°,−315°,−330°.

第一象限的角有__________________;第二象限的角有__________________;第三象限的角有__________________;第四象限的角有__________________.

3.−50°角的终边在(　　).

A.第一象限　　B.第二象限　　C.第三象限　　D.第四象限

自测案之一树花开

微自测

1.若角α是锐角,则2α是(　　).

A.第一象限角　　B.第二象限角

C.第一或第二象限角　　D.小于180°的正角

2. 已知下列各角：$-120°$，$-240°$，$180°$，$495°$，其中均为第二象限角的是(　　).

A. $-120°$，$-240°$　　B. $-120°$，$180°$　　C. $-240°$，$180°$　　D. $-240°$，$495°$

3. 已知 $A=\{锐角\}$，$B=\{0°到\ 90°的角\}$，$C=\{第一象限角\}$，$D=\{小于\ 90°的角\}$，求 $A\cap B$，$A\cup C$，$C\cap D$，$A\cup D$.

5.1.2　终边相同的角

预习案之一草一木

微预习

1. 理解终边相同的角的概念.
2. 能求出给定范围内与已知角终边相同的角.

微作业

个性化作业：收集生活中的角(见图 5—1).

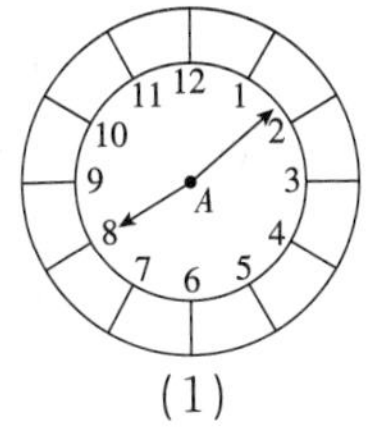

(1)

(2)

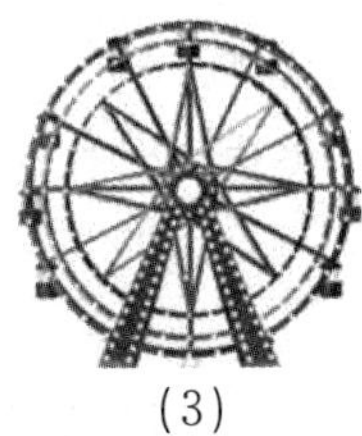
(3)

图 5—1

它们都有一个共同的特征是________________________________.

探究案之一花独放

微探究

试一试：列举出与 $60°$ 终边相同的 5 个角，并试着概括出这些角的特征，然后用一个式子表示出来.

微思考

1. 终边相同的角的概念：________________________.
2. 与角 α 终边相同的所有角组成的集合为________________________.

微实践

题型一　判断两个角的终边是否相同

在下列各组的两个角中，终边不重合的一组是(　　).

A. $-21°$与 $699°$　　B. $180°$与$-540°$　　C. $470°$与 $590°$　　D. $-90°$与 $990°$

题型二　写出与已知角终边相同的所有角构成的集合

与 60° 终边相同的所有角中，把在 $-360^\circ \sim 720^\circ$ 范围的角写出来.

题型三　终边在坐标轴上的角的表示方法

1. 写出与 0° 终边相同的所有角构成的集合.
2. 写出与 180° 终边相同的所有角构成的集合.
3. 写出终边在 x 轴上的角组成的集合.

题型四　各象限角的表示方法

第一象限角的集合：________________；第二象限角的集合：________________；

第三象限角的集合：________________；第四象限角的集合：________________.

练习案之一叶知秋

微练习

1. 与 -30° 终边相同的角是(　　).

A. 30°　　B. 750°　　C. -750°　　D. -330°

2. 写出与 $-114^\circ 26'$ 终边相同的所有角构成的集合，并把在 $-360^\circ \sim 720^\circ$ 范围的角写出来.

3. 写出与 90° 终边相同的所有角构成的集合；

写出与 270° 终边相同的所有角构成的集合；

写出终边在 y 轴上的所有角组成的集合.

自测案之一树花开

微自测

1. 与 30° 角终边相同的角为(　　).

A. -60°　　B. 390°　　C. -390°　　D. 45°

2. 第二象限角的集合可以表示为(　　).

A. $\{\alpha \mid 0^\circ < \alpha < 90^\circ\}$　　B. $\{\alpha \mid 90^\circ < \alpha < 180^\circ\}$

C. $\{\alpha \mid 180^\circ < \alpha < 270^\circ\}$　　D. $\{\alpha \mid 270^\circ < \alpha < 360^\circ\}$

3. 写出终边在坐标轴上的角组成的集合.

4. 分针每分钟转过______度;时针每小时转过______度;时针 1 昼夜转过______度.

5. $\{k \cdot 360° - 60°, k \in \mathbf{Z}\}$ 所表示的角是第________象限的角.

5.2 弧度制

5.2.1 弧度制的概念及其与角度制的转化

预习案之一草一木

微预习

1. 理解弧度制的概念.
2. 掌握角度制和弧度制之间的转化.

微作业

古人的世界观是天圆地方,人们的旅行都被视为直线运动.欧式几何里面的直线笔直地延伸到无穷远处.

可是,事实是地球是圆的.随着技术的发展,大航海时代的来临,大家越来越认识到这一点.传统意义上的直线,在地球表面都不复存在,必须重新定义直线的含义.弧度也是在这样的环境下开始发扬光大的.

知道了移动的角度,也就知道了经纬度,就可以通过地图进行导航,而利用弧度,大大简化了这一过程.

我们先从一个简单的例子讲起吧.

一个全身涂满红色油漆的单位圆,转动多少弧度,地面就有多长的距离被染上了红色(见图 5—2).

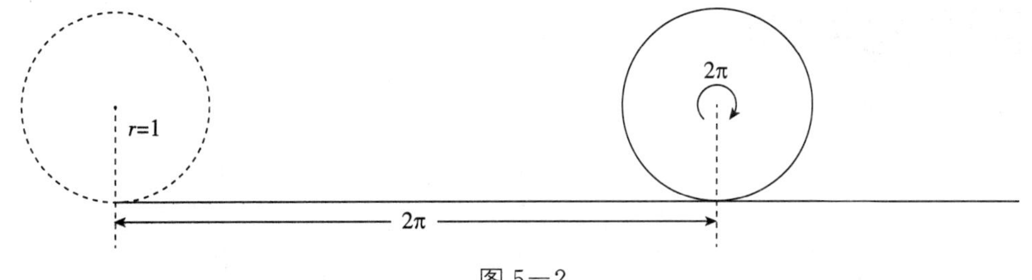

图 5—2

这种转换有了之后,就可以很方便地测量汽车的直线速度了,汽车在车胎附近安装一个传感器,测出车胎的转速,乘以半径,就得到了汽车的直线速度.有的出租车换了更小直径的轮胎而不修改行车电脑里面的轮胎半径.就可以轻松地“偷里程”了.所以,学习数学是多么的重要啊!

探究案之一花独放

微探究

1. 角度制:把周角的________称为 1 度的角.这种度量角的方法称为角度制.

2. 弧度制：把长度等于________的圆弧所对的圆心角的大小规定为 1 弧度(rad).这种度量角的方法称为弧度制.

试一试：分别画出 1 rad,2 rad,3 rad 的角.

3. $2\pi=$________°；$\pi=$________°；1=________°≈________°；1°=________(弧度).

微思考

特殊角的角度与弧度对应表(见表 5—1).

表 5—1

度	0°	30°	45°	60°	90°	120°	135°	150°	180°	270°	360°
弧度											
度	210°	225°	240°	300°	315°	330°					
弧度											

微实践

题型一　将角度换算为弧度

(1)15°；　　(2)8°30′；　　(3)−100°.

题型二　将弧度换算为角度

(1)$\frac{3\pi}{5}$；　　(2)2；　　(3)−3.

练习案之一叶知秋

微练习

1. 0°=______，　30°=______，　45°=______，　60°=______，

90°=______，　180°=______，　150°=______，　135°=______，

120°=______，　270°=______，　360°=______，　75°=______，

−300°=______，　−10°=______，　−15°=______，　−75°=______，

105°=______，　165°=______，　$-\frac{7}{3}\pi=$______°，　$\frac{11\pi}{12}=$______°，

$\frac{5\pi}{4}=$______°，　$\frac{11\pi}{6}=$______°，　$-\frac{7\pi}{6}=$______°，　$-\frac{4\pi}{2}=$______°，

$-\frac{5\pi}{3}=$______°，　$-\frac{7\pi}{4}=$______°.

2. 写出与 0 终边相同的所有角构成的集合：________________________；

写出与 π 终边相同的所有角构成的集合：________________________；

写出终边在 x 轴上的角组成的集合：________________________.

3. 写出与$\frac{\pi}{2}$终边相同的所有角构成的集合：________________；

写出与$\frac{3\pi}{2}$终边相同的所有角构成的集合：________________；

写出终边在 y 轴上的角组成的集合：________________.

4. 写出终边在坐标轴上的角组成的集合：________________.

自测案之一树花开

微自测

1. 第一象限角的集合：__________；第二象限角的集合：__________；

第三象限角的集合：__________；第四象限角的集合：__________.

2. 终边在第一、第四象限的角的集合可以表示为(　　).

A. $\left(-\frac{\pi}{2},\frac{\pi}{2}\right)$

B. $\left(0,\frac{\pi}{2}\right)\cup\left(\frac{3\pi}{2},2\pi\right)$

C. $\left(2k\pi-\frac{\pi}{2},2k\pi+\frac{\pi}{2}\right)(k\in\mathbf{Z})$

D. $\left(2k\pi-\frac{\pi}{2},2k\pi\right)\cup\left(2k\pi,2k\pi+\frac{\pi}{2}\right)(k\in\mathbf{Z})$

3. 把$\frac{19\pi}{6}$化为 $\alpha+2k\pi(0\leqslant\alpha\leqslant2\pi,k\in\mathbf{Z})$ 的形式为________，它是第________象限角.

4. 与角$\frac{7\pi}{4}$终边相同的角的集合是__________.

5. 终边在第一、第三象限的角平分线上的角 $\alpha=3$ 的集合是__________.

6. 若角 $\alpha=3$，则角 α 在(　　).

A. 第一象限　　B. 第二象限　　C. 第三象限　　D. 第四象限

5.2.2　弧度制的应用举例

预习案之一草一木

微预习

1. 应用弧长、半径、角的弧度数之间的关系，知道其中两个量，求第三个量.
2. 会求扇形面积.

微作业

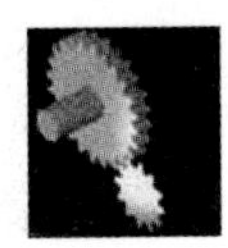

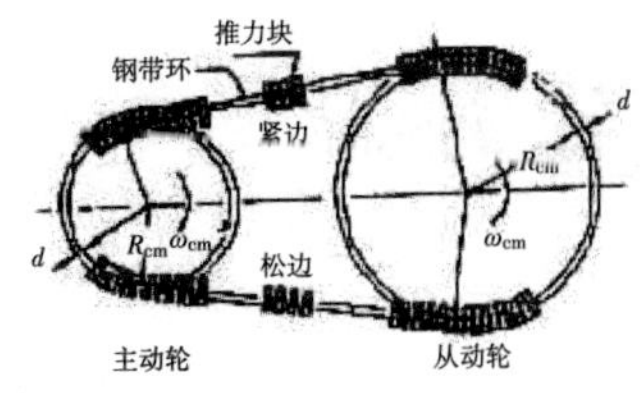

寻找生活中的圆心角、半径、弧长.

探究案之一花独放

微探究

1. 在图 5—3 中标出圆心角、半径、弧长.

2. 寻找圆心角、半径、弧长三者之间的关系：

在半径为 r 的圆中，长度为 l 的圆弧所对的圆心角的大小 $|\alpha|$ 等于________；

弧长公式为________________；弧长为 l 所在的扇形的面积 S 为________.

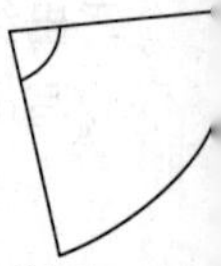

图 5—3

微思考

已知________和________，能求圆心角，即____________.

已知________和________，能求弧长，即____________.

已知________和________，能求半径，即____________.

已知________和________，能求扇形面积，即____________.

微实践

题型一　已知弧长求圆心角

某机械采用带传动，由发动机的主动轮带着工作机的从动轮转动. 设主动轮 A 的直径为 100 mm，从动轮的直径为 280 mm，问：主动轮 A 旋转 360°，从动轮旋转的角是多少？（精确到 $1'$）

题型二　已知圆心角求弧长

如图 5—4 所示，某公路的弯道是圆的一段弧，AB 所对的圆心角是 60°，圆的半径为 45 m，求公路的弯道 AB 的弧长.

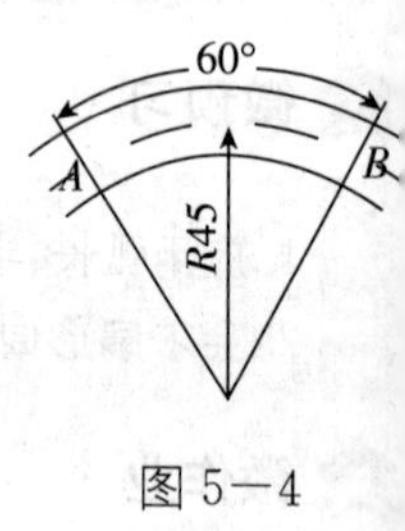

图 5—4

练习案之一叶知秋

微练习

1. 填空：

(1)若扇形的半径为 10 cm，圆心角为 60°，则该扇形的弧长 $l=$________，扇形面积 $S=$________.

(2)已知 1°的圆心角所对的弧长为 1 m，那么这个圆的半径是________m.

2. 自行车行进时，车轮在 1 min 内转过了 96 圈. 若车轮的半径为 0.33 m，则自行车1 h前进了多少米(精确到 1 m)?

自测案之一树花开

微自测

1. 已知 200°的圆心所对的圆弧长是 50 cm，求圆的半径(精确到 0.1 cm).

2. 电动机转子 1 s 内旋转 100π rad，问：转子每分钟旋转多少周?

3. 已知一段公路的弯道半径是 30 m，转过的圆心角是 120°，求该弯道的长度(精确到 1 m).

5.3 任意角的正弦函数、余弦函数和正切函数

5.3.1 任意角的正弦函数、余弦函数和正切函数的概念

预习案之一草一木

微预习

理解任意角的正弦函数、余弦函数和正切函数的概念.

微作业

王凡同学背着一桶水，从山脚 A 出发，沿与地面成 30°角的山坡向上走，送水到山上因今年受旱缺水的王奶奶家(C 处)，若 $BC=100$ m，则王凡从 A 到 C 上升的高度约是多少米? (精确到 0.1 m)

探究案之一花独放

微探究

1. 回忆初中是怎么求各个三角函数值的？(见图 5—5)

在 Rt△ABC 中，

$\sin A=$ ；　　　$\cos A=$ ；　　　$\tan A=$.

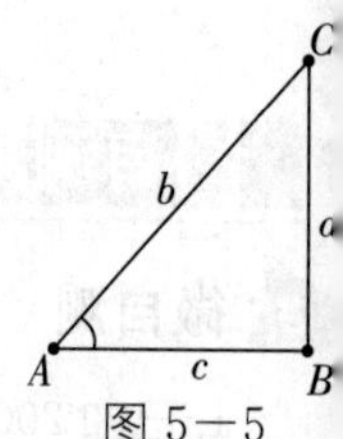

图 5—5

2. 如图 5—6 所示，将 Rt△ABC 放在直角坐标系中，使得点 A 与坐标原点重合，AC 边在 x 轴的正半轴上. 三角函数的定义可以写作：

$\sin\alpha=$________；

$\cos\alpha=$________；

$\tan\alpha=$________.

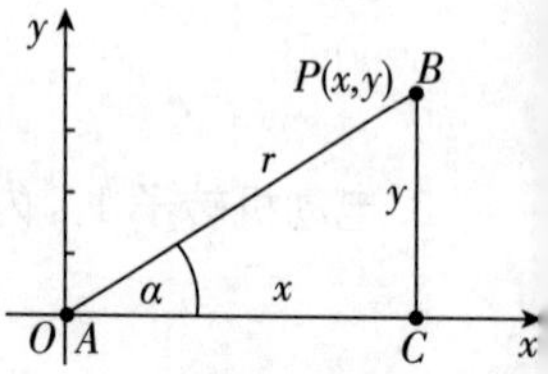

图 5—6

微思考

1. 如图 5—7 所示，设 α 是任意大小的角，点 $P(x,y)$ 为角 α 的终边上的任意一点(不与坐标原点重合)，点 P 到坐标原点的距离为 $r=$________，那么角 α 的正弦、余弦、正切分别定义为

$\sin\alpha=$________；

$\cos\alpha=$________；

$\tan\alpha=$________.

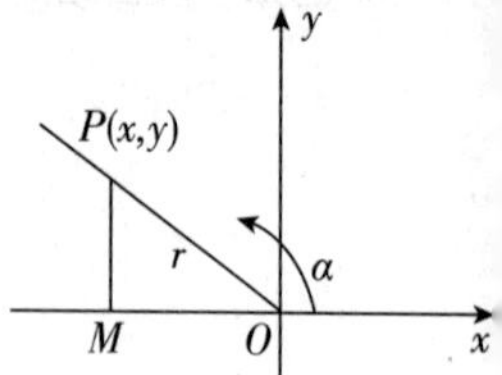

图 5—7

2. 在比值存在的情况下，对角 α 的每一个确定的值，按照相应的对应关系，角 α 的正弦、余弦、正切都分别有唯一的比值与之对应，它们都是以________为自变量的函数，分别叫作________函数、________函数、________函数，统称为三角函数.

3. 正弦函数、余弦函数和正切函数的定义域如表 5—2 所示：

表 5—2

三角函数	定义域
$\sin\alpha$	
$\cos\alpha$	
$\tan\alpha$	

4. 特殊角的三角函数值(见表 5—3)：

表 5—3

度	30°	45°	60°
弧度			
$\sin\alpha$			
$\cos\alpha$			
$\tan\alpha$			

微实践

题型一　已知角的终边上一点的坐标，求此角的三角函数值

1.已知角 α 的终边经过点 $P(2,-3)$，求角 α 的正弦值、余弦值、正切值.

2.已知角 α 的终边经过点 $P(2m,-3m)$，其中 $m>0$，求角 α 的正弦值、余弦值、正切值.

题型二　已知角的终边，求角的各三角函数值

已知角 α 的终边是第三象限的角平分线，求此角的各三角函数值.

题型三　已知某角的三角函数值，求此角的终边上一点的坐标

设 $P(x,2)$ 是角 α 终边上一点，若满足条件 $\sin\alpha=\frac{2}{3}$，则 $x=$________.

练习案之一叶知秋

微练习

1.已知角 α 的终边经过点 $P(\sqrt{3},-1)$，则 $\sin\alpha=$______；$\cos\alpha=$______；$\tan\alpha=$______.

2.已知角 α 的终边上有点 $P(-3m,4m)(m<0)$，则 $\sin\alpha=$________；$\cos\alpha=$________.

3.已知角 α 的终边在直线 $y=x$ 上，那么 $\sin\alpha=$________.

自测案之一树花开

微自测

1.已知角 $P\left(-\frac{1}{2},\frac{\sqrt{3}}{2}\right)$ 的终边与单位圆的交点为 $P\left(-\frac{1}{2},\frac{\sqrt{3}}{2}\right)$，则 $\cos\alpha=$(　　).

2.设 $P(x,2)$ 是角 α 终边上一点，若满足条件 $\sin\alpha=\frac{2}{3}$，则 $x=$________.

3.若点 $P(8,m)$ 是角 α 终边上一点，且斜率为 $\sqrt{2}$，则 m 的值为________.

4.若角 α 的终边经过点 $(-\sqrt{2},-\sqrt{3})$，则 $\sin\alpha-\cos\alpha$ 的值是________.

5.3.2 各象限角的三角函数值的正负号

预习案之一草一木

微预习

1. 理解三角函数值的符号与角的大小无关，只与角所在的象限有关.
2. 会判断任意角的三角函数值的符号.

微作业

已知角 α 的终边上的点 P 的坐标如下，分别求出角 α 的正弦值、余弦值、正切值：

(1) $P\left(\frac{1}{2},\frac{\sqrt{3}}{2}\right)$；　　(2) $P(-1,2)$；　　(3) $P(-3,-4)$；　　(4) $P(3,-4)$.

探究案之一花独放

微探究

一个角的三角函数值的正负由什么决定呢？(见图 5—8)

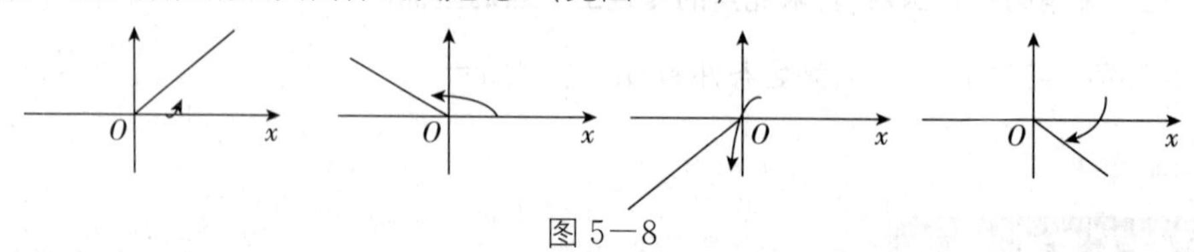

图 5—8

由于 $r>0$，因此任意角三角函数的正负号由终边上点 P 的坐标来确定.

当角 α 的终边在第一象限时，点 P 在第一象限，x ______ 0，y ______ 0，所以，$\sin\alpha$ ______ 0；$\cos\alpha$ ______ 0，$\tan\alpha$ ______ 0；

当角 α 的终边在第二象限时，点 P 在第二象限，x ______ 0，y ______ 0，所以，$\sin\alpha$ ______ 0，$\cos\alpha$ ______ 0，$\tan\alpha$ ______ 0；

当角 α 的终边在第三象限时，点 P 在第一象限，x ______ 0，y ______ 0，所以，$\sin\alpha$ ______ 0；$\cos\alpha$ ______ 0，$\tan\alpha$ ______ 0；

当角 α 的终边在第四象限时，点 P 在第一象限，x ______ 0，y ______ 0，所以，$\sin\alpha$ ______ 0，$\cos\alpha$ ______ 0，$\tan\alpha$ ______ 0.

微思考

总结各象限角的三角函数值的符号(见图 5—9)：

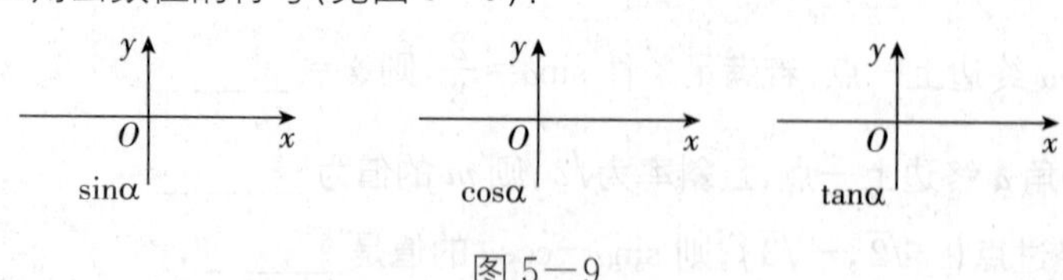

图 5—9

微实践

题型一　判断已知角的各三角函数值的符号

(1)$4\ 327°$;　　(2)$\frac{27\pi}{5}$.

题型二　已知三角函数值的正负，判断角所在的象限

根据 $\sin\theta<0$ 且 $\tan\theta<0$,确定 θ 是第几象限角.

练习案之一叶知秋

微练习

1. 若 $\sin\alpha\cdot\tan\alpha<0$,则 α 在第____象限;若 $\sin\alpha\cdot\tan\alpha>0$,则 α 在第____象限.

2. 若 $\cos\alpha\cdot\tan\alpha>0$,则 α 在第____象限;若 $\cos\alpha\cdot\tan\alpha<0$,则 α 在第____象限.

3. 若 $\sin\alpha>0$,$\cos\alpha<0$,则$\frac{\alpha}{2}$是(　　).

A. 第一象限角　　B. 第三象限角

C. 第一或第三象限角　　D. 第二或第四象限角

4. 判断下列角的各三角函数值的正负号:

(1)$\frac{19}{6}\pi$;　　(2)$-\frac{3}{4}\pi$.

自测案之一树花开

微自测

1. 若 $\sin\alpha\cdot\cos\alpha>0$,则 α 在第____象限;若 $\sin\alpha\cdot\cos\alpha<0$,则 α 在第____象限.

2. 若 $\sin\alpha<0$,且 $\tan\alpha>0$,则 α 是(　　).

A. 第一象限角　　B. 第二象限角

C. 第三象限角　　D. 任意象限角

3. 判断下列角的各三角函数值的符号:

(1)$525°$;　　(2)$-235°$.

5.3.3 界限角的三角函数值

预习案之一草一木

微预习

掌握界限角的三角函数值.

微作业

在图中画出角 0,$\frac{\pi}{2}$,并求出它们的三角函数值(见图 5—10):

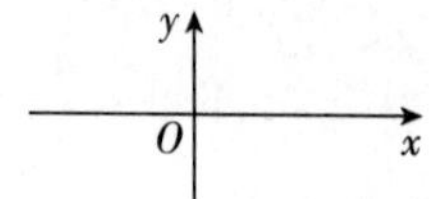
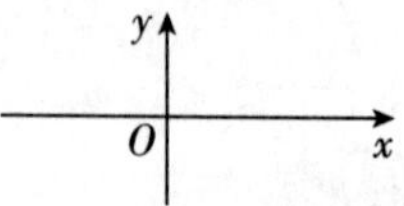

图 5—10

探究案之一花独放

微探究

利用三角函数的定义,求出 π,$\frac{3\pi}{2}$,2π 的三角函数值(见图 5—11,表 5—4).

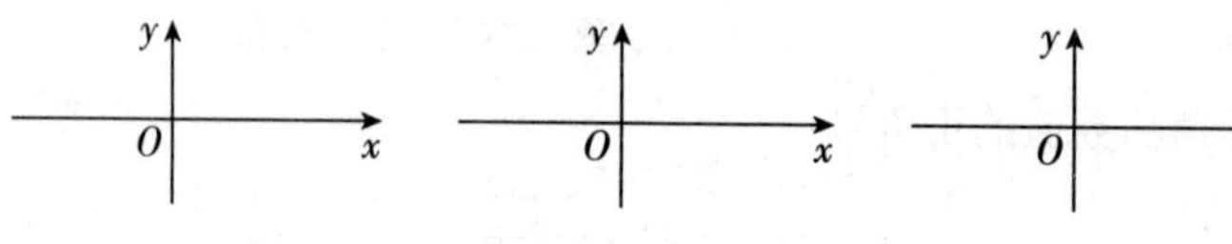

图 5—11

微思考

表 5—4

三角函数值 \ 角度	0	$\frac{\pi}{2}$	π	$\frac{3\pi}{2}$	2π
$\sin\alpha$					
$\cos\alpha$					
$\tan\alpha$					

微实践

题型一　求界限角的三角函数值

(1)$\cos180°$;　　(2)$\sin90°$;　　(3)$\tan0°$;　　(4)$\sin270°$.

题型二　界限角的三角函数值的综合计算

计算：$5\cos180°-3\sin90°+2\tan0°-6\sin270°$.

练习案之一叶知秋

微练习

1. 计算：$5\sin90°-2\cos0°+\sqrt{3}\tan180°+\cos180°$.

2. 计算：$\cos\frac{\pi}{2}-\tan0+\frac{1}{3}\tan^2\pi-\sin\frac{3}{2}\pi+\cos\pi$.

自测案之一树花开

微自测

1. 计算：$3\sin270°+2\cos180°-\cos90°+\sqrt{3}\tan0°$.

2. 计算：$5\sin\frac{\pi}{2}+2\cos0-\frac{4}{5}\tan\pi-\frac{2}{3}\sin\frac{3\pi}{2}+4\tan2\pi$.

5.4　同角三角函数的基本关系式

预习案之一草一木

微预习

1. 掌握同角三角函数之间的关系.
2. 能利用同角基本关系式解决一些问题.
3. 掌握化简三角式的两种方法.

微作业

1. 有一个斜坡,设坡角(斜坡与水平面所成的角)为 α,如果 $\sin\alpha=\frac{3}{5}$,小明沿着斜坡走了 10 m,那么他的位置升高了多少米呢?

2. 生活中,我们通常用坡度来表示斜坡的斜度,其数值往往是坡角的正切值. 有一个斜坡,设它的坡度是 0.8,小明沿着斜坡走了 10 m,那么他的位置升高了多少米呢? (见图 5—12)

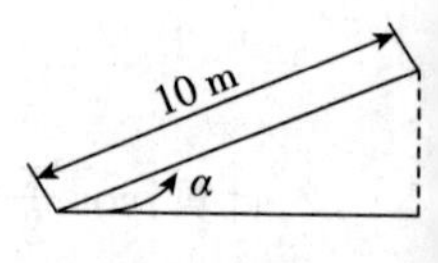

图 5—12

探究案之一花独放

微探究

1. 单位圆:在直角坐标系中,以________为圆心,________为半径的圆叫作单位圆.

2. 同角三角函数关系:

设角 30°的终边与单位圆的交点为点 $P(x,y)$,

那么:$\sin30°=$________;$\cos30°=$________.

所以点 P 的坐标也可以写为:(　　,　　).

根据勾股定理,有:____________________(正弦与余弦的关系).

由正切的定义,得到:____________________(正弦、余弦、正切三者的关系).

微思考

如图 5—13 所示,设角 α 的终边与单位圆的交点为点 $P(x,y)$

那么:$\sin\alpha=$________;$\cos\alpha=$________.

所以点 P 的坐标也可以写为:(　　,　　).

根据勾股定理,有:____________________(正弦与余弦的关系).

由正切的定义,得到:____________________(正弦、余弦、正切三者的关系).

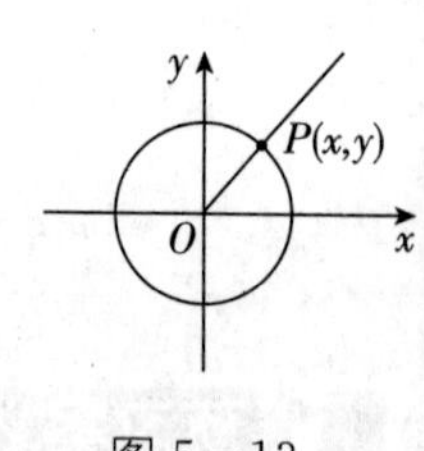

图 5—13

微实践

题型一　已知一个角的正弦值,求其余弦值和正切值

已知 $\sin\alpha=\frac{4}{5}$,且 α 是第二象限角,求 $\cos\alpha$ 和 $\tan\alpha$.

题型二　已知一个角的余弦值,求其正弦值和正切值

已知 $\cos\alpha=-\frac{4}{5}$,且 α 是第二象限角,求 $\sin\alpha$ 和 $\tan\alpha$.

题型三　已知一个角的正切值,求其正弦值和余弦值

已知 $\tan\alpha=-\frac{4}{3}$,且 α 是第二象限角,求 $\sin\alpha$ 和 $\cos\alpha$.

题型四　将多个函数名化为单个函数名,然后进行约分化简

已知 $\tan\alpha=2$,求$\frac{3\sin\alpha+4\cos\alpha}{2\sin\alpha-\cos\alpha}$的值.

题型五　用弦化切的方法求代数式的值

已知 $\tan\alpha=3$,求:(1)$\frac{\sin\alpha-2\cos\alpha}{3\sin\alpha+\cos\alpha}$;　　(2)$\frac{\sin^2\alpha-\sin\alpha\cdot\cos\alpha}{2\cos^2\alpha-\sin^2\alpha}$.

题型六　遇到含根号的式子,根号内出现平方是必需的,开方时注意正负的取舍

已知 α 为第一象限角,化简$\sqrt{\frac{1}{\cos^2\alpha}-1}$的值.

练习案之一叶知秋

微练习

1. 设 α 为第二象限角,若 $\sin\alpha=-\frac{3}{5}$,则 $\cos\alpha$ 的值是(　　).

A. $-\frac{5}{3}$　　B. $-\frac{3}{5}$　　C. $-\frac{4}{5}$　　D. $-\frac{5}{4}$

2. 设 α 为第四象限角,若 $\cos\alpha=\frac{3}{5}$,则 $\sin\alpha$ 的值是(　　).

A. $-\frac{5}{3}$　　B. $-\frac{3}{5}$　　C. $-\frac{4}{5}$　　D. $-\frac{5}{4}$

3. 已知 $\cos\alpha=\frac{12}{13}$，且 $\frac{3}{2}\pi<\alpha<2\pi$，则 $\tan\alpha$ 的值是 (　　).

A. $\frac{12}{5}$　　B. $-\frac{12}{5}$　　C. $\frac{5}{12}$　　D. $-\frac{5}{12}$

自测案之一树花开

微自测

1. 已知 $\sin\alpha=-\frac{4}{5}$，且 $\pi<\alpha<\frac{3}{2}\pi$，求 $\cos\alpha$，$\tan\alpha$.

2. 已知 $\cos\alpha=\frac{3}{5}$，求 $\sin\alpha$，$\tan\alpha$.

3. 已知 $\tan\alpha=-2$，求 $\sin\alpha$，$\cos\alpha$.

4. 已知 $\tan\alpha=-2$，求：(1) $\frac{\sin\alpha-\cos\alpha}{\sin\alpha+\cos\alpha}$；(2) $\sin^2\alpha-\sin\alpha\cdot\cos\alpha$.

5.5 诱导公式

预习案之一草一木

微预习

能将一个任意角的三角函数值转换为与它终边相同的某一个锐角的三角函数值.

微作业

如图 5—14 所示:

1. 两个角相同时,它们的三角函数值相同吗?
2. 两个角不同时,它们的三角函数值一定不同吗?

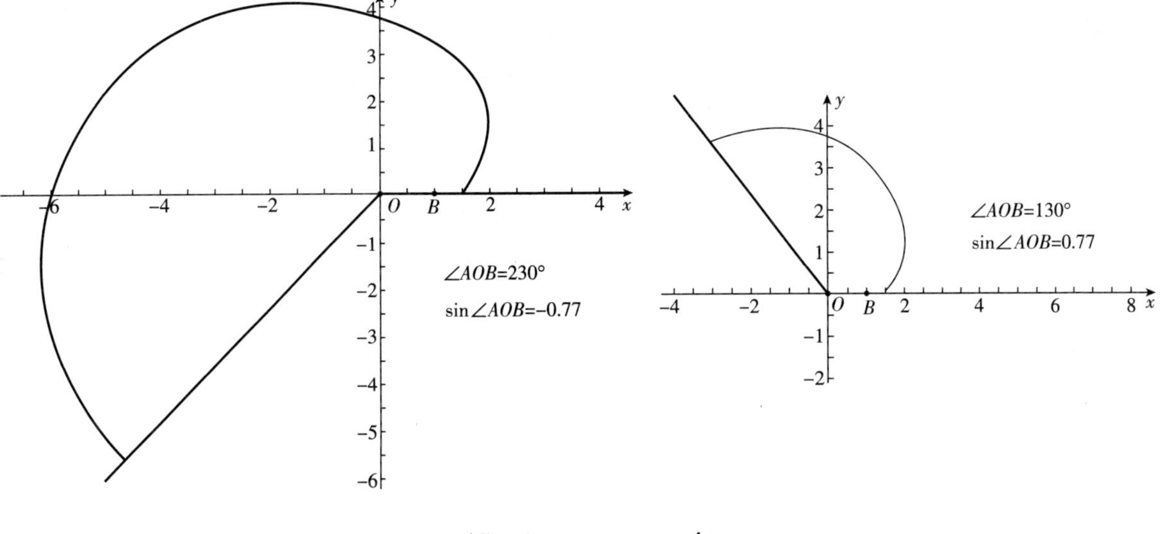

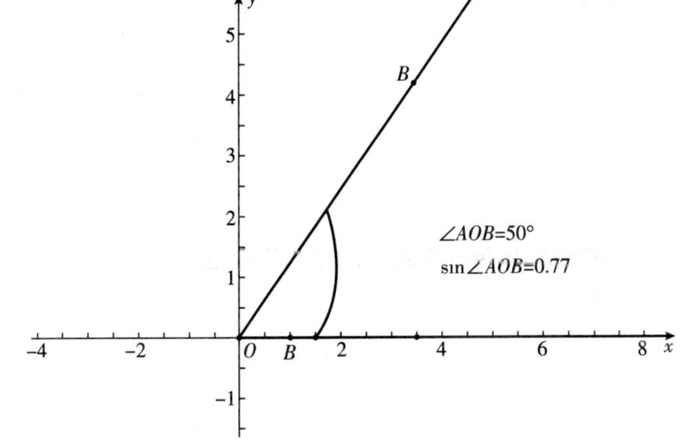

图 5—14

探究案之一花独放

微探究

1. 画出 30°与 390°,分别求出它们的各个三角函数值.

2. 画出 30°与 −30°,分别求出它们的各个三角函数值.

3. 画出 30°与 150°,分别求出它们的各个三角函数值.

4. 画出 30°与 210°,分别求出它们的各个三角函数值.

微思考

结论 1:$\sin(\alpha+k\cdot 360°)=$

$\cos(\alpha+k\cdot 360°)=$

$\tan(\alpha+k\cdot 360°)=$

结论 2:$\sin(-\alpha)=$

$\cos(-\alpha)=$

$\tan(-\alpha)=$

结论 3:$\sin(\pi-\alpha)=$

$\cos(\pi-\alpha)=$

$\tan(\pi-\alpha)=$

结论 4:$\sin(\pi+\alpha)=$

$\cos(\pi+\alpha)=$

$\tan(\pi+\alpha)=$

记忆口诀:

微实践

题型一　将任意角的三角函数值转化为(0°,360°)内的角的三角函数值

求下列各三角函数值:

(1)$\cos\frac{9\pi}{4}$;　(2)$\sin 780°$;　(3)$\tan\left(-\frac{11\pi}{6}\right)$.

题型二　将负角的三角函数值转换为一个正角的三角函数值

求下列角的各个三角函数值:

(1)−30°;　(2)−45°;　(3)−60°;　(4)$-\frac{19\pi}{3}$.

题型三　将一个钝角的三角函数值转化为一个锐角的三角函数值

求下列角的各个三角函数值：

(1)$120°$；　(2) $135°$；　(3) $150°$；　(4)$\frac{2\pi}{3}$；　(5)$\frac{3\pi}{4}$；　(6)$\frac{5\pi}{6}$.

题型四　将一个 $180°\sim270°$范围的角的三角函数值转化为一个锐角的三角函数值

求下列角的各个三角函数值：

(1)$210°$；　(2)$225°$；　(3)$240°$；　(4)$\frac{7\pi}{6}$；　(5)$\frac{5\pi}{4}$；　(6)$\frac{4\pi}{3}$.

练习案之一叶知秋

微练习

(1)$\cos\frac{7\pi}{3}=$______；(2)$\sin750°=$______；(3)$\tan390°=$______；(4)$\cos\left(-\frac{19\pi}{3}\right)=$______；

(5)$\sin(-390°)=$______；　(6)$\tan\frac{8\pi}{3}=$______；　(7)$\cos930°=$______.

自测案之一树花开

微自测

(1)$\cos\left(-\frac{7\pi}{6}\right)=$______；　(2)$\tan\frac{11\pi}{3}=$______；　(3)$\sin\frac{17\pi}{3}=$______；

(4)$\cos\left(-\frac{7\pi}{3}\right)=$______；　(5)$\sin(-690°)=$______；　(6)$\cos\frac{9\pi}{4}=$______；

(7)$\cos\frac{25\pi}{6}=$______.

5.6　三角函数的图像和性质

5.6.1　正弦函数的图像和性质

预习案之一草一木

微预习

1. 了解周期性现象.
2. 掌握正弦函数的图像与性质.

微作业

了解生活中的周期性现象:中国农历中一年的二十四节气.日出日落是周期现象,一个周期是24小时,决定了一天的长短;四季轮回是周期现象,一个周期是12个月,决定了一年的长短;月亮从亏到盈变化是周期现象,一个周期是28天多,决定了一个农历月的长短.

如果现在是早上9点钟,问:24小时以后是几点钟?你会毫不犹豫地回答:还是早上9点钟.因为你很清楚,0点、1点、2点、3点,…,23点,每24小时就重复出现一次.

如果今天是星期一,问:7天以后是星期几?你也会回答:还是星期一.因为你很清楚,星期一、星期二、…、星期日,每7天就重复出现一次.

相同的间隔而重复出现的现象称为周期现象,如"24小时1天""7天1星期"就是我们所熟悉的周期现象.自然界中有很多周期现象,如日出日落、月圆月缺、四季交替,等等.

其中,生物中也有很多周期现象,如人的脉搏大约每隔0.85秒跳一跳,眼睛大约每隔4秒眨一眨.科学家发现,人的体力从弱到强又从强到弱存在着23天的变化周期,人的情绪从低到高又从高到低存在着28天的变化周期,人的智力则存在着33天的变化周期.如果人的体力、情绪与智力都处于高潮期,学习与工作效率就特别高、创造力就特别强,也最容易出成绩;反之,如果人的体力、情绪与智力都处于低潮期,学习与工作效率就特别低,就容易生病或发生事故.

探究案之一花独放

微探究

1. 通过观察钟表,了解周期现象,并列举生活中还有哪些周期现象.

2. 周期函数的定义:一般地,对于函数 $y=f(x)$,如果存在一个不为零的常数 T,当 x 取定义域 D 内的每一个值时,都有________成立,那么函数 $y=f(x)$ 叫作________,常数 T 叫作________.

3. 最小正周期的概念:在所有的正周期中,如果存在一个最小的数,那么就把它叫作________,并直接把它叫作________.

4. 正弦函数 $y=\sin x$ 是周期函数吗?它的最小正周期是多少呢?大家可以试着找一找.

微思考

1. 正弦函数 $y=\sin x$ 中的自变量 x 表示________,因变量 y 表示________.

2. 用列表描点法画出正弦函数在区间$[0,2\pi]$上的图像:

x									
$y=\sin x$									

以 x,y 值为坐标,描出点(x,y),用光滑曲线依次连接各点,得到 $y=\sin x$ 在区间$[0,2\pi]$上的图像.

3. 根据正弦函数的周期性,大家试着在上图中画出区间$[-2\pi,0]$和$[2\pi,4\pi]$上的图像.

数形结合是一种重要的思想方法,通过数量关系,我们能准确地画出图形,反过来,图形的特征也能体现一定的数量关系.请同学们通过观察正弦函数的图像,总结以下性质(见表5—5):

表 5—5

性质	$y=\sin x$
定义域	
值域	
周期	
单调性	

微实践

题型一 利用"五点法"作函数图像

利用"五点法"作函数 $y=1+\sin x$ 在$[0,2\pi]$上的图像.

题型二 考查正弦函数的有界性

已知 $\sin x=a-4$，求 a 的取值范围.

题型三 求正弦型函数的最值和单调区间

求使函数 $y=\sin 2x$ 取得最大值的 x 的集合，最大值是多少？并求出此函数的单调区间.

题型四 利用正弦函数的单调性比较正弦值的大小.

比较大小：(1) $\sin\frac{2\pi}{3}$____$\sin\frac{3\pi}{4}$；　　(2) $\sin\left(-\frac{2\pi}{7}\right)$____$\sin\left(-\frac{4\pi}{7}\right)$.

练习案之一叶知秋

微练习

1. 利用"五点法"作函数 $y=-\sin x$ 在$[0,2\pi]$上的图像.

2. 已知 $\sin\alpha=3-a$，求 a 的取值范围.

3. 求使函数 $y=\sin 4x$ 取得最大值的 x 的集合，并指出最大值是多少.

自测案之一树花开

微自测

1. 正弦曲线关于________对称,它的奇偶性为________.

2. $f(x)=\sin x$ 在$\left[0,\frac{\pi}{2}\right]$上是________函数,在$\left[\frac{\pi}{2},\pi\right]$上是________函数.

3. 比较大小:$\sin\frac{\pi}{7}$________$\sin\frac{\pi}{8}$,$\sin\frac{4\pi}{7}$________$\sin\frac{5\pi}{8}$.

4. 函数 $y=2\sin x$,当 $x=$________时,有最大值________;当 $x=$________时,有最小值________;值域是________.

5. 求函数 $y=\sin 4x$ 的单调增区间.

5.6.2 余弦函数的图像和性质

预习案之一草一木

微预习

掌握余弦函数的图像和性质.

微作业

类比正弦函数,尝试用"五点法"作出余弦函数在区间$[0,2\pi]$上的图像.

探究案之一花独放

微探究

根据余弦函数的周期性,作出此函数在区间$[-2\pi,4\pi]$上的图像.

微思考

同学们通过观察正弦函数的图像,总结以下性质(见表 5—6):

表 5—6

性质	$y=\cos x$
定义域	
值域	
周期	
单调性	

微实践

题型一　利用"五点法"作函数图像

利用"五点法"作函数 $y=\cos x-1$ 在$[0,2\pi]$上的图像.

题型二　考查余弦函数的有界性

已知 $\cos x=a-4$,求 a 的取值范围.

题型三　求余弦型函数的最值和单调区间

求使函数 $y=\cos\left(2x+\frac{\pi}{2}\right)$ 取得最大值的 x 的集合,最大值是多少?并求出此函数的单调区间.

题型四　利用余弦函数的单调性比较余弦值的大小

比较大小:(1) $\cos\frac{3\pi}{5}=$ ______ $\cos\frac{3\pi}{4}$;　(2) $\cos\left(\frac{2\pi}{7}\right)$ ______ $\cos\left(\frac{2\pi}{5}\right)$.

练习案之一叶知秋

微练习

1. 利用"五点法"作函数 $y=2\cos x$ 在$[0,2\pi]$上的图像.

2. 已知 $\cos\alpha = 3 - a$，求 a 的取值范围.

3. 求使函数 $y = \cos 4x$ 取得最小值的 x 的集合，并指出最小值是多少.

自测案之一树花开

微自测

1. 余弦曲线关于________对称，它的奇偶性为________.

2. $y = \cos x$ 在 $[0, \pi]$ 上是________函数，在 $[\pi, 2\pi]$ 上是________函数.（增、减）

3. 比较大小：$\cos\frac{\pi}{7}$________$\cos\frac{\pi}{8}$，$\cos\frac{4\pi}{7}$________$\cos\frac{5\pi}{8}$.

4. 函数 $y = 2\cos x$，当 $x=$________时，有最大值________；当 $x=$________时，有最小值________；值域是________.

5. 求函数 $y = \cos 4x$ 的单调增区间.

5.7 已知三角函数值求角

预习案之一草一木

微预习

能够根据三角函数值，找到给定范围内的对应角.

微作业

1. 在一个斜坡上，小明沿着山坡前进了 100 m，测得他现在所在的位置比出发点升高了 50 m，这个山坡的坡面相对于水平面的倾斜角是多少？

2. 回忆所学特殊角 $\frac{\pi}{6}$、$\frac{\pi}{4}$、$\frac{\pi}{3}$ 的各三角函数值.

3. 回忆各组诱导公式.

探究案之一花独放

微探究

1. 数形结合:请同学们画出正弦函数在一个周期内的图像,并结合图像,找一找正弦值等于$\frac{1}{2}$的角分别在第几象限,它们是谁?

2. 请用诱导公式验证你找到的角是否准确.

3. 利用刚才的图像法,同学们再试试:已知 $\sin x=-\frac{1}{2}$,$x\in[0,2\pi]$,则 $x=$________.

4. 用诱导公式验证你找到的角是否准确.

5. 已知 $\sin x=-\frac{1}{2}$,$x\in[-\pi,\pi]$,则 $x=$________. 这个问题和问题 3 有区别吗?

6. 用诱导公式验证你找到的角是否准确.

微思考

通过刚才的探究,同学们总结一下,已知正弦函数值,求指定范围内的角的主要步骤是:

1. 找相关________________;
2. 根据________和________,确定________________;
3. 利用________在所确定的象限里找到所求角.

在各个象限里找角的时候,我们发现,每个象限的角都有各自的特征,可以总结如下:

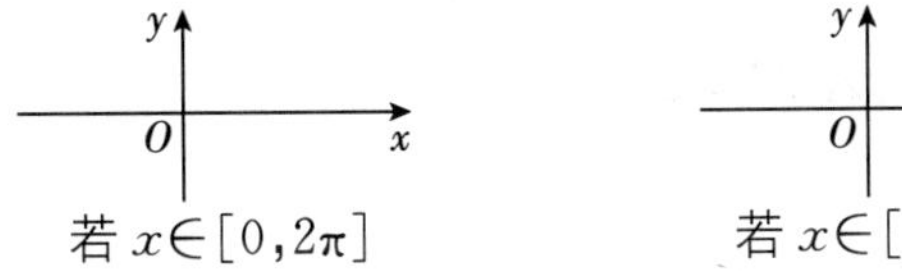

若 $x\in[0,2\pi]$　　　　若 $x\in[-\pi,\pi]$

微实践

题型一　已知正弦函数值,求指定范围内的角

已知 $\sin x=\frac{\sqrt{3}}{2}$,求 $0°\sim 360°$(或 $0\sim2\pi$)范围的角 x.

题型二　已知余弦函数值,求指定范围内的角

已知 $\cos x=-\frac{\sqrt{2}}{2}$, $x\in[-\pi,\pi]$,则 $x=$________

题型三　已知正切函数值,求指定范围内的角

已知 $\tan x=\frac{\sqrt{3}}{3}$,求 $0°\sim360°$(或 $0\sim2\pi$)范围的角 x.

练习案之一叶知秋

微练习

1. 已知 $\sin x=-\frac{\sqrt{2}}{2}$, $x\in\left[-\frac{\pi}{2},\frac{\pi}{2}\right]$,则 $x=$________.

2. 已知 $\cos x=\frac{\sqrt{3}}{2}$,求 $0°\sim360°$(或 $0\sim2\pi$)范围的角 x.

3. 已知 $\tan x=-1$, $x\in[-\pi,\pi]$,则 $x=$________.

自测案之一树花开

微自测

1. 已知 $\sin x=\frac{1}{2}$,则 $x=$________.

2. 已知 $\cos x=\frac{1}{2}$, $x\in[-\pi,\pi]$,则 $x=$________.

3. 已知 $\tan x=\sqrt{3}$, $x\in[-\pi,\pi]$,则 $x=$________.

5.8　两角和与差的正弦、余弦、正切公式

5.8.1　两角和与差的余弦公式

预习案之一草一木

微预习

1. 学会建立两角差的余弦公式.

2. 通过公式的简单应用,达到对公式的结构及其功能的理解,并为建立其他和差公式打好基础.

微作业

记牢特殊角的三角函数值：

$\sin 30^\circ=$________；　$\cos 30^\circ=$________；　$\sin 45^\circ=$________；

$\cos 45^\circ=$________；　$\sin 60^\circ=$________；　$\cos 60^\circ=$________.

探究案之一花独放

微探究

阅读课本相关内容，用向量的数量积推导出两角差的余弦公式，进一步体会向量方法的作用，并回答以下问题：

1. (1) $a(b-c)=$________；

(2)猜想：$\cos(60^\circ-30^\circ)=\cos 60^\circ-\cos 30^\circ$(通过计算验证).

2. (1)在单位圆中，设向量 $\overrightarrow{OA}$、$\overrightarrow{OB}$ 与 x 轴正半轴的夹角分别为 α 和 β，则点 A 的坐标为________，点 B 的坐标为________，因此向量 $\overrightarrow{OA}$ 的坐标为________，向量 $\overrightarrow{OB}$ 的坐标为________.

用两种方法计算：$\overrightarrow{OA}\cdot\overrightarrow{OB}$.

方法一：向量内积的定义.

方法二：向量内积的坐标运算.

(2)你能根据两种计算方式，推导出一个结论吗？

(3) $\cos(\alpha-\beta)=$________________.

微思考

计算 $\cos[\alpha-(-\beta)]=$__________.

推出结论：________________.

微实践

题型一　公式的正用

1. 求 $\cos 75^\circ$的值.

2. 设 $\cos\alpha=\frac{3}{5}$，$\cos\beta=\frac{4}{5}$，并且 α 和 β 都是锐角，求 $\cos(\alpha+\beta)$ 的值.

3. 分别用 $\sin\alpha$ 或 $\cos\alpha$ 表示 $\cos\left(\frac{\pi}{2}-\alpha\right)$ 与 $\sin\left(\frac{\pi}{2}-\alpha\right)$.

4. 分别用 $\sin\alpha$ 或 $\cos\alpha$ 表示 $\cos\left(\frac{3\pi}{2}-\alpha\right)$ 与 $\sin\left(\frac{3\pi}{2}-\alpha\right)$.

题型二　公式的逆用

$\cos70^\circ\cos10^\circ+\sin70^\circ\sin10^\circ=$________________.

练习案之一叶知秋

微练习

1. $\cos15^\circ=$________;$\cos105^\circ=$________.

2. 设 $\cos\alpha=-\frac{3}{5}$，$\sin\beta=\frac{4}{5}$，并且 α 和 β 都是第二象限角，求 $\cos(\alpha-\beta)$ 的值.

3. 分别用 $\sin\alpha$ 或 $\cos\alpha$ 表示 $\cos\left(\frac{\pi}{2}+\alpha\right)$ 与 $\sin\left(\frac{\pi}{2}+\alpha\right)$.

4. 分别用 $\sin\alpha$ 或 $\cos\alpha$ 表示 $\cos\left(\frac{3\pi}{2}+\alpha\right)$ 与 $\sin\left(\frac{3\pi}{2}+\alpha\right)$.

5. $\cos20^\circ\cdot\cos25^\circ-\sin20^\circ\cdot\sin25^\circ=$________.

自测案之一树花开

微自测

1. $\sin195^\circ$.

2. 已知 $\cos\alpha=-\frac{12}{13}$，且 $\pi<\alpha<\frac{3}{2}\pi$，求 $\sin\left(\alpha-\frac{\pi}{4}\right)$ 的值.

3. $\sin95^\circ\sin25^\circ-\cos95^\circ\cos25^\circ$.

4. 已知 $\cos\alpha=\frac{4}{5}$，$\cos(\alpha+\beta)=\frac{5}{13}$，且 α、β 都是锐角，求 $\cos\beta$ 的值.

5.8.2 两角和与差的正弦公式

预习案之一草一木

微预习

1. 学会两角和与差的正弦公式的正用和逆用.
2. 掌握将 $y=a\sin x+b\cos x$ 化为正弦型函数的方法.

微作业

1. $\cos\left(\frac{\pi}{2}-\alpha\right)=$________; $\sin\left(\frac{\pi}{2}-\alpha\right)=$________.
2. $\cos(-\beta)=$________; $\sin(-\beta)=$________.

探究案之一花独放

微探究

$\sin(\alpha+\beta)=\cos\left[\frac{\pi}{2}-(\qquad)\right]=$________________

$=$________________$=$________________.

$\sin(\alpha-\beta)=\sin[\alpha+(\qquad)]=$________________

$=$________________.

微思考

1. 公式记忆口诀:正余余正,符号相同.
2. 公式中的角是相对的,注意拆角和拼角.

微实践

题型一　公式的正用

1. 求 $\sin 15^\circ$的值.

2. 求 $\sin 75^\circ$的值.

题型二　公式的逆用

计算:$\sin 105^\circ\cos 75^\circ-\cos 105^\circ\sin 75^\circ$.

题型三　将 $y=a\sin x+b\cos x$ 型的式子化为正弦型函数

求证:$\sqrt{3}\cos\alpha+\sin\alpha=2\sin\left(\frac{\pi}{3}+\alpha\right)$.

练习案之一叶知秋

微练习

1. 求 $\sin 105°$ 的值.

2. 求 $\sin 5°\cos 25°+\cos 5°\sin 25°$ 的值.

3. 将 $y=\sin x+\cos x$ 化为正弦型函数.

自测案之一树花开

微自测

1. $\sin 70°\cos 10°+\cos 70°\sin 10°=$________.

2. 已知 $\cos\alpha=-\frac{12}{13}$，且 $\pi<\alpha<\frac{3\pi}{2}$，求 $\sin\left(\alpha-\frac{\pi}{4}\right)$ 的值.

3. 将 $y=\frac{1}{2}\sin x+\frac{\sqrt{3}}{2}\cos x$ 化为正弦型函数.

5.8.3 两角和与差的正切公式

预习案之一草一木

微预习

掌握两角和与差的正切公式的正用、逆用、变形用.

微作业

$\tan 30°=$______; $\tan 45°=$______; $\tan 60°=$______;

$\tan 150°=$______; $\tan 135°=$______; $\tan 120°=$______;

$\tan(-\beta)=$________(诱导公式).

探究案之一花独放

微探究

$\tan(\alpha+\beta)=\dfrac{\sin(\alpha+\beta)}{\cos(\alpha+\beta)}=$ ________，利用弦化切的方法，分子、分母同时除以________，将上式化为________________.

微思考

1. $\tan(\alpha-\beta)=\tan[\alpha+(-\beta)]=$ ________.

2. 公式记忆方法：

3. 公式的变形用：$\tan(\alpha+\beta)(1-\tan\alpha\tan\beta)=$ ________；

$\tan(\alpha-\beta)(1+\tan\alpha\tan\beta)=$ ________.

微实践

题型一　公式的正用

$\tan 75^\circ=$ ________.

题型二　公式的逆用

1. $\dfrac{\tan 25^\circ+\tan 35^\circ}{1-\tan 25^\circ\tan 35^\circ}=$ ________.

2. $\dfrac{\tan 15^\circ+\tan 45^\circ}{1-\tan 15^\circ\tan 45^\circ}=$ ________.

3. $\dfrac{1+\tan 15^\circ}{1-\tan 15^\circ}=$ ________.

题型三　公式的变形用

$\tan 10^\circ\cdot\tan 20^\circ+\sqrt{3}(\tan 10^\circ+\tan 20^\circ)=$ ________.

练习案之一叶知秋

微练习

1. $\tan 15^\circ=$ ________.

2. $\tan 105^\circ=$ ________.

3. $\dfrac{\sqrt{3}-\tan 15^\circ}{1+\sqrt{3}\tan 15^\circ}=$ ________.

4. $\dfrac{\tan 45^\circ-\tan 15^\circ}{1-\tan 15^\circ\tan 45^\circ}=$ ________.

自测案之一树花开

微自测

1. 已知 $\tan\alpha=\dfrac{1}{7}$，$\tan\beta=\dfrac{3}{4}$，且 α、β 都是锐角，求 $\alpha+\beta$ 的值.

2. $\dfrac{1+\tan 75^\circ}{1-\tan 75^\circ}=$ ________.

3. $\dfrac{\sqrt{3}-\tan 30^\circ}{1+\sqrt{3}\tan 30^\circ}=$ ________.

4. $\dfrac{1+\tan 15^\circ}{1-\tan 15^\circ}=$ ________.

§5.8.4 二倍角公式

预习案之一草一木

微预习

1. 掌握二倍角公式,把握它的结构特征.
2. 学会公式的正用、逆用、变形用.

微作业

1. 计算:$\sin 60°=$________,$\sin 30°=$________.
2. 计算:$\cos 60°=$________,$\cos 30°=$________.
3. 计算:$\tan 60°=$________,$\tan 30°=$________.

探究案之一花独放

微探究

1. 根据两角和公式计算:

$\sin 2\alpha=\sin(\alpha+\alpha)=$____________;

$\cos 2\alpha=\cos(\alpha+\alpha)=$____________;

$\tan 2\alpha=\tan(\alpha+\alpha)=$____________.

2. 在二倍角的余弦公式中,能不能把两个函数名化为只含有一个函数名?

微思考

1. 上面公式中的角不是绝对的,而是相对的,要弄清角之间的本质关系,抓住公式的结构特征.
2. 刚才的公式中,都是由一个角 α 求它的二倍角 2α,反过来,我们如何由二倍角 2α 求这个角 α 呢?

根据 $\cos 2\alpha=2\cos^2\alpha-1$,得____________________.

根据 $\cos 2\alpha=1-2\sin^2\alpha$,得____________________.

微实践

题型一　二倍角公式的正用

已知 $\sin\alpha=\dfrac{3}{5}$,且 α 为第二象限角,求 $\sin 2\alpha$ 和 $\cos 2\alpha$ 的值.

题型二　二倍角公式的变式练习

已知 $\cos\dfrac{\alpha}{2}=-\dfrac{1}{3}$,且 $\alpha\in(\pi,2\pi)$,求 $\sin\alpha$ 的值.

题型三　半角公式的应用

已知 $\cos 2\alpha=-\frac{1}{3}$，且 $\alpha\in\left(\frac{\pi}{2},\pi\right)$，求 $\cos\alpha$ 的值.

题型四　公式的逆用

$\frac{2\tan 22.5^{\circ}}{1-\tan^{2}22.5^{\circ}}=$________.

练习案之一叶知秋

微练习

1. 已知 $\sin\alpha=\frac{5}{13}$，且 α 为第一象限角，求 $\sin 2\alpha$ 和 $\cos 2\alpha$ 的值.

2. 已知 $\cos\frac{\alpha}{2}=-\frac{1}{3}$，且 $\alpha\in(\pi,2\pi)$，求 $\cos\frac{\alpha}{4}$ 的值.

3. $\sin 67^{\circ}30''\cdot\cos 67^{\circ}30''=$____________.

自测案之一树花开

微自测

1. 已知 $\sin\frac{\alpha}{2}=\frac{4}{5}$，且 $\alpha\in\left(\frac{\pi}{2},\pi\right)$，求 $\sin\alpha$、$\cos\alpha$ 的值.

2. 已知 $\cos 2\alpha=\frac{4}{5}$，且 $2\alpha\in[\pi,2\pi]$，求 $\sin\alpha$ 的值.

3. $1-2\sin^{2}75^{\circ}-$________.

5.9 正弦型函数

§ 5.9.1 正弦型函数的周期(1)

预习案之一草一木

微预习

1. 了解正弦型函数的概念,掌握正弦型函数的周期.
2. 利用“五点法”作出正弦型函数的图像.
3. 复习两角和差以及二倍角公式.

微作业

从下列现象中你能获得什么启示呢?

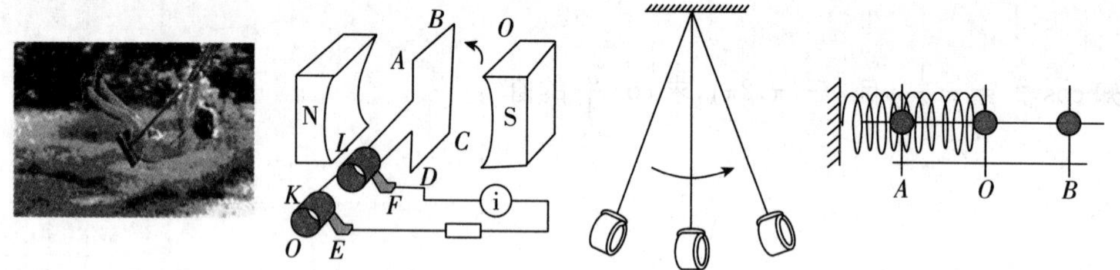

探究案之一花独放

微探究

1. 了解周期现象

日出日落一个周期是 24 小时,决定了一天的长短;四季轮回一个周期是 12 个月,决定了一年的长短;月亮从亏到盈变化一个周期是 28 天多,决定了一个农历月的长短.

2. 了解简谐运动:随时间按正弦规律的振动或运动(见图 5—15).

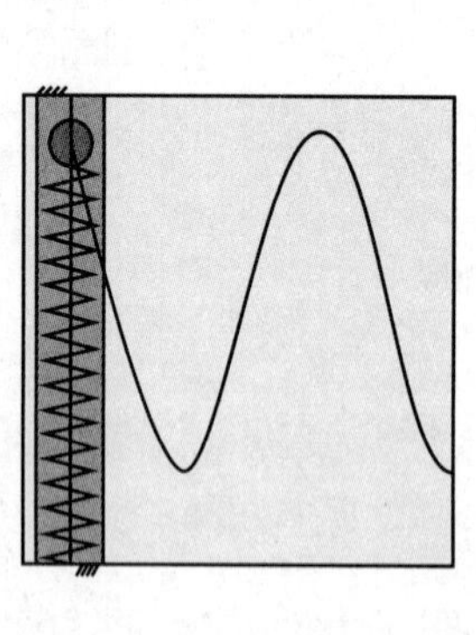

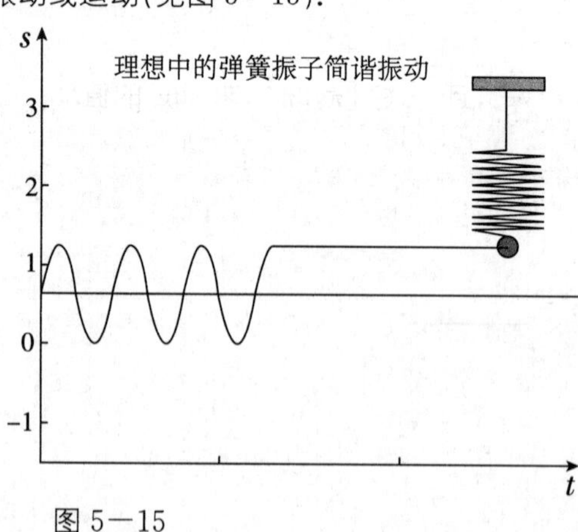

图 5—15

3. 用“五点法”作出函数的图像:

(1) $y = \sin x$.

x					
$\sin x$					

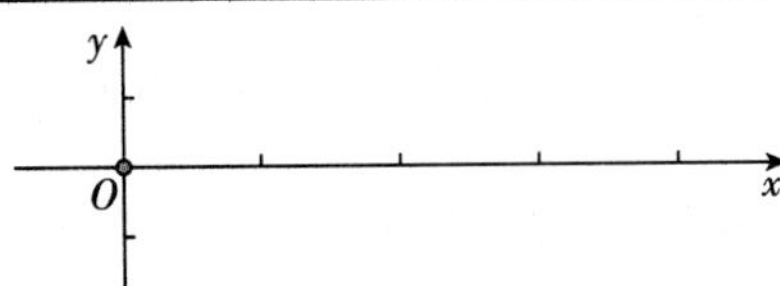

(2) $y = \sin 2x$.

x					
$\sin 2x$					

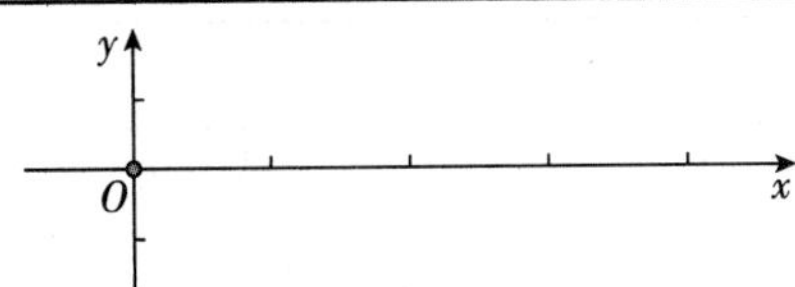

(3) $y = \sin \dfrac{1}{2}x$.

x					
$\sin \dfrac{1}{2}x$					

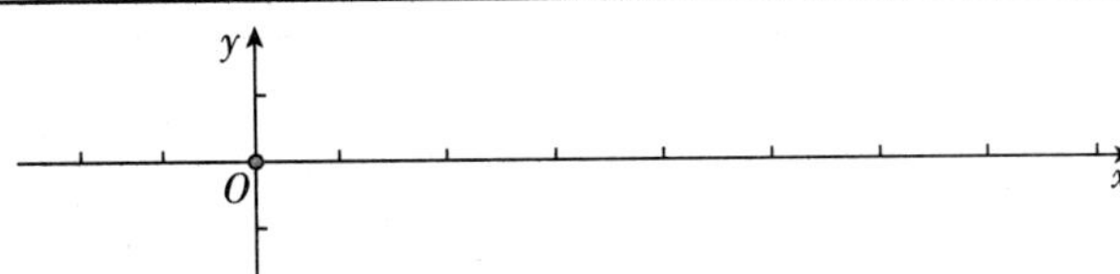

微思考

1. 观察上述函数的图像,求出各函数的周期分别为________、________、________.

结论:函数 $y = \sin\omega x$ 的最小正周期为________.

2. 用“五点法”在同一坐标系中作出函数 $y = \sin\left(x - \dfrac{\pi}{3}\right)$、$y = \sin\left(x + \dfrac{\pi}{3}\right)$ 的图像:

x					
$\sin\left(x - \dfrac{\pi}{3}\right)$					

x					
$\sin\left(x + \dfrac{\pi}{3}\right)$					

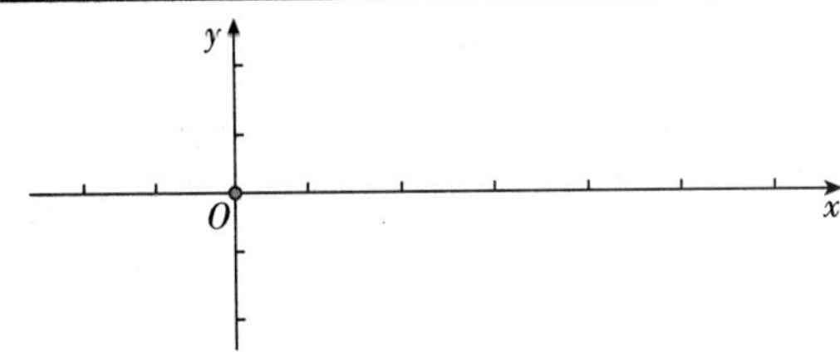

3. 观察上述函数的图像：

当 $x=$________时，函数 $y=\sin\left(x-\frac{\pi}{3}\right)$ 取得最大值，最大值是________；

当 $x=$________时，函数 $y=\sin\left(x-\frac{\pi}{3}\right)$ 取得最小值，最小值是________；

当 $x=$________时，函数 $y=\sin\left(x+\frac{\pi}{3}\right)$ 取得最大值，最大值是________；

当 $x=$________时，函数 $y=\sin\left(x+\frac{\pi}{3}\right)$ 取得最小值，最小值是________.

结论：对于函数 $y=\sin(x+\varphi)$：

当 $x=$________时，函数 $y=\sin(x+\varphi)$ 取得最大值，最大值是________；

当 $x=$________时，函数 $y=\sin(x+\varphi)$ 取得最小值，最小值是________.

4. 用"五点法"在同一坐标系中作出函数 $y=\sin x$、$y=\frac{1}{2}\sin x$、$y=2\sin x$ 的图像：

x					
$\sin x$					
$\frac{1}{2}\sin x$					
$2\sin x$					

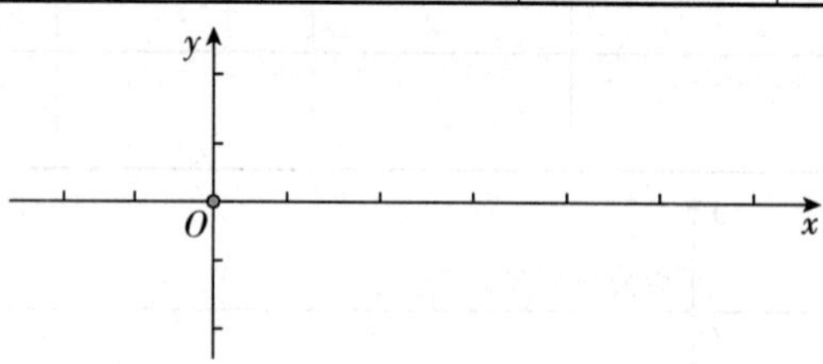

结论：函数 $y=A\sin x$ 的最大值是________，最小值是________，值域是________（其中 $A>0$）.

微实践

题型一　已知函数的表达式，求周期

指出下列函数的周期：

(1) $y=\frac{1}{2}\sin\left(\frac{1}{3}x+\frac{\pi}{4}\right)$；　　　　(2) $y=3\sin\left(2x-\frac{\pi}{3}\right)$.

题型二　已知函数的表达式，求最值

已知 $y=3\sin\left(3x-\frac{\pi}{3}\right)$，求函数的最值.

题型三　已知函数的表达式,求单调区间

已知 $y=2\sin\left(\frac{1}{3}x+\frac{\pi}{4}\right)$,求函数的单调增区间.

练习案之一叶知秋

微练习

1. 函数 $y=2\sin x$,当 $x=$______时,有最大值;当 $x=$______时,有最小值;函数的值域是________.

2. 求函数的 $y=2\sin\left(3x+\frac{\pi}{4}\right)$ 的最小正周期.

3. 求 $y=\frac{1}{2}\sin(2x-1)$ 的单调增区间.

4. 用“五点法”画出函数 $y=\sin\left(2x-\frac{\pi}{3}\right)$ 的图像.

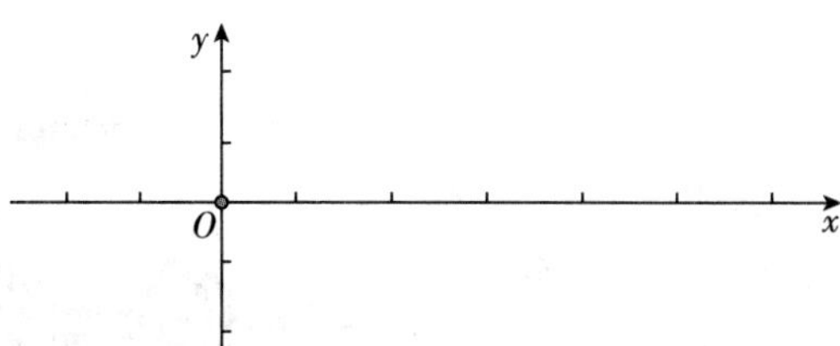

自测案之一树花开

微自测

1. 在下列区间中,函数 $y=\sin\left(x+\frac{\pi}{4}\right)$ 是增函数的区间是(　　).

A. $\left[\frac{\pi}{2},\pi\right]$　　B. $\left[0,\frac{\pi}{4}\right]$　　C. $[-\pi,0]$　　D. $\left[\frac{\pi}{4},\frac{\pi}{2}\right]$

2. 函数 $y=1+\sin 2\omega x$ 的最小正周期为 $\frac{\pi}{4}$,则 ω 等于(　　).

A. 8　　B. 4　　C. 2　　D. 1

3. 指出函数 $y=2\sin\left(\frac{1}{3}x+\frac{\pi}{3}\right)$ 的最大值和最小值以及取得最值时 x 的值.

4. 利用“五点法”画出函数 $y=2\sin\left(x+\frac{\pi}{3}\right)$ 的图像.

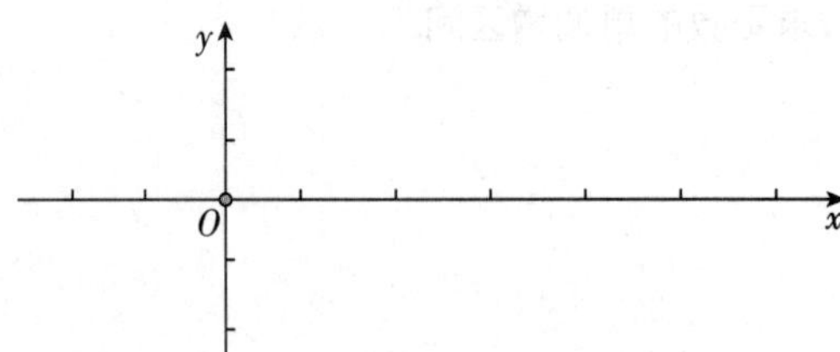

§5.9.2 正弦型函数的周期(2)

预习案之一草一木

微预习

1. 了解正弦型函数的概念,掌握正弦型函数的图像与性质.
2. 利用“五点法”作出正弦型函数的图像.
3. 利用三角公式将函数化为正弦型函数.

微作业

了解正弦交流电中的正弦型函数:

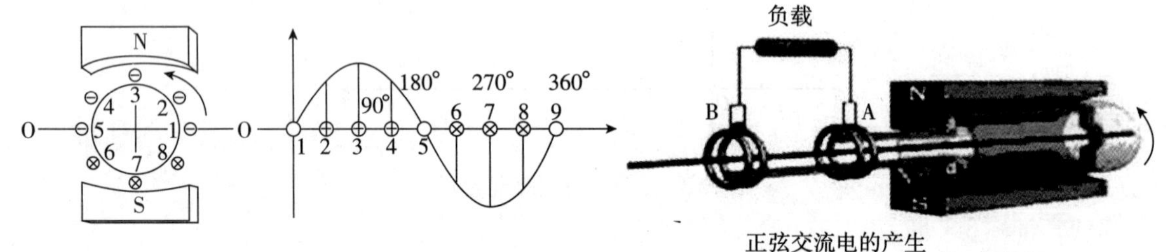

正弦交流电的产生

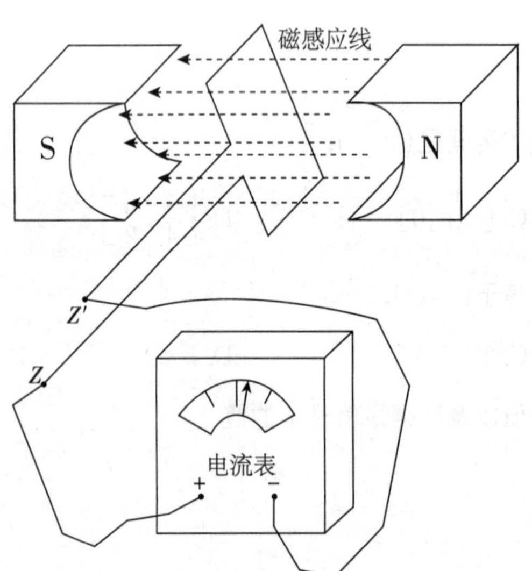

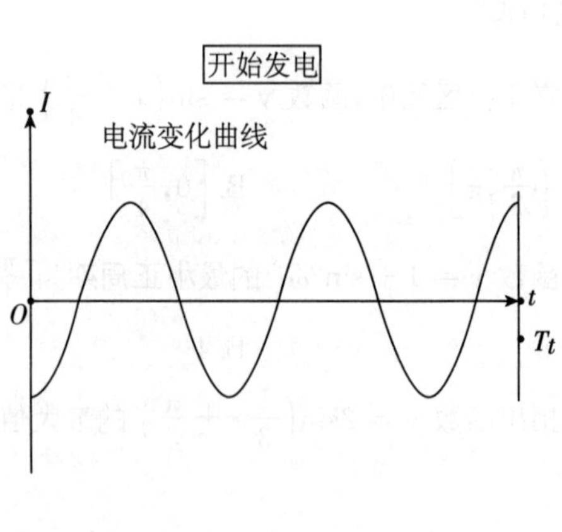

探究案之一花独放

微探究

1. 用"五点法"在同一坐标系中作出函数 $y=\sin x$、$y=\sin 2x$、$y=\sin\left(2x+\frac{\pi}{4}\right)$，$y=2\sin\left(2x+\frac{\pi}{4}\right)$ 的图像：

x					
$\sin x$					

x					
$\sin 2x$					

x					
$\sin\left(2x+\frac{\pi}{4}\right)$					

x					
$2\sin\left(2x+\frac{\pi}{4}\right)$					

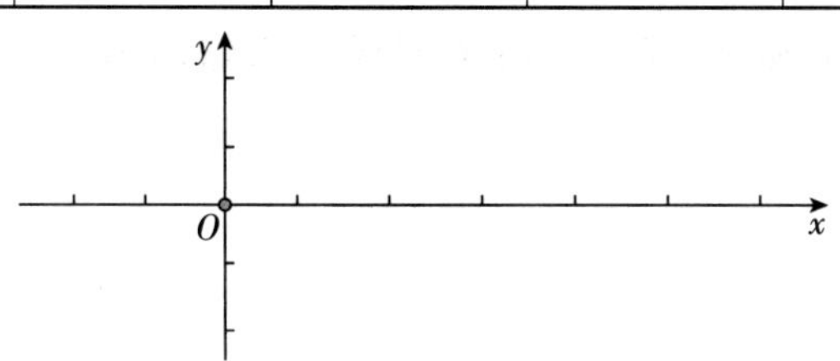

2. 正弦型函数的图像与性质：

正弦型函数 $y=A\sin(\omega x+\varphi)$ ($A>0,\omega>0$)的主要性质：

定义域是________；最大值是________，最小值是________，值域是________；最小正周期是________.

注：(1)函数 $y=A\sin(\omega x+\varphi)$ ($A>0$，$\omega>0$)的图像可以看作用下面的方法得到：先把 $y=\sin x$ 的图像上所有的点向左或向右平行移动________个单位，把所得各点的横坐标________或________到原来的________倍(纵坐标不变)，再把所得各点的纵坐标________或________到原来的 A 倍(横坐标不变).

微思考

1. 求 $y=\sin x+\cos x$ 的最小正周期和最值.

化 $y=a\sin x+b\cos x=$ 为正弦型函数，则 $A=$ ________，$\tan\varphi=$ ________.

2. 求 $y=\sin x\cos x$ 的最小止周期和最值.

化 $y=\sin x\cos x=$ 为正弦型函数,则 $A=$ ________, $\varphi=$ ________.

微实践

题型一　作出函数的图像并求函数的最值、单调区间及最小正周期

画出函数 $y=3\sin\left(2x+\frac{\pi}{3}\right)$ 在长度为一个周期的区间上的图像,并指出其最大值、最小值、最小正周期.

题型二　已知函数在长度为一个周期的区间上的图像,写出表达式

函数在一周期内的草图如图 5－16 所示,则函数的解析式是(　　).

A. $y=2\sin\left(\frac{1}{2}x+\frac{\pi}{4}\right)$

B. $y=2\sin\left(2x+\frac{\pi}{4}\right)$

C. $y=2\sin\left(\frac{1}{2}x+\frac{\pi}{8}\right)$

D. $y=2\sin\left(2x+\frac{\pi}{8}\right)$

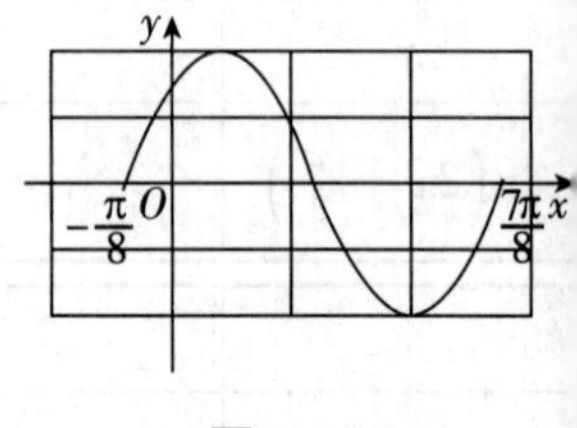

图 5－16

题型三　利用三角公式将函数化成正弦型函数,求周期、最值、单调区间

将函数 $y=\sin\left(\frac{\pi}{3}-2x\right)+\sin 2x$ 化为正弦型函数,并求最值及周期.

题型四　化成正弦型函数求值

求 $\sin 15^\circ-\cos 15^\circ$ 的值.

练习案之一叶知秋

微练习

1. 函数 $y=\frac{1}{2}\sin\left(2x+\frac{\pi}{3}\right)$ 的图像可以看成把函数 $y=\frac{1}{2}\sin 2x$ 的图像如何平移而得?

2. 函数 $y=\sin x\cdot\cos x$ 的值域为________,最小正周期为________.

3. 函数 $y=\sin x+\sqrt{3}\cos x$ 的最大值为________,最小正周期为________.

4. 函数 $y=\sin\left(x-\frac{\pi}{6}\right)\cos\left(x+\frac{\pi}{6}\right)+\cos\left(x-\frac{\pi}{6}\right)\sin\left(x+\frac{\pi}{6}\right)$ 的最小正周期为________.

5. 当 $x=$ ________时，$y=2\sin\left(x+\frac{\pi}{6}\right)$ 有最大值，为________.

6. 函数 $y=\cos^2 x-\sin^2 x$ 的最小值为________，最小正周期为________.

自测案之一树花开

微自测

1. 函数 $y=\sqrt{3}\sin x+\cos x$ 的最大值为________，最小正周期为________.
2. 函数在一周期内的草图如图 5—17 所示，则函数的解析式是________.

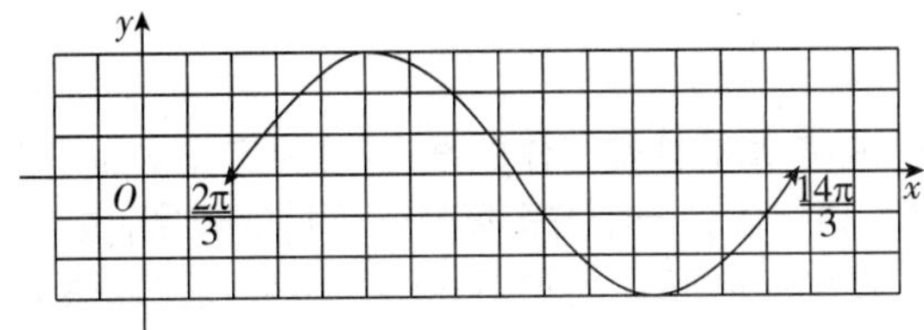

图 5—17

3. 当 $x=$ 时，$y=\frac{1}{3}\sin\left(\frac{1}{2}x+\frac{\pi}{4}\right)$ 有最大值________.

4. $\sin 15^\circ+\sqrt{3}\cos 15^\circ=$ ________.

5. 函数 $y=\sin 2x\cdot\cos 2x$ 是(　　).

A. 周期为 π 的偶函数　　B. 周期为 π 的奇函数

C. 周期为 $\frac{\pi}{2}$ 的偶函数　　D. 周期为 $\frac{\pi}{2}$ 的奇函数

6. $y=\cos^4 x-\sin^4 x$ 的周期是(　　).

A. $\frac{\pi}{2}$　　B. π　　C. 2π　　D. 4π

7. 求函数 $f(x)=4\sin\left(3x+\frac{\pi}{2}\right)$ 的周期、最值及 x 在取何值时达到最大值，在取何值时达到最小值.

5.10 正弦定理

预习案之一草一木

微预习

理解正弦定理，掌握解斜三角形的常用方法.

微作业

1. 方案设计：

A 村与 B 村被一条河隔断，随着精准扶贫工作的推进，驻村工作队为了发展当地经济、方便村民出行计划在 A、B 村之间修建一座桥，请你设计一个方案度量一下桥的长度，做一个前期预算.

2. 了解刘徽的《海岛算经》. 假设测量海岛，立两根表高均为5步，前后相距1 000步，令后表与前表在同一直线上，从前表退行123步，人目着地观测到岛峰，从后表退行127步，人目着地观测到岛峰，问：岛高多少？岛与前表相距多远？

答曰：岛高四里五十五步；去表一百二里一百五十步.

探究案之一花独放

微探究

1. 预算问题：

度量出从 A 看 B、C 的视角 $\angle CAB$，以及从 C 看 B、A 的视角 $\angle ACB$，度量出 AC 的长度，求出桥的长度 AB. 同学们比较一下哪个方案更可行？

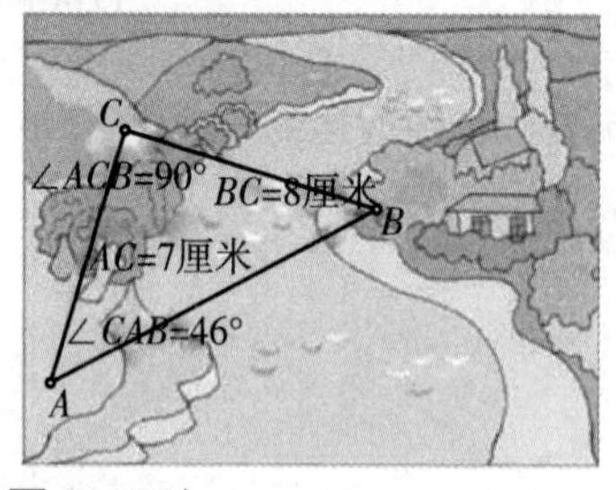

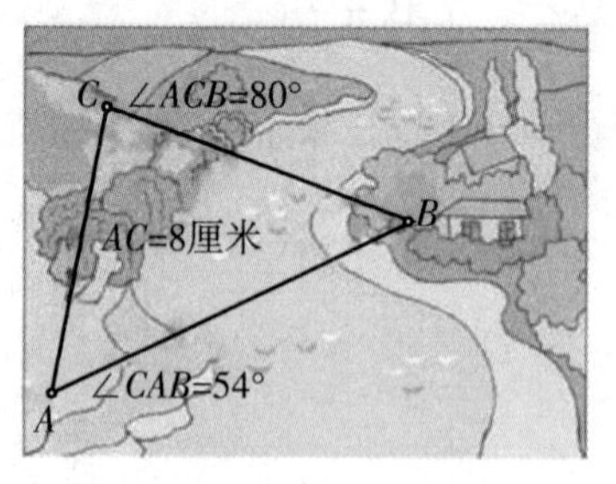

2. 正弦定理(见图 5—18)：

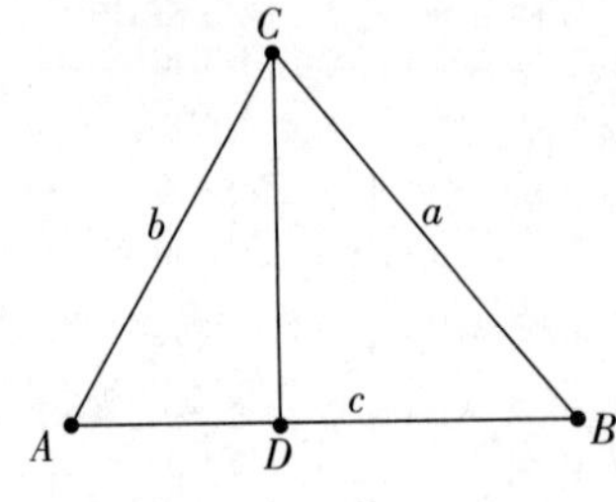

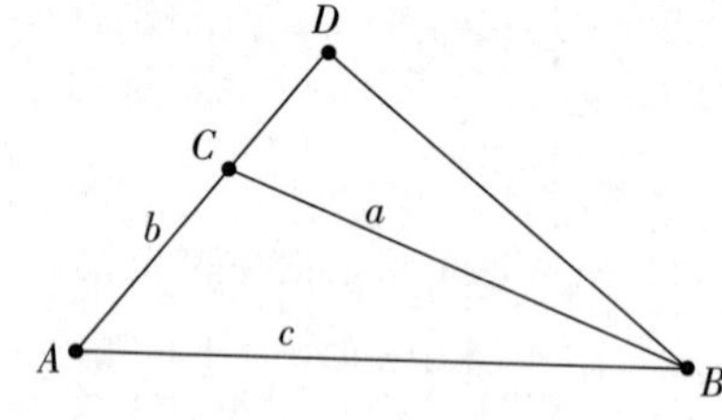

图 5—18

正弦定理：$\dfrac{a}{\quad} = \dfrac{\quad}{\sin B} = \dfrac{c}{\quad}$.

微思考

1. 海岛问题.

如图 5—19 所示，在海岸 A 处发现北偏东 60°方向，距 A 处$\sqrt{3}$海里[①]的 B 处有一艘走私船，在 A 处北偏西 30°方向，距 A 处 1 海里 C 处的缉私船奉命以 $10\sqrt{3}$ 海里/小时的速度追赶走私船，此时走私船以10 海里/小时从 B 处向北偏东 30°的方向逃窜，那么缉私船追上走私船需要多久?

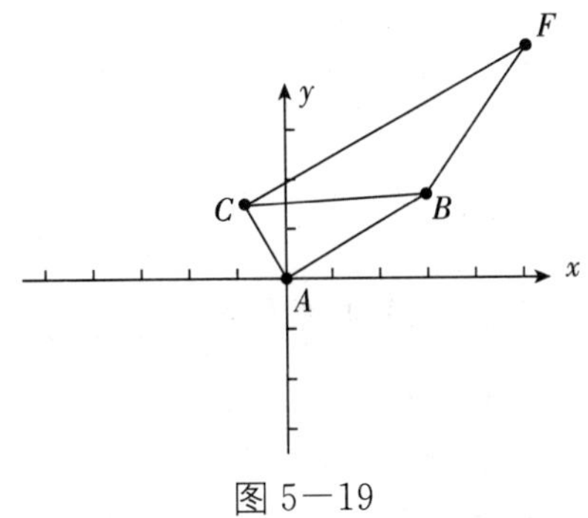

图 5—19

分析可得：$\angle CBF = 120°$、$BF = 10t$、$CF = 10\sqrt{3}t$、$\angle CAB = 90°$、$BC=2$，可以求出时间为$\frac{1}{5}$小时.

2. 如何用两边一角表示三角形的面积呢?

三角形面积公式：$S = \frac{1}{2}bc\sin A =$________$=$________.

微实践

题型一　已知三角形的两个角和任意一边，求其他两边和一角

在$\triangle ABC$ 中，已知 $A=45°$，$B=60°$，求$\frac{a}{b}$.

题型二　已知三角形的两边和其中一边所对的角，求其他两角和一边

在$\triangle ABC$ 中，已知 $C=45°$，$a=4\sqrt{3}$，$c=4\sqrt{2}$，求 A、B、b.

题型三　已知三角形的边角关系，判断三角形的形状

在$\triangle ABC$ 中，已知 $a\cos A=b\cos B$，判断三角形的形状.

① 1 海里=1.852 千米.

题型四　解决灯塔、海岛问题

海面有 A、B、C 有三个灯塔，$AB=10$ km，从 A 看 C 和 B 成 60° 的视角，从 B 看 C 和 A 成 75° 的视角，求 BC.

练习案之一叶知秋

微练习

1. 在$\triangle ABC$中，$a=3$，$b=4$，$C=120^\circ$，则$\triangle ABC$的面积为________.
2. 在$\triangle ABC$中，$a=\sqrt{2}$，$c=2$，$A=30^\circ$，则 $C=$________.
3. 在$\triangle ABC$中，$a=2$，$b=\sqrt{6}$，$A=45^\circ$，则 $B=$________.
4. 在$\triangle ABC$中，$c=5$，$B=30^\circ$，$C=135^\circ$，则 $b=$________.
5. 在$\triangle ABC$中，$a=10$，$B=30^\circ$，$C=120^\circ$，则 $b=$________.
6. 在$\triangle ABC$中，$a=2$，$A=45^\circ$，$b=\sqrt{2}$，则 $B=$________.

自测案之一树花开

微自测

1. 在$\triangle ABC$中，$a=2\sqrt{3}$，$b=2\sqrt{2}$，$B=45^\circ$，解这个三角形.

2. 在$\triangle ABC$中，$\angle B=30^\circ$，$AB=2\sqrt{3}$，$AC=2$，解这个三角形并写出三角形的面积.

3. 在$\triangle ABC$中，$\angle A=60^\circ$，$\angle B=45^\circ$，$a+b=12$，求 a.

4. 在△ABC 中，$a=4$，$b=8\sqrt{3}$，$A=30°$，解这个三角形.

5. 在△ABC 中，已知 $a\sin B=b\sin A$，判断三角形的形状.

6. 在△ABC 中，已知 $a=\lambda$，$b=\sqrt{3}\lambda$，$\angle A=\frac{\pi}{4}$，判断满足此条件的三角形的个数.

5.11 余弦定理

预习案之一草一木

微预习

理解余弦定理，掌握解斜三角形的常用方法.

微作业

2022 年冬季奥运会是第 24 届冬季奥林匹克运动会，将在 2022 年 2 月 4—20 日在中国北京市和张家口市联合举行. 这是中国历史上第一次举办冬季奥运会，北京、张家口同为主办城市，也是继北京奥运会、南京青奥会后，中国第三次举办的奥运赛事. 张家口要建世界第一长的螺旋隧道，金家庄特长螺旋隧道的进口位于赤城县炮梁乡金家庄村西北方向，出口位于崇礼区棋盘梁，直线距离大约 7 km，有 250 m 左右的落高差，为了克服这种高差，让车辆在隧道里安全爬升，设计了半径为 860 m 的螺旋线，在大山里迂回 360°，全长 4.2 km，计划明年 2 月底贯通，同时创造了在建螺旋隧道长度世界第一的纪录.

探究案之一花独放

微探究

1. 北京到张家口修建一条高速公路，要开凿隧道将山体打通，现要测量该山体底侧两点间的距离，即要测量山体两底侧 A、B 两点间的距离.（见图 5—20）请想办法解决这个问题.

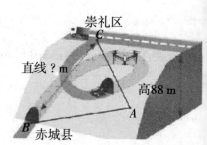

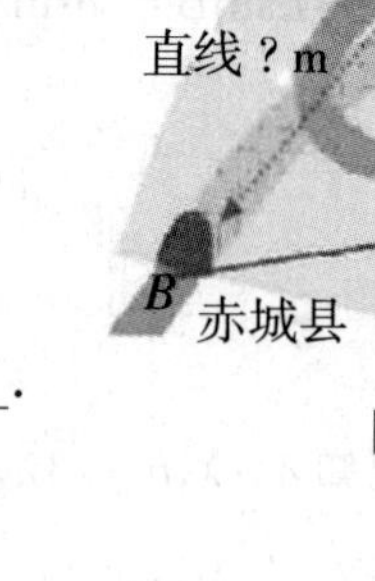

图 5—20

方案：

无人机航拍 AB、AC、$\angle BAC$ 的大小，则有：

因为$\overrightarrow{BC}=\overrightarrow{AC}-\overrightarrow{AB}$，

所示$|\overrightarrow{BC}|^2=(\overrightarrow{AC}-\overrightarrow{AB})(\overrightarrow{AC}-\overrightarrow{AB})=$______________.

2. 在三角形 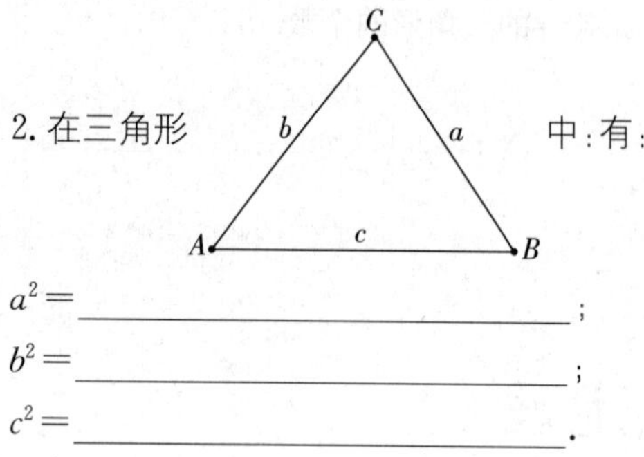 中：有：

$a^2=$______________；

$b^2=$______________；

$c^2=$______________.

微思考

问题：已知 $a=2,b=\sqrt{2},c=\sqrt{3}+1$，如何求 A？

余弦定理的变形公式：$\cos\angle CAB=$________；

$\cos\angle CBA=$________；

$\cos\angle BCA=$________.

当 $\angle A=90^\circ$ 时，则有______________.

微实践

题型一　已知三角形的两条边和它们的夹角，求第三条边和其他的两个角

在$\triangle ABC$ 中，$A=60^\circ,c=6,b=8$，求 a.

题型二　已知三角形的三边，求三个角

在$\triangle ABC$ 中，$c=\sqrt{37},b=3,a=4$，求 C.

题型三　已知三角形的边角关系，判断三角形的形状

在$\triangle ABC$ 中，$a=7,b=10,c=6$，判断三角形的形状.

题型四　解决隧道问题

修筑道路需要挖隧道，在山的两侧是隧道口 B 和 A，在平地上选择测量点 C，如果 $C=60^\circ$，$AC=350$，$BC=450$，求隧道 AB 的长度.

练习案之一叶知秋

微练习

1. 在$\triangle ABC$中，已知 $AB=2$，$AC=\sqrt{7}$，$BC=3$，则三角形的最大角是________.
2. 在$\triangle ABC$中，已知 $a=3$，$b=4$，$c=120^\circ$，则 $c=$________.
3. 在$\triangle ABC$中，已知 $a=3$，$b=\sqrt{7}$，$C=2$，则 $\angle B=$________.
4. 在$\triangle ABC$中，已知 $b=2c\sin B$，则 $\angle C=$________.
5. 在$\triangle ABC$中，已知 $a^2=b^2+c^2-bc$，则 $\angle A=$________.
6. 在$\triangle ABC$中，已知 $\sin A=\frac{4}{5}$，$c=5$，$b=4$，则 $a=$________.

自测案之一树花开

微自测

1. 在$\triangle ABC$中，$c=\sqrt{13}$，$b=3$，$a=4$，求 C.

2. 在$\triangle ABC$中，$a=2$，$b=3$，$c=4$，判断三角形的形状.

3. 在$\triangle ABC$中，已知 $2\sin B\cdot\cos C=\sin A$，

(1)求证：$\angle B=\angle C$；

(2)若 $\angle A=120^\circ$，$BC=1$，求$\triangle ABC$的面积 S.

4. 在$\triangle ABC$中，已知 $AC=2$，$BC=3\cos A=-\frac{4}{5}$，

求：(1) $\sin B$；

(2) $\sin\left(2B+\frac{\pi}{6}\right)$.

单元总结案

总结案之看图说话

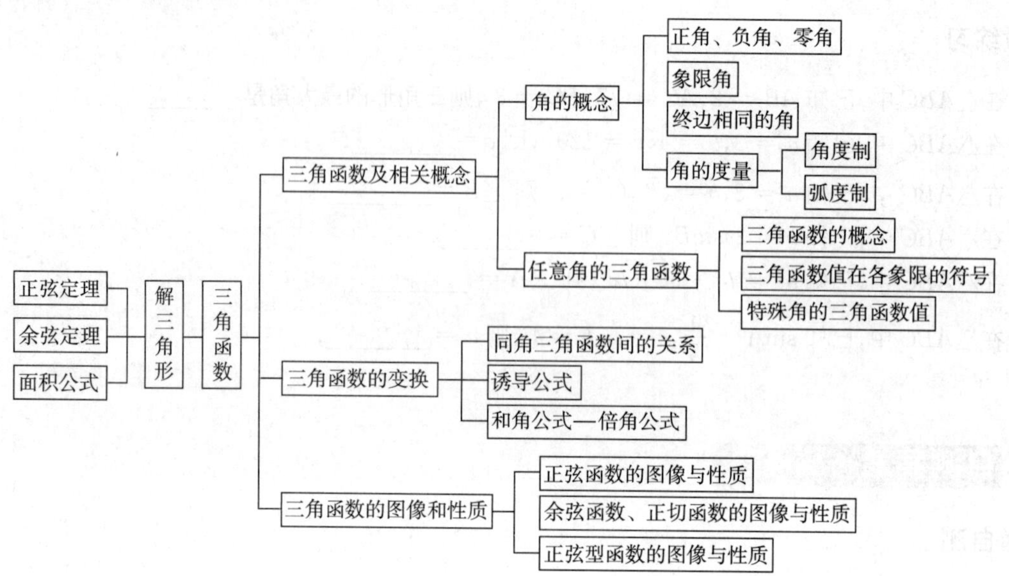

项目	正弦函数	余弦函数
解析式		
图像		
定义域		
值域		
最值		
周期		
奇偶性		
单调性		

总结案之群英荟萃

题型一　三角函数的定义

已知角 θ 的终边上一点 $P(-3m,4m)$，$m<0$，则 $\sin\theta=$________.

题型二　三角函数在各个象限的符号

1. 设 θ 是第三象限角，则点 $P(\cos\theta,\tan\theta)$ 在第____象限.

2. 已知 $\cos\alpha\cdot\tan\alpha>0$, $\tan\alpha\cdot\sin\alpha<0$ ，那么 α 是第____象限角.

3. 若 $\theta\in[0,2\pi]$ ，且 $\sqrt{1-\cos^2\theta}+\sqrt{1-\sin^2\theta}=\sin\theta-\cos\theta$ ，则 θ 是第____象限角.

题型三　同角三角函数的基本关系

1. 已知 α 为第二象限角，$\cos\alpha=-\dfrac{12}{13}$ ，则 $\tan\alpha$ 等于________.

2. 填空：(1) $\sin^2 3\alpha+\cos^2 3\alpha=$ ________；(2) $\tan\alpha\cdot\cos\alpha=$ ________.

题型四　弦化切

1. 若 $\tan\alpha=2$ ，则 $\sin^2\alpha-\sin\alpha\cdot\cos\alpha=$________.

2. 已知 $\tan\alpha=2$ ，求 $\dfrac{2\sin\alpha+3\cos\alpha}{3\sin\alpha-2\cos\alpha}=$________.

题型五　$\sin\alpha-\cos\alpha$、$\sin\alpha+\cos\alpha$、$\sin\alpha\cdot\cos\alpha$ 之间的关系

1. 已知 $\sin\theta$、$\cos\theta$ 分别是关于 x 的一元二次方程 $8x^2+6ax+2a+1=0$ 的两个实根，求实数 a 的值.

2. 已知 $\sin\alpha-\cos\alpha=\dfrac{1}{2}$，$\alpha\in(\pi,2\pi)$，求 $\sin\alpha+\cos\alpha$ 的值.

3. 已知 $\sin\alpha\cdot\cos\alpha=\dfrac{1}{4}$ ，且 $\dfrac{\pi}{4}<\alpha<\dfrac{\pi}{2}$ ，求 $\sin\alpha-\cos\alpha$ 的值.

4. 已知 $\sin\alpha+\cos\alpha=\dfrac{\sqrt{3}}{2}$ ，则 $\sin2\alpha=$________.

题型六　诱导公式

1. 化简：$\dfrac{2\cos\left(\dfrac{\pi}{2}-\alpha\right)+\sin(\pi+2\alpha)}{2\sin(6\pi+\alpha)-\sin(-2\alpha)}=$________.

2. 化简：$y=\sin x\sin\left(\dfrac{3\pi}{2}-x\right)=$________.

3. 若 $\sin(\pi-\alpha)=\log_8\dfrac{1}{4}$ ，且 $\alpha\in\left(-\dfrac{\pi}{2},0\right)$，则 $\tan(\pi+\alpha)$ 的值为________.

4. 若 $\dfrac{5\pi}{2}<\alpha<3\pi$ ，则 $\sqrt{\dfrac{1-\cos(\alpha-\pi)}{2}}$ 可化为________________________.

5. 化简：$2\sqrt{3}\sin(3\pi-x)-2\cos(5\pi+x)=$________.

6. 计算：$\sin 2010°-\tan\frac{\pi}{4}+\cos 0-\sqrt{2}\sin\frac{3\pi}{4}+\cos\left(-\frac{10\pi}{3}\right)=$________.

题型七　两角和差、倍角、半角(降幂)公式的应用(正用和逆用)

1. 计算：$\sin 108°\sin 42°-\cos 108°\sin 48°=$________.

2. 计算：$\cos 36°\cos 72°=$________.

3. 计算：$\tan 20°+\tan 40°+\sqrt{3}\tan 20°\tan 40°=$________.

4. 已知 $\tan\alpha=2$，$\tan(\alpha-\beta)=-\frac{2}{5}$，求 $\tan(2\alpha-\beta)$ 的值.

5. 函数 $y=\sin x\sin\left(\frac{3\pi}{2}-x\right)$ 的最小正周期是________.

6. 求下列函数的最小正周期：

(1) $y=\cos^4x-\sin^4x$;　(2) $y=\sin x+\cos x$;　(3) $y=\sin x\cdot\cos x$.

7. 化简：$\sqrt{1-\sin 10°}=$________.

8. 若 $\frac{5\pi}{2}<\alpha<3\pi$，则 $\sqrt{\frac{1-\cos(\alpha-\pi)}{2}}$ 可化为________________.

9. 函数 $y=\sin\omega x\cos\omega x$ 的最小正周期为 4π，则 $\omega=$________.

10. $\frac{1-\tan 15°}{1+\tan 15°}=$________.

11. 若 $\tan\alpha=\frac{1}{3}$，$\tan\beta=-2$，且 $0<\alpha<\frac{\pi}{2}$，$\frac{\pi}{2}<\beta<\pi$，则 $\alpha+\beta=$________.

12. $\frac{\sin 23°\cos 23°\cos 46°}{\cos 2°}=$________.

题型八　"$a\sin x+b\cos x$"型函数化为正弦型函数

1. $\sin 80°-\sqrt{3}\cos 80°-2\sin 20°=$________.

2. 函数 $2\sqrt{3}\sin(3\pi-x)-2\cos(5\pi+x)$ 的值域为________.

3. 已知 $y=\sin\left(\frac{\pi}{6}-2x\right)+\cos 2x$，

(1)将此函数化为正弦型函数；

(2)写出函数的最小正周期；

(3)求出函数的最大值及取得最大值时的 x 的集合.

题型九　三角函数的图像与性质

1. 图像.

(1)已知 $0 \leqslant x \leqslant 2\pi$，那么 $y = \sin x$ 与 $y = \cos x$ 都是减函数的区间是________.

(2)函数 $y = \sqrt{\sin x}$ 的定义域是________.

2. 周期.

正弦、余弦函数的周期为________，正切函数的周期为________.

题型十　正弦型函数的图像及性质

1. 周期.

(1)函数 $y = \sin x \sin\left(\frac{3\pi}{2} - x\right)$ 的最小正周期是________.

(2)求下列函数的最小正周期:

(1) $y = \cos^4 x - \sin^4 x$;　　(2) $y = \sin x + \cos x$;

(3) $y = \sin x \cdot \cos x$;　　(4) $y = \tan \frac{x}{2}$.

(3)下列函数中，周期为 π 的奇函数是(　　).

A. $y = \cos^2 x - \sin^2 x$　　B. $y = \cos\left(\frac{\pi}{2} - x\right)$

C. $y = \sin\alpha \cdot \cos\alpha$　　D. $y = \sin 2x - \cos 2x$

(4)函数 $y = \sin\omega x \cos\omega x$ 的最小正周期为 4π，则 $\omega =$________.

2. 单调区间.

(1)函数 $y = \sqrt{3}\sin\left(2x - \frac{\pi}{3}\right)$ 的单调增区间为________________.

(2)函数 $y = -\sqrt{3}\sin\left(2x - \frac{\pi}{3}\right)$ 的单调增区间为________________.

3. 值域(最值).

求函数 $y = -\sqrt{3}\sin\left(2x - \frac{\pi}{3}\right)$ 的最大值和最小值，并求取得最值时 x 的集合.

4. 平移问题

(1)函数 $y = 2\sin 2x$ 的图像向右平移 $\frac{\pi}{6}$ 个单位后得到的图像解析式是________.

(2)观察正弦型函数 $y = 2\sin(\omega x + \varphi)$ $\left(其中 \omega > 0, |\varphi| < \frac{\pi}{2}\right)$ 在一个周期内的简图，可知，ω, φ 分别为________________.

(3)正弦型函数图像的最高点为 $\left(\frac{\pi}{6}, 2\right)$，最低点为 $\left(\frac{7\pi}{6}, -2\right)$，求其解析式.

(4)把函数的图像向右平移 1 个单位,再把所有点的纵坐标扩大为原来的 3 倍(横坐标不变),最后再将图像向上平移 1 个单位,得到的图像的解析式为__________.

题型十一　知值求角

1. 已知 $\sin x=\frac{\sqrt{3}}{2}$,则 $x=$________.

2. 已知 $\sin x=\frac{\sqrt{3}}{2}$,求(0°,360°)范围的角 $x=$________.

3. 已知 $\cos(\pi-x)=\frac{\sqrt{3}}{2}$,(1)若 $x\in[-\pi,\pi]$,则 $x=$________;

(2)若 $x\in[-\pi,0]$,则 $x=$________.

4. 设 $\tan\alpha=\frac{\sqrt{3}}{3}(0<\alpha<2\pi)$,则 $\alpha=$________.

总结案之硕果累累

一、选择题

1. 如果 $\alpha=198°-5\times360°$,那么角 α 是(　　).

A. 第一象限角　　B. 第二象限角

C. 第三象限角　　D. 第四象限角

2. 下列说法中正确的是(　　).

A. 正角、负角、零角的三角函数值分别是正数、负数、零

B. 对于任意角 α,如果角 α 的终边上一点坐标为 (x,y),都有 $\tan\alpha=\frac{y}{x}$

C. 若 $\sin\alpha=\cos\beta$,则 $\alpha=\beta$

D. 终边相同的角的三角函数值相等

3. 若 $\tan\alpha<0$,且 $\sin\alpha<0$,则 α 是 (　　).

A. 第一象限角　　B. 第二象限角

C. 第三象限角　　D. 第四象限角

4. $y=-\sin x$ 是 (　　).

A. 奇函数　　B. 偶函数

C. 非奇非偶函数　　D. 既是奇函数又是偶函数

5. 以下命题中错误的有(　　).

①$y=\tan x$ 是增函数;

②$y=\sin x$ 和 $y=\cos x$ 在$[\frac{\pi}{2},\pi]$上同是减函数;

③函数 $y=\cos x$ 的图像关于 y 轴对称;

④$y=\sin x+\cos x$ 的最大值是 2.

A. 1 个　　B. 2 个　　C. 3 个　　D. 4 个

6. 若 $a=7,b=10,c=6$,则$\triangle ABC$ 的形状是(　　).

A. 锐角三角形　　B. 直角三角形

C. 钝角三角形　　D. 无法确定

7. $y=\cos^4\theta-\sin^4\theta$ 的周期是(　　).

A. $\frac{\pi}{2}$　　B. π　　C. 2π　　D. 4π

8. 函数 $y=\tan x$ 在区间 $\left(-\frac{\pi}{2},\frac{\pi}{2}\right)$ 内是(　　).

A. 偶函数　　B. 奇函数且单调增函数

C. 奇函数且单调减函数　　D. 不是奇函数也不是偶函数

9. 在 $\triangle ABC$ 中, $a=3\sqrt{3}$, $b=2$, $c=150°$, 则 c 的值是(　　).

A. 49　　B. 7　　C. 13　　D. $\sqrt{13}$

10. $\alpha=\frac{\pi}{6}$ 是 $\sin\alpha=\frac{1}{2}$ 的(　　).

A. 充分条件　　B. 必要条件

C. 充要条件　　D. 既不充分又不必要条件

11. 在 $\triangle ABC$ 中, 若 $\frac{\cos A}{\cos B}=\frac{a}{b}$, 则 $\triangle ABC$ 是(　　).

A. 等腰三角形　　B. 等边三角形

C. 直角三角形　　D. 等腰三角形或直角三角形

12. 已知 $\tan\alpha$ 和 $\tan\beta$ 是方程 $x^2-x-3=0$ 的两个根, 则 $\tan(\alpha+\beta)$ 的值是(　　).

A. $-\frac{1}{2}$　　B. $-\frac{1}{4}$　　C. $\frac{1}{4}$　　D. $\frac{1}{2}$

13. 以下大小关系中正确的是(　　).

A. $\cos\frac{5\pi}{4}>0$　　B. $\cos\frac{4\pi}{7}<\cos\frac{5\pi}{7}$

C. $\sin\left(-\frac{\pi}{8}\right)<\sin\left(-\frac{\pi}{10}\right)$　　D. $\cos\frac{\pi}{8}<\cos\frac{\pi}{10}$

14. 已知 $\cos\alpha=-\frac{4}{5}$, 且 α 是第二象限的角, 则 $\sin\alpha=$(　　).

A. $-\frac{3}{5}$　　B. $\frac{3}{5}$　　C. $\pm\frac{3}{5}$　　D. $\frac{3}{4}$

15. 观察正弦型函数在一个周期内的简图(见图 5—21)可知: ω, φ 分别为(　　).

A. $\omega=2$, $\varphi=\frac{\pi}{3}$

B. $\omega=2$, $\varphi=\frac{\pi}{6}$

C. $\omega=\frac{1}{2}$, $\varphi=\frac{\pi}{3}$

D. $\omega=\frac{1}{2}$, $\varphi=\frac{\pi}{6}$

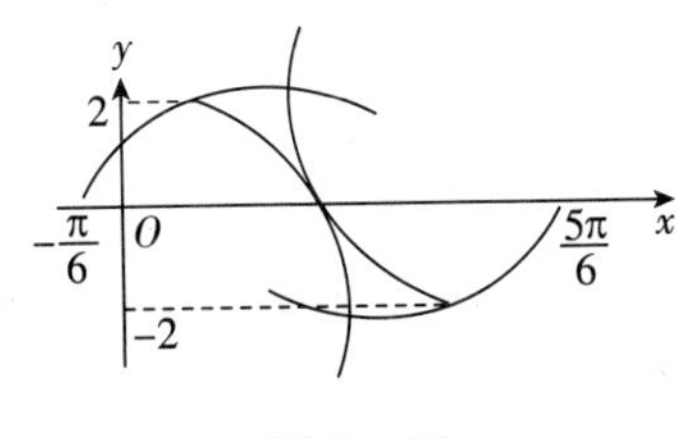

图 5—21

二、填空题

1. 终边在 x 轴上的角的集合是________.

2. 若点 $P(3,-4)$ 是角 α 终边上的点, 则 $\sin\alpha-\cos\alpha=$________.

3. $\cos\left(-\frac{23\pi}{3}\right)=$________.

4. 函数 $y=\tan\frac{x}{2}$的定义域是________；周期为________.

5. 已知 $\sin x=\frac{1}{2}$，且 $x\in[-\pi,\pi]$，则 $x=$________.

6. (1) $\sin15^\circ\cos75^\circ=$________；(2) $\frac{1-\tan15^\circ}{1+\tan15^\circ}=$________.

7. (1)当 $x=$________时，$y=2\sin\left(x+\frac{\pi}{6}\right)$ 有最大值________.

8. 函数 $y=\sqrt{3}\sin x+\cos x$ 的最大值是________，最小正周期为________.

9. 已知 $\tan\alpha=2$，则 $\frac{\sin\alpha+2\cos\alpha}{3\sin\alpha-4\cos\alpha}=$________.

10. 函数 $y=\sin\left(2x+\frac{\pi}{3}\right)$ 是由函数 $y=\sin2x$ 的图像向________平移________个单位得到的.

11. 在 $\triangle ABC$ 中，若 $b^2+c^2+bc-a^2=0$，则角 A 的度数是________.

三、解答题

1. 已知 $\tan\alpha=\frac{5}{12}$，且 α 是第三象限的角，求 $\cos\alpha$，$\sin\alpha$.

2. 已知 $\sin\alpha=-\frac{3}{5}$ 且 $\alpha\in\left(\pi,\frac{3\pi}{2}\right)$，$\cos\beta=\frac{5}{12}$，$\alpha\in\left(\frac{3\pi}{2},2\pi\right)$，求 $\sin(\alpha+\beta)$、$\cos2\beta$.

3. 已知 $\sin\alpha+\cos\alpha=\frac{3}{7}$，求 $\sin2\alpha$.

4. 证明下列恒等式：$\dfrac{1+2\sin\alpha\cos\alpha}{\cos^2\alpha-\sin^2\alpha}=\dfrac{1+\tan\alpha}{1-\tan\alpha}$.

5. 已知 $\sin\alpha-\cos\alpha=\dfrac{1}{2}$，$\alpha\in(\pi,2\pi)$，求 $\sin\alpha+\cos\alpha$ 的值.

6. 求$\sqrt{3}\sin70^\circ-\cos70^\circ-2\sin40^\circ$的值.

7. 在 $\triangle ABC$ 中，已知 $2\sin B\cdot\cos C=\sin A$.

(1)求证：$\angle B=\angle C$；

(2)若 $\angle A=120^\circ$，$BC=1$，求 $\triangle ABC$ 的面积 S.